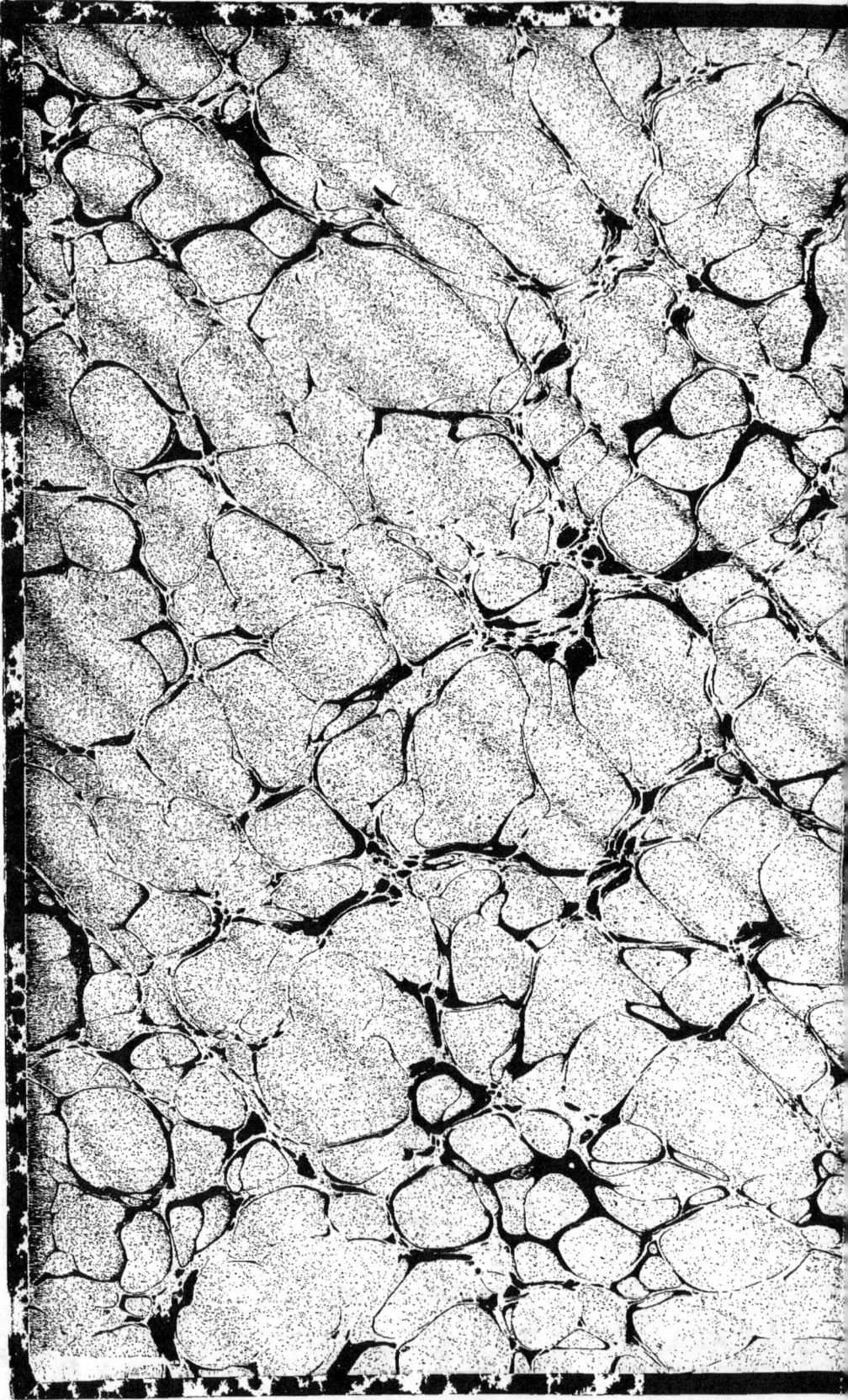

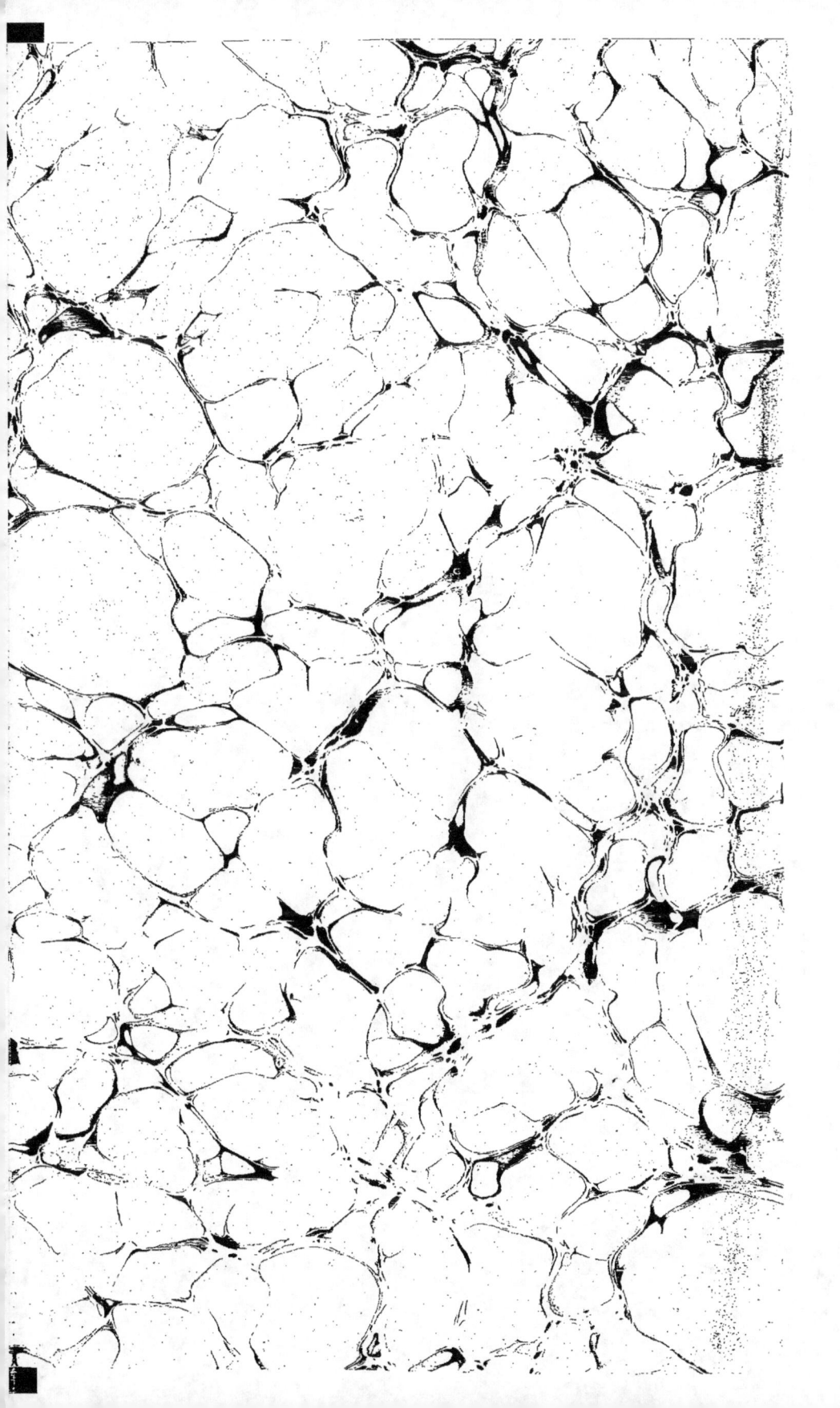

Exemplaire nuyamis

MÉMOIRES
DU
MARÉCHAL
DE VILLARS

PUBLIÉS D'APRÈS LE MANUSCRIT ORIGINAL
POUR LA SOCIÉTÉ DE L'HISTOIRE DE FRANCE

ET ACCOMPAGNÉS

DE CORRESPONDANCES INÉDITES

PAR M. LE Mis DE VOGÜÉ

MEMBRE DE L'INSTITUT

TOME CINQUIÈME

A PARIS
LIBRAIRIE RENOUARD
H. LAURENS, SUCCESSEUR
LIBRAIRE DE LA SOCIÉTÉ DE L'HISTOIRE DE FRANCE
RUE DE TOURNON, N° 6

M DCCC XCII

MÉMOIRES
DU
MARÉCHAL DE VILLARS

IMPRIMERIE DAUPELEY-GOUVERNEUR

A NOGENT-LE-ROTROU.

MÉMOIRES
DU
MARÉCHAL
DE VILLARS

PUBLIÉS D'APRÈS LE MANUSCRIT ORIGINAL
POUR LA SOCIÉTÉ DE L'HISTOIRE DE FRANCE

ET ACCOMPAGNÉS
DE CORRESPONDANCES INÉDITES
PAR M. LE M{is} DE VOGÜÉ
MEMBRE DE L'INSTITUT

TOME CINQUIÈME

A PARIS
LIBRAIRIE RENOUARD
H. LAURENS, SUCCESSEUR
LIBRAIRE DE LA SOCIÉTÉ DE L'HISTOIRE DE FRANCE
RUE DE TOURNON, N° 6

M DCCC XCII

EXTRAIT DU RÈGLEMENT.

Art. 14. — Le Conseil désigne les ouvrages à publier, et choisit les personnes les plus capables d'en préparer et d'en suivre la publication.

Il nomme, pour chaque ouvrage à publier, un Commissaire responsable, chargé d'en surveiller l'exécution.

Le nom de l'éditeur sera placé en tête de chaque volume.

Aucun volume ne pourra paraitre sous le nom de la Société sans l'autorisation du Conseil, et s'il n'est accompagné d'une déclaration du Commissaire responsable, portant que le travail lui a paru mériter d'être publié.

Le Commissaire responsable soussigné déclare que l'édition des Mémoires du maréchal de Villars, *préparée par M. le* Mis de Vogüé, *lui a paru digne d'être publiée par la* Société de l'Histoire de France.

Fait à Paris, le 25 mars 1893.

Signé : Lud. LALANNE.

Certifié :

Le Secrétaire de la Société de l'Histoire de France,

A. DE BOISLISLE.

MÉMOIRES

DU MARÉCHAL DE VILLARS

1726. Dans les conseils d'État du 10 et du 13 janvier, on lut des dépêches qui donnoient de grandes inquiétudes sur la sûreté du roi de Prusse dans ses engagements.

Sur quoi le maréchal de Villars, adressant la parole au roi, dit : « Je supplie Votre Majesté de vouloir bien se souvenir de ce que j'ai l'honneur de lui dire aujourd'hui 10 janvier sur mes sentiments à l'égard du roi de Prusse ; ce sont les mêmes et je n'ai pas changé. »

Les lettres du duc de Richelieu, qui furent lues au conseil du 13, préparoient à la guerre.

Le comte de Broglie, ambassadeur en Angleterre, se rendit le même jour à Marly. Il étoit persuadé, comme le ministre d'Angleterre, de l'autorité qu'il prétendoit avoir sur le roi de Prusse, et qu'il feroit certainement tout ce que l'Angleterre voudroit. Son opinion ne fit pas changer le maréchal de Villars, qui compta toujours que le roi de Prusse manqueroit. Il arriva, le 19, un courrier du marquis de Fénelon, ambassadeur en Hollande ; ses dépêches, qui furent lues au conseil d'État du 20, marquoient plus de difficultés qu'il n'en avoit prévu à l'accession de la république au traité de Hanovre.

Le même jour, M. le Duc dit au maréchal de Villars qu'il vouloit l'entretenir sur une longue conversation qu'il avoit eue avec M. de Fréjus, lequel ne paroissoit pas plus favorable, mais, au contraire, se rendoit plus difficile, voulant toujours l'éloignement de Mme de Prie et de Duvernay. Le maréchal de Villars dit encore ce qu'il avoit plusieurs fois répété à M. le Duc : « N'avez-vous pas deux ou trois personnes en qui vous croyez bon sens et attachement pour vous? Rassemblez-les, et prenez votre parti; car, pour moi, je vous déclare que seul je ne vous dirai jamais mon dernier mot. »

Le même jour, la reine mena le maréchal de Villars dans son cabinet et lui parla avec une vive douleur des changements qu'elle voyoit dans l'amitié du roi. Ses larmes couloient. Le maréchal de Villars lui dit que le cœur du roi étoit très éloigné de ce qu'on appelle amour; qu'elle n'étoit pas de même pour lui; qu'il la conjuroit de cacher sa passion; qu'il étoit plus heureux pour elle que le roi ne fût pas porté à la tendresse et à la vivacité, puisqu'en cas de passion la froideur naturelle est moins cruelle que l'infidélité qui étoit fort à craindre dans un roi de dix-sept ans, beau comme le jour, et qui seroit lorgné de tous les beaux yeux de la cour s'ils s'étoient aperçus qu'il eût encore arrêté ses regards sur quelqu'une. Il lui dit tout ce qu'il crut le plus propre à la calmer. Elle attribuoit ce changement à M. de Fréjus, et, à la vérité, elle n'avoit eu lieu de s'en apercevoir que depuis sa petite retraite et son prompt retour à la cour. L'agitation de M. le Duc étoit très vive, mais il ne demandoit conseil à personne.

Le 27, la reine eut une assez longue conversation

avec l'évêque de Fréjus. Elle dit le jour même au maréchal de Villars de se rendre chez elle l'après-midi. Elle lui rendit compte de cette conversation, que sur Mme de Prie, Duvernay, il ne les haïssoit plus, mais qu'il n'avoit pressé M. le Duc de les éloigner que par le tort qu'ils lui faisoient. La reine dit : « Mais éloigner des personnes qui sont à moi, dont l'un, qui est secrétaire de mes commandements, demande des juges sur ce qu'on lui reproche, et l'autre, que l'on approfondisse les torts que l'on lui donne? Que, pour elle, les disgrâces de ces gens-là, dont elle est contente, lui feroient de la peine. » Elle lui parla aussi sur les changements qu'elle trouvoit dans l'amitié que le roi lui avoit toujours montrée, et sur la peine qu'elle voyoit à M. le Duc de n'entretenir jamais le roi seul. M. de Fréjus répondit que ce n'étoit pas sa faute.

Le maréchal de Villars dit à la reine qu'elle devoit paroître à M. de Fréjus toujours satisfaite de sa conduite, et qu'il falloit le ménager. Il fit ce qui dépendoit de lui pour pacifier tout, ne voyant pas qu'il fût possible à M. le Duc d'apporter aucun changement à l'état présent. Et le chapitre des accidents, comme dit le cardinal de Retz dans ses Mémoires, lui étoit nécessaire pour apporter quelque adoucissement à la situation où se trouvoit M. le Duc, prince du sang et premier ministre.

Les conseils d'État, dans les derniers jours de Marly, roulèrent sur les mesures à prendre avec le roi de Sardaigne, sur lesquelles on attendoit des nouvelles d'Angleterre, où le roi arriva enfin après avoir essuyé une assez rude tempête; sa flotte fut dispersée, et le yack qui le portoit jeté vers le port de Vic[1], où ce prince débarqua et se rendit peu de jours après à Londres.

On reçut dans les premiers jours de février un courrier de Campredon, ministre de France à Pétersbourg, qui apprenoit des résolutions de la Czarine de porter la guerre en Danemarck pour les intérêts du duc de Holstein. Il assuroit le traité conclu avec l'empereur. Les nouvelles qui arrivèrent du duc de Richelieu détruisoient celles de Campredon, et il paroissoit que le traité de l'empereur avec la Czarine n'étoit pas encore commencé ; aussi il fallut attendre la confirmation de nouvelles aussi contraires. Le duc de Richelieu avoit gagné un des commis qui chiffroit les lettres du comte de Sinzendorff. Mais le maréchal de Villars fit faire une observation au conseil, c'est que les doubles espions d'ordinaire sont les plus utiles, et que ce commis qui vendoit le chiffre de l'empereur pouvoit fort bien le faire du consentement du maître pour tromper par de fausses confidences. Il est certain que la lettre qui fut lue au conseil du roi paroissoit l'ouvrage d'un double fripon.

M. le Duc parla au maréchal de Villars, le 3 février, des instances que M. de Fréjus lui avoit faites pour chasser Mme de Prie et Duvernay, mais plus foiblement. Le maréchal lui dit : « Si M. de Fréjus ne parloit qu'à vous de son désir de voir partir des personnes que l'on sait être haïes du public, je pourrois croire, comme il vous le dit, que c'est pour votre intérêt qu'il vous presse ; mais c'est pour le sien qu'il veut que le public soit informé qu'il ne tient pas à lui

---

1. Probablement *Wight*.

que l'on ne chasse de la cour des personnes odieuses au public; et voilà tout ce qu'il désire, n'étant point fâché de tout ce qui augmente l'aversion contre vous, ne vous parlant jamais de tant de charges desquelles je vous parle fort inutilement, comme de la ferme des postes, de celle du tabac, d'ôter le cinquantième, de faire cesser les jeux que vous permettez dans Paris, d'ôter les expectatives de tant de gouvernements donnés à des enfants, de faire résider les gouverneurs dans les places frontières pendant quelques mois, de plusieurs autres choses que je vous représente, ne voulant que le bien de l'État et voir votre gouvernement applaudi; ce qui ne le touche point. Et moi, je vous déplais par mes libertés. »

Le 15 février, on reçut un courrier du duc de Richelieu, qui assuroit l'empereur déterminé à la guerre, et même pressoit le roi de la commencer si on le pouvoit utilement, puisqu'elle étoit inévitable.

Le même jour, on reçut des lettres du comte de Rottembourg, ambassadeur à Berlin, qui mandoit que les partisans de l'empereur gagnoient du terrain auprès du roi de Prusse, et que ce prince étoit dans de grandes incertitudes sur l'exécution du traité de Hanovre, faisant parapher divers sentiments qu'il devoit examiner avant que de le conclure.

Peu de jours après sa ratification, le roi de Prusse, dans une conversation sur ledit traité, dit au comte de Rottembourg : « Je ne m'arrête pas aux troupes que je dois donner, mais je puis marcher avec 50,000 hommes des miennes soutenues de celles de France et d'Angleterre, et attaquer l'empereur. »

Sur la lecture de la lettre du comte de Rottembourg, le maréchal de Villars prit la liberté de dire dans le conseil : « Ce parti le plus noble est le seul sage pour le roi de Prusse, puisqu'en cas de guerre avec l'empereur, il faut qu'il attaque ou qu'il soit neutre, la situation de ses États ne lui permettant jamais une guerre défensive. »

Peu de temps après, ces pensées hardies du roi de Prusse furent suivies d'une de ses lettres au roi d'Angleterre, dans laquelle [dominoient] l'incertitude, la crainte, l'humilité, voulant même exciter la commisération, ayant recours à la bonté du roi d'Angleterre pour ne pas l'exposer à une guerre que la situation étendue de ses États lui faisoit regarder comme très dangereuse.

A cette lettre succéda la composition de dix-huit articles, écrits de la main du roi de Prusse, et qui ne paroissoient, en façon du monde, rédigés par ses ministres ; ces dix-huit articles expliquant ses doutes, craintes, incertitudes, enfin paroissant une ampliation par lui désirée au traité de Hanovre.

Sur cette lettre humiliante et ces dix-huit articles écrits par le roi de Prusse, il n'a paru du côté de l'Angleterre qu'une extrême hauteur, surtout de la part du milord Tounshen[1], de laquelle le roi de Prusse et ses ministres paroissoient toujours fort irrités et indignés.

Le comte de Rottembourg désire même, sur la

1. Charles Townshend, beau-frère de Walpole, secrétaire d'État depuis 1721 et le principal négociateur de l'alliance avec la France et la Prusse. Il fut, en 1729, un des auteurs du traité de Séville. Villars orthographie son nom *Tounshen, Tountzen, Toutsen.*

demande de trente bataillons et vingt-cinq escadrons françois, la permission de les faire espérer pour combattre les progrès que les partisans de l'empereur font tous les jours sur l'esprit agité du roi de Prusse.

Dans ces circonstances arrive un courrier de l'ambassadeur du roi à Vienne, dépêché pour apprendre la détermination de l'empereur à la guerre, et cet ambassadeur la marque si certaine qu'il prend la liberté de presser le roi d'attaquer les princes du Rhin pour les détacher des intérêts de l'empereur, conseil, à la vérité, indiscret.

Dans une pareille situation, le maréchal de Villars crut devoir dire au conseil : « Il est le 19 de février, et nous n'avons encore rien d'avancé avec le roi de Sardaigne. Je crois donc nécessaire de faire partir le comte de Broglie le plus tôt qu'il se pourra pour presser l'Angleterre de prendre des mesures plus solides avec le roi de Prusse. Je crois avoir démontré que le roi de Prusse est forcé, par la situation de ses États, à une guerre offensive ou à la neutralité. Que penseroit le roi d'Angleterre d'une neutralité qui laisseroit ses États de l'Empire à la discrétion de l'empereur, lequel même offriroit aux Suédois Brême et Felden[1] au cas d'union avec lui? Je suis donc persuadé que Sa Majesté Britannique n'oubliera rien pour n'avoir aucune sorte d'inquiétude sur celles d'un roi qu'il croit

---

1. Ce mot est de la main de Villars et presque illisible. Il s'agit évidemment de *Ferden* ou *Verden,* dont le duché avait été donné à la Suède, ainsi que celui de Brême, par le traité de Westphalie. Georges Ier, sous prétexte de défendre la Suède contre la Russie, avait occupé les deux duchés et les avait incorporés au Hanovre en 1719.

lui être très dévoué, mais dont cependant le caractère vacillant exige de grandes précautions. Je finis par dire que nous touchons au mois de mars. Il y a cependant de grandes raisons de compter que la guerre ne peut commencer, surtout du côté de l'Espagne, que la flotte et la flottille ne soient en sûreté. »

Cet établissement vouloit, de concert avec les Hollandois, les détruire ; ils avoient le même dessein contre les commerces qu'établissoient les Moscovites ; ils voyoient aussi que les Espagnols étoient portés à diminuer celui que les Anglois commençoient d'étendre dans les Indes. Le roi d'Angleterre, personnellement lié par ses États d'Allemagne, devoit appréhender une guerre avec l'empereur.

Le roi de Prusse hasardoit aussi beaucoup ; c'est pourquoi le maréchal de Villars pressoit le conseil de mettre tout en usage pour rassurer le roi de Prusse si l'on vouloit compter sur ses forces, lesquelles seroient inutiles à lui et à ses alliés s'il ne prenoit des mesures pour attaquer, ce que le comte de Rottembourg, ministre de France auprès de lui, n'espéroit point.

Les dépêches dudit comte, qui furent lues au conseil le 2 mars, pouvoient préparer à voir le roi de Prusse abandonner le traité de Hanovre, puisqu'il défendit à ses envoyés en Suède et en Hollande de faire aucun pas pour l'accession de ces puissances audit traité, même il rappela et menaça le général Bulau, son envoyé en Suède, de le faire mettre aux fers pour avoir pressé la Suède d'accéder.

Sur ces nouvelles, le maréchal de Villars dit au conseil que, si elles étoient confirmées, on devoit s'attendre à la guerre, et que l'empereur ne pouvoit avoir de bon ministre qui ne la lui conseillât, attendu que le traité de Hanovre étoit la base de la destruction de son pouvoir et de sa considération dans l'Empire.

Ses raisons étoient qu'ayant déclaré un ordre de succession qui éloignoit ses sœurs et ses nièces de toute espérance, il aliénoit la maison de Bavière, et, par conséquent, l'électeur de Cologne son frère; que, par le traité de Hanovre, on commençoit une ligue de protestants; que l'empereur étoit donc forcé de ne pas perdre des moments précieux pour prévenir de si dangereux ennemis, et, par ces raisons, l'on pouvoit s'attendre que, s'il regagnoit le roi de Prusse, la guerre étoit inévitable; qu'ainsi il arriveroit, comme on l'avoit reconnu par le traité de partage, que les mesures que l'on prenoit pour assurer la paix détermineroient la guerre.

L'on apprit que le comte de Rabutin étoit parti de Vienne le 1er février pour achever à Pétersbourg le traité commencé avec la Czarine.

Le jeu étoit très gros à Marly, et le roi et la reine perdoient deux cent mille francs en deux mois. Le maréchal de Villars parla à la reine et lui dit que rien ne lui feroit tant d'honneur que de quitter le jeu, et représenta aussi au roi, avec lequel il avoit l'honneur de jouer au piquet, un petit jeu, qu'il s'y amusoit de même, et que le gros jeu ne convenoit guère à un roi.

Le 6 mars, on apprit par un courrier la mort de l'électeur de Bavière[1], d'un polype dans l'estomac qui

---

1. Max-Emmanuel, le prince guerrier et inconstant dont il a été si souvent question dans les précédents volumes.

l'incommodoit depuis longtemps et qui à la fin causa sa mort, âgé de soixante-deux ans. C'étoit un prince rempli de toutes les bonnes qualités désirables pour le commerce de la vie, aimant tous les plaisirs. Il avoit de la valeur, désir de gloire, mais si peu d'application à ses affaires que ses ministres, abusant de sa facilité, l'avoient jeté dans de grands désordres en le volant. Ses courtisans lui gagnoient prodigieusement à toutes sortes de jeux, qu'il jouoit toujours avec grand désavantage. Il laissa quatre princes, lesquels avoient été deux mois à la cour de France pendant le mariage du roi.

Le duc de Richelieu et Saint-Saphorin, ambassadeur d'Angleterre à la cour de l'empereur, étoient chargés d'un traité que ce dernier avoit entamé avec cet électeur, passant à Munich dans la fin de l'année 1725. La mort de l'électeur suspendit toutes les mesures qu'il étoit question de reprendre avec son fils.

Dans le conseil de finance du 12 mars, on proposa d'augmenter de cent livres à cent dix livres les places de la diligence de Paris à Lyon, lesquelles n'étoient qu'à soixante-deux livres, et les maîtres des diligences s'engageoient à garantir de vol les voyageurs. Le maréchal de Villars trouva qu'il étoit contre la dignité du gouvernement qu'il parût que les chemins ne pussent être libres en France que par des assurances, et qu'il ne falloit pas écouter cette proposition. Les maréchaussées, qui coûtoient dix-neuf cent mille francs par an, devant pourvoir à la sûreté publique ; et son avis fut suivi.

Cependant, le comte de Rottembourg ramena le roi de Prusse, dont les discours pouvoient faire craindre une résolution très contraire à ses engagements dans le traité de Hanovre ; il avoit rappelé le baron de Bulau, son ministre à Stockholm, et ce rappel dérangea toutes les mesures que les ministres de France et d'Angleterre avoient prises pour l'accession de la Suède au traité de Hanovre, laquelle paroissoit assurée.

Celle des sept provinces de Hollande avançoit fort, et l'on apprit dans les derniers jours de mars que quatre provinces avoient déjà opiné pour l'accession.

Le 1er avril, la reine d'Espagne, demeurant à Vincennes, vint voir le roi et la reine avec sa cour. Le roi la reçut sur le haut du degré ; elle fut un quart d'heure chez le roi, qui la mena ensuite chez la reine ; la visite ne fut pas plus longue. La reine la reçut dans son antichambre et la reconduisit de même. Cette reine s'assit dans un fauteuil entre celui du roi et de la reine, et la conversation fut courte.

La reine lui rendit sa visite peu de jours après. Mme d'Orléans, sa mère, dit au maréchal de Villars que la reine sa fille l'inviteroit, avec les autres grands d'Espagne, et même les chevaliers de la Toison d'or, à se trouver à Vincennes pour recevoir la reine. M. le Duc ne croyoit pas cela convenable ; le maréchal de Villars lui dit que c'étoit un devoir indispensable à remplir auprès de la reine d'Espagne et un respect pour la reine ; il s'y trouva et tous les autres grands d'Espagne et chevaliers de la Toison d'or qui étoient à la cour et à Paris.

Dans le conseil du 10 avril, on lut des dépêches de Madrid qui commençoient à faire entrevoir que les cours de Madrid et de Vienne pouvoient ne pas soutenir les engagements sur la Compagnie d'Ostende.

L'Angleterre et la Hollande refusoient d'entrer dans aucune sorte de négociation sur cette matière; il étoit aisé de juger que si l'empereur ne regagnoit le roi de Prusse, il n'avoit d'autre parti à prendre que de céder pour gagner du temps.

Il est vrai que l'esprit changeant et violent de ce prince, d'ailleurs animé contre l'Angleterre, pouvoit faire craindre les plus grands changements en lui. Sa coutume étoit de répondre de sa main aux mémoires de ses principaux ministres. Ilgen et Knipausen[1] avoient la principale part à sa confiance, et, sur la représentation que l'un et l'autre lui faisoient pour l'obliger à tenir ses engagements, il écrivit sur celui d'Ilgen : « Vous avez touché bien des guinées; » et sur celui de Knipausen : « Vous avez reçu bien des louis d'or. » Enfin, sa persévérance à tenir ou à manquer à son traité pouvoit décider de la paix ou de la guerre.

L'on apprit, dans le conseil du 14, que le roi de Prusse s'étoit expliqué au comte de Rottembourg, chez lequel il étoit venu dîner de Postdam, qu'il pouvoit mettre soixante mille hommes en campagne, ses places gardées; que, cependant, si la Czarine et la Pologne l'attaquoient, il ne pouvoit défendre ses États. Et le maréchal de Villars dit : « Voyons donc avec l'Angleterre s'il faut laisser le temps et les moyens à l'empereur de le regagner, de concert avec la Czarine. » Ces raisonnements alloient à examiner quel étoit le

---

1. Henri Rudiger von Ilgen avait été le principal agent des négociations qui mirent la couronne royale sur la tête de l'électeur de Prusse; nommé ministre en 1701, il le resta jusqu'à sa mort en 1728. Frédéric-Ernest von Knyphausen était son gendre et son collègue.

plus utile ou le plus dangereux de commencer la guerre ou de l'attendre.

Dans ce temps-là, un nommé La Fresnoye, conseiller au grand conseil, se tua chez une Mlle Tencin, sœur de l'archevêque d'Embrun. C'étoit une assez jolie personne, de l'esprit, très intrigante, accoutumée à faire tous les usages possibles de son corps et de son esprit pour parvenir à ses fins. Elle avoit été en grand commerce avec le cardinal Dubois, s'étoit mêlée de beaucoup d'affaires du temps de Law, ainsi que ses frères. L'archevêque d'Embrun étoit homme d'esprit, et qui, chargé des affaires de France à Rome, y avoit fort bien servi.

Ce La Fresnoye, perdu de dettes, d'amour, de jalousie et de toute la fureur que les plus grands désordres peuvent mettre dans l'esprit, se tua. Il avoit laissé en dépôt un écrit de sa main contenant toutes les horreurs qu'il s'étoit imaginé pouvoir causer la perte de la Tencin. Elle fut arrêtée, et, le grand conseil en procès avec le Châtelet pour juger le mort, il fut décidé que ce seroit le Châtelet.

Celui du cardinal de Bissy avec le comte d'Évreux fut décidé au conseil des dépêches du 13 avril. C'étoit sur la capitainerie de Monceaux, laquelle fut confirmée capitainerie de maison royale, titre qui mettoit les capitaines en pouvoir de tyranniser tous les seigneurs du pays. Le maréchal de Villars prit la liberté de dire au roi : « Cette capitainerie est inutile à vos plaisirs, puisque vous n'y allez jamais ; en gages d'officiers très inutiles, il vous en coûte plus de trente mille francs ; ainsi, c'est une dépense que vous faites pour qu'un homme soit en droit de tyranniser soixante-trois seigneurs; puisque, par les mémoires que nous avons vus, il y a ce nombre dans l'étendue que M. le comte d'Évreux demande. Il est de la bonté, et j'ose dire de la justice de Votre Majesté, de détruire ces capitaineries, inutiles à vos plaisirs. » Ce qui fut inutile, ce fut la représentation du maréchal de Villars.

Dans le même temps, Voltaire fut mis à la Bastille, séjour qui ne lui étoit pas inconnu. C'étoit un jeune homme qui, dès l'âge de dix-huit ans, se trouva le plus grand poète de son temps, distingué par son poème de Henri IV, qu'il avoit composé dans ses premiers voyages à la Bastille, et par plusieurs pièces de théâtre fort applaudies. Comme ce grand feu d'esprit n'est pas toujours accompagné de prudence, celui-ci étoit un grand poète et fort étourdi.

Il s'étoit pris de querelle chez la Lecouvreur, très bonne comédienne, avec le chevalier de Rohan. Sur des discours très offensants, celui-ci lui montra sa canne. Voltaire voulut mettre l'épée à la main. Le chevalier de Rohan étoit fort incommodé d'une chute qui ne lui permettoit pas d'être spadassin. Il prit le parti de faire donner en plein jour et en sa présence quantité de coups de bâton à Voltaire, lequel, au lieu de prendre la voie de la justice, estima la vengeance plus noble par les armes. On prétend qu'il la chercha avec soin, trop indiscrètement. Le cardinal de Rohan demanda à M. le Duc de le faire mettre à la Bastille. L'ordre en fut donné, exécuté, et le malheureux poète, après avoir été battu, fut mis à la Bastille. Le public, disposé à tout blâmer, trouva pour cette fois, avec beaucoup de raison, que tout le monde avoit tort : Voltaire d'avoir offensé le chevalier de Rohan; celui-ci d'avoir osé commettre un crime digne de mort ; le gouvernement de n'avoir pas puni la notoriété d'une mauvaise action et d'avoir fait mettre le battu à la Bastille pour tranquilliser le batteur.

Tout cela arriva pendant un voyage de six jours que le maréchal de Villars fit dans son château avec une assez grande compagnie. Il apprit que la Tencin avoit eu la liberté de venir chez elle pour trois heures ; après quoi elle fut remise, pour les formes, à la justice du Châtelet. Le public blâma encore cette indulgence pour une personne qui n'avoit pas son approbation.

Les conseils d'État du 28 avril et 1er mai furent occupés de matières très importantes et qui exigeoient de très sérieuses réflexions pour les mouvements de trois armées navales que les Anglois envoyèrent en même temps dans toutes les mers, la Baltique, la Méditerranée et l'Océan, vers l'Amérique, avec des ordres à leurs amiraux, dont nous ne fûmes informés qu'après leur départ. Le secret sur cette matière étoit si important que l'on ne hasarde pas encore de le mettre sur le papier. Le maréchal de Villars crut devoir exposer ses réflexions sur les divers périls.

Un courrier du duc de Richelieu apporta des dispositions peu favorables de l'électeur de Bavière[1] pour accéder au traité de Hanovre, et les lettres du comte de Rottembourg fortifioient les soupçons de voir le roi de Prusse se détacher dudit traité, et de grandes apparences de liaisons avec l'empereur. On apprit aussi que l'on croyoit qu'il s'étoit signé à Vienne un

---

1. Charles-Albert, fils de Max-Emmanuel, qui fut un instant empereur sous le nom de Charles VII et mourut en 1745.

traité de garantie entre l'empereur, la Czarine et la Suède, qui préparoit à de plus grandes liaisons entre ces puissances. Les dépêches lues au conseil d'État du 5 mai confirmèrent la signature à Vienne, le 17 avril, du traité de garantie entre l'empereur, la Czarine et la Suède, et celles du comte de Rottembourg préparoient à voir incessamment le roi de Prusse se séparer de l'alliance de la France et de l'Angleterre, et toutes les apparences d'une guerre prochaine étoient fondées sur ce que l'on apprenoit de divers endroits.

Les inquiétudes dans ceux qui avoient la plus intime connoissance des affaires de l'État furent mêlées d'une espérance très flatteuse, et l'on commença à croire la reine grosse dès le 10 mars. Elle fit connoître sa joie au maréchal de Villars ce jour-là, et son extrême désir et bien légitime que ses espérances pussent se fortifier.

Le 11 mai, le conseil des dépêches fut occupé d'une matière importante et qui faisoit du bruit dans le monde. Un arrêt du conseil du 13 mars 1724 avoit donné pouvoir de juger en dernier ressort un criminel à l'intendant de Dauphiné, le marquis de Montauban Soyans, avec les juges qu'il voudroit choisir. Le garde des sceaux et le contrôleur général avoient tous deux signé l'arrêt, et tous deux sans l'avoir examiné. Le soupçon le plus violent tomboit sur Pelouse, premier secrétaire du garde des sceaux, homme mal famé et ennemi déclaré du marquis de Montauban.

Le contrôleur général évita de se trouver au conseil, et Breteuil, secrétaire d'État, évita ce qui pouvoit porter le conseil à un examen sévère. Le maréchal de Villars dit en opinant : « Dieu m'a fait la grâce de ne m'écarter jamais de la plus exacte justice et vérité, autant que je l'ai pu connoître ; il est de la justice du roi d'éclaircir une affaire aussi importante que de voir émaner de son conseil un arrêt qui pût mettre la tête sur un échafaud à un homme de la première qualité du royaume. » Quelqu'un dit que les ministres ne devoient compte qu'au roi de leur conduite. Le maréchal de Villars dit : « Ils doivent rendre un autre compte plus sévère à Dieu et à leur propre gloire, et jamais le roi n'est mieux servi que lorsque ses ministres sont fidèles à de tels principes. »

Dans le conseil du 12 mai, on trouva que les lettres du comte de Cerest-Brancas ne donnoient pas de si grandes espérances que les précédentes de l'accession de la Suède, et que le comte de Horn, estimé la meilleure tête de la Suède et le plus accrédité dans le sénat, la différoit. Le sieur Walpole[1], ambassadeur d'Angleterre, revint de Londres le 14 et se rendit le 15 à Versailles ; il n'oublia rien pour excuser le gouvernement d'Angleterre d'avoir donné des ordres à ses amiraux par espoir des événements suprêmes, sans en avoir donné aucune participation à la France. Comme on n'avoit pas résolu de se fâcher bien fort, ses excuses furent reçues. Cet ambassadeur vint deux jours de suite voir le maréchal de Villars pour le prier de faire un projet de guerre, en cas que le roi de Prusse manquât au traité de Hanovre, ainsi que les

---

1. Horace Walpole (1678-1757), frère de Robert Walpole (1676-1745), le célèbre et puissant ministre des rois Georges Ier et Georges II. Cynique et plaisant, il n'avait ni la finesse ni le talent de son frère, mais il secondait habilement sa politique auprès du cardinal de Fleury. Villars écrit ordinairement leur nom *Valpold*.

apparences le faisoient craindre. Il apprit au maréchal de Villars que le prétendant étoit parti de Rome le 1ᵉʳ mai, et que l'on ignoroit la route qu'il avoit prise. Tout paroissoit se disposer à la guerre. Le maréchal de Villars parla encore sérieusement à M. le Duc, et lui répéta l'opinion dont il avoit toujours été ; que c'étoit par les réformes, l'économie, l'usage que l'on pouvoit faire de la ferme des postes, de celle du tabac abandonnée à la compagnie, de celle des salpêtres, que l'on pouvoit trouver des ressources, et non pas mettre sur un royaume épuisé, et qui payoit près de cent quatre-vingts millions par an à son maître, cinq différentes impositions tout d'un coup, qui étoient le cinquantième, le joyeux avènement, la levée et l'habillement de la milice, la suppression et le rétablissement de plusieurs charges et l'augmentation des monnoies. Le maréchal de Villars dit que, dans le conseil du 5 juin l'année dernière, il avoit soutenu fortement son sentiment; que, s'il avoit été suivi, on auroit évité les horreurs de la situation présente, et combien elles augmenteroient si l'on voyoit commencer la guerre.

L'on tint diverses conférences chez M. le Duc et chez le contrôleur général avec MM. Fagon et Desforts pour rétablir la circulation, car l'espèce disparoissoit et devenoit si rare que les recouvrements étoient très difficiles. Dans le conseil des dépêches du 25 mai, il ne fut question que d'arrêts de surséance. Les quatre secrétaires d'État étoient chargés de tous les endroits du royaume d'en demander. Ceux que l'on accordoit pour empêcher les banqueroutes en produisoient d'autres ; enfin le mal augmentoit. Quoique tous les remèdes fussent dangereux, on fut forcé d'en venir à celui d'une augmentation d'espèces, et il parut, le 26 mai, un arrêt qui mettoit les louis de vingt livres à vingt-quatre, les écus de cinq livres à six, et tout le reste à proportion.

Cependant, les nouvelles étrangères préparoient à une guerre assez prochaine. Il paroissoit que la Czarine faisoit marcher près de soixante mille hommes en Courlande, qu'elle-même devoit aller à Riga, que l'empereur vouloit faire marcher quarante mille hommes en Silésie; les avis de l'Empire disoient même qu'il avoit traité avec les électeurs de Bavière et de Cologne qui fourniroient vingt-quatre mille hommes ; que le roi de Pologne, comme électeur de Saxe, en fourniroit autant. Le roi de Prusse marquoit de grandes inquiétudes, peu de fermeté.

Les Hollandois allongeoient la négociation sur leur accession. Ils demandoient des conditions injustes qui pouvoient nous brouiller avec tous les corsaires d'Afrique. Sur quoi le maréchal de Villars crut devoir représenter au conseil d'État du 30 mai : « Que, lorsque la puissance maritime du roi l'emportoit sur les armées navales d'Angleterre et de Hollande jointes ensemble, il avoit été obligé aux plus grands efforts pour amener les Algériens à la paix ; que, présentement, les corsaires d'Alger, de Tunis et de Tripoli étoient en paix avec l'empereur et avoient même des envoyés à Vienne ; que, par cette paix, toutes les côtes de Naples et de Sicile étant à couvert des pirateries de tous leurs bâtiments, ces corsaires ne pouvoient plus avoir d'autre objet que toutes les côtes de France ; que, s'ils rompoient avec nous, la paix se rétabliroit difficilement avec eux, vu la foiblesse de notre marine; que les Anglois, qui leur donnoient retraite dans tous leurs ports, seroient la seule puissance maritime de l'univers respectée, par conséquent maîtresse de tout le commerce, ce qu'elle cherchoit avec ardeur, et celui de la France détruit. » Le maréchal dit qu'il étoit de son devoir et de sa fidélité de supplier le roi de faire de sérieuses réflexions sur ce qu'il prenoit la liberté de représenter.

La veille de ce conseil, qui étoit le 29, il passa un courrier de Madrid à Bruxelles, qui donna des lettres à Fonseca, chargé des affaires de l'Empire en France, par lesquelles on apprit que Riperda, principal ministre d'Espagne, s'étoit retiré, dans un carrosse de l'ambassadeur de Hollande, chez Stanhope [1], ambassadeur d'Angleterre à Madrid.

Il étoit surprenant que le premier ministre d'Espagne cherchât son premier asile dans Madrid, chez les ministres des puissances qui paroissoient le plus mal dans le temps présent avec son maître. On apprit que le roi d'Espagne avoit fait investir la maison de l'ambassadeur d'Angleterre.

Dans le conseil du 10 juin, on rendit compte au roi, de la part de Walpole, ambassadeur d'Angleterre en France, de ce qui s'étoit passé à Madrid au sujet de Riperda.

Le roi d'Espagne l'envoya demander à Stanhope, lequel, après avoir demandé une audience au roi d'Espagne pour savoir s'il imputoit quelque crime à

---

1. Le colonel William Stanhope, cousin du ministre anglais. « C'étoit parfaitement un Anglais, » dit Saint-Simon, qui en a tracé un portrait intéressant. Il fut ensuite vice-roi d'Irlande. Villars écrit habituellement *Stanop*.

Riperda, et le roi d'Espagne ne l'en accusant point, Stanhope refusa de le remettre. Le roi d'Espagne, après avoir tenu un conseil d'État et de conscience, envoya un alcade, un de ses maréchaux de camp et trente de ses gardes pour le demander à Stanhope, disant qu'il pouvoit faire reprendre son premier ministre, si on ne le lui rendoit pas, sans violer le droit des gens; Stanhope protesta et déclara qu'il n'auroit plus l'honneur de voir le roi qu'il n'en eût reçu l'ordre du roi d'Angleterre, auquel il dépêcha un courrier qui fut arrêté pendant six jours à Vittoria par ordre du roi d'Espagne. L'aigreur étoit au plus haut point entre l'Angleterre, les cours de Vienne et de Madrid, et l'on vit des lettres de Saint-Saphorin, ministre d'Angleterre à Vienne, au comte de Sinzendorf, chancelier de l'empereur, et une réponse du chancelier où les termes de rupture étoient employés. On crut devoir prendre des mesures pour retenir ou intimider le roi de Prusse, et l'on fit un projet pour pouvoir assembler une armée de 50,000 hommes dans la basse Allemagne, composée des troupes de Hanovre, de Danemarck et de Hesse, payée des subsides de France et d'Angleterre. Le maréchal de Villars dit au conseil qu'il approuvoit le projet d'assemblée, mais non celui des opérations de guerre proposées par l'Angleterre, lesquelles étoient très éloignées de tout bon esprit de guerre.

On reçut un mémoire de la part du roi de Prusse dont les demandes impossibles préparoient à une séparation. L'accession de la Hollande languissoit aussi bien que celle de la Suède.

Le 11 juin donna une grande scène à la cour, prévue par le maréchal de Villars. Le 10, étant avec

Dodun, contrôleur général, il lui dit : « Je vois former un orage contre M. le Duc que je crois prêt à éclater. » Dodun lui dit : « Je ne crois pas qu'il soit en place dans trois mois. » Le maréchal lui répondit : « Je ne le crois pas dans huit jours. » Le roi lui faisoit toujours fort bonne mine, mais une cabale considérable prenoit tous les jours de nouvelles forces.

Le 10, le maréchal d'Huxelles, qui étoit à la cour depuis quelques jours, donna à dîner à l'évêque de Fréjus et au maréchal de Berwick. Ils passèrent la journée ensemble, et on voyoit une vivacité dans les ducs de Charost et de Mortemart, ennemis de M. le Duc, une vivacité qui fit dire, au sortir du conseil du 11, au maréchal de Villars, au même Dodun, auquel il avoit communiqué sa pensée, qu'il voyoit l'événement très prochain.

Au sortir de ce conseil même, le roi, en badinant, mit la main dans la poche du maréchal de Villars et prit ses gants, et pouvoit prendre une lettre anonyme qu'un espèce d'officier lui avoit donnée lorsqu'il entra au conseil, dont il n'avoit lu que les quatre premières lignes qui étoient des horreurs contre M. le Duc. Le maréchal auroit été bien fâché que le roi l'eût lue. Occupé de ce qu'il prévoyoit, il dit à M. le Duc, en sortant du conseil, qu'il vouloit lui dire un mot ; mais, comme il étoit deux heures et demie, que les ambassadeurs attendoient M. le Duc, que le nonce du pape et l'ambassadeur de Sardaigne dînoient chez le maréchal de Villars, il n'eut pas le temps de lui parler.

Le roi partit à trois heures pour Rambouillet et dit, en parlant à M. le Duc : « Ne me faites pas attendre pour souper. » Le nonce et l'ambassadeur de Sardaigne tinrent le maréchal de Villars jusqu'à sept heures ; ainsi, il ne compta plus de parler à M. le Duc. A cette même heure, le duc de Charost, dont les ordres étoient signés dès la veille, demanda à parler à M. le Duc, et, après un mauvais compliment, lui dit l'ordre qu'il avoit du roi; il le donna par écrit à M. le Duc; il étoit des plus durs, conçu en ces termes : « Je vous ordonne, sous peine de désobéissance, de vous rendre à Chantilly et d'y demeurer jusqu'à nouvel ordre. » Il répondit au duc de Charost qu'accoutumé à faire obéir le roi il en donneroit toujours l'exemple; qu'il avoit attendu de l'amitié du roi et du désir qu'il avoit témoigné de se retirer, que sa retraite ne seroit pas accompagnée de cette dureté. Il partit dans le moment et fut suivi par Saint-Paul, lieutenant des gardes du corps.

Le maréchal de Villars n'apprit rien que par la reine, étant allé chez elle comme elle sortoit de table. Elle lui dit de passer dans son cabinet et lui apprit avec beaucoup de larmes le départ de M. le Duc, touchée de sa disgrâce, mais plus vivement de la lettre que M. de Fréjus lui remit. Elle la montra au maréchal de Villars. Les propres termes étoient : « Je vous prie, Madame, et, s'il le faut, je vous l'ordonne, d'ajouter foi à tout ce que l'ancien évêque de Fréjus vous dira de ma part, comme si c'étoit moi-même. Signé : Louis. » Elle lisoit ces lignes avec des sanglots qui marquoient bien sa passion pour le roi.

M. de Fréjus remit à MM. de Morville et de Maurepas des ordres, de la main du roi, d'exécuter tout ce qui leur seroit dit par lui, et, sur ses ordres, on exila Duvernay à cinquante lieues de Paris, l'aîné Pâris à

Périgueux, La Montagne en Dauphiné et Montmartel à Saumur. M. Desforts eut la place de contrôleur général, M. Le Blanc, rappelé, eut la charge de secrétaire d'État de M. de Breteuil, lequel, ainsi que M. Dodun, demandèrent à se retirer. Le roi tint le conseil d'État le dimanche, dans lequel le maréchal de Villars prit la place de M. le Duc, et il n'y eut d'autre changement.

Le maréchal de Villars alla voir M. le Duc le 17 juin. Ce prince lui parut très content d'être à Chantilly, mais très piqué de la manière dont on l'avoit fait partir de la cour, d'autant plus qu'il disoit avoir déclaré à l'évêque de Fréjus, huit jours auparavant, qu'il vouloit se retirer; ayant même été averti par un ministre étranger, qu'il avoit nommé à M. de Fréjus, que la résolution étoit prise de le remercier, et qu'il vouloit éviter au roi cette peine et à lui cet affront, et il dit au maréchal de Villars que le lundi au soir, la veille de son départ, il avoit parlé au roi devant M. de Fréjus, de manière à marquer son dessein de se retirer, et qu'il eût été plus naturel et plus honnête de l'accepter sur-le-champ.

Le maréchal de Villars lui tint les discours les plus propres à le fortifier dans la situation tranquille où il se trouvoit, et lui conseilla de ne pas presser de quelques mois la liberté, qu'il désiroit très ardemment, de voir Mme de Prie, d'autant plus, disoit-il, qu'il étoit cause de tous ses malheurs, assurant le maréchal de Villars qu'elle ne les méritoit pas; que jamais elle n'avoit été intéressée, et que le temps le feroit voir par le mauvais état de ses affaires. Le maréchal de Villars ne croyoit pas ce mauvais état de ses affaires, mais aussi savoit-il bien qu'on vouloit lui croire des trésors qu'elle n'avoit pas.

Il retrouva le nouveau contrôleur général en place, qui travailla avec le roi le 21; le duc du Maine y travailla aussi le même jour pour les Suisses. L'évêque de Fréjus, ayant seul la confiance du roi, étoit le maître, et les maréchaux d'Huxelles et de Berwick, les sieurs Desforts et Le Blanc l'investissant, le maréchal de Villars s'éloigna des affaires, autant que l'honneur qu'il avoit d'être de tous les conseils du roi le pouvoit permettre. Le roi le faisoit jouer toutes les nuits jusqu'à deux et trois heures après minuit, ce qu'il désiroit d'éviter.

L'on donna un arrêt pour changer l'imposition du cinquantième. Cet arrêt fut enregistré au parlement sans aucune difficulté. Le prix des vieilles espèces fut augmenté, et l'on fit divers changements qui paroissoient assez contraires au précédent gouvernement. L'on permit à tous les mestres de camp, qui avoient ordre d'être trois mois à leurs régiments, de revenir sur-le-champ. L'on vit même dans les gazettes de Hollande que le lieutenant de police avoit été obligé de donner des ordres pour empêcher le peuple de Paris de faire des feux de joie le jour que M. le Duc avoit été envoyé à Chantilly. Enfin, l'on n'oublia rien de tout ce qui pouvoit le mortifier. Le marquis de Belle-Isle et son frère parurent à la cour.

Dans le conseil des finances du 11 juillet, le nouveau contrôleur général exposa très pathétiquement au roi l'impossibilité de la levée du cinquantième, telle qu'elle avoit été réglée au lit de justice tenu le 5 juin de l'année précédente, oubliant qu'il avoit parlé avec plus de force qu'aucun autre, et dans le conseil des douze qui fut tenu chez M. le Duc le 3 juin, et dans celui de finance qui fut tenu devant le roi le 4. Le maréchal de Villars dit simplement ce qu'il avoit représenté dans le conseil et prit la liberté d'exhorter le roi à une économie universelle et répéta pour la troisième fois ce qu'il avoit eu l'honneur de représenter au roi de la conduite du cardinal Alberoni dans l'administration des finances d'Espagne.

M. Desforts finit par rendre compte du bail qu'il avoit fait pour six ans des fermes, auxquelles on ajoutoit le contrôle des actes et le rétablissement des nouveaux droits moyennant quatre-vingts millions, et des recettes générales à soixante millions. Ainsi, en deux fermes, l'on voyoit cent quarante millions assurés, sans aucun frais de régie. Il est vrai que cette même régie, dont l'établissement étoit dû aux Pâris, avoit fait connoître le véritable produit des fermes, lesquelles, seules et séparées des deux articles ci-devant expliqués, avoient monté une année à quatre-vingt-huit millions, la seconde à quatre-vingt-deux, et la troisième à soixante-dix-neuf. Cependant le bail actuel étoit bon et indispensablement nécessaire pour rétablir la circulation totalement cessée par le soulèvement général contre M. le Duc, auquel, véritablement, ce prince avoit un peu contribué par ne vouloir prendre conseil de personne ni délibérer sur rien avec ses plus fidèles serviteurs.

Les affaires étrangères paroissoient dans une situation tranquille. La Hollande se disposoit à l'accession au traité d'Hanovre, la Suède de même. La flotte d'Angleterre, dans la mer Baltique, imposoit toujours à la czarine. Le roi de Prusse n'étoit pas bien disposé, et sa haine pour le roi d'Angleterre se montroit plus violente que jamais; on ne pouvoit douter qu'il traitât avec l'empereur. L'Espagne envoyoit des remises considérables à Vienne, et la dernière étoit de près de quatre millions, lesquelles ne pouvoient avoir d'autre objet que de mettre l'empereur en état de faire la guerre, laquelle, cependant, ne pouvoit commencer que lorsque la flotte anglaise auroit quitté la mer Baltique, et laissé la czarine en la liberté de faire passer des troupes en Allemagne.

Le 10 juillet, on régla ce qui regardoit la convention résolue entre le roi, le roi d'Angleterre et le roi de Danemark, et l'on nomma le chevalier de Camilly[1] pour envoyé plénipotentiaire à la cour de Danemark.

Le 23 juillet, M. Desforts rapporta l'affaire du comte de Belle-Isle pour son échange de Belle-Isle. Cet échange avoit été fait avec des conditions si onéreuses pour le roi qu'il fut dit par un édit, en 1724, que l'on laisseroit au comte de Belle-Isle des domaines pour trente-quatre mille livres de rentes, en attendant que la chambre des comptes eût réglé les justes prétentions de ce que le roi donnoit et recevoit.

Dans le rapport que fit M. Desforts, assez dans les intérêts de M. de Belle-Isle, il fut d'avis que l'on lui donnât, au lieu de trente-quatre mille livres, quarante-neuf, qui étoient une évaluation de la chambre des comptes. M. Fagon opina à rétablir le marquis de Belle-Isle dans tout ce que le roi lui avoit donné, qu'on avoit prétendu

---

1. P. Blouet, chevalier, puis comte de Camilly, était officier de marine; né en 1666, il mourut en 1753.

aller à plus de cent mille livres de rente, enfin un apanage de fils de France. Le maréchal opina à s'en tenir à l'évaluation de la chambre des comptes, avec ordre de ladite chambre de revoir ce qui avoit été évalué, et de décider entièrement sur le fond.

Ce jour-là même, le roi se trouva mal à la messe et eut une petite foiblesse; il tint cependant le conseil, qui fut assez long, et ne mangea point. Le maréchal de Villars le pressa de différer son voyage à Rambouillet, lui représentant qu'aussi bien il ne chasseroit pas ce jour-là. Il partit à quatre heures, eut un peu de fièvre la nuit; on le saigna et il revint à Versailles sur les quatre heures. C'était le 24, sur le soir, la fièvre se trouva assez forte pour obliger les médecins à le faire saigner du pied à neuf heures du soir; un remède qu'il avoit pris quelque temps auparavant fit un grand effet, et, la nuit du 24 au 25, la fièvre diminua. Cependant, la fièvre continuant toujours, on le saigna du pied pour la seconde fois. Le 27, on crut voir quelques boutons, et les médecins, surtout Chirac, étoient portés à craindre que ce ne fût la petite vérole, ce qui alarma, mais sans fondement; les boutons étoient de cousins qui avoient piqué le roi deux jours auparavant.

La reine apprit au maréchal de Villars ce qui s'étoit passé devant elle. Mme la Duchesse lui dit : « Je vais demander au roi que M. le Duc puisse venir, pour un jour seulement, savoir des nouvelles du roi. » Mme la Duchesse en pressa le roi dans les termes les plus vifs sur la tendresse, l'attachement de M. le Duc. Le roi répondit : « Point » fort sèchement. Mme la Duchesse répliqua : « Mais, sire, vous m'accablez de la plus mortelle douleur; voulez-vous mettre mon fils et moi au désespoir? Qu'il ait la consolation de vous voir un moment. » Le roi dit : « Non » et se retourna pour finir la conversation, malgré les larmes de Mme la Duchesse, et, dès lors, le courtisan demeura persuadé que M. le Duc n'avoit plus grand accès auprès du roi.

La maladie du roi causa celle de la reine, dont la passion pour le roi étoit des plus vives. Elle eut une fièvre très violente et plusieurs redoublements dans les 24 heures, et, pendant trois jours, il y avoit plus à craindre qu'à espérer. Le roi y alloit, ayant laissé passer les quatre premiers jours par la crainte de la petite vérole; il y alla ensuite tous les jours, mais les visites n'étoient que de quelques minutes, et la tendresse ne paroissoit pas grande de sa part. Quand elle fut rétablie, le roi lui rendit une visite de trois quarts d'heure, où il n'y eut que, seul, l'évêque de Fréjus, et cette marque d'amitié répara la peine des froideurs, qui étoient moins éloignement pour la reine que timidité de la part du roi.

Le chevalier de Fénelon, frère de l'ambassadeur, apporta la signature à l'accession au traité d'Hanovre par la république de Hollande. On apprit aussi le traité signé entre l'empereur et la Moscovie, le 7 août, à Vienne.

Le roi partit le 27 pour Fontainebleau. Le 28 août, Pâris-Duvernay, qui étoit à Langres, fut amené à la Bastille. Il avoit été le plus intime confident de M. le Duc, qui fut très vivement touché de son malheur. L'on fit enregistrer au parlement une déclaration du roi, qui remettoit à la chambre des vacations le jugement de l'affaire de Barrême et Bouret, dans laquelle on prétendoit que Duvernay avoit part.

On apprit le 15 [septembre], par un courrier du duc de Richelieu, que l'empereur avoit consenti à la promotion de l'évêque de Fréjus ; on dépêcha en Espagne pour avoir un pareil consentement. Le 19, l'ambassadeur de Venise vint dire au maréchal de Villars, de la part du nonce, qu'il avoit reçu le courrier du pape pour la promotion anticipée de l'évêque de Fréjus. Le même jour, un courrier de M. de Morville apporta une de ses lettres au maréchal de Villars, qui lui confirmoit cette nouvelle, et, le 20, le roi lui donna la calotte.

Le 27 septembre, le roi fit entrer dans ses conseils les maréchaux Tallard et d'Huxelles. Ainsi le conseil d'État se trouva composé de M. d'Orléans, le cardinal de Fleury, le maréchal de Villars, le maréchal d'Huxelles, le maréchal de Tallard et M. de Morville.

L'évêque de Fréjus avoit donné part des affaires étrangères au maréchal d'Huxelles trois mois avant cela, mais, comme il ne vouloit pas être précédé au conseil, quoique évêque, le maréchal d'Huxelles attendit la promotion du cardinal.

La reine partit le 25 pour se rendre à Fontainebleau ; elle alla coucher à Petit-Bourg.

Le 26, le sieur de Bercy fit un voyage à Fontainebleau. On le dit par ordre, le sieur de Bercy par lui-même ne devant donner une si grande attention, mais diverses cabales formées peu de jours avant la mort de M. le duc d'Orléans l'avoient voulu mettre à la tête des finances ; il étoit gendre de M. Desmarets, homme d'esprit, et, comme Desforts, contrôleur général, n'avoit pas produit grande circulation dans l'argent, le bruit courut que sa place seroit donnée à M. de Bercy. Tous ces bruits étoient très dangereux, et les gens d'affaires dévoués à M. Desforts perdoient toute espérance quand ils le voyoient peu solide dans sa situation.

Le 28, le maréchal de Villars se rendit dans son château, y passa huit jours et se rendit le 5 au soir pour le conseil des dépêches. Pendant ce temps-là, le conseil se forma et les maréchaux d'Huxelles et de Tallard prirent place auprès du cardinal de Fleury; il n'étoit pas nouveau que les cardinaux précédassent les ducs dans le conseil, cependant ils s'étoient.......[1] et le maréchal de Villars fut bien aise que ses aînés eussent cédé en son absence.

Il alla voir le cardinal de Fleury en arrivant, qui le reçut très bien; de là chez la reine, qu'il trouva seule. Elle lui marqua les mêmes bontés; elle envoya presque tous les jours un page savoir de ses nouvelles. Il vit le roi ensuite, qui lui marqua les mêmes bontés et lui dit que la chasse l'avoit mené souvent près de Villars.

Le 6, il y eut conseil d'État; le maréchal de Villars retourna le même jour à Villars, où Mme de Clermont, avec plusieurs dames et la plus brillante jeunesse de la cour vinrent passer trois ou quatre jours. On y joua des comédies, où la duchesse de Gontau, les ducs de la Trémoille, de Retz, d'Olonne, les marquis de Nesle, de Goesbriant, de Villars [2] étoient les principaux acteurs.

Le 8, le maréchal de Villars fut au conseil des

---

[1]. Quatre mots illisibles de la main de Villars.

[2]. Le fils du maréchal avait la passion de la comédie. On se rappelle le mot de Voltaire, interrogé par lui sur la manière dont il avait joué le principal rôle d'une de ses pièces : « Comme un duc et pair, monseigneur. »

finances, où il fut question de plusieurs diminutions sur les tailles. Les communautés étant fort arriérées, le contrôleur général dit qu'il étoit dû près de cent millions des années précédentes. Le jour même, il arriva un courrier du nonce du pape à Madrid, lequel rendoit compte d'une longue conférence avec le roi et la reine d'Espagne.

Le 9, le cardinal de Fleury envoya prier les maréchaux de Villars, d'Huxelles et de Tallard de se trouver chez lui avec M. de Morville, secrétaire d'État, et fit lire la dépêche très longue du nonce du pape.

Il mandoit que, dans la conférence avec Leurs Majestés catholiques, elles lui avoient appris que, par un avis du 8 août arrivé de Porto-Bello, où les galions étoient arrêtés, on leur mandoit que l'amiral Osier étoit devant avec la flotte anglaise, empêchant que personne n'en pût sortir ni entrer; que, plusieurs petits bâtiments étant partis du port, il les avoit fait suivre par les siens et forcés d'y rentrer; qu'une balandre en étant sortie, l'amiral Osier l'avoit arrêtée, prise et ouvert tous les paquets; enfin que cette conduite étoit une guerre commencée dont ils demandoient réparation, ajoutant que, la ligue de la France avec l'Angleterre et la Prusse n'étant que défensive, ils étoient bien aises de savoir si le roi leur neveu vouloit qu'elle fût offensive.

Le cardinal de Fleury envoya prier Walpole, ambassadeur d'Angleterre, de venir chez lui, et on lui lut et expliqua la lettre entière du nonce, et le cardinal de Fleury le pria, et ces Messieurs, de faire leurs réflexions sur la matière très importante qu'elle contenoit. Le même jour, il y eut conseil d'État chez le roi, et l'on n'y parla pas de ce qui s'étoit passé chez le cardinal. Le jour d'après, le cardinal de Fleury envoya prier les mêmes gens de se trouver chez lui, et il lut des projets de lettres pour être envoyées à Rome et à Madrid. Trois jours après, le sieur de Walpole ayant été appelé chez le cardinal, les projets de lettres furent changés, et la douceur que le cardinal y avoit mise changée en hauteur par les conseils de Walpole.

Le 16, il y eut conseil chez le roi. Les lettres de Rottembourg, ministre de France à Berlin, ne donnant pas de grandes espérances de la solidité du roi de Prusse, on avoit lieu de croire, au contraire, qu'il se lioit avec l'empereur; le général Sekendorf faisant un traité entre ces deux puissances et le roi de Prusse ayant ratifié celui qui se négocioit depuis près de plusieurs mois entre la czarine et lui, les apparences d'une guerre prochaine se fortifioient tous les jours.

Le 26, on eut avis que le traité entre l'empereur et le roi de Prusse avoit été signé. Rottembourg eut ordre d'en demander la connoissance au roi de Prusse, le traité d'Hanovre obligeant les puissances contractantes à ne faire aucun traité sans le communiquer.

Le 27, on apprit que le roi d'Espagne avoit fait sortir des ports de Cadix l'escadre hollandaise qui y étoit, sans vouloir lui donner plus de vingt-quatre heures, en sorte que le commandant de cette escadre ne put obtenir aucun délai. Le prince de Hesse, frère du roi de Suède, vint passer deux jours à Villars, où il y avoit toujours une partie de la cour, le maréchal y passant le reste de la belle saison et n'en partant que pour les conseils. On reçut les ratifications de l'accession des États de Hollande au traité d'Hanovre et l'on pressa ces mêmes États de travailler à une augmentation de troupes méditée depuis longtemps et très mal à propos différée, lorsque les avis de l'Empire parloient d'un armement presque général.

L'on apprit que les électeurs de Bavière et de Cologne faisoient des levées considérables. Chavigny, envoyé du roi à la diète, et qui avoit eu ordre de traiter avec le duc de Wirtemberg, manda que ce duc désiroit de s'attacher au roi, mais, préalablement, il vouloit qu'on lui cédât toutes les terres du feu prince de Montbelliart en Franche-Comté et des subsides considérables et des garanties de tous ses États. Le maréchal de Villars représenta que l'expérience du passé nous apprenoit que presque toutes les troupes que nous avions fait lever par les princes de l'Empire, un an après, s'étoient données à l'empereur, et que l'on ne pouvoit faire aucun traité solide avec un prince dont les États étoient environnés de ceux de nos ennemis.

Le 4 novembre, il y eut un conseil très long chez le cardinal de Fleury, composé des ministres du conseil d'État, à l'exception du duc d'Orléans, où diverses matières furent agitées, surtout par rapport aux apparences de guerre.

Le 5, le cardinal reçut la barrette des mains du roi, apportée par le neveu du cardinal Gualterio.

Le 7, il arriva des courriers à l'ambassadeur d'Angleterre, de Vienne et de Londres : celui de Vienne étoit chargé d'une lettre du duc de Richelieu, par laquelle il paroissoit que la cour de Vienne étoit très éloignée de toute pensée de guerre. Le courrier de Londres apportoit les réponses d'Angleterre aux lettres d'Espagne, qui demandoient réparation sur la conduite de l'amiral Osier devant Porto-Bello, en Amérique, laquelle pouvoit être regardée comme infraction à la paix.

Le cardinal de Fleury rassembla le 10 les ministres du conseil d'État chez lui, pour examiner la réponse qui seroit envoyée au nonce de Madrid. Walpole la demandoit haute et fière, même sur la conduite de l'amiral Osier; le maréchal d'Huxelles la vouloit douce ; le cardinal de Fleury adhéroit un peu au sentiment de Walpole; le maréchal de Villars dit qu'il la désiroit conforme à nos véritables intentions, puisqu'elles étoient de soutenir nos alliés ; que cependant il falloit éviter de parler de la conduite d'Osier, d'autant plus que tout ce qu'il avoit fait dès les commencements avoit même été ignoré par nous. Il fut dit que M. de Morville porteroit les réponses méditées à Walpole, et, le 11, au conseil, on adopta les réponses dictées par Walpole, qui étoient dures.

Il y eut cinq conseils de suite, ou chez le roi, ou chez le cardinal de Fleury.

Le 16 novembre, le roi se trouva un peu mal la nuit, et, comme ses fatigues étoient très violentes et journalières, le public n'auguroit pas bien de sa santé, laquelle cependant paroissoit bonne.

L'on lut, au conseil du 17, les dépêches du marquis de Brancas à Stockholm, par lesquelles on apprit que le comte de Velen, un des principaux sénateurs et à la tête du parti d'Holstein, avoit été arrêté ; ce qui ne permettoit pas de douter que le parti du comte de Horn ne fût le plus fort.

Le 19 novembre, il y eut un conseil de finances. La veille, le contrôleur général étoit venu chez le maréchal de Villars lui communiquer ce qu'il devoit rapporter le jour suivant au conseil. Il étoit question de retranchement sur les rentes perpétuelles et viagères mises sur les tailles. Il est certain que la dépense excédoit de beaucoup la recette des revenus du roi; il étoit indispensable de la diminuer. Le maréchal de Villars adressa la parole au roi en opinant et le supplia de vouloir bien se souvenir que, depuis qu'il avoit eu l'honneur d'être admis à ses conseils, il n'avoit cessé de représenter qu'une économie générale étoit indispensablement nécessaire, puisque c'étoit tomber dans l'abîme que d'augmenter les dettes au point que l'on seroit forcé à une banqueroute générale; que c'étoit la commencer que de retrancher plusieurs rentes très légitimes; qu'il est vrai qu'il y en avoit d'acquises à si bas prix que le retranchement de celles-là étoit juste; que ce qui le seroit infiniment seroit de diminuer la dépense de la maison du roi; qu'avant que de faire la maison de la reine, il en avoit représenté l'inutilité, alléguant au conseil que l'impératrice n'avoit à elle qu'un seul domestique, qui étoit son grand-maître, dont les appointements n'étoient que de mille florins; que c'étoient les pages de l'empereur qui portoient la robe de l'impératrice et des archiduchesses, l'empereur n'ayant cependant que quinze pages en tout; que lui, maréchal de Villars, avoit vu l'entrée de la reine des Romains et que son carrosse de parade étoit fait il y avoit quarante ans; que, par de telles économies, l'empereur, qui n'avoit pas le quart des revenus du roi, entretenoit un nombre de troupes aussi considérable; qu'en un mot, cette économie universelle rendroit à la couronne cet ancien éclat, cette gloire, cette autorité qui la faisoit respecter, non seulement de toute l'Europe, mais même du monde entier, puisque les rois des parties de la terre les plus éloignées venoient demander l'amitié du roi ; qu'enfin, par cet ordre si nécessaire, les princes et les républiques craignoient d'être ennemis, et les alliés et amis étoient plus traitables et moins chers.

Les retranchements, proposés par le contrôleur général, furent approuvés, et alloient à près de quatorze millions de diminution de dépense pour l'avenir et vingt-sept millions sur les années 1725 et 1726. L'édit fut envoyé au parlement le 24 novembre. Le roi tint conseil d'État à Fontainebleau, et les ministres eurent la semaine entière. Le maréchal de Villars alla coucher le 24 à Petit-Bourg, où le roi arriva le 25, pour y demeurer jusqu'au dernier novembre.

L'édit envoyé au parlement, il fut délibéré s'il feroit des remontrances. Il nomma des commissaires, et le premier président supplia le roi de vouloir bien faire attention à la ruine de grand nombre de gens qui avoient été forcés de mettre en rentes viagères et qui demeuroient à la mendicité. L'édit fut enregistré et publié les premiers jours de décembre.

Le 1er, il y eut un conseil d'État, et tous les autres jours des conseils à l'ordinaire.

Le 5, le maréchal de Villars alla voir M. le Duc à Chantilly et trouva ce prince en très bonne santé : il jouissoit des plaisirs de la chasse, qui lui ont toujours été les plus sensibles, dans le plus beau séjour du monde, mais gêné par une peine naturelle à tous les hommes, qui est celle de ne pouvoir en sortir, ou du moins s'en éloigner. Mme la Duchesse sa mère lui rendoit de fréquentes visites, très affligeantes pour lui, par les reproches continuels de n'avoir pas donné sa sœur au roi, ne voulant rien croire de tout ce qui s'étoit passé sur cela. M. le Duc en fit ses plaintes au maréchal de Villars, qui l'exhorta à la patience sur ces malheurs domestiques, qui sont toujours les plus sensibles.

Le maréchal de Villars revint à Versailles pour les conseils du 10 et du 11, dans lesquels on voyoit toujours de grandes variétés sur la conduite du roi de Prusse, ce prince étant continuellement agité par les sentiments très opposés de ses ministres : Ilgen et Knipausen étant pour la France, Grumko[1] et Bourck[2] pour l'empereur; le comte de Rottembourg le tourmentant et le général Sekendorf de son côté, au point que sa tête en étoit complètement ébranlée. Il est certain qu'en beaucoup de choses ce prince montroit une cervelle dérangée, mais il avoit soixante-dix mille hommes sur pied, plus de cinquante millions d'argent comptant, la plus grande économie, et se trouvoit plus puissant que tous les autres électeurs ensemble, et par ces raisons pouvoit entraîner la balance pour la paix ou pour la guerre.

1. Fr.-W. von Grumbkow (1678-1739), fils de l'un des principaux collaborateurs de l'électeur Frédéric-Guillaume, avait eu une carrière militaire brillante avant d'être diplomate : il fut ministre des affaires étrangères de Prusse après la mort d'Ilgen : très partisan de l'alliance avec l'Autriche, il passait pour recevoir des subsides de l'empereur.

2. Adr.-Bern., comte von Borck (1668-1741), feld-maréchal prussien, avait fait la guerre avec distinction : il remplit plusieurs missions diplomatiques et devint ministre d'État à la mort d'Ilgen (1728).

Dans le conseil du 15, on apprit les premières propositions du roi de Sardaigne pour se lier avec nous ; elles paroissoient vagues et obscures, et telles, enfin, que l'on fut obligé de le prier de les éclaircir avant d'y pouvoir répondre. On voyoit bien qu'il formoit quelque dessein contre les Génois aussi bien que contre les Milanois. Dans le conseil du 18, on apprit que le prince Eugène, qui avoit montré jusque-là assez de modération, parloit avec grande hauteur et vouloit porter à la guerre, puisque toutes les avances que faisoit l'empereur pour l'éviter paroissoient inutiles. Il proposoit un congrès. Le maréchal de Villars fut de sentiment que si l'on pouvoit éloigner la guerre de quelques années, ne fût-ce que de deux, cela convenoit pour donner un ordre plus solide à nos finances ; mais il étoit difficile d'accorder ces retardements et d'empêcher en même temps le retour des galions, cependant les apparences de guerre se fortifioient.

Le roi résolut la levée de six compagnies de cadets, pour tirer des provinces un nombre de gentilshommes auxquels la misère de leurs parents ne permettoit pas de donner aucune sorte d'éducation.

Dans le conseil des finances du 17, on parla de certains défrichements. Le maréchal de Villars soutint que l'on ne pouvoit trop favoriser les défrichements et s'opposa à des privilèges exclusifs de voitures que l'on vouloit établir dans le royaume, disant que de telles grâces pour les particuliers étoient toutes à la charge des peuples, qu'il falloit chercher à soulager par tous les moyens possibles.

Dans le conseil d'État du 21, on lut des dépêches de Stanhope, ambassadeur d'Angleterre à Madrid, qui marquoient une guerre certaine et le dessein d'attaquer Gibraltar. Le roi d'Espagne ordonna la *quintana*, qui est la levée du cinquième jeune homme par paroisse, et des levées extraordinaires de deniers dans tout le royaume.

On apprit par divers avis que, dans le conseil d'État tenu le 27 novembre devant l'empereur, la guerre avoit été résolue et une levée de cinq mille chevaux et quinze mille hommes de pied. Le traité avec le Danemark n'avançoit pas, ni l'accession de la Suède au traité d'Hanovre.

On manda au comte de Broglie de presser la cour d'Angleterre de faire marcher les troupes nationales et de ne pas compter uniquement sur celles qu'elle payoit en Allemagne. Les Hollandois marquoient une inquiétude assez vive sur cette inaction de la cour d'Angleterre, mais elle ne pouvoit rien faire sans le parlement, dont les plus promptes décisions ne pouvoient s'espérer que dans le mois de février.

1727. Le premier de l'année 1727, on lut au conseil une dépêche, apportée par un courrier du duc de Richelieu, qui apprenoit que le nonce du pape à Vienne, après l'avoir fort pressé d'entrer dans quelqu'un des expédients que proposoient les ministres de l'empereur, ce duc avoit consenti à une conversation, mais, voulant que l'envoyé de Hollande en fût témoin, pour éviter les soupçons que l'Angleterre et la Hollande vouloient prendre que la France s'accommodoit avec l'empereur et l'Espagne. Dans cette conversation, le nonce dit que les ministres de l'empereur, rebutés de voir toutes leurs avances inutiles pour éviter la guerre, trouvoient honteux pour l'empereur d'en faire de nouvelles, que, cependant, pour n'avoir rien à se reprocher, ils offroient, puisque le commerce d'Ostende étoit la cause de la guerre, de le suspendre pour le temps que l'on conviendroit. C'étoit, comme l'on dit, mettre l'Angleterre et la Hollande au pied du mur. Le maréchal de Villars dit que cette proposition méritoit attention; cependant, il fut résolu d'attendre ce que les Hollandois répondroient avant de se déclarer, tant on craignoit de marquer d'autres désirs que ceux de l'Angleterre, lesquels tendoient fort à la guerre.

On lut au conseil une déclaration des sentiments du roi d'Espagne sur l'infraction des Anglois, donnée par le marquis de La Paz à Stanhope, très belle, sage, haute et fondée en bonnes raisons. C'étoit une manière de manifeste.

Le duc de Richelieu apprenoit que l'empereur, outre les recrues qu'il avoit données à ses troupes, ordonnoit une levée de trente-cinq mille hommes, ce qui mettoit son état de guerre sur le pied de cent soixante mille hommes. Enfin, dans ce conseil du premier jour de l'an, tout préparoit à la guerre, avec peu d'apparence que les démarches de la cour de Vienne pussent l'empêcher, les Anglois l'ayant résolue.

Les nouvelles d'Espagne parloient toujours du siège de Gibraltar; on vouloit penser que leur appareil de guerre pourroit regarder le Port-Mahon, entreprise plus utile et moins difficile, pourvu que les Espagnols eussent les bâtiments de charge nécessaires pour porter tout d'un coup dans l'île de Minorque les troupes, l'artillerie et les munitions nécessaires pour le siège.

Les nouvelles de Pétersbourg parloient d'un voyage

de la czarine à Riga et du duc de Holstein, déclaré généralissime de ses troupes, pour rentrer dans ses États, usurpés par le Danemark. On apprit aussi que notre traité avec le royaume de Danemark étoit prêt à se conclure. En un mot, tous les matériaux pour une grande guerre s'assembloient dans toute l'Europe par des levées de troupes et les différentes unions des princes et États qui s'engageoient dans les divers partis.

Il arriva une très longue dépêche de Fénelon, ambassadeur en Hollande, laquelle ne put être déchiffrée avant le conseil du 12 janvier. Elle apprit que Stringlandt, un des plus considérables dans les États de Hollande, avoit donné un projet de guerre par lequel les Hollandois vouloient porter la France à attaquer l'Espagne par mer et par terre avec ses plus grandes forces. Ce Stringlandt étoit extrêmement dévoué à l'Angleterre; ainsi, l'on ne pouvoit douter qu'elle n'eût part à une telle proposition. Il étoit très aisé de la combattre par l'intérêt même des Hollandois, puisque la France ne pouvoit tourner ses principales forces contre l'Espagne sans se mettre hors d'état de soutenir les Hollandois, si l'empereur attaquoit le côté du bas Rhin. L'on manda à Fénelon de faire connoître aux États de Hollande la fausse idée de Stringlandt, et l'on attendit des réponses d'Angleterre sur la proposition de l'empereur de suspendre le commerce d'Ostende, qui étoit jusque-là le seul prétexte de la guerre commencée par l'Angleterre par avoir bloqué les galions dans Porto-Bello.

Il paroissoit que les Hollandois étoient peinés de ce que le duc de Richelieu avoit écouté les propositions du nonce, mais, comme ce n'avoit été qu'en présence de leur ministre à Vienne, ils ne pouvoient douter de nos bonnes intentions. On apprit dans le même conseil, par les avis d'Espagne, que tous leurs préparatifs pour attaquer Gibraltar continuoient très vivement.

Les propositions du nonce de Vienne au duc de Richelieu et au ministre de Hollande arrivées en Angleterre déplurent fort, et le comte de Broglie envoya une lettre du duc de Newcastle, qui fut lue au conseil du 26 janvier, par laquelle il paroissoit que le ministère d'Angleterre étoit très fâché que le duc de Richelieu eût écouté aucune proposition sans la communiquer au comte de Saint-Saphorin, ministre d'Angleterre auprès de l'empereur, et ils demandoient que, si les Espagnols attaquoient Gibraltar, la France attaquât l'Espagne avec ses principales forces. Cette idée, pareille à celle des Hollandois, marquoit un dessein d'engager la France contre l'Espagne, sans songer que la France avoit des ennemis plus dangereux du côté du Rhin et de la Meuse.

Dans le conseil de finance du 28, on proposa de nommer un commissaire pour examiner les réductions faites sur les rentes viagères, et le sieur de Machault, conseiller d'État, fut choisi pour cela. On lui donna un seul premier commis, nommé Olivier. Il étoit aisé de voir qu'en chargeant un homme seul de l'examen de cent cinquante mille requêtes, on comptoit que la discussion seroit longue; en attendant laquelle, il étoit ordonné d'exécuter préalablement la réduction ordonnée. L'on trouva que le cardinal de Fleury et le contrôleur général ne pensoient pas de même, et le bruit se répandoit que l'union n'étoit pas si grande entre eux.

Le 2 février, il y eut un très long conseil d'État, où les adresses du roi d'Angleterre et des deux chambres du parlement furent lues. Par les unes et par les autres, tout se disposoit à la guerre ; le parlement offroit au roi d'Angleterre tous les secours qu'il pouvoit désirer.

Par les lettres du duc de Richelieu, on savoit que le comte de Sinzendorf s'étoit plaint à lui des démarches de notre ambassadeur à La Porte, pour porter les Turcs à la guerre contre l'empereur. Cette plainte étoit sans fondement et uniquement pour animer l'Empire contre la France.

L'abbé de Montgon arriva d'Espagne, et le cardinal de Fleury dit au conseil qu'il ne lui avoit parlé qu'en termes généraux, de la part du roi d'Espagne, de son amitié pour le roi des François, mais rien de particulier qui pût faire espérer quelque réconciliation. Le maréchal d'Huxelles parla en confidence au maréchal de Villars, disant que le cardinal de Fleury ne leur disoit pas tout, et que, s'il n'avoit pas quelque secrète espérance, sa tranquillité étoit trop grande. L'on ne pouvoit douter que les Anglois ne fussent déterminés à la guerre, suivant un premier principe, dont nous ne pouvions douter, de profiter de la division de la France et de l'Espagne pour se rendre maîtres du commerce général du monde, faisant céder tout autre intérêt, même ceux de leur roi en Allemagne, à ce premier objet.

Dans le conseil d'État du 9 février, on lut des dépêches très longues de Fénelon, ambassadeur en Hollande. Les commissaires des États qui traitoient avec lui vouloient toujours que nous fissions un plan de guerre, et on leur répondoit que, la guerre se faisant pour leur seul intérêt, c'étoit à eux à s'expliquer sur la manière dont ils vouloient que cette guerre se fît.

Chavigny, ministre du roi à la diète, vouloit faire faire un traité avec le duc de Wirtemberg et commencer par des subsides pour ce prince, mais notre expérience d'avoir souvent payé la levée des troupes dans l'Empire, qui avoient servi contre nous, fit rejeter la proposition.

Le 12, le cardinal de Fleury rassembla chez M. Le Blanc les maréchaux de Villars, Huxelles, Tallard et Berwick. Ils y dînèrent, et, après cela, on agita les divers plans qui pouvoient être suivis pour la guerre, mais, comme l'on étoit incertain de ceux que l'Angleterre pouvoit former, que la Suède n'avoit pas encore décidé l'alliance avec le roi de Sardaigne, incertaine, aussi bien que le parti décisif du roi de Prusse, il étoit impossible de prendre aucune résolution que dans les divers cas. L'on décida seulement de presser tous nos préparatifs de guerre, levée de cavalerie, assemblée et marche des milices, magasins de vivres, surtout vers le Rhin. Il y eut, le même jour 12, conseil d'État; il parut plus d'incertitude dans les résolutions de la Suède, et l'on commençoit à voir quelques mouvements dans les troupes moscovites.

Le 15, dans le conseil des dépêches, il fut question de casser un arrêt du parlement qui paroissoit très injuste. M. de Maurepas, rapporteur, fut contre la cassation, MM. de Morville, Desforts et les maréchaux d'Huxelles et de Tallard du même avis. Le maréchal de Villars reprit la question, et, l'arrêt étant reconnu réellement mauvais, les plus honnêtes gens de la troi-

sième chambre du parlement, où il avoit été donné,
l'ayant hautement désapprouvé, le maréchal dit qu'il
ne s'étonnoit pas que les tribunaux inférieurs fussent
retenus par la forme, mais que, devant la personne
sacrée du roi, toute injustice évidemment reconnue
devoit être réparée et qu'il n'étoit pas du respect dû
à celui qui fait les lois que, devant lui, celles qu'il a
imposées pour la justice confirmassent une injustice
manifeste. Le garde des sceaux, M. le prince de Conty,
M. le duc d'Orléans, furent du même avis, et les maréchaux d'Huxelles et de Tallard revinrent à l'opinion du
maréchal de Villars.

L'arrêt étoit donné contre le sieur de Massol, gentilhomme de Bourgogne, en faveur d'un nommé Saint-
Germain, fameux agioteur, qui avoit gagné plus de
vingt millions au Mississipi.

Dans le conseil d'État du 15, on lut des lettres du
duc de Richelieu, apportées par un de ses courriers,
qui rendoit compte de propositions de l'empereur
pour empêcher la guerre. Il offroit de suspendre pour
deux ans le commerce d'Ostende, et de nommer une
ville pour un congrès, Bâle, Nancy ou Aix-la-Chapelle,
au choix du roi, pour terminer tous les différends qui
étoient prêts à renouveler la guerre ; que le roi et
l'empereur fussent les arbitres des différends entre
l'Angleterre, l'Espagne et la Hollande. Il y avoit des
lettres du nonce de Vienne à celui de France, qui portoient que le cardinal de Fleury avoit demandé trois
ans de suspension. Celui-ci déclara au conseil qu'il
n'en avoit jamais parlé. Le maréchal de Villars dit
que, si l'empereur accordoit cinq ans de suspension,
il étoit de sentiment de l'accepter, puisque rien n'étoit

si important, vu l'état des finances du royaume, que d'éloigner la guerre pendant cinq ans; mais l'on prévoyoit que les Anglois n'y consentiroient pas.

L'on apprit, dans le conseil d'État du 18, par les lettres de Fénelon, que Fagel et les principaux de ceux qui avoient part au gouvernement, dévoués aux Anglois, vouloient la suspension de vingt ans; et le baron de Fonseca, chargé des affaires de l'empereur, déclara au cardinal de Fleury, le 16 février, que, si on la vouloit seulement de six à sept ans, c'étoit une rupture déclarée. Horace Walpole, ambassadeur d'Angleterre, manda qu'il seroit à la cour dans le 10 mars, et l'on compta qu'il apporteroit les dernières résolutions d'Angleterre.

Dans le conseil d'État du 23, on lut des lettres de Gambis, ambassadeur de France à Turin, qui faisoient appréhender, avec quelque apparence, que le roi de Sardaigne ne prît le parti de l'empereur. Ce prince, après avoir fait attendre près de deux mois sa réponse aux propositions très avantageuses de la France, de l'Angleterre et de la Hollande, qui offroient en cas de guerre de l'aider de subsides considérables, et de garantir ses conquêtes en lui donnant troupes et artillerie, telles qu'il pouvoit les désirer, fit donner un mémoire par ses ministres, par lequel, après avoir exposé les périls de la guerre pour lui, il prétendoit, en attendant la jouissance paisible des conquêtes qu'il feroit, que le roi le mît en possession de la vallée de Barcelonnette, du pays.....[1], nom inconnu, et que l'on jugeoit être la vallée de Grésivaudan, et des

---

1. En blanc dans le manuscrit.

pays de Bresse, Bugey et Valromey. De telles propositions parurent si odieuses et indignes au conseil du roi, qu'il fut résolu de n'y pas répondre. Le maréchal de Villars dit : « Il me vient une pensée ; c'est que le roi de Sardaigne ne nous fasse de telles propositions sur ce que l'empereur lui offre actuellement le Vigevano, en attendant que, par ses forces d'Italie jointes à celles de Sardaigne, il puisse conquérir le Dauphiné et la Provence. »

Sur de telles réflexions, le maréchal de Villars s'étendit sur la nécessité d'éviter la guerre, ajoutant même que les Anglois, tout orgueilleux qu'ils étoient, ne voyoient pas les périls que couroient les alliés d'Hanovre par la guerre du Nord, que l'on devoit regarder comme la plus importante et la plus dangereuse, si l'empereur pouvoit faire usage des troupes moscovites jointes à celles de Prusse, aidées de celles que l'empereur a déjà achetées du roi de Pologne, électeur de Saxe, de celles de Wolfenbuttel, et d'un très petit nombre de troupes impériales, le tout sous les ordres du prince Eugène.

L'on apprit, par les dépêches lues au conseil du 2 mars, que Sekendorf, ministre de l'empereur auprès du roi de Prusse, avoit travaillé pendant quatre heures avec ce prince, lequel avoit envoyé un de ses officiers en poste en Angleterre, le 9 février, avec des ordres si secrets que Rottembourg, très bien informé pour l'ordinaire, n'en avoit rien pu découvrir.

Le 4 mars, il arriva un courrier d'Angleterre qui apprit ce que le roi de Prusse avoit caché avec tant de soin à Rottembourg.

Le roi d'Angleterre, répondant à notre confiance,

nous informoit que le roi de Prusse proposoit une neutralité en cas de guerre pour les États de l'empereur dans l'Empire, et pour ceux du roi d'Angleterre dans l'Empire aussi, quand même la guerre seroit allumée ailleurs entre l'empereur et l'Angleterre. Le maréchal de Villars dit : « Belle matière à manifeste pour répandre dans l'Empire, que, s'il est exposé à la guerre, c'est par la volonté du roi de France et d'Angleterre. »

Sur cette nouvelle, le cardinal de Fleury rassembla, le matin du 5 mars, les maréchaux de Villars, Tallard, d'Huxelles et Morville, et l'on agita, pendant un très long conseil, les mesures que l'on pouvoit prendre, tant sur ladite proposition que sur celle de l'empereur, d'une suspension pour la compagnie d'Ostende. L'on fit un projet pour s'approcher sur les points qui pouvoient amener la guerre, et l'on convint que l'on pourroit donner cinq ans de suspension au commerce d'Ostende. Le maréchal de Villars dit que, si l'empereur n'avoit pas d'autres raisons d'entrer en guerre que le commerce d'Ostende, puisqu'il avoit proposé la suspension pour deux ans, trois de plus ne devoient pas mettre l'Europe entière en feu. Rottembourg mandoit deux choses qui pouvoient donner de l'inquiétude, que le roi de Prusse traitoit très vivement avec les Moscovites, et qu'il venoit d'envoyer un courrier au prince Eugène. Dans le conseil d'État du même jour, chez le roi, le cardinal dit qu'il venoit de recevoir une nouvelle que la flottille arrivoit en Espagne ; ce secours pouvoit rendre l'Espagne et l'empereur plus difficiles. Il est vrai qu'un vaisseau de Saint-Malo avoit trouvé dans sa route un bâtiment, parti nouvellement de la Havane, qui apprenoit que la flottille arrivoit; ce même bâtiment avoit trouvé treize vaisseaux de guerre, à la hauteur des Açores, qu'il jugeoit être la flottille.

Horace Walpole arriva le 10 mars, comme il l'avoit mandé. Il parut, par ses premiers discours, que la proposition du roi de Prusse, d'une neutralité pour les États du roi d'Angleterre dans l'Empire, et de ceux de l'empereur dans l'Empire aussi, étoit du goût du gouvernement d'Angleterre, mais elle ne pouvoit convenir à la France, encore moins à la Hollande; ainsi on ne balança pas à lui en dire les raisons.

Le nonce Maffei reçut un courrier du nonce à Madrid, avec les réponses du roi d'Espagne sur les propositions de l'empereur d'une suspension de deux ans du commerce d'Ostende. Mais en même temps le roi d'Espagne déclaroit qu'il prétendoit à Gibraltar, soutenant que la restitution lui en avoit été promise par le roi d'Angleterre, et qu'il avoit ordonné l'attaque, et que la tranchée seroit ouverte le 22 février. On dépêcha un courrier en Hollande pour presser leur résolution, et l'on déclara que l'on vouloit la suspension du commerce d'Ostende pendant sept ans.

Les nouvelles de Suède faisoient espérer l'accession au traité d'Hanovre, mais tellement modifiée que cette accession étoit proprement une neutralité. Le traité avec le Danemark n'avançoit pas : les Danois, suivant leur génie naturel en négociation, faisoient tous les jours de nouvelles difficultés.

Les espérances se fortifioient à tel point sur la grossesse de la reine qu'il n'étoit plus permis d'en douter. Les nouvelles de Vienne parloient aussi de la grossesse de l'impératrice et ranimoient l'espérance presque perdue de voir renaître la maison d'Autriche.

Dans le conseil d'État du 12 mars, l'on donna des ordres au comte de Broglie à Londres, et au marquis de Fénelon à la Haye, de concerter les mesures pour porter ces deux gouvernements à se contenter d'une suspension du commerce d'Ostende, au plus de sept ans, terme auquel on croyoit bien que la cour de Vienne ne consentiroit pas; mais on espéroit de la ramener à cinq ans.

On apprit, par diverses nouvelles de l'Empire, que l'empereur faisoit marcher trente mille hommes de ses troupes pour venir sur le Rhin, dont partie passoit par l'évêché de Bamberg et la Franconie, et l'autre par la Souabe; cette nouvelle ne se confirma pas. Il n'arriva aucune confirmation de l'ouverture de la tranchée à Gibraltar, ni de l'arrivée de la flottille dans les ports d'Espagne.

On apprit que l'amiral Vager[1] étoit arrivé avec la flotte dans la baie de Gibraltar et avoit fait entrer neuf cents hommes dans la place. Dans le conseil d'État du 16 mars, on apprit l'ouverture de la tranchée devant Gibraltar, la nuit du 22 au 23 février, et que le général de Las-Torres répondoit de prendre la place dans le courant du mois de mars. L'on vit un plan de cette place, sur lequel le maréchal de Villars dit au roi : « Si ce plan-là n'est pas faux, je tiens la prise

---

1. Le chevalier Wager, chargé d'abord de conduire une flotte anglaise dans la Baltique, avait reçu, le 22 décembre 1726, le commandement des forces anglaises sur les côtes d'Espagne, à la place de l'amiral Jennings; il fut nommé amiral en 1731, puis trésorier de la marine, et mourut en 1743 : il était né en 1668.

de cette place presque impossible par la force de la situation, par ses fortifications et par la facilité aux Anglois d'y jeter des secours continuels. » Enfin une véritable guerre étoit commencée entre l'Espagne et l'Angleterre; il fut ordonné à ce même conseil de presser la réponse de la Hollande, sur celles que l'on devoit envoyer à l'empereur, qui pouvoient décider de la paix ou de la guerre.

Le roi d'Angleterre manda au roi de Prusse, sur la neutralité qu'il avoit offerte de la part de l'empereur, qu'il ne pouvoit rien faire sans le consentement de ses alliés. Les lettres de Turin ne faisoient plus espérer de traité avec le roi de Sardaigne. Le comte de Rottembourg mandoit que l'on parloit à Pétersbourg de la marche prochaine des Moscovites en Silésie, et qu'ils offroient jusques à quarante mille hommes à l'empereur. Tout dépendoit des véritables desseins de ce prince, et s'il souhaitoit aussi ardemment la paix que Fonseca, son ministre en France, et le duc de Richelieu l'avoient assuré.

Le conseil du 19 mars s'est occupé de matières assez importantes. Un courrier d'Angleterre nous apprit que le sieur de Palma, résident de l'empereur à Londres, avoit présenté de la part de son maître un mémoire sur les harangues du roi d'Angleterre à son parlement, mémoire très violent, par lequel l'empereur démentoit les causes de division énoncées dans ses harangues et avouoit les services glorieux qu'il avoit reçus des Anglois, rejetant sur les ministres du roi d'Angleterre toute l'animosité mal fondée qui alloit allumer la guerre. Palma, ayant remis ce mémoire au roi d'Angleterre, en répandit la nuit des copies, aussi bien que d'une lettre du comte de Sinzendorf, et les envoya à tous les membres du parlement. Le roi d'Angleterre ordonna au résident de l'empereur de partir dans le moment de Londres et de sortir de l'Angleterre. Une conduite aussi violente de l'empereur ne répondoit guère à ses désirs de paix.

L'on apprenoit en même temps qu'il y avoit eu des ordres en Moscovie d'arrêter toutes les nouvelles; ce qui paroissoit marquer le dessein de cacher le plus longtemps qu'il seroit possible les mouvements de leurs troupes, dont on savoit que le comte de Rabutin, ministre de l'empereur, pressoit la marche.

Le comte de Rottembourg mandoit aussi que le roi de Prusse attendoit le 20 mars comme un jour important, et l'on jugeoit que c'étoit le retour du courrier qui étoit allé proposer les neutralités au roi d'Angleterre. Le maréchal de Villars rappela son premier sentiment sur cela, que cette neutralité offerte pour les États de l'Empire étoit un fondement de manifeste pour faire voir que, si l'Empire étoit rempli de guerre, c'est parce que l'Angleterre et la France vouloient l'attaquer.

On reçut un courrier du duc de Richelieu, qui se plaignoit fortement de Saint-Saphorin, ministre du roi d'Angleterre, dont la conduite violente aigrissoit les affaires à Vienne. Les nouvelles de Suède faisoient espérer son accession, mais, dans les conditions, il étoit question de subsides, qui alloient à plus d'un million pour la France.

Il arriva des lettres de Bayonne, qui apprenoient l'arrivée d'un vaisseau de quarante canons, parti de la Havane avec la flottille, ce qui en faisoit espérer l'arrivée très prochaine à Santander et confirmoit les nouvelles que l'on avoit déjà apprises par un bâtiment de Saint-Malo.

Le conseil fut de plus de trois heures, et, pour ne pas empêcher le roi d'aller au sermon, il fut dit que l'on se rassembleroit le soir chez le duc d'Orléans, pour achever d'examiner les réponses que l'on faisoit à nos ministres étrangers.

Dans le conseil d'État du 23 mars, on apprit l'arrivée de la flottille commandée par Las Foguetas dans divers ports d'Espagne, sans aucun vaisseau perdu. La nouvelle n'étoit pas agréable aux Anglois, dont l'ambassadeur pressoit vivement pour nous porter à déclarer la guerre à l'Espagne. L'on envoya un mémoire au comte de Broglie, pour expliquer les bonnes raisons, par rapport à l'intérêt même des Anglois, de ne se pas presser, d'autant plus que l'on étoit près d'envoyer à l'empereur un projet, de la part de la France, l'Angleterre et la Hollande, qui pouvoit empêcher la guerre. La Hollande avoit consenti à une suspension de sept ans pour le commerce d'Ostende; il étoit très incertain que l'empereur la voulût si longue, sans parler d'autres conditions assez difficiles à convenir; outre que l'arrivée de la flottille, riche de dix-huit millions de piastres, pouvoit rendre l'empereur plus difficile.

L'on apprit par les lettres du comte de Rottembourg de Berlin que la czarine avoit nommé le général qui devoit commander les trente mille Moscovites, qui étoit Leslie, Écossois. Par les lettres de Stockholm, l'accession n'étoit pas encore faite, ni le traité conclu à Copenhague; par les dépêches de Camilly, toute négociation étoit suspendue à Turin, pour ne pas dire rompue.

Les lettres de Madrid marquoient une grande satisfaction de l'arrivée de la flottille; on ne s'attendoit pas à de grands progrès au siège de Gibraltar.

Après le conseil de finances du 25, le maréchal de Villars s'étant trouvé seul avec le roi, ce qui étoit très difficile, il crut lui devoir renouveler les plaintes très respectueuses de ce qu'il s'apercevoit depuis longtemps que le roi ne l'aimoit plus. Il est certain que, depuis près d'un an, le roi, qui avoit accoutumé de badiner avec le maréchal de Villars et de jouer souvent avec lui, ne lui parloit presque plus, ne l'invitoit plus à jouer, et il étoit très aisé au maréchal de connoître que l'on lui avoit rendu de très mauvais offices auprès de ce jeune prince, dont la dissimulation étoit au plus haut point. Le roi lui dit qu'il l'aimoit toujours, mais sans étendre la conversation.

Dans le conseil d'État du 26, on lut les articles convenus avec l'Angleterre et la Hollande pour empêcher la guerre. Comme elle paroissoit se former par les difficultés du commerce d'Ostende, on demandoit pour premier article à l'empereur qu'il fût suspendu pour dix ans, mais liberté au duc de Richelieu de réduire ce terme à sept ans pour l'*ultimatum*. Les autres articles regardoient Gibraltar et le commerce d'Angleterre aux Indes, lequel avoit été fort étendu avantageusement pour eux et au préjudice de l'Espagne.

L'on fit porter des dépêches par des courriers à Vienne et à Madrid.

On apprit dans le même conseil que le prince de Furstemberg, premier commissaire de l'empereur à la diète de Ratisbonne, avoit, par ordre de l'empereur, publié un mémoire en réponse à celui que Chavigny, ministre de France, avoit présenté pour faire voir que le roi vouloit la tranquillité de l'Empire. La réponse établissoit le contraire et accusoit la France et l'Angleterre d'avoir fait leurs efforts pour renouveler la guerre des Turcs contre l'Empire; et les discours pacifiques des ministres de l'empereur au duc de Richelieu ne se rapportoient guères à leur conduite à Londres et à Ratisbonne. On eut divers avis que le traité de l'empereur avec le roi de Prusse et l'électeur palatin étoit conclu, et l'on disoit même que, pour terminer les différends entre ces deux princes, l'empereur donnoit gratuitement le marquisat de Burgaw. Sur quoi, le maréchal de Villars dit au conseil : « Si l'empereur, pour réunir le roi de Prusse et l'électeur palatin, donne un de ses États, comptez sur la guerre; mais je n'ajoute pas foi à cette nouvelle. »

On disoit au duc de Richelieu et au nonce que l'empereur faisoit tout ce qui dépendoit de lui pour l'éviter, faisant publier les mêmes sentiments en France par Fonseca. Sur quoi, le maréchal de Villars dit : « La maxime n'est pas nouvelle; lorsqu'on veut tromper les cours, on commence par tromper son propre ambassadeur. Les nonces, Fonseca et le duc de Richelieu le sont parfaitement, si, comme la suite le fera voir, l'empereur veut la guerre. » Par les lettres du duc de Richelieu lues au conseil d'État du 30 mars, Sekendorf l'assuroit encore très fortement que l'empereur vouloit la paix. Enfin, les propositions envoyées au duc de Richelieu ne laissoient plus d'occasions à l'empereur de reculer, puisque la paix lui étoit offerte.

L'on apprenoit, par les lettres de Chavigny à Ratisbonne, que la dictature avoit refusé un mémoire présenté par le ministre d'Angleterre. Les lettres de Rottembourg de Berlin marquoient toujours de l'irrésolution dans le roi de Prusse; celles de Brancas de Stockholm, grande apparence d'une prochaine accession de la Suède au traité d'Hanovre; celles de Danemark rien d'avancé; enfin tout dépendoit du retour du courrier dépêché au duc de Richelieu; par les lettres de Madrid, on ne voyoit aucun progrès dans le siège de Gibraltar.

Le 4 avril, M. de Walpole, ambassadeur d'Angleterre, amena au maréchal de Villars le sieur de Stanhope, qui revenoit de l'ambassade d'Espagne et qui avoit quitté Madrid sur le siège de Gibraltar. La conversation fut vive, ces deux ambassadeurs persuadés que, si les premières lettres du duc de Richelieu n'apprenoient pas la paix, résolue sous les conditions portées par le courrier qui lui avoit été dépêché, il falloit attaquer l'Espagne vigoureusement. Le maréchal de Villars leur dit que, la guerre la plus dangereuse pouvant venir de l'empereur, c'étoit l'empereur qu'il falloit attaquer, et que l'Angleterre avoit trop d'armées navales et trop peu d'armées de terre; que c'étoit sur terre que la guerre se feroit; qu'il falloit faire passer un corps de vingt mille Anglois, premièrement parce qu'il aimoit mieux vingt mille Anglois que trente mille Allemands, et, d'ailleurs, parce que, l'empereur et la plus grande partie de l'empire étant contre nous, avec tout l'argent d'Angleterre, on n'auroit pas beaucoup d'Allemands; que le landgrave de Hesse lui-même, sur lequel il comptoit bien, manqueroit, s'il ne faisoit pas entrer conjointement avec la France une armée considérable dans l'empire; supposé que l'empereur voulût attaquer le pays d'Hanovre, qu'il falloit faire en sorte que l'empereur parût l'agresseur, pour ne pas réunir l'empire entier contre nous, mais qu'il falloit se préparer de bonne heure contre lui.

Dans le conseil d'État du 6 avril, on apprit l'accession de la Suède au traité d'Hanovre, aux conditions de cinquante mille livres sterlings de subsides, et de donner dix mille hommes, qui seroient payés par la France et l'Angleterre. Il y avoit une condition qui pourroit suspendre leurs mouvements, par rapport à la situation de la Suède et à la crainte qu'elle avoit des Moscovites. Les lettres de Berlin et de Pétersbourg n'apprenoient rien du mouvement de ces trente mille Moscovites, dont parloient les nouvelles publiques. Dans le conseil d'État du 9 avril, on lut des lettres de Rottembourg, qui préparoient à l'attaque des États d'Hanovre. Les ordres du roi de Prusse à ses troupes, ceux qu'il donnoit à son ministre à Pétersbourg de se déclarer contre l'Angleterre et la France; ceux qu'avoient les généraux et secrétaires d'État de cacher tous les mouvements; les envois de courriers à Vienne ne permettoient pas de douter de l'union et des desseins de l'empereur et du roi de Prusse. Sur quoi, on manda à Rottembourg de porter ses plaintes au roi de Prusse, et de déclarer qu'il se retireroit incessamment.

Toutes ces mesures, si éloignées des dispositions où la cour de Vienne vouloit nous persuader qu'elle étoit pour la paix, nous portoient à nous préparer à tout.

Les ambassadeurs d'Angleterre, Walpole et Stanhope, vinrent dîner le 8 chez le maréchal de Villars, lequel dit à Stanhope : « Vous allez à Londres ; souvenez-vous de dire au roi d'Angleterre, si nous avons la guerre, malgré les apparences de paix, que nous ferons la guerre sur terre, non sur mer, et que je répète qu'il faut plus de troupes et moins de vaisseaux. »

Dans le conseil d'État du 16 avril, on lut les dépêches apportées par le courrier Bannières, arrivé en cinq jours et quatre heures de Madrid. Il préparoit à une réponse favorable sur les articles des préliminaires et marquoit en même temps que l'empereur n'avoit pas reçu de nouvelles de Londres sur le départ de son ministre, et qu'on les attendoit pour faire le même traitement à ceux d'Angleterre qui étoient à Vienne.

On apprenoit que celui d'Angleterre, qui étoit à Ratisbonne, ayant voulu présenter un mémoire de la part du roi son maître à la diète, il lui avoit été renvoyé sans en permettre la lecture.

Le duc de Wirtemberg proposoit un traité de neutralité au roi, en lui accordant l'investiture des seigneuries que ce prince prétendoit en Franche-Comté.

Le 20 avril, arriva à cinq heures du matin le courrier qui apportoit de Vienne les réponses aux préliminaires proposés par la France, l'Angleterre et la Hollande pour empêcher la guerre et former un congrès.

Nos préliminaires contenoient six articles. L'empereur envoya un contre-projet composé de douze; il convenoit de tout ce que l'on avoit proposé pour la suspension de la compagnie d'Ostende, se tenant à la suspension du commerce pendant sept ans, et même dix, si l'on vouloit employer même le terme d'abolition, que nous n'avions pas demandé en même temps. Il y avoit des articles sur Gibraltar et sur le commerce qui pouvoient paroître durs aux Anglois. La cour de Vienne proposoit de s'en tenir aux traités faits en Hollande avant 1725, lesquels avoient été fort changés à l'avantage des Anglois depuis ce temps-là.

Le maréchal de Villars remarqua que le terme d'abolition de la compagnie d'Ostende que l'on ne demandoit pas étoit malicieusement inséré pour que l'empereur pût dire qu'il sacrifioit ses intérêts personnels.

L'on apprenoit, par les lettres de Pétersbourg, que la czarine, qui, portée par la faction d'Holstein, paroissoit vouloir perdre le prince Menzikoff, et le tenoit même en arrêt chez lui, après une conversation secrète avec ce prince, avoit changé de dessein; que, sur les premières craintes de ce changement, la princesse de Holstein et sa seconde fille s'étoient jetées à ses pieds pour l'empêcher, mais qu'une seconde entrevue avec Menzikoff avoit décidé la czarine, et qu'elle avoit déclaré reconnoître pour son successeur le czarewitz, lui destinant en mariage la fille de Menzikoff. L'on prétendoit que le ministre de l'empereur avoit conduit cette négociation et que, par là, le parti de l'empereur réuni avec le maître des troupes, il s'assureroit des mouvements qu'il vouloit leur faire faire.

Dans le conseil d'État du 23, on apprit par un courrier de Chavigny que le ministre du roi d'Angleterre à Ratisbonne avoit eu ordre d'en sortir dans vingt-quatre heures, et des États de l'Empire dans quinze jours.

Les demandes de la part de l'empereur dans des temps où l'on travailloit à la réconciliation ne paroissoient pas propres à l'annoncer; il falloit attendre des nouvelles d'Angleterre sur le contre-projet de l'empereur, mais Walpole étoit persuadé qu'il produiroit la guerre, puisqu'au lieu de convenir des préliminaires, on faisoit des nouvelles propositions qui tendoient principalement au retour des galions. Walpole vouloit absolument que l'on déclarât la guerre à l'Espagne.

Dans le conseil d'État du 27, l'on apprit le traité signé à Copenhague. L'on en fut d'autant plus surpris que Camilly avoit ordre de ne rien signer sans en recevoir de nouveaux. Camilly s'étoit assez mal conduit dans cette négociation, et le traité étoit très onéreux, nous engageant à près de deux millions par an de subsides, outre la paie de douze mille hommes, et sous des conditions embarrassantes; il falloit même payer d'avance. On réforma cet article et plusieurs autres avant que de ratifier.

On résolut d'envoyer de nouveaux articles à l'empereur, mais en fixant un temps pour les signer. Dans ces articles, on ne parloit ni de Gibraltar ni du commerce. Les articles furent adressés au duc de Richelieu et portés par un courrier qui partit le 5 mai, et le nonce Maffei envoya les mêmes articles à Madrid par un courrier qui partit le même jour. Dans le conseil d'État du 4, on résolut d'envoyer des ordres à l'ambassadeur du roi à la Haye pour communiquer tout aux États.

Le prince de Conty, attaqué d'une fièvre violente, mourut le 4 mai. La division étoit terrible entre lui et sa femme. Ce pauvre prince avoit le malheur de l'aimer presque autant qu'il en étoit haï. Quelques petites galanteries jointes à cette diversité de sentiments les avoient séparés; elle s'étoit mise dans un couvent. Le désir d'en sortir, ou par l'ennui ou par les conseils d'un nouvel amant, l'obligea à prier son mari de venir lui parler. La fin de cette conversation fut qu'il la ramena dans son carrosse chez lui.

Ils furent apparemment bien ensemble pendant cinq ou six jours, mais l'amour, la haine, la galanterie et la jalousie renouvelèrent les premières horreurs dans la maison. Il la voulut mener dans son château de l'Ile-Adam malgré elle, et cette princesse, dont la haine étoit soutenue de l'esprit et de toutes les qualités les plus propres à faire tourner la tête à son mari, n'oublia rien pour cela pendant son séjour à l'Ile-Adam, d'où ce pauvre prince revint à Paris avec la fièvre. Dans ses derniers moments, il parla à sa femme de son inclination violente pour elle, la pria de régler son testament elle-même, chassa ceux de ses gens qu'il avoit chargés de l'avertir de la conduite de sa femme, et qui l'avoient trop fidèlement servi, et fit partir la comtesse de La Roche. Enfin ce pauvre prince mourut victime de deux cruelles passions entre mari et femme.

Mme la présidente de Maisons, sœur de la maréchale de Villars, mourut le même jour d'un coup de sang. C'étoit une femme de beaucoup d'esprit et qui avoit une grande considération dans le parlement. Ce fut une douleur très vive pour le maréchal de Villars, qui aimoit passionnément sa sœur.

Dans le conseil d'État du 7 mai, on examina encore le traité signé par Camilly entre le roi et le roi de Danemark, et l'on fit diverses observations pour la ratification. Cependant, comme on étoit dans une crainte violente sur la paix ou sur la guerre, l'on crut qu'il ne falloit pas rompre. L'ambassadeur Camilly avoit fait la faute de ne donner que six semaines pour la ratification, et l'on ne pouvoit, avant ce terme-là, avoir les réponses du dernier courrier dépêché à Vienne.

L'on apprit, par les lettres de Rottembourg, que le roi de Prusse, très violent, avoit battu son fils pour un sujet surprenant. Le roi mettoit tout ce qu'il avoit d'argent en troupes et avoit ordonné la dépense la plus frugale pour la reine sa femme et son fils. Il ne leur donnoit que trois plats pour le dîner, et en cela il étoit obéi; mais il trouva que le prince son fils aîné avoit une fourchette d'argent au lieu d'une de fer qu'il avoit ordonné, comme l'ancienne vaisselle, à deux fourchons; il y en avoit trois à celle d'argent, et il s'en fâcha au point qu'il battit son fils. Il ne se nourrissoit pas plus somptueusement, et sa dépense n'alloit pas à trois livres par jour. Comme, par une économie excessive, il avoit près de quatre-vingts mille hommes sur pied et soixante millions actuels dans ses coffres, puissance fort au-dessus de ses forces, il n'y avoit de blâmable que ses impatiences contre sa famille. Les relations de Rottembourg le traitoient d'extravagant, mais le maréchal de Villars disoit dans les conseils : « La fin nous fera voir si ces princes extravagants ne sont pas de fort dangereux ennemis. »

Le roi d'Angleterre écrivit une lettre très polie au cardinal de Fleury, apportée par un courrier, par laquelle il le remercioit de sa fermeté dans ses engagements et le louoit de sa promesse de déclarer la guerre à l'Espagne, si, dans le terme d'un mois donné à l'empereur et à l'Espagne, les derniers articles n'étoient pas signés.

Dans les conseils d'État du 7 et du 11 mai, on examina encore si l'on ratifieroit en entier le traité avec le Danemark. Enfin, après avoir délibéré sur les changements très justes que l'on pouvoit faire, on se rendit aux sollicitations de Walpole, qui disoit que les ministres de l'empereur à Copenhague profiteroient des premières occasions que l'on donneroit au roi de Danemark de rompre le traité. On ordonna à Camilly de ratifier simplement, s'il y étoit obligé, mais de représenter que de payer d'avance étoit un peu dur.

Cependant, il arriva d'Angleterre le colonel Amestron[1], faisant la charge de maréchal des logis général de l'armée, laquelle le général Cadogan avoit longtemps exercée sous Malborough. Cet Amestron vint pour concerter des projets de guerre. Les Hollandois devoient envoyer Pester, qui avoit fait la charge d'intendant de leur armée, et le général Grovestein, le même qui avoit rendu Bouchain à discrétion au maréchal de Villars. Fénelon écrivit que quelques-uns des principaux du conseil d'État de Hollande proposoient d'attaquer en même temps Luxembourg, Mons et une armée d'observation sur la Meuse. Le maréchal de Villars dit : « Si messieurs les Hollandois ne font pas des projets plus sages, nous pouvons les en remercier et en imaginer de plus solides de notre côté. »

Le roi continuoit ses voyages très fréquents à Rambouillet deux fois par semaine et faisoit des chasses qu'il poussoit jusqu'à onze heures du soir. Le maréchal de Villars prit la liberté de lui dire que, par de pareils exercices de chasse, Louis XIII étoit mort de vieillesse à quarante-deux ans.

1. Sans doute Armstrong.

Dans le conseil d'État du 15 mai, on apprit que le roi de Prusse avoit refusé audience au comte de Rottembourg, ambassadeur de France auprès de lui, et qu'il avoit toujours traité comme son favori. L'on ne pouvoit plus douter de la très mauvaise volonté de ce prince.

Fonseca, ministre de l'empereur en France, informé des huit articles envoyés en dernier lieu à l'empereur, disoit hautement que certainement ils ne seroient pas écoutés, et les bruits de guerre se renouveloient plus que jamais.

Le maréchal de Villars représentoit qu'il falloit donner des ordres très précis à nos ambassadeurs et ministres dans les pays étrangers, d'informer exactement de la position actuelle de toutes les troupes qui pouvoient faire la guerre, n'étant pas possible de faire des projets solides pour l'offensive ou pour la défensive sans une connoissance certaine de tout ce que l'on pouvoit entreprendre ou craindre.

Dans le conseil de finance du 20 mai, M. Desforts, contrôleur général, rapporta une affaire assez importante du duc de Bouillon, qu'il avoit perdue deux ans auparavant, au rapport de Dodun, contrôleur général pour lors, tant il est vrai que le rapporteur a grande part aux décisions. Dans le fond, le roi, contre lequel M. de Bouillon plaidoit, n'avoit pas tort, mais il perdit son procès. Il étoit question de 48,000 livres, qui avoient été réduites comme tous les biens du royaume au denier cinquante, que M. de Bouillon se contentoit d'avoir au denier vingt-cinq, et qui furent rétablies, avec les intérêts, au denier vingt.

Dans le conseil d'État du 21, on lut diverses dépêches de Pétersbourg, de Hollande et d'Angleterre. Les premières disoient la santé de la Czarine très mauvaise, l'augmentation du crédit de Menzikoff, la diminution de celui du duc de Holstein, et toutes les dispositions les plus favorables pour le Czarewitz. Par celles de Hollande, Fénelon mandoit ce qu'il avoit pénétré des instructions données à Pester et à Grovestein, arrivés à Paris le 20, pour concerter avec nous les projets de guerre.

Il vint plusieurs ambassadeurs dîner chez le maréchal de Villars le 21. Fonseca lui dit : « Vous êtes donc déterminés à la guerre, puisque l'empereur ne passera pas les huit articles de l'*ultimatum*, que vous avez envoyés au duc de Richelieu par votre courrier parti le 3 mai? » Le maréchal de Villars répondit que ce seroit l'empereur qui la détermineroit, puisque les huit articles étoient raisonnables. Le cardinal de Fleury dit au maréchal de Villars que l'on auroit incessamment une conférence avec les Anglois et Hollandois nouvellement arrivés.

Walpole amena au maréchal de Villars le sieur Le Heup, son beau-frère, ministre d'Angleterre à Ratisbonne, lequel en avoit été chassé par ordre de l'empereur. Le 22, le général Grovestein et Pester rendirent visite au maréchal de Villars, et Walpole pressa fort le maréchal de Villars d'aller dîner chez lui avec ces messieurs ; ce qu'il évita, ne voulant pas être le premier à les entretenir sur les projets de guerre, dans la conjoncture présente, et ne voulant pas aussi affecter un silence qui pouvoit leur faire quelque peine.

Le 24 mai, il arriva un courrier de l'empereur à Fonseca, et l'on rendit compte au conseil d'État du 25 mai de ce qu'apportoit ce courrier. C'étoit un consentement de l'empereur aux huit articles portés par le courrier du 3 mai. Il paroissoit que l'empereur avoit voulu faire connoître ses intentions pour la paix le plus promptement qu'il avoit été possible, et réservoit seulement que l'on eût le consentement de l'Espagne, qu'il supposoit devoir arriver dans le même temps, puisque l'on savoit à Vienne que, le 3 mai, on avoit dépêché un courrier à Madrid. Ainsi, du côté de l'empereur, tout paroissoit accordé.

Le cardinal de Fleury invita le 26 à dîner les maréchaux de Villars, Huxelles et Berwick, et Walpole, Amestron, le général Grovestein, Pester; ces trois derniers envoyés d'Angleterre et de Hollande concerter les projets de guerre. Les deux secrétaires d'État, MM. de Morville et Le Blant, y étoient invités aussi. La conférence commença à onze heures du matin et finit à six heures du soir; un dîner assez court entre deux. Le cardinal de Fleury ouvrit la conférence par un discours de peu de paroles, montrant la nécessité de prendre des mesures pour la guerre, si l'Espagne refusoit. Walpole parla ensuite et fit un assez long discours sur les périls des États d'Hanovre et du landgrave de Hesse, proposant d'attaquer Rinfeldt sur le Rhin, au-dessous de Mayence. Les Hollandois proposoient une armée pour couvrir la Meuse, et une autre pour attaquer Ostende. Le cardinal proposa le siège de Vesel, pour avoir une place sur le bas Rhin et une entrée dans l'Empire, et soutenir les États d'Hanovre et de Hesse. L'on disputa longtemps sur ces divers projets. A la fin, le maréchal de Villars prit la parole et dit : « Je vous crois bien persuadés, messieurs, que la matière sur laquelle on délibère aujourd'hui est la plus importante qui puisse être agitée, puisque de nos projets et de leur exécution dépend la destinée de plusieurs États. L'Europe est armée au point que l'on peut compter presque autant de bataillons et d'escadrons, entre les puissances attachées aux traités d'Hanovre et de Vienne et celles qui ne sont pas encore déclarées, qu'il y en avoit dans la dernière guerre, guerre qui a ébranlé toutes les monarchies de l'Europe. Nous avons su par le prince Eugène lui-même que l'empereur étoit résolu à quitter Vienne et que ce prince lui avoit demandé seulement quinze jours, convenant que, si l'armée de France, commandée par le maréchal de Villars, dans le milieu de l'Empire, maîtresse du cours du Danube, descendoit à Vienne, la capitale de l'Empire seroit en péril, mais aussi que la sortie de l'empereur de la capitale détermineroit un dessein qui n'étoit peut-être pas encore formé. » Il ajouta que le roi d'Espagne avoit été deux fois obligé d'abandonner Madrid, occupé par ses ennemis; que le roi de Sardaigne, les électeurs de Cologne et de Bavière avoient perdu et recouvré leurs États; qu'il étoit obligé de rappeler ces grands événements pour faire voir que, dès que les premiers coups sont tirés, nul ne peut prévoir quand ni quelle sera la fin d'une guerre; qu'il falloit donc y bien penser avant que de la commencer; qu'après cette première et si importante réflexion, il diroit seulement si l'on s'y déterminoit, que les plus grands projets et les plus hardis sont souvent les plus sages, et même les plus heureux; que, si l'on vouloit faire la guerre, il falloit la bien faire, ne pas tâtonner, et, qu'il le répétoit, que les plus grands et les plus hardis projets étoient souvent les plus sages.

L'on ne décida rien avant le dîner. L'on reprit la matière en sortant de table, et le maréchal de Villars proposa de passer le Rhin avec l'armée du roi, fortifiée de vingt mille Anglois volontaires ; que les Hollandois fissent la même chose ; que les troupes d'Hanovre, de Danemark et de Hesse marchassent dans l'Empire et que toutes ces différentes forces pussent se placer entre l'Elbe et la tête du Mein. Le maréchal de Villars ajouta : « Mais il nous faut une place sur le Rhin, et que le concert soit juste et fidèle avec nos alliés. Si l'empereur nous voit au milieu de l'Empire, j'ai peine à croire qu'il veuille tout hasarder ; nous ferons la guerre aux dépens de l'Empire. La France commençant par attaquer l'Empire, il ne seroit pas raisonnable que nos alliés, pour lesquels seuls nous faisons la guerre, ne missent pas au jeu autant que nous. Et enfin, si, comme je l'espère, la guerre est heureuse, je veux qu'il nous en revienne quelque chose. Messieurs les Hollandois, vous garderez de la Flandre ce qu'il vous plaira, vous en garderez les principales places. Il est bien juste qu'il nous en revienne quelques-unes. Les Anglois établiront leur commerce, sans cependant ruiner l'Espagne, ce qui ne nous conviendroit pas. Enfin, le projet est grand, mais surtout un concert exact et fidèle. »

Le roi vit les gardes du corps le 27. Dès que le maréchal de Villars parut, tout mit l'épée à la main. Le duc de Noailles, à la tête, le salua de l'épée, et on baissa les étendards. On leur donna les ordres pour marcher le 30 mai vers la Meuse.

Le 28, le courrier Bannières, dépêché au duc de Richelieu avec les huit articles desquels on a parlé, en rapporta douze dressés par les ministres de l'empereur avec le duc de Bournonville, ambassadeur d'Espagne, très raisonnables et tels que l'on ne pouvoit douter du rétablissement de la paix. On ne pouvoit douter que, l'ambassadeur d'Espagne y ayant part, le roi son maître ne les approuvât pareillement. Cependant, il fallut attendre ses ordres pour les signer avant que de contremander la marche des troupes.

Le 29, le jeune duc de Crussol, très foible, petit et très bossu, tua le comte de Rantzau, très grand et très fort. Ils avoient eu une querelle à l'Opéra quinze jours auparavant, dans laquelle le jeune duc de Crussol ne se crut pas offensé. L'Allemand tint quelques discours; le public, souvent méchant, les releva. La duchesse d'Uzès mère, femme de courage, et le duc de La Rochefoucault, beau-père, très honnête homme, firent avertir leur fils, lequel alla appeler le comte de Rantzau; ils se battirent derrière les Chartreux, se blessèrent d'abord de deux coups d'épée, et d'un second le duc de Crussol tua roide le comte allemand. Le duel fut authentique[1].

Le maréchal de Villars se rendit à Versailles le 30, sachant que le cardinal de Fleury l'avoit envoyé chercher; il le vit au lever du roi et lui dit : « Je vous enverrai Du Parc, qui étoit son premier commis, avec les douze articles que nous avons de l'empereur, et

---

1. Le récit de ce duel et de la procédure qui suivit se trouve dans Barbier, II, 6-27. Il est curieux de constater qu'en 1700 un autre Rantzau fut tué en duel par un autre Crussol, qui assistait le comte d'Albert contre un Schwarzenberg (Saint-Simon, II, 432).

vous me direz ce que vous en pensez. » Il les trouva tels qu'il n'y avoit qu'à les approuver et signer. Ce qui fut résolu et exécuté.

La nuit du 31 mai au 1er juin, et dans le conseil d'État de ce jour-là, on lut toutes les dépêches du duc de Richelieu du 23 mai. Il rendoit compte des diverses conférences qu'il avoit eues avec le prince de Savoie, le comte de Sinzendorf et le comte de Staremberg, tous trois principaux ministres de l'empereur, à deux desquelles avoit assisté le duc de Bournonville, ambassadeur d'Espagne à Vienne. Il paroissoit par tout ce que mandoit le duc de Richelieu que l'empereur avoit voulu de bonne foi faire cesser les divisions qui étoient prêtes à rallumer la guerre.

Fonseca avoit les pleins pouvoirs de l'empereur, Walpole, ambassadeur d'Angleterre, ceux du roi son maître, l'ambassadeur de Hollande ceux de la République. L'on donna les pleins pouvoirs à M. de Morville. Par les lettres de Pétersbourg, il paroissoit que la Czarine avoit été à l'extrémité et que les principaux de la cour avoient fait et signé une convention de reconnoître le Czarewitz pour empereur, et, à son défaut, la cadette des princesses, au préjudice de l'aînée, fiancée au duc de Holstein, ce qui marquoit le peu d'estime qu'ils avoient pour ce prince.

Il n'étoit pas surprenant que, dans le désordre de la cour de Pétersbourg, l'empereur, qui en attendoit de grands secours et pouvoit craindre de les voir manquer, voulût éviter la guerre.

Les deux puissances de l'Europe qui la désiroient le plus étoient le roi de Prusse et celui de Sardaigne. L'empereur pouvoit dire au dernier : « J'aurois fait la guerre si vous vous étiez lié avec moi, mais devois-je l'entreprendre dans l'incertitude de vous voir attaquer le Milanois avec les armées de France, jointes aux vôtres? »

Le maréchal de Villars fit compliment au roi, dans le conseil du 1er juin, sur la gloire de se trouver l'arbitre de l'Europe.

Dans le conseil du 8, on apprit, par toutes les lettres de Londres, que tout le monde, à commencer par le roi, les ministres et le peuple, étoient très contents de la signature des préliminaires.

On ne reçut aucune lettre de Pétersbourg qui donnât une connoissance certaine de ce qui s'étoit passé après la mort de la Czarine, excepté que le jeune Czarewitz avoit été proclamé empereur, mais on ne savoit pas bien précisément si le duc de Holstein ou le prince Menzikof, qui étoient ennemis, avoient le premier crédit.

Dans le conseil d'État du 12, on apprit que la princesse de Holstein avoit été déclarée, par la Czarine, avoir la première place au conseil de régence, ensuite la princesse sa sœur et le duc de Holstein.

Le prince de Menzikoff, généralissime des forces de terre, et d'ailleurs prétendu beau-père du jeune Czar, paroissoit à la tête du gouvernement.

Les mêmes lettres disoient que, la veille de la mort de la Czarine, on avoit arrêté le comte de Fonspé et plusieurs autres, et que le beau-frère de Menzikoff, nommé comte de Veir, avoit souffert la question très violente et déclaré une conspiration contre les principaux du conseil.

Les lettres du comte de Rottembourg confirmoient

le dessein du roi de Prusse d'attaquer les États d'Hanovre; qu'il l'avoit dit hautement, et que l'on les traiteroit comme l'avoient été les électeurs de Bavière et de Cologne.

Dans les conseils d'État du 12 et 15 juillet, on vit toutes les confirmations du testament de la Czarine, et, le 13, le prince de Kurakin apporta au maréchal de Villars la copie dudit testament.

La Czarine avoit déclaré que le Czarewitz seroit déclaré empereur, que la princesse de Holstein auroit la première place dans le conseil, ensuite la princesse Élisabeth sa sœur, le duc d'Holstein, le troisième, le prince Menzikoff, le comte Goloskin, l'amiral Apraxin, le prince Gallitzin et le baron Alberman.

Il y avoit seize articles dans ledit testament. Cette impératrice finit avec fermeté, et, depuis la mort du Czar, avoit gouverné cet empire avec beaucoup de sens et de fermeté.

La fortune surprenante de cette impératrice exige que l'on parle de son caractère.

La Czarine étoit de la plus basse naissance de Livonie. Mariée à l'âge de quinze ans à un caporal suédois, lequel fut pris avec sa femme par les Moscovites, un des officiers généraux du Czar la trouva jolie et la prit. Le prince Menzikoff, la voyant dans les équipages de ce général, la demanda. Elle lui parut assez aimable pour vouloir la garder, et il la mit auprès de la princesse Menzikoff, sa femme, chez laquelle le Czar soupoit souvent; ce fut son troisième galant, car il est à présumer qu'elle en avoit eu plusieurs autres. Elle lui plut au point qu'elle le suivoit dans toutes les guerres, et, dans la malheureuse journée, sur la rivière de Prut, où ce prince se trouva enfermé avec ses troupes, battues par l'armée des Turcs, elle eut beaucoup de part à tous les manèges qu'il y eut pour corrompre le séraskier; elle assembla, avec ses pierreries, tout l'or qui put se trouver dans l'armée du Czar, et le séraskier, traître au sultan, laissa échapper le Czar.

La vive inclination du Czar le porta à donner tout le mérite de sa délivrance à sa maîtresse; il l'épousa, répudia sa femme et la fit enfermer, et le crédit de sa nouvelle femme augmenta tous les jours au point que, par tous ses États assemblés, il la fit déclarer maîtresse de l'empire après lui et la fit couronner magnifiquement. Elle partagea l'autorité au point que tout trembloit sous son pouvoir. Posséder l'empereur et l'empire ne remplissoit pas tous ses désirs; trois mois avant la mort du Czar, il soupçonna un intendant de sa femme de trop de liberté avec elle; il lui fit trancher la tête; mais son foible pour sa femme l'emporta[1], et, en mourant, il lui laissa l'autorité si entière que, sans songer au Czarewitz, son petit-fils, par son testament, il lui donna le pouvoir de disposer de l'empire, qu'elle gouverna avec beaucoup de fermeté et d'habileté, sans oublier ses plaisirs.

Elle avoit plusieurs amants, et, après avoir donné les premières heures de la journée à l'administration, le reste du jour et la nuit se passoient à table, et tantôt un amant, tantôt un autre, sans qu'aucun prît autorité sur elle. Une telle vie use la santé; on la

---

1. « M. de Bassevits, qui estoit favory du Xar plusieurs années après, apprit au maréchal de Villars, après avoir diné chés luy, des anecdotes très particulières sur cet événement. » (Note autographe de Villars.)

disoit attaquée par les maladies, suites de tant d'amants. On parloit aussi d'un abcès dans la matrice; mais on apprit qu'une fièvre continue avec une fluxion de poitrine l'avoit emportée, causées apparemment par les plaisirs de la table et du lit; aussi, en moins de trois ans, se trouva-t-elle accablée, et elle mourut le 17 mai, après avoir fait un testament très sage.

On a cru devoir expliquer très conformément à la vérité, et suivant les connoissances les plus exactes que nous en avons eu dans les conseils, la vie et fortune surprenantes de Mathurine, fille d'un maître d'école de village, en Livonie.

On apprit, par les lettres de Rottembourg, que le roi de Prusse avoit été très affligé des dispositions à la paix, et ses discours, la veille du jour qu'il en avoit appris la nouvelle, marquoient un dessein formé d'attaquer les États d'Hanovre avec ses troupes, les Moscovites, celles du roi de Pologne et d'autres. Les discours de ce prince étoient fort indiscrets et propres à le faire repentir de les avoir tenus.

On eut quelques avis de Madrid que le siège de Gibraltar étoit suspendu et que le roi d'Espagne avoit eu quelques accès de fièvre à Aranjuez.

Le courrier Bannières arriva le 21 et apporta les articles signés à Vienne par le duc de Bournonville, ambassadeur d'Espagne; ainsi l'on pouvoit dire la paix confirmée. Le milord Walgraf[1], arrivé de Londres pour passer à Vienne, fut retenu à Paris, où l'on devoit encore signer avec les ministres de toutes les parties contractantes. Il devoit arriver un ministre

---

1. Lord James Waldegrave, nommé ambassadeur d'Angleterre à Vienne.

d'Espagne, bien que cette cérémonie ne fût pas nécessaire ; cependant, ces mêmes puissances désiroient cette signature, et il étoit de la gloire du roi que la tranquillité de l'Europe s'affermît sous ses yeux.

On reçut divers avis d'Espagne que la santé du roi étoit très attaquée. Ce prince avoit eu des foiblesses et même se trouvoit si affoibli que l'on trouvoit quelque péril à le transporter en chaise à porteurs à Madrid. Il fit son testament, signé de sept ou huit des principaux de sa cour, à la tête desquels étoit le cardinal de Borgia. Il ordonna que, pendant sa maladie, la reine donneroit les ordres et feroit venir chez elle les secrétaires d'État. Le siège de Gibraltar étoit discontinué par la foiblesse des assiégeants, qui attendoient avec impatience les ordres pour la levée.

Une affaire assez ridicule arriva ce même jour. La marquise d'Hautefeuille, sujette aux grandes passions et aux transports les plus noirs de la jalousie, se mit dans un carrosse de louage sous les fenêtres de Mlle d'Autrec, fille du garde des sceaux, et, la croyant avec son amant, faisoit chanter des horreurs composées par elle-même. Les domestiques de Mlle d'Autrec entrèrent dans le carrosse d'où partoient les chansons et maltraitèrent la marquise. Elle fit entendre des témoins, porta les plaintes en justice, et le roi ordonna que l'on imposât silence à cette jalouse.

Entre les conseils d'État des 22 et 29 juin, il arriva des nouvelles bien importantes, celle de la mort du roi d'Angleterre, d'une attaque d'apoplexie, arrivant à Hanovre, où on le porta mort. Le roi étoit à Rambouillet. On envoya un courrier au cardinal de Fleury, lequel revint dès le 26 à Versailles, où l'ambassadeur

Walpole alla le trouver, et partit la même nuit pour Londres.

On ne crut pas que cette mort pût apporter aucun changement dans les affaires générales, les Anglois ayant désiré la signature des préliminaires; mais elle en devoit apporter dans le ministère précédent. Le nouveau roi d'Angleterre[1], qui fut proclamé à la première nouvelle de la mort de son père, avoit une haine excessive pour son père. Elle étoit telle, à ce que le comte de Broglie disoit au maréchal de Villars, que, depuis plus de dix ans, le père et le fils ne s'étoient parlé et pas même salué. Gravton, avocat de la chambre basse, étoit dans la plus grande confiance auprès du nouveau roi, et l'on ne doutoit pas qu'il ne fût son principal ministre.

Le comte de Broglie eut ordre de se rendre à Versailles, où il arriva le 1er juillet, salua le roi, et on lui dit de s'en retourner à Londres le jour d'après. On étoit très content de sa conduite. Il assura le maréchal de Villars que le roi Georges désiroit très ardemment la guerre, et de se mettre à la tête des armées, ayant donné tous les ordres nécessaires pour que l'on préparât, dans les États d'Allemagne, tous les équipages d'artillerie et tout ce qui étoit nécessaire pour faire une guerre considérable dans l'Empire, et que son armée devoit être de près de 100,000 hommes; il s'attendoit à en trouver une en tête à peu près aussi nombreuse, commandée par le prince Eugène. Le roi d'Angleterre songeoit à demander le maréchal de Villars; au moins le comte de Stanhope l'en assura.

---

1. Georges II, alors âgé de quarante ans.

Le roi partit le 11 juillet pour les voyages ordinaires de Rambouillet, et le cardinal de Fleury alla passer les mêmes jours dans sa petite maison d'Issy, où l'on traitoit des affaires ecclésiastiques, et surtout de celles de la Constitution, dont l'accommodement n'avançoit point. Le pape même avoit voulu passer une bulle, à l'honneur des Dominicains, qui fortifioit la division.

Il arriva le 5 un courrier d'Angleterre, lequel apporta des lettres du nouveau roi pour le roi, la reine et pour le cardinal de Fleury. Il donnoit part de la mort [de son père] et de sa proclamation, mais on attendit, pour régler le jour du deuil, qu'il donnât part par son ambassadeur ou par un envoyé exprès.

On apprit qu'il conservoit les précédents ministres dans leurs emplois. En Angleterre, toutes charges cessant par la mort du roi, non seulement celles de cour, mais tous ministres étrangers ont besoin de nouvelles commissions. Il donna la charge de grand écuyer, qui étoit vacante, à lord Scarboroug, qui étoit le sien.

On apprit de Pétersbourg qu'immédiatement après les obsèques de la Czarine le prince Menzikoff avoit fait célébrer les fiançailles du jeune empereur avec l'aînée de ses filles ; que le prince de Holstein, évêque de Lubeck, lequel devoit épouser la seconde fille de la Czarine, étoit mort de la petite vérole ; que le prince Menzikoff avoit mené le jeune empereur à sa maison de campagne de Nebenhof, sous prétexte d'éviter l'air de la petite vérole, qui étoit à Pétersbourg, mais, selon les apparences, pour être plus maître de la cour.

Les lettres de Stockholm marquoient un grand désir

des Suédois d'attaquer la Moscovie, à quoi notre ministre eut ordre de s'opposer. Le roi vouloit que la tranquillité fût générale dans l'Europe.

Le conseil de finance du 7 juillet fut employé à des matières importantes. Le roi voyoit les apparences de guerre très éloignées, et, par conséquent, il étoit bien nécessaire de donner quelque soulagement à ses peuples. Le contrôleur général le proposa. Le maréchal de Villars l'appuya très fortement, et il y fut résolu : 1° que l'imposition du cinquantième seroit entièrement supprimée, et par un édit, puisqu'elle avoit été établie de même; le roi se souvint que le maréchal de Villars s'étoit fortement opposé à cette imposition, comme nous l'avons vu dans les mémoires précédents; cette diminution étoit de près de trois millions; 2° que l'on diminueroit trois millions sur le bureau d'imposition pour la taille; 3° deux millions cinq cent mille livres sur l'imposition des fourrages; 4° un million cinq cent mille livres pour soulager les généralités qui avoient le plus souffert. Ainsi, c'étoit une diminution sur les charges du peuple de dix millions pour l'année 1728, qui causa une grande joie dans le royaume.

Dans le conseil d'État du 13 juillet, on apprit, par les lettres du duc de Richelieu, que la cour de Vienne vouloit s'en rapporter entièrement à ce que le roi paroîtroit désirer pour former le congrès d'Aix-la-Chapelle, tant pour le choix des médiateurs que pour celui des ambassadeurs plénipotentiaires et pour les puissances qui pourroient y être admises, toutes celles de l'Empire le voulant.

L'on apprit que le roi d'Espagne, sans attendre le

retour des galions, faisoit remettre à toutes les nations ce qu'elles avoient sur la flottille. Le roi d'Espagne ne prétendoit même que huit pour cent pour l'indult, au lieu de douze qu'il avoit pris précédemment.

Les Anglois avoient marqué beaucoup de zèle à leur nouveau roi, lequel assembla le parlement pour régler la liste civile. La mort du roi faisoit cesser toutes sortes d'impôts dans l'étendue des États d'Angleterre.

Dans le conseil d'État du 16, on eut divers avis que l'empereur n'avoit apporté de si grandes facilités à signer les préliminaires que pour différer la guerre d'un an. Le comte de Walbron, ministre de l'empereur, s'en expliqua ainsi au roi de Prusse; le comte de Westerloo mandoit la même chose de Luxembourg. Il est très certain que l'empereur, par la mort de la Czarine, n'étoit pas en état de soutenir la guerre, et même qu'il n'étoit pas encore assuré des princes de l'Empire; mais il n'est pas moins vrai que la France avoit intérêt d'éloigner une guerre qui trouvoit nos finances encore dérangées, et que les Anglois seuls, qui ne pouvoient rien perdre dans la guerre, avoient intérêt de profiter de la division entre la France et l'Espagne pour s'agrandir dans les Indes et se rendre maîtres du commerce de l'Europe.

L'on envoya les lettres de créance au duc de Richelieu, avec ordre cependant de ne pas partir et de prendre ses mesures pour demeurer à Vienne jusqu'à ce que tout fût réglé pour le congrès.

Par les avis d'Espagne, la santé du roi étoit toujours languissante; la reine gouvernoit absolument et donnoit tous les ordres pendant ce temps-là.

L'on apprit, dans le conseil d'État du 20 juillet, que

l'Espagne faisoit des difficultés qui pouvoient faire quelques peines sur la signature des préliminaires. Elle n'avoit pas ordonné la levée du siège de Gibraltar, les tranchées et les batteries toujours gardées par les assiégeants, continuation d'entêtement de la part du roi d'Espagne, fondée sur la folie de son général, lequel, s'attendant aux ordres de lever le siège, vouloit persuader que, par l'effet d'une mine pour faire sauter un rocher, et très follement entreprise, il prendroit la place.

Il y avoit une difficulté plus importante et mieux fondée par la cour de Madrid. Les Espagnols, depuis la guerre commencée, avoient pris *le Frédéric*, vaisseau anglais, sur lequel il y avoit quatre millions de piastres; ils le prétendoient de bonne prise. Tout cela retardoit les ratifications d'Espagne.

L'on apprit par les nouvelles d'Italie que le roi Jacques, qui venoit de se raccommoder avec sa femme, étoit parti de Boulogne pour se rendre dans les Pays-Bas autrichiens sur les premières nouvelles qu'il avoit eues de la mort du roi Georges d'Angleterre.

Il y eut conseil de finance, dans lequel il ne fut question d'aucune affaire importante.

Le 26 juillet, le roi revint à Versailles; le cardinal de Fleury donna un mémoire au maréchal de Villars, qu'il avoit fait pour être envoyé à Madrid; il lui en demanda son sentiment, qui fut la levée entière du siège de Gibraltar, et que le roi d'Espagne avoit grand intérêt que les tranchées et batteries fussent incessamment rasées et qu'il ne restât aucun vestige d'une entreprise aussi folle que celle-là; mais il étoit persuadé en même temps qu'il étoit plus difficile de faire entendre au conseil de Madrid les raisons de rendre les douze millions du vaisseau *le Frédéric* avant le congrès. Le mémoire fut envoyé au nonce, jusque-là le seul commerce qu'il y eût entre les cours de France et de Madrid.

L'on fut confirmé dans les nouvelles que l'on avoit depuis longtemps que la santé du roi d'Espagne étoit toujours très mauvaise ; que ce prince n'entendoit parler d'aucune affaire et que le comte de Kœnigseck travailloit souvent seul avec la reine d'Espagne, et que cet ambassadeur apportoit toutes les difficultés qu'il pouvoit imaginer à la réunion.

On fut informé en même temps que l'empereur conservoit tous les chevaux de son artillerie, continuoit les recrues, augmentoit les magasins et faisoit couler beaucoup de troupes vers le Rhin. Rottembourg mandoit de Berlin que les ministres de l'empereur, qui alloient chez divers princes de l'Empire, faisoient entendre que l'empereur avoit voulu gagner du temps en signant les préliminaires. Enfin, les apparences de paix ne paroissoient pas entièrement solides. Par les nouvelles de Rome, on fut confirmé que les affaires qu'elle avoit avec le roi de Sardaigne étoient terminées.

Dans le conseil du 3 août, on reçut une lettre du nonce à Madrid, qui envoyoit en original celle que le marquis de La Paz lui écrivoit par ordre du roi d'Espagne pour donner part au roi de la naissance d'un troisième infant, qui fut appelé Louis. La lettre du roi d'Espagne étoit tendre et disoit que, la réconciliation n'étant pas encore faite, il n'écrivoit pas au roi toutes les expressions qui pouvoient marquer le désir sincère de voir renaître la bonne intelligence. Le roi écrivit de sa main au roi d'Espagne, et l'on n'avoit plus que sa réponse à attendre pour compter sur la réunion et pour la rendre publique en envoyant un ambassadeur.

Par toutes les lettres de Vienne, on apprenoit une aventure du duc de Richelieu qui fit de la peine à ses amis. On lui donnoit commerce avec un moine qui faisoit des sortilèges par des impiétés horribles. Le moine fut arrêté par l'archevêque de Vienne. Le duc de Richelieu mandoit à M. de Morville qu'il s'étoit cru obligé de réclamer ce moine parce qu'il étoit agent de Bonneval, son parent, mais qu'il l'avoit abandonné dès qu'il avoit été informé de la vie qu'il menoit. Enfin, bien que l'on eût lieu de le croire un peu mêlé par quelque esprit de curiosité dans cette affaire, on étoit bien éloigné de le soupçonner d'avoir eu part aux impiétés que l'on attribuoit à ce méchant moine.

Par les lettres de Pétersbourg, il paroissoit que la santé du prince Menzikoff étoit fort attaquée par les vomissements de sang; sa mort auroit pu changer le despotisme dans la Moscovie.

L'on fit camper presque toutes les troupes de France sur la Meuse, la Moselle et la Sarre; ces divers camps commandés par le duc de Lévy, le prince de Tingry, et le plus considérable par le marquis de Belle-Ile. Le sentiment du maréchal de Villars étoit que les camps étoient nécessaires, mais qu'il falloit en même temps défendre à ceux qui les commandoient toute sorte de luxe dans les tables et les équipages; c'est ce qui ne fut pas exécuté. Il falloit apprendre aux nouveaux colonels tout ce qui regarde les mouvements des troupes et la discipline de la guerre, mais en même temps les empêcher de se ruiner.

Dans le conseil d'État du 6 août, on apprit que le prince Menzikoff, qui gouvernoit absolument la Moscovie, étoit très dangereusement malade d'un crachement de sang; que l'on le disoit aussi très vivement touché de ce que la princesse Natalie, sœur du Czar, qu'il destinoit à son fils, avoit rejeté cette alliance avec une hauteur digne de sa naissance. On comptoit que les princes Gallitzin, dont l'un commandoit les troupes sous le prince Menzikoff et l'autre gouvernoit les finances, prendroient la plus grande autorité. Le duc de Holstein devoit sortir de Moscovie, et l'on continuoit à tirer toutes les connoissances possibles par les tourments de cette conspiration, découverte quelques jours avant la mort de la Czarine.

Le roi partit le 8 pour Rambouillet et n'en devoit revenir que le 13. Le maréchal de Villars profita de la permission que le roi lui avoit donnée d'aller passer quelques jours chez lui. Il y reçut un courrier le 14, qui lui apprenoit que la reine étoit prête à accoucher. Il revint sur-le-champ et trouva la reine accouchée heureusement de deux filles.

Pendant le peu de jours qu'il fut dans son château, l'abbé de Montgon vint le voir, partant en poste pour Madrid. Il lui fit voir des mémoires très importants. On en parle seulement ici pour les rappeler dans le temps.

Le maréchal de Villars se rendit à Versailles le 15 à dix heures du soir; il trouva le maréchal de Tallard à sa porte, qui lui apprit le retour du chancelier Daguesseau à la cour, lequel avoit fait la révérence au roi le jour même. Il savoit qu'il étoit question de ce retour; il apprit en même temps que le garde des sceaux d'Armenonville les avoit fait remettre au roi par M. de Morville, son fils.

Le maréchal de Villars entra chez le roi comme il sortoit de table. Il étoit seul dans son cabinet avec le duc de Gêvres. Il fit son compliment au roi sur la naissance de ses deux filles; il commença à plaisanter avec lui sur le mérite du mari quand la femme accouchoit de deux enfants. Le roi lui dit : « Avez-vous fait compliment au garde des sceaux? » Le maréchal de Villars ne put répondre, ignorant si le roi ne les avoit pas donnés dans le moment. Le roi lui dit : « Le voilà, » en lui montrant Bachelier, son premier valet de chambre. Le maréchal de Villars dit : « Où est sa robe? » Bachelier répondit : « Je la ferai faire de pinchina[1] pour en faire une redingote pour la chasse. »

Le roi, ce soir, contre sa coutume, demeura plus d'une heure en conversation sérieuse avec le maréchal de Villars et le duc de Gêvres, parlant de plusieurs aventures surprenantes du temps de la régence. Il parla ensuite de l'aventure de la princesse de Bergue et du prince de Robecq, auquel le roi d'Espagne avoit envoyé un ordre pour continuer la charge de majordome major auprès de la reine d'Espagne, y joignant celle de grand écuyer, et à la princesse de Bergue de continuer celle de grande maîtresse, et ordre au même temps de renvoyer la duchesse de La Force et le duc de Nevers; sur lesquels ordres la reine d'Espagne, ou, pour mieux dire, sa mère, madame d'Orléans, avoit

---

1. Étoffe de laine grossière qui se fabriquait surtout à Toulon.

défendu la porte du Luxembourg à madame de Bergue et au prince de Robecq.

Le roi dit qu'il vouloit sceller et qu'il avoit ordonné aux secrétaires d'État de lui apporter ce qui devoit être scellé. Il parut au maréchal de Villars que le roi comptoit de disposer dans le moment de la charge de garde des sceaux. Le 16, on eut lieu de croire que le roi garderoit les sceaux plus longtemps, et on citoit des exemples que Louis XIII les avoit gardés plus d'un an, le feu roi deux mois. Il étoit aisé de voir que le cardinal de Fleury avoit résolu de les ôter à M. d'Armenonville sans les rendre au chancelier Daguessau; ce qui étoit embarrassant, puisque le chancelier, les trouvant entre les mains d'Armenonville, n'avoit pas lieu de se plaindre qu'on ne les lui ôtoit pas. Mais d'Armenonville ne les désiroit plus; il étoit très dur et très honteux qu'ils ne fussent pas rendus à un chancelier rappelé et homme de mérite.

Le chancelier devoit revenir pour le conseil des dépêches du 16, où le cardinal, contre sa coutume, assista.

Le 17, le cardinal de Fleury dit au maréchal de Villars que les sceaux étoient destinés à Chauvelin, qu'il le prioit de n'en pas parler. Le cardinal dit en même temps qu'il savoit bien que l'on parloit mal de Chauvelin, mais que l'on ne citoit pas des faits. Le maréchal lui répondit qu'en sa place il auroit deux amis, gens de bon sens, attachés au bien de l'État, dont il prendroit les avis; qu'il falloit surtout être en garde contre les cabales; que, pour lui, il avoit une maxime dans les matières importantes : s'il n'y a pas du péril à différer, de se donner plus de temps à prendre un parti; que celui-ci lui paroissoit de nature à être différé par la cruelle douleur qu'il donnoit à un chancelier, homme de mérite, rappelé d'un exil très injuste. Son sentiment ne prévalut pas à la résolution déjà prise, et le nouveau garde des sceaux fut présenté au roi le 17 au soir; choix très peu approuvé par le parlement et par le public.

Dans le conseil d'État du 7, on apprit que l'empereur consentoit que le congrès fût à Cambray au lieu d'Aix-la-Chapelle; ce que le cardinal de Fleury avoit désiré pour aller lui-même signer la paix. On apprit que l'empereur avoit nommé ses deux seconds ambassadeurs plénipotentiaires, qui étoient Vindisgratz et Penterrieder, et il étoit incertain si le prince de Savoie ou le comte de Sinzendorf seroit le premier pour se rendre seulement pour signer.

Le maréchal de Villars et le maréchal de Tallard allèrent parler, le matin du 19, au cardinal de Fleury. Le maréchal de Villars lui dit qu'il devoit compte au roi, à soi-même et à ses confrères, des dignités dont il étoit honoré; qu'avant Charles IX, les Pairs avoient toujours précédé les chanceliers dans le conseil; que sous son règne il fut réglé que le chancelier ne précéderoit que les Pairs qui seroient créés dans la suite. Quant au garde des sceaux, une longue expérience apprenoit qu'il tenoit le rang du chancelier en son absence, mais que le chancelier assistant au conseil ne pouvoit être représenté par le garde des sceaux; qu'il y avoit un exemple qu'en 1664 le garde des sceaux avoit pris place joignant le chancelier. Le cardinal répondit qu'il falloit examiner et que le roi ne feroit tort à personne.

Le conseil s'assembla chez le roi, où l'on devoit décider le procès qu'avoit le prince de Rohan, ou pour mieux dire le roi, avec les princes Dœting pour la mouvance de la plus grande partie des fiefs de la maison de Flekenstein, donnés par le feu roi au prince de Rohan.

Le sieur d'Angervilliers devoit rapporter l'affaire et les conseillers d'État Gaumont, d'Ormesson, Courson, le marquis de Brancas et Saint-Contest; mais, comme il falloit régler les rangs avant la séance, le cardinal de Fleury adressa la parole aux maréchaux de Villars et de Tallard et leur dit que, dans les patentes du nouveau garde des sceaux, il avoit la survivance de la charge de chancelier, et par conséquent qu'il avoit le même rang. Le maréchal de Villars prit la parole et supplia le roi de trouver bon que M. le garde des sceaux prît la place joignant M. le chancelier, puisque l'on avoit des exemples; qu'il en avoit été usé ainsi, et que, quoi qu'elle eût pour agréable d'ordonner, ce fût sans conséquence. Après cela, on s'assit, et le sieur d'Angervilliers rapporta très nettement toute l'affaire. Elle étoit d'une très longue discussion; il parla plus d'une heure et demie, et avec beaucoup de force et de netteté, et opina en faveur du roi; les sieurs de Gaumont et de Courson pour le prince Dœting, tout le reste fut de l'avis du rapporteur.

Le maréchal de Villars dit que, par la loi des fiefs, nul ne pouvoit servir à deux maîtres, loi qui devoit être respectée sans même qu'il fût question des fiefs; qu'un de MM. les préopinants avoit dit que, puisque tous les faits étoient clairs et peu obscurs, qu'en tel cas le parti le plus raisonnable étoit de dissiper l'obscurité par la clarté; qu'il n'y avoit d'ailleurs aucune cause où le roi dût être moins peiné d'être favorable à sa propre cause, puisque, par le traité de Munster, rappelé dans tous les traités de paix qui l'avoient suivi, l'empereur, l'Empire et la maison d'Autriche avoient cédé au roi le landgraviat de la basse Alsace, et qu'ainsi la lésion, tant est qu'il y en eût, laquelle même il ne trouvoit pas, devoit être réparée en faveur des princes Dœting par l'empereur et par l'Empire.

Le conseil se levant, le maréchal de Villars supplia le roi de vouloir bien l'écouter encore un moment sur la prérogative des Pairs; il retint M. le cardinal de Fleury, le maréchal de Tallard et M. le chancelier et le garde des sceaux; il dit : « M. le cardinal de Fleury a allégué la qualité de survivancier en faveur de M. le garde des sceaux; cette qualité ne doit rien de réel, elle assure : par exemple, M. le duc de Retz, en présence de M. le duc de Villeroy, ne fait aucune fonction de capitaine des gardes du corps. » Le cardinal dit qu'il n'y avoit qu'à donner des mémoires.

Le comte de Morville avoit pris la résolution de se retirer en même temps que le garde des sceaux, son père, et il manda seulement au maréchal de Villars qu'il le prioit de l'attendre chez lui. Il y vint à huit heures du soir; il lui déclara sa résolution prête à exécuter. Le maréchal de Villars en fut très affligé, étant fort des amis de M. de Morville. La charge de secrétaire d'État et de ministre des affaires étrangères fut donnée sur-le-champ à M. de Chauvelin, nouveau garde des sceaux, lequel, en vingt-quatre heures, fut revêtu des deux plus importants emplois de la cour à l'âge de quarante ans et sans avoir rendu aucune sorte de service. C'étoit un homme d'une application vive et continuelle à s'attacher à tout ce qu'il pensoit avoir ou pouvoir espérer du crédit, faisant les affaires de tout le monde, intrigant; et cette fortune, surprenante à quarante ans, confirmoit les courtisans dans la maxime que les services avançoient moins dans les cours que les intrigues.

Il n'y eut pas de conseil de dépêches le 23, et, pendant le peu de jours qu'il y avoit entre le 19 et le 24, les maréchaux de Villars et de Tallard allèrent à Paris conférer, sans tenir d'assemblée, avec les ducs de Sully, de La Rochefoucauld, de Villeroy; ils avoient entretenu à Versailles tous ceux qui s'y étoient trouvés sur le parti qu'il y avoit à prendre lorsqu'il se trouvoit en même temps un chancelier et un garde des sceaux dans le conseil. La même chose étoit arrivée dans les premières années du règne de Louis XIII. Les ducs de Montmorency, d'Épernon, de Montbazon, de Retz, s'étoient trouvés dans le même conseil. La dispute est imprimée dans Duchesne; enfin, l'on ne trouva rien qui marquât une préférence en faveur des Pairs, et plusieurs pour le garde des sceaux. Sur cela, les maréchaux de Villars et de Tallard dirent au cardinal de Fleury qu'ils prendroient leur séance comme au dernier conseil de finance, le sans conséquence subsistant toujours. Au conseil d'État du 24 août, le nouveau secrétaire d'État, et en même temps garde des sceaux, lut les dépêches étrangères. Il y avoit peu de nouvelles; une très peu fondée, c'est que le prince Eugène de Savoie et le maréchal de Villars devoient se joindre à Stuttgard pour réunir le roi et l'empereur. Il paroissoit, par les lettres de Pétersbourg, que le nouveau Czar montroit peu d'inclination pour la fille du prince Menzikoff, dont la santé s'affoiblissoit. Le duc de Holstein partoit de Moscou pour se rendre à Hambourg.

Le nouveau garde des sceaux vint rendre visite au maréchal de Villars au sortir du conseil, malgré un usage assez suivi par les chanceliers et gardes des sceaux de ne faire aucune visite.

Dans le conseil d'État du 27 août, il fut résolu d'écrire au duc de Richelieu de parler aux ministres de l'empereur, sans qu'il parût d'inquiétude, des avis continuels que l'on recevoit de l'augmentation de ses troupes, de quelques ouvrages que l'électeur palatin faisoit faire en deçà du Rhin vis-à-vis de Manheim et d'un pont de bateaux que le même électeur faisoit construire. L'on apprit aussi que les Anglois fortifioient l'escadre de l'amiral Ozier, dans les Indes, de trois gros vaisseaux de guerre. Les nouvelles d'Espagne étoient différentes, et l'on comptoit vingt-quatre jours depuis la lettre du roi arrivée à Madrid.

On apprit la route que le roi d'Angleterre, nommé le Prétendant, avoit suivie depuis son départ de Boulogne, d'où il avoit traversé le Tyrol, passé à Augsbourg, à Strasbourg, de là en Lorraine, où il s'étoit arrêté huit ou dix jours; qu'il avoit passé à Lyon le 18 août; qu'il s'étoit rendu à Avignon, où il prétendoit faire son principal séjour; c'est ce que notre union avec l'Angleterre ne permettoit pas.

L'archevêché de Toulouse, vaquant par la mort de Clermont, fut donné à Crillon, évêque de Saint-Pons. Le 30, il y eut conseil des dépêches, où plusieurs conseillers d'État furent appelés pour juger une cause qui regardoit le duc de Lorraine avec la dame Dorminville ; la cause fut renvoyée à la justice du duc de Lorraine.

En sortant du conseil, le cardinal de Fleury dit au maréchal de Villars que le roi s'étoit déterminé sur les plénipotentiaires pour le congrès de Cambray, qui étoient : lui cardinal pour le premier, les sieurs de Fénelon et de Brancas pour les deux ambassadeurs.

Dans le conseil d'État du 31 août, on apprit, par les lettres des particuliers de Madrid, que le roi d'Espagne avoit déclaré sa réconciliation faite avec le roi avec les plus grandes démonstrations de joie ; que les infants étoient venus en baiser les mains au roi leur père et tous les grands d'Espagne ; que cette joie avoit donné au roi d'Espagne la meilleure nuit qu'il eût eue depuis trois mois. Cette particularité faisoit connoître que sa santé étoit plus altérée que l'on ne le publioit. Les nouvelles faisoient attendre un courrier qui apportât de Madrid la réponse à la lettre que le roi avoit écrite au roi son oncle, et quelques résolutions sur la levée entière du siège de Gibraltar et la restitution du vaisseau *le Prince Frédéric*. Les Anglois n'admettoient aucun adoucissement sur ces deux articles, qu'ils prétendoient être très clairement expliqués dans les conventions des préliminaires.

Le maréchal de Villars alla le 1er septembre à l'anniversaire du feu roi à Saint-Denis, et auquel la compagnie devenoit tous les ans moins nombreuse. On apprit la mort de la mère du roi Stanislas, que l'on cacha à la reine jusques à ce que sa santé fût entièrement rétablie.

Dans le conseil d'État du 3 septembre, on apprit que le pensionnaire de Hollande avoit fait des plaintes à Fénelon sur le changement du lieu du congrès d'Aix-la-Chapelle à Cambray. Le cardinal de Fleury fit remarquer que c'étoit par la faute de Morville de ne l'avoir pas expliqué, et il parut qu'il n'étoit pas content depuis longtemps de sa conduite. Cependant on n'avoit point lieu de s'apercevoir que le cardinal voulût l'éloigner.

Par les dépêches très secrètes que l'on reçut de Berlin, il y avoit lieu de craindre pour la vie du prince royal de Prusse. Les discours de son père et même de la reine, sa mère, marquoient que l'on leur avoit donné des avis par des lettres anonymes que ce prince avoit voulu attenter à la vie de son père.

Il n'arrivoit pas de courrier de Madrid, ce qui étoit attribué à la mauvaise santé du roi d'Espagne : mais ces retardements étoient apparemment causés pour attendre ce que la cour de Vienne penseroit sur la retenue du vaisseau *le Frédéric*.

Tout se prépara pour le départ du roi le 9, lequel vouloit courre un cerf le même jour avant que d'arriver à Fontainebleau.

Le roi soupa le 8 avec la reine, et l'on dit après le souper, où il y avoit très peu de personnes, qu'il étoit bien raisonnable de les laisser seuls puisqu'ils alloient se dire un petit adieu. Tout le monde partit, mais, peu de moments après, le roi ouvrit la porte.

Sur le soir, le courrier de Madrid arriva et apporta des lettres fort tendres du roi d'Espagne, sur sa joie de la réconciliation et sur le désir qu'il avoit de voir arriver un ambassadeur. On envoya au roi d'Espagne une liste de cinq ou six, le priant de faire connoître celui qui lui seroit le plus agréable.

Le 13 septembre, le maréchal de Villars se rendit à Fontainebleau. Le roi, suivant son cerf, passa le même jour au travers de la ville de Melun ; il dit au maréchal de Villars qu'il avoit cru que son cerf, repassant la rivière auprès de Pont-le-Roy, le mèneroit à Villeroy, où il seroit allé coucher. Le maréchal lui dit que c'eût été une chasse bien heureuse pour le maréchal de Villeroy.

Dans le conseil d'État du 14, on lut les lettres du roi et de la reine d'Espagne, qui marquoient au roi leur sensible joie de la réconciliation.

Dans les lettres et mémoires très longs du marquis de La Paz au nonce, il y avoit une explication en termes très ambigus sur deux articles des préliminaires qui regardoient la levée entière du siège de Gibraltar et la restitution du vaisseau *le Prince Frédéric*. Les réponses étoient très obscures sur les raisons, mais claires sur la résolution, qui étoit de s'en remettre entièrement à la décision du roi pour la levée entière du siège, persuadé cependant que les préliminaires ne l'exigeoient pas précisément, et, quant à la restitution du vaisseau, le refus très vif, ajoutant en deux endroits du mémoire que l'empereur ne trouvoit pas que l'Angleterre fût fondée à demander la restitution avant l'examen du congrès, l'ouverture duquel pouvoit recevoir difficultés par ce refus.

Le roi nomma le chevalier de Boissieux, neveu du maréchal de Villars, pour aller auprès de l'électeur de Cologne et autres princes du Rhin.

Dans le conseil d'État du 17 septembre, on apprit, par les nouvelles de Constantinople, que les Turcs avoient de très mauvais succès contre les Perses ; que le bacha de Babylone n'obéissoit pas aux ordres de la Porte, et avec grande raison puisqu'il croyoit que l'on demandoit sa tête, présent que tout homme sage doit refuser. On avoit apporté à Constantinople celle du bacha de Bender.

L'on apprenoit de Pétersbourg que la santé du prince Menzikoff étoit rétablie; qu'il avoit résolu de ne plus songer au mariage de son fils avec la sœur du Czar, et qu'il le destinoit à la fille du prince de Gallitzin; en quoi la sagesse de sa conduite paroissoit, abandonnant une alliance à laquelle la sœur du Czar répugnoit, et qu'il en faisoit une qui le lioit avec les plus puissants seigneurs de Moscovie. Le fils du prince Menzikoff épousa la fille du prince Gallitzin.

On apprenoit aussi que les courriers étoient très fréquents de Vienne à Pétersbourg.

L'ambassadeur Walpole dit au maréchal de Villars qu'il étoit d'autant plus surpris du refus de la cour de Madrid sur le vaisseau *le Frédéric* que les ministres de Hollande à Vienne leur mandoient que les ministres de l'empereur ne s'opposoient pas à cette restitution.

L'on résolut au conseil d'envoyer le comte de Rottembourg à Madrid pour agir vivement sur la restitution du vaisseau, à laquelle l'Angleterre s'opiniâtroit, au point de faire craindre que les mesures prises pour empêcher la guerre ne devinssent inutiles. Rottembourg fut chargé de porter l'ordre du Saint-Esprit, demandé pour le dernier infant. Ses instructions furent lues au conseil d'État du 21.

L'on apprenoit, par les nouvelles de Pologne, que le comte Maurice de Saxe avoit été obligé, par les troupes moscovites, de sortir d'une île près de Mittau, où il s'étoit fortifié avec un petit nombre de troupes; que les Moscovites avoient déclaré qu'ils ne souffriroient ni l'élection dudit comte de Saxe, ni que la Courlande fût réduite en palatinat de Pologne. La commission de la république de Pologne est entrée dans Mittau avec 1,000 hommes de troupes, cavalerie et infanterie. Cette commission devoit casser l'élection dudit Maurice de Saxe, en quoi les Polonois et les Moscovites étoient d'accord. L'on apprit la mort de la reine de Pologne, laquelle depuis longtemps ne vivoit plus avec le roi son mari.

Le 22, les ambassadeurs d'Angleterre, Walpole, milord Walgraf, et Pester, ministre de Hollande, vinrent à Villars avec d'autres étrangers.

Le jour d'après, le chancelier d'Aguesseau vint avec toute sa famille et y passa deux jours.

Dans le conseil d'État du 28 septembre, on apprit, par les lettres du comte de Broglie, que le roi d'Angleterre lui avoit parlé très vivement sur la restitution du vaisseau *le Prince Frédéric*, refusée par l'Espagne. Il montra à notre ambassadeur un grand désir de commencer la guerre, disant : « La France seule a fait la guerre à toute l'Europe; et à présent qu'elle est jointe à l'Angleterre, la Hollande, la Suède, le Danemark, et des princes puissants dans l'Empire, doit-on souffrir que l'Espagne nous maltraite? » Le roi d'Angleterre marquoit un grand désir d'aller commander l'armée dans l'Empire, disant que l'on trouveroit bien un général. Ce prince marquoit aussi quelque sorte d'inquiétude sur la réconciliation de la France avec l'Espagne, et tout ce que le roi avoit de ministres dans les cours étrangères mandoit que l'opinion de cette réconciliation étoit très répandue et demandoit des ordres pour détruire ces impressions, lesquels on leur donnoit bien clairs et bien décisifs. L'on apprit aussi que le roi d'Angleterre avoit envoyé ordre à la flotte qu'il avoit sur les côtes d'Espagne, sous les ordres de l'amiral Vager, d'empêcher la sortie des escadres espagnoles du port de Cadix. Ce fut pour la seconde fois qu'ils donnèrent de tels ordres sans les concerter avec nous. Enfin, les dépêches lues au conseil du 28 septembre nous pouvoient faire attendre avec impatience les réponses de Vienne et de Madrid.

Dans le conseil d'État du 1er octobre, on lut les instructions de Bonac, nommé à l'ambassade de Suisse : elles contenoient en substance de ne faire paroître aucun désir du renouvellement de l'alliance générale avec le corps helvétique, toute impatience de notre part étant plus propre à l'éloigner. Les difficultés venoient de ce que le comte du Luc, notre ambassadeur en 1715, avoit très mal à propos engagé la France à faire restituer par les cantons protestants les pays qu'ils avoient conquis sur les catholiques dans la petite guerre de Raynembourg. Il mit cette restitution pour base du renouvellement de l'alliance générale conclue en 1663 avec le feu roi pendant sa vie, celle du dauphin, et dix ans après. La mort du dauphin, en 1710, rendoit ce terme plus qu'expiré.

L'on reçut de Rome une réponse à ce qui avoit été publié par le parti du cardinal de Noailles pour prouver que ce que le cardinal de Polignac avoit promis de la part du pape n'avoit pas été tenu. On avoit pressé le pape de faire sortir d'Avignon le roi d'Angleterre, nommé le chevalier de Saint-Georges, ce qu'il refusa, disant que ce n'étoit pas au père de l'Église à chasser de ses États un roi qui sacrifioit la couronne à la religion. Cependant nous ne pouvions refuser à l'Angleterre ce qu'elle exigeoit de nous sur cela.

Dans le conseil d'État du 3 octobre, on apprit, par les lettres du duc de Richelieu, que la cour de Vienne paroissoit vouloir chercher des expédients pour éviter toute division et faire en sorte que le congrès s'ouvrît le plus promptement qu'il seroit possible. Le duc de Bournonville proposa même que le vaisseau *le Prince Frédéric*, qui étoit la cause des retards, fût amené des Indes dans les ports de France, en attendant ce qui en seroit décidé à Cambrai ; et l'on avoit lieu d'espérer que les courriers dépêchés à Vienne et à Madrid rapporteroient des réponses favorables.

Le roi Stanislas étoit venu voir la reine à Versailles, et, ayant demandé un rendez-vous au cardinal de Fleury, le cardinal pria le maréchal de Villars de demander au sieur de Squiddy, capitaine de ses gardes et seigneur de Chailly, de tenir un appartement prêt dans son château pour leur conférence. Le roi Stanislas et le cardinal s'y trouvèrent. Le maréchal de Villars et le duc de Charost s'y rendirent sur les trois heures après midi. Le roi, qui chassoit, donna quelque espérance d'y venir voir le roi son beau-père. Cette visite paroissoit incertaine, et la conversation entre le roi Stanislas, le cardinal, le maréchal de Villars et le duc de Charost commençoit, après avoir duré trois heures, à languir un peu, lorsque le roi s'y rendit en chaise de poste, laquelle fut proposée très à propos, car le roi vint à toutes jambes, ce qui consola fort le roi Stanislas, qui commençoit à craindre que sa visite ne manquât.

Cependant Peira, qui avoit accouché la reine, soutint qu'elle ne devoit pas voir le roi qu'après un certain temps, lequel, étant douteux, attristoit la reine et tenoit la cour dans l'incertitude de venir à Fontainebleau et de laisser le roi près de trois mois sans femme, ce qui faisoit raisonner les spéculatifs et penser qu'il pourroit chercher quelqu'amusement, chose très naturelle à un homme de dix-huit ans. Ceux qui connoissoient le roi n'y voyoient pas d'apparence. Le duc de Béthune dit au maréchal de Villars, dans ce temps-là, qu'étant avec le roi et Pezé, tous trois seuls, Pezé parla des plaisirs et dit au duc de Béthune, fort dévot : « Si vous vous trouviez avec Mme de Gontaut, et qui vous permît tout, vous ne seriez pas tenté ? » Béthune dit : « Je m'enfuirois ; » et le roi parut, par principe de conscience, approuver ce sentiment de Béthune, quoiqu'il ne fût pas aussi dévot que le roi d'Espagne son oncle, lequel, étant fort pour les femmes, avoit été très mal à Naples pour conserver une continence, maladie à laquelle les princes sont peu sujets. Le cardinal de Fleury fut d'avis que la reine vînt à Fontainebleau, et elle partit le 13 octobre, pour arriver à Fontainebleau le 14. Toute la cour venoit à Villars ; Mme la Duchesse y vint avec quantité de dames.

Dans le conseil d'État du 12 octobre, on lut plusieurs dépêches qui marquoient toujours quelqu'inquiétude de la Hollande et de l'Angleterre sur la réconciliation avec l'Espagne, et un désir de ces deux puissances d'entrer en guerre contre l'empereur et l'Espagne.

L'on écrivit à nos ambassadeurs de parler ferme à Londres et à la Haye et de dire que le roi avoit assez marqué de fermeté pour ses alliés et que, si ces alliés vouloient la guerre, l'on y consentiroit volontiers, et que l'on la commenceroit quand ils voudroient, enfin que les défiances continuelles offensoient.

L'on voyoit les liaisons de l'empereur avec le Czar et le roi de Prusse se fortifier, des voyages du comte de Flemming à Berlin, que l'on pouvoit regarder comme des projets de guerre, de concert avec le roi de Pologne, le comte de Flemming étant fort puissant auprès du roi de Pologne et fort ambitieux. En un mot, l'ouverture du congrès paroissoit s'éloigner.

Dans le conseil d'État du 16 octobre, on apprit la disgrâce du prince Menzikoff, qui étoit le maître en Moscovie. Elle fut précédée de la mort du comte de Rabutin, ambassadeur de l'empereur auprès du Czar. L'on mandoit de Pétersbourg que certaine ville ayant envoyé, suivant l'usage, pour première marque de soumission au Czar, du sel, un pain, lequel étoit lardé de ducats d'or, le Czar les donna dans le moment à sa sœur; ce que le prince Menzikoff désapprouva, et les fit reprendre. Peu de jours après, une autre ville ayant envoyé pareillement au Czar des étoffes d'or, il les voulut donner pareillement à sa sœur. Une comtesse Forbona, parente du prince Menzikoff, les reprit aussi par son ordre à la princesse. L'on avoit remarqué que le Czar étoit sorti en serrant les deux poings et grinçant des dents; que deux jours après il avoit été à une maison de campagne du chancelier et lui avoit marqué son mécontentement contre Menzikoff. Le chancelier avoit fortifié son aigreur et lui avoit dit que si, en suivant le testament de la Czarine, sa minorité duroit encore quatre ans, le prince Menzikoff auroit le temps et le moyen de se rendre maître de tout; que deux jours après, le prince Menzikoff voulant donner une fête dans sa maison de plaisance au Czar, il avoit refusé d'y aller. Enfin on comptoit six jours entre la première colère du Czar et ce qui éclata après, qui fut une déclaration que le Czar lui envoya faire qu'il vouloit donner les ordres; qu'il étoit le maître; et, peu d'heures après, deux capitaines allèrent relever la garde qui étoit chez ce prince et s'assurer de sa personne. Ce changement étoit très contraire aux intérêts de l'empereur, auquel le prince Menzikoff étoit dévoué.

L'on ne recevoit rien de Vienne sur les difficultés qui arrêtoient la ratification des préliminaires; il n'arrivoit rien aussi de Madrid qui fît espérer une prompte ouverture du congrès. La reine d'Espagne, pendant la maladie du roi, avoit été nommée *governadona*, et l'on disoit que, depuis qu'elle étoit revêtue de cette autorité, il s'expédioit plus d'affaires en un mois que précédemment en un an.

On apprit, dans le conseil d'État du 19, que le prince Menzikoff étoit parti de Pétersbourg; qu'un capitaine, avec cent vingt hommes, le conduisoit dans un de ses châteaux, cent lieues au delà de Moscou; que près de cent charrettes de ses équipages avoient été arrêtées en sortant de Pétersbourg : et l'on pouvoit croire qu'il essuieroit encore quelque peine. Ostermann, un des principaux ministres du Czar et depuis plusieurs années, que le prince Menzikoff avoit même établi auprès de lui comme son gouverneur, avoit envoyé chercher le secrétaire du comte de Rabutin, ambassadeur de l'empereur, pour le charger d'assurer son maître que les changements arrivés à la cour du Czar n'en apporteroient aucun dans les liaisons et les traités conclus entre leurs maîtres. L'on n'apprenoit rien de plus sur le ministère du Czar; mais il étoit aisé de prévoir que, s'il ne faisoit pas choix d'un premier ministre puissant et habile, le pouvoir despotique qu'avoit établi son grand-père ne se soutiendroit pas.

Dans le conseil des dépêches du 18, le roi permit au cardinal de Rohan une levée de deux cent mille francs sur ses sujets d'Alsace, pour rétablir le palais épiscopal dans Strasbourg.

Le maréchal de Villars, après avoir passé un mois dans son château, hors les jours de conseil qu'il se rendoit à Fontainebleau, alla s'y établir; pendant le séjour qu'il fit dans sa maison, M. le duc d'Orléans, Mme la Duchesse et tout ce qu'il y a de plus considérable à la cour étoit venu le voir.

Dans le conseil d'État du 22, on lut les dépêches du marquis de Fénelon, qui rendoit compte de l'exécution de ses ordres et de la conférence qu'il avoit demandée aux États de Hollande, pour leur faire connoître que leurs inquiétudes sur la réconciliation avec l'Espagne offensoient le roi; que la République désiroit qu'on fît des menaces à l'Espagne et que le roi étoit persuadé qu'il ne falloit jamais menacer que le coup ne fût prêt à partir, la menace seule n'ayant pas grand effet. Le pensionnaire s'excusa de quelques termes qui avoient pu marquer de l'inquiétude; il assura que la République avoit une entière confiance en l'amitié dont le roi l'honoroit.

Le 25, arrivèrent les courriers que l'on attendoit de Madrid et de Vienne. Le duc de Richelieu et le comte de Rottembourg rendoient compte de l'exécution de leurs ordres. Par les dépêches du premier, il paroissoit que l'empereur n'approuvoit pas la retenue du vaisseau *le Prince Frédéric* et que le comte de Kœnigseck, ambassadeur à Madrid, avoit ordre d'en presser la restitution. Rottembourg rendoit compte de la première audience du roi et de la reine d'Espagne, dans laquelle il s'étoit principalement étendu sur la satisfaction du roi et de toute la France de la réconciliation. Il parla des difficultés qui retardoient les préliminaires. Le roi, et surtout la reine, se plaignirent de la dureté des Anglois et firent mention de la restitution de Gibraltar, lorsque Rottembourg dit un mot sur celle du vaisseau et sur les effets de la flottille. Enfin, on eut lieu d'espérer par cette première audience, mais surtout par les sentiments de la cour de Vienne, qui ne vouloit pas la guerre, que la ratification des préliminaires arriveroit, et par conséquent l'ouverture du congrès.

Par les lettres de Pétersbourg, on voyoit les mauvais traitements s'augmenter tous les jours contre le prince Menzikoff, dégradé de toutes ses dignités, et grande apparence qu'on lui feroit son procès. On s'étoit saisi de tous ses papiers, repris tout ce qu'il avoit de pierreries et de bijoux les plus précieux.

Dans le conseil du 2 novembre, on lut des dépêches du comte de Rottembourg, qui rendoit compte de deux audiences depuis la première, dans lesquelles la reine d'Espagne s'étoit fort emportée contre la dureté des Anglois ; et, parlant sur Gibraltar, elle demanda au roi la clef d'une cassette, d'où elle a tiré une lettre en original du roi d'Angleterre, qui promettoit la restitution de Gibraltar; et, comme Rottembourg, suivant ses ordres, demandoit toujours la restitution du vaisseau *le Prince Frédéric*, la reine dit : « Hé bien ! nous le remettrons entre les mains du roi jusqu'à la décision du congrès. » L'affaire en étoit là. Cependant, comme l'empereur conseilloit cette restitution entière, on eut lieu d'espérer de l'obtenir.

Le roi, en dormant, s'étoit jeté hors de son lit et blessé assez fort au genou; de manière que l'on crut devoir l'empêcher de marcher pendant plusieurs jours et lui faire garder le lit. Le maréchal de Villars, ayant les grandes entrées, demeuroit assez souvent des heures entières au chevet de son lit et lui tenoit des discours convenables sur les bons principes, et il les écoutoit avec plaisir et s'informoit des désordres arrivés dans le gouvernement pendant sa minorité. Un jour, le maréchal lui conta le projet qu'il avoit formé, sans le communiquer à personne, et tel que l'on l'a vu dans l'année 1719, pour le mener à Pontoise et le faire déclarer majeur; il dit : « Vous auriez empêché les grands malheurs du papier. »

Dans le conseil d'État du 5 octobre, il fut question des ordres réitérés à Rottembourg pour la restitution du vaisseau *le Prince Frédéric*. Les lettres de Magnan de Pétersbourg marquoient le dessein de faire le procès au prince Menzikoff. Le conseil du Czar ne paroissoit pas encore formé.

Le maréchal de Villars reçut une lettre de l'abbé de Montgon, de Madrid, qui lui marquoit, de la part du roi et de la reine d'Espagne, que l'un et l'autre comptoient fort sur son amitié.

Dans le conseil des dépêches du 8, on remarqua que le roi, pour la première fois, avoit dit son avis. Les voix étoient partagées sur une affaire peu importante, et la décision étoit nécessaire. Il a été de l'avis dont étoient le duc d'Orléans, le chancelier, le garde des sceaux, les maréchaux de Villars et d'Huxelles.

Dans le conseil d'État du 9, il ne parut rien, dans les dépêches de Vienne et de Madrid, qui fît espérer une prompte réponse sur le vaisseau *le Prince Frédéric*. Cependant, les Anglois armoient fortement, et l'on pouvoit leur compter plus de cinquante vaisseaux de ligne en mer, dans les escadres qui environnoient les côtes d'Espagne en Europe et dans les Indes.

Dans le conseil des finances du 11 octobre, M. le contrôleur général rapporta une requête de MM. les cardinaux de Noailles, de Bissy, comme archevêque de Paris et abbé de Saint-Germain, sur les indemnités prétendues contre le roi pour les terres occupées par les bâtiments du Luxembourg et du Palais-Royal, lesquelles avoient été réglées par un édit de 1667, confirmé par une déclaration de 1722, lesquelles régloient sur un pied très juste les indemnités dues par le roi, et MM. les ecclésiastiques furent déboutés de leur demande.

Dans le conseil d'État du 12, on lut des dépêches de Pétersbourg, qui marquoient trois partis qui se disputoient la confiance du jeune Czar : le premier, à la tête duquel paroissoit Ostermann; le deuxième, des princes Gallitzin; et le troisième, des princes

Dolgorousky, lequel paroissoit se rejoindre au premier pour détruire celui des Gallitzin.

Toutes les autres nouvelles de tous les endroits de l'Europe ne méritoient aucune attention, et tout paroissoit suspendu jusques à la décision de l'Espagne sur le vaisseau *le Prince Frédéric*.

Dans le conseil d'État du 16 novembre, on ne lut aucune dépêche digne d'attention; celles d'Espagne n'avoient pu être déchiffrées. Les lettres particulières d'Angleterre marquoient un désir entier de la nation de voir commencer la guerre avec l'Espagne, et préparoient à un coup d'éclat toutes les forces qu'elle avoit actuellement en mer, surtout dans l'Amérique.

Le général Flemming étoit toujours auprès du roi de Prusse, et le maréchal de Villars dit au conseil que, vu le caractère ambitieux d'un homme qui faisoit une figure considérable en Pologne et gouvernoit le roi Auguste, il étoit persuadé qu'il négocieroit quelques projets de guerre contre les États d'Hanovre.

La très légère indisposition du roi, causée par sa chute, ne pouvoit l'empêcher de coucher avec la reine, d'autant plus qu'il y avoit près de trois mois, et que c'est une longue abstinence pour un homme de dix-huit ans. Il recommença le 17; et ce fut une nouvelle pour la cour, qui n'en fournissoit aucune, puisque jamais on n'avoit vu moins de galanterie; et, comme le dégoût du roi pour tout autre plaisir que la chasse, et le deuil de la reine avoient empêché les divertissements à Fontainebleau, le voyage en fut très ennuyeux.

Dans le conseil d'État du 19 novembre, on lut des

dépêches de Rottembourg qui donnoient plus d'espérance de la restitution du vaisseau ; on apprit qu'il étoit arrivé un courrier de l'empereur à Madrid, et le comte de Kœnigseck dit que l'empereur conseilloit cette restitution. L'Angleterre offroit de retirer ses armées navales d'Amérique et des côtes d'Espagne aux conditions de cette restitution et de la parole de restituer les effets de la flottille. L'on pouvoit enfin compter sur l'ouverture du congrès de Cambrai, à moins que l'empereur, avec toutes les démonstrations de paix, ne voulût la guerre et ne portât secrètement la reine d'Espagne à la guerre.

Par les nouvelles de Pétersbourg, on apprenoit que le conseil du Czar n'étoit pas changé, que l'on ne rappeloit pas les exilés, et Ostermann paroissoit conserver le premier crédit.

Rottembourg mandoit qu'on ne lui rendoit pas ses dépêches exactement, et il ne pouvoit douter qu'elles ne fussent retenues pour pouvoir les déchiffrer. Il mandoit aussi qu'il arrivoit des lettres de France qui pouvoient traverser la négociation, en assurant la cour d'Espagne que la France abandonneroit l'Angleterre si l'on tenoit bon en Espagne, et que jamais on n'obligeroit les François à faire la guerre à l'Espagne. L'expérience de ce qui s'étoit passé en 1719 devoit ôter cette espérance au roi d'Espagne.

Dans le conseil d'État du 23 novembre, on ne lut aucune dépêche bien importante, et l'on ne pouvoit rien attendre de décisif que par le retour du courrier Bannières que Rottembourg avoit retenu pour apporter la décision du roi d'Espagne.

Cependant le duc d'Antin, après avoir dîné chez le

maréchal de Villars et fait un petit voyage à la Rivière chez le comte de Toulouse où le roi étoit allé passer la soirée, suivant sa coutume, se trouva un rhume très violent et cracha du sang ; on le saigna trois fois. Le même jour, le maréchal de Villeroy, qui étoit dans son château de Villeroy, versa la nuit fort rudement, et, son carrosse rompu, il revint sur un cheval de carrosse. Le même jour, il eut une rétention d'urine ; on le saigna deux fois, il perdit connoissance et ne tenoit aucun propos suivi ; elle lui revint, après vingt-quatre heures, par l'heureux effet d'une purgation. Le maréchal de Villars alla le voir le 23, à la sortie du conseil ; il le trouva fort bien le soir. Maréchal comptoit même de lui ôter la sonde, le 24 au matin, mais ses gens ne le veilloient pas assez soigneusement. Pendant son sommeil, il s'arracha la sonde à demi et urina du sang, ayant eu la fièvre du 23 au 24, et le maréchal de Villars le laissa assez mal ce jour-là.

Le roi y envoya deux fois, et le cardinal de Fleury écrivit au duc de Villeroy, lequel alla voir le cardinal à Fontainebleau. Le roi se rendit le 25 à Petitbourg, d'où le cardinal de Fleury alla voir le maréchal de Villeroy, dont la haine étoit la plus violente pour le cardinal, mais, ayant cru mourir, la réconciliation se fit. Quelques jours auparavant, le maréchal de Villars étant allé à Villeroy, le maréchal lui dit : « Le cardinal de Noailles a été fort mal, et le roi y a envoyé. J'ai dit que je m'attendois bien au même honneur à l'agonie, mais j'espère qu'elle n'arrivera pas sitôt. » Et, quand le roi envoya au maréchal, il dit : « Voici le second tome du cardinal de Noailles. » On crut le maréchal de Villeroy très près de sa fin, cependant on lui ôtoit et remettoit la sonde. On le transporta le 30 novembre à Paris.

Le conseil d'État du même jour apprit ce que le courrier Bannières avoit rapporté, et les dépêches des 14 et 15 du comte de Rottembourg furent lues avec un mémoire du marquis de La Paz qui expliquoit la résolution du roi d'Espagne sur les matières qui empêchoient la ratification des préliminaires.

Le mémoire contenoit en substance que l'amour du roi d'Espagne pour le roi, son neveu, son affection pour les François, les très vives instances de l'empereur l'avoient obligé à se rendre, quoique sa gloire y fût un peu intéressée, à rendre le vaisseau *le Frédéric*, malgré toutes les infractions de l'Angleterre, desquelles un mémoire du secrétaire d'État Patino[1] faisoit une longue énumération; mais cette restitution ne devoit se faire que dans six mois, et on vouloit une garantie du roi et de l'empereur, que dans le congrès on examineroit non seulement si cette restitution étoit juste, mais tout ce qui regarderoit celle de Gibraltar; que le roi d'Angleterre et la nation exécuteroient ce qui seroit décidé au congrès, et par des arbitres impartiaux. On répétoit plusieurs fois que c'étoit par les instances de l'empereur que le roi d'Espagne s'étoit rendu; et il parut au maréchal de Villars que ce mémoire étoit une espèce de manifeste, pour faire voir à l'Empire que l'empereur n'oublioit rien pour empêcher la guerre.

1. Joseph Patiño (1667-1736) était devenu ministre à la disgrâce de Riperda et partagea longtemps avec le marquis de la Paz la confiance de la reine et sa puissance : il était frère aîné du marquis de Castelar, ambassadeur d'Espagne en France.

L'on ne décida pas dans ce conseil la réponse que l'on devoit faire, parce qu'il falloit la concerter avec l'Angleterre; Walpole dit au maréchal de Villars qu'il falloit agir, et vouloit que l'on envoyât ordre au comte de Rottembourg de demander, sur la restitution du *Frédéric*, un oui ou un non, et qu'il partît de Madrid sur le refus. L'on prit un parti plus modéré, et, dans le conseil d'État du 3 décembre, on lut les dépêches pour le comte de Rottembourg, lesquelles lui prescrivoient de faire connoître au roi et à la reine d'Espagne, à laquelle on adressoit presque toujours la parole, et qui répondoit de même pour le roi, que les conditions sous lesquelles on rendoit ce vaisseau étoient injurieuses aux alliés du roi; qu'elles tendoient même à mettre une division entre le roi et ses alliés, à quoi l'on ne parviendroit pas; et, enfin, on demandoit une réponse plus satisfaisante et on ordonnoit au comte de Rottembourg de déclarer que, s'il ne la recevoit pas dans quelques jours, il se retireroit. Comme l'Espagne paroissoit résolue à faire cesser les subsides de l'Empereur quand le congrès seroit commencé, on étoit incertain si le seul désir de pousser les subsides le plus loin qu'il se pourroit rendroit la cour de Vienne difficile, malgré toutes les promesses faites au duc de Richelieu, et réitérées par Fonseca, qu'elle vouloit terminer tous les différends; ou si cette même cour de Vienne ne vouloit que gagner du temps, pour porter les choses à la guerre lorsqu'elle seroit plus en état de la faire avec avantage.

Les autres dépêches des autres cours n'étoient pas bien importantes : celles du Danemark ne traitoient pas fort honorablement Camilly, notre ambassadeur, qui ne se conduisoit pas fort bien dans le cérémonial, ainsi que dans les affaires plus importantes.

Dans le conseil d'État des 7 et 10 décembre, on ne trouva rien dans les dépêches du comte de Rottembourg qui fît espérer de grands changements au mémoire du marquis de La Paz. Dans une très longue conversation, que le comte avoit eue avec le roi et la reine d'Espagne, où même on l'avoit fait asseoir pour l'entretenir plus librement, usage peu commun entre des rois et un ambassadeur, la reine d'Espagne avoit dit : « Nous nous sommes réduits plus que l'on ne pouvoit le demander; si l'on n'est pas content, patience. » Enfin, le retour de Bannières pouvoit s'attendre avec impatience.

Du côté du Nord, rien ne paroissoit important. Les lettres de Constantinople marquoient un grand désir de la Porte de conclure la paix avec les Persans. Les barbaresques de Tunis et d'Alger faisoient de petits désordres sur nos côtes de Provence; et l'on fit arrêter la petite ambassade de Tunis, jusqu'à ce qu'elle eût déclaré d'avance si le bey de Tunis feroit toutes les satisfactions que l'on prétendoit.

Dans le conseil d'État du 14, on lut les dépêches du comte de Rottembourg, arrivées le 12 par un courrier, par lesquelles on apprenoit qu'à la sollicitation du comte de Kœnigseck, le roi et la reine d'Espagne avoient déclaré que l'on rendroit le vaisseau *le Prince Frédéric*, et enfin la plupart des difficultés levées; en sorte que l'on résolut, dans le conseil, de finir et ne pas s'arrêter aux difficultés que faisoit encore Walpole. Le maréchal de Villars dit au roi qu'il falloit s'expliquer nettement avec l'Angleterre et déclarer que l'on étoit satisfait des offres de l'Espagne; et que, ne s'en pas contenter, c'étoit déclarer à l'Europe que l'on vouloit absolument la guerre. Tout le conseil pensa de même; mais Walpole, lequel prenoit empire sur le cardinal de Fleury et fut trois heures avec lui, fit suspendre la résolution, et l'on attendit à décider à un autre conseil d'État que celui qui fut tenu le 17 décembre, dans lequel on lut des dépêches de Camilly, ambassadeur de France en Danemark, desquelles, ainsi que de plusieurs autres de lui, on fut peu satisfait, ne se conduisant guère mieux sur tout ce qui regardoit le cérémonial que sur les matières plus importantes de sa négociation.

On apprit, de Rome, la promotion des cardinaux des Couronnes, dans laquelle le pape donna cinq chapeaux, pour l'empereur, l'Espagne, la Pologne, le Portugal et Venise, celle de France ayant été anticipée pour le cardinal de Fleury, et les nonces furent remis.

Dans le conseil d'État du 21, on agita encore les réponses à faire à Rottembourg. Walpole faisoit toujours de grandes difficultés. Il ne falloit pas s'étonner que le ministère d'Angleterre ne fût porté à la guerre. Il avoit obligé le roi et la nation à des dépenses immenses depuis deux ans; les armées navales que les Anglois avoient dans la mer Baltique, la Méditerranée, et surtout dans les Indes espagnoles, où leur flotte avoit, pour ainsi dire, péri deux fois, les hommes de maladie (leur amiral Osier y étoit mort), et leurs vaisseaux par des vers qui en rongent le bois dans ces mers-là. Les Anglois, irrités de l'inutilité de leurs dépenses, vouloient la guerre, craignant que, dans le congrès, l'empire qu'ils prenoient dans le commerce ne fût considérablement diminué.

Le 22 décembre, Walpole reçut un courrier d'Angleterre. Sur les ordres qu'il apporta, lui et Pester vinrent parler très vivement au cardinal de Fleury; ils furent près de quatre heures chez le garde des sceaux. Pester et l'ambassadeur de Hollande parlèrent très vivement au maréchal de Villars, et l'on lut, au conseil du 28 décembre, des lettres de Rottembourg, qui avoit reçu celles par lesquelles on désapprouvoit qu'il eût été si avant. Il donnoit de bonnes raisons de sa conduite, persuadé que l'avantage de voir délivrer les effets de la flottille, rendre sur-le-champ le vaisseau *le Prince Frédéric* et, enfin, empêcher la guerre étoient des avantages plus considérables que ceux auxquels les Anglois s'attachoient si vivement. Les lettres de Fénelon, de la Haye, marquoient une vivacité presqu'égale de la part de la Hollande. Cependant, par les expédients que nous donnions à Rottembourg, on pouvoit toujours espérer qu'il n'y auroit pas de rupture.

On apprit, par les lettres du duc de Richelieu, du 15 décembre, que l'on comptoit à Vienne sur la paix entre la Porte et la Perse, et les nouvelles de Constantinople, du 15 novembre, confirmèrent que cette paix avoit été traitée et signée par le bacha de Babylone avec de très grands avantages; que les Turcs demeuroient maîtres de toutes les conquêtes qu'ils avoient faites sur la Perse. Mais Esreck même l'engagea à leur en faciliter encore d'autres. Sur cette nouvelle, quelques-uns du conseil avancèrent que cette paix donneroit de l'inquiétude à la cour de Vienne. Le maréchal de Villars dit que le désir d'assurer de si grandes conquêtes ne permettroit pas aux Turcs d'attaquer l'empereur ni le Czar.

Dans le conseil d'État du 31 décembre, on apprit, par les lettres de Madrid, que le roi et la reine d'Espagne étoient fort irrités que les Anglois ne fussent pas contents de ce que Rottembourg avoit signé, que le conseil d'Espagne étoit partagé de sentiments, Patino fort opposé aux sommes que l'empereur demandoit et le marquis de La Paz, qu'on venoit de faire conseiller d'État, très dévoué à l'empereur.

Les délibérations du conseil d'État de Hollande alloient à donner un terme très court à l'Espagne pour prendre sa résolution et retirer sur-le-champ les ministres de France et de Hollande et Kert, qui avoit été admis pour l'Angleterre, si l'Espagne n'accordoit pas tout ce qu'on lui demandoit.

1728. Il arriva, le 1er de l'année 1728, un courrier du duc de Richelieu qui assuroit que la cour de Vienne étoit toujours opposée à la guerre, et que le conseil de l'Empereur, prévoyant que l'on ne finiroit pas à Madrid, envoyoit Peterrieder en toute diligence pour empêcher une rupture.

Le roi déclara, le 1er jour de l'an, dans un chapitre de l'ordre, qui fut tenu avant la messe, huit chevaliers du Saint-Esprit, qui étoient : le duc de Richelieu avec dispense, le duc de Saint-Simon[1], les prince de

---

1. Le célèbre auteur des Mémoires, alors âgé de cinquante-trois ans.

Dombes et comte d'Eu[1], les maréchaux de Roquelaure[2] et d'Aligre[3], le comte de Gramont[4] et le prince de Cellamare, désiré par le roi d'Espagne. Cette promotion affligeoit fort le duc de Gramont, colonel des gardes, qui voyoit son cadet passer devant lui, plusieurs grands officiers de la maison du roi et le marquis d'Avaray[5], qui avoit un brevet d'assurance pour la première promotion.

Dans le conseil d'État du 3 janvier, on lut des dépêches de Rottembourg qui apprenoient des nouvelles très cruelles pour le commerce : c'est que le roi d'Espagne mettoit un nouvel indult de vingt-trois et trois quarts sur cent des marchandises de la flottille, et l'on voyoit, par les lettres des négociants françois de Cadix, que plusieurs d'eux retiroient à peine quinze pour cent de leurs capitaux, ce qui étoit une ruine entière pour nos commerçants. Ces nouveaux sujets que nous avions de nous plaindre de la cour d'Espagne, joints à ceux qu'elle feroit de notre désaveu de la signature de Rottembourg, mettoient une aigreur très vive dans les esprits. Cependant, on écri-

1. Les deux fils du duc du Maine.
2. Antoine de Biran, duc de Roquelaure (1650-1738), plus célèbre par ses bons mots que par ses talents militaires.
3. Yves, marquis d'Alègre (1653-1738), qui avait servi avec distinction sous Louis XIV.
4. Louis, comte puis duc de Gramont après la mort de son frère (1689-1745), colonel du régiment de Bourbonnais, tué à Fontenoy.
5. Cl.-Théoph. Béziade, marquis d'Avaray (1655-1745), lieutenant général, ambassadeur en Suisse, « a beaucoup clabaudé de ne pas être maréchal de France,... et n'a fait la grâce d'accepter le cordon bleu qu'avec beaucoup de répugnance et de délais. » (Saint-Simon.)

vit de manière à Rottembourg, par un courrier dépêché le 7 janvier, qu'il y avoit lieu d'espérer qu'on ne romproit pas.

On lut, dans le conseil d'État du 7 janvier, les dépêches résolues et qui devoient partir le jour même, par lesquelles, au lieu des termes d'indemnités que la cour d'Espagne avoit mis dans ce que Rottembourg avoit signé, on substitua ceux des prétentions du roi d'Espagne sur les dommages causés par les armées navales d'Angleterre.

On apprit que l'Angleterre avoit fait un traité avec le duc de Volfenbutel, moyennant vingt-cinq mille livres sterling par an, par lequel il s'engageoit à ne pas donner entrée dans la ville de Brunswick aux ennemis du traité d'Hanovre, et d'adhérer audit traité en divers cas. Le maréchal de Villars représenta que, si quelques raisons pouvoient déterminer l'empereur à la guerre, ce seroit celle de voir que, pendant la paix, on attaquoit son autorité dans l'Empire par tous les efforts que faisoient les Anglois pour engager divers princes contre l'empereur, qui avoient commencé par le landgrave de Hesse, qui avoit armé 12,000 hommes pour le service de l'Angleterre.

Dans le conseil d'État du 11 janvier, on lut des dépêches de Rottembourg qui n'avançoit pas dans la négociation, la reine d'Espagne persistant sur l'indemnité, et ayant déclaré que, pour l'indult, le roi d'Espagne étoit le maître dans ses États et qu'aucune puissance étrangère ne devoit s'en mêler.

D'un autre côté, le ministère anglois étoit fort inquiet de voir l'ouverture du premier parlement, sans pouvoir montrer à la nation qu'elle eût retiré aucune utilité des dépenses très grandes qu'elle faisoit depuis deux ans, et l'on apprit que l'assemblée du parlement étoit prorogée jusqu'au 2 février.

Dans le conseil de finances du 13, l'on parla d'un incident sur l'échange de Belle-Ile, qui donna lieu au maréchal de Villars de dire qu'il étoit très convaincu que les préopinants n'avoient pas moins de zèle que lui pour les intérêts et le service du roi, mais qu'il ne pouvoit s'empêcher de représenter que cet échange étoit très désavantageux au roi; d'ailleurs, que le roi n'avoit plus de domaines; que, si Dieu nous accordoit la grâce que nous lui demandions, qui étoit de donner plusieurs princes au roi, il n'avoit plus d'apanage à leur donner; que ce que l'on donnoit au marquis de Belle-Ile étoit la plus grande partie de l'apanage de feu M. le duc de Berry; qu'il étoit informé, par plusieurs conseillers d'État et plusieurs des principaux de la Chambre des comptes, que le roi perdoit plus de soixante mille livres de rente à cet échange; que, pour lui, il n'avoit jamais voulu le comté de Melun, qui lui avoit été offert par feu M. d'Argenson, garde des sceaux. Le seul maréchal d'Huxelles, qui avoit opiné devant, dit qu'il étoit totalement de l'avis du maréchal de Villars. M. le duc d'Orléans, fort ami de Belle-Ile, dit que l'affaire étoit consommée; ainsi, la représentation du maréchal de Villars fut inutile. Le roi l'écouta avec grande attention; le conseil levé, le maréchal de Villars demeura seul avec le roi, qui lui dit : « Vous soutenez bien mes intérêts, » et il lui tendit la main; c'étoit beaucoup pour le roi, qui ne s'ouvroit sur rien au monde.

Dans les conseils d'État des 14 et 18 janvier, il n'y

eut rien de considérable. On ordonna à Fénelon de faire bien observer au gouvernement de Hollande que le roi n'ordonnoit à Rottembourg de partir de Madrid que pour faire voir à ses alliés la conduite la plus scrupuleuse à leur égard, ne voulant plus, si l'Espagne n'accordoit pas ce qu'on lui demandoit, avoir de ministre à Madrid, pendant que ceux d'Angleterre et de Hollande y restoient.

Le conseil des dépêches du 17 ne fournit aucune matière importante, mais il y eut dans Marly des lettres anonymes, qui attaquoient Mlle de Charollois et plusieurs dames de la cour, qui excitèrent de grands mouvements parmi les dames.

Dans le conseil d'État du 18, on ne lut que des réponses aux ministres étrangers, les pluies ayant arrêté presque toutes les postes.

Dans le conseil d'État du 21, on lut des lettres de Rottembourg, qui préparoient à le voir partir de Madrid après la réception des derniers ordres qui lui avoient été portés par le dernier courrier. L'on apprit la confirmation de l'indult de vingt-six sur cent sur les effets de la flottille, ce qui étoit la ruine des négociants.

Le cardinal avoit reçu des lettres du roi d'Angleterre, qui le remercioient de sa fermeté à soutenir ses engagements. On lut une lettre du garde des sceaux au duc de Neucatel (Newcastle), par laquelle il expliquoit la conduite de la France à l'égard de l'Angleterre. Cette lettre étoit pour être lue à l'ouverture du parlement, que le ministre anglois avoit différé autant qu'il avoit été possible, dans l'espérance de voir l'Espagne soumise, et que les ennemis du gouvernement n'eussent pas à lui reprocher l'inutilité des dépenses prodigieuses que l'Angleterre faisoit depuis deux ans.

Le cardinal de Polignac mandoit qu'un jeune abbé polonois, nommé Opolinsky, des grandes maisons et parent de notre reine, avoit été violé par trois fripons abominables, lesquels, protégés par le cardinal Coscia, favori du pape, s'étoient réfugiés dans les églises. Ainsi, dans la cité sainte et sous l'autorité d'un pape très saint, les plus grandes abominations étoient impunies.

Le courrier Bannières revint d'Espagne le 23 janvier, mais ses lettres ne purent être déchiffrées. On apprit, par celles du duc de Richelieu, que Penterrieder étoit parti le 7 janvier de Vienne; c'étoit l'homme de confiance de l'empereur. On lut un mémoire envoyé par l'Angleterre pour surmonter les difficultés de l'Espagne; enfin, de part et d'autre, on se rapprochoit au point qu'il n'étoit pas possible de rompre, si des intérêts cachés de l'empereur ne portoient à la guerre.

Dans le conseil de finance du 27 janvier, on lut le projet d'un édit qui annonçoit au public le rétablissement de dix-huit cent mille livres de rentes viagères, en sorte que la réduction desdites rentes au profit du roi, annoncée par un édit du mois de novembre 1727, qui devoit être de sept millions deux cent mille livres, ne fut plus que de cinq millions cinq cent mille livres. On avoit ordonné au sieur de Machault, conseiller d'État, d'examiner lesdites réductions et de ne point toucher à celles qui se trouveroient au-dessous de trois cents livres, à celles des domestiques et, autant qu'il se pourroit, à celle de gens qui, ayant été forcés de mettre en rentes viagères le peu de bien que leur laissoit le système de Law, étoient réduits à la mendicité.

Dans le conseil d'État du 28, on lut les dépêches de Madrid qu'avoit apportées le courrier Bannières, par lesquelles toutes les difficultés étoient presque terminées, et l'on convint de n'en pas répandre le bruit pour que nos alliés ne pussent pas dire que le conseil du roi déclaroit que l'on étoit d'accord avant qu'ils eussent connoissance des conditions. On fit repartir Bannières dans le moment pour conclure à Madrid sur le pied des dernières conventions.

L'on attribuoit les facilités de la reine d'Espagne à l'état où étoit le roi son mari, dont la fin paroissoit prochaine. A une mélancolie succédoient des emportements très violents, qui l'avoient porté à frapper son médecin, on disoit même son confesseur. Il ne se nourrissoit que de confitures et d'huile, ne dormoit plus et étoit d'une maigreur extrême. On l'avoit mené au Prado, petite maison de campagne à trois lieues de Madrid, apparemment pour que l'on eût moins d'occasions de le voir. La maigreur, l'insomnie et ne se plus nourrir que d'huile et de confitures ne permettoient pas d'espérer qu'il pût durer longtemps. Il ne laissoit pas d'aller encore à la chasse.

Les nouvelles du Nord apprenoient que le roi de Prusse étoit allé voir le roi de Pologne à Dresde, où on lui préparoit de grands divertissements. Toutes les apparences étoient que les fréquents voyages du général Flemming à Berlin avoient préparé une ligue entre l'empereur, le Czar, les rois de Pologne et de Prusse; c'étoit l'opinion du maréchal de Villars. On verra, par les suites qu'aura le congrès de Cambrai, si cette opinion est fondée.

On lut, au conseil d'État du 1er février, des lettres de Rottembourg des 15, 17 et 19 janvier, qui faisoient toujours espérer un heureux succès de la négociation et craindre la fin prochaine du roi d'Espagne. Son insomnie continuoit avec un dégoût, une petite fièvre; on lui avoit donné de l'émétique, qui n'avoit pas eu un grand effet. La reine d'Espagne paroissoit incertaine du parti qu'elle auroit à prendre.

Penterrieder arriva le dernier de janvier à Marly et eut une conférence de cinq heures avec le cardinal de Fleury, auquel il rendit une lettre de l'empereur très flatteuse. Son autorité entière, et sans être balancée, lui donnoit une grande considération. Les François et les étrangers le regardoient comme le maître absolu du royaume.

Il y eut une promotion de huit chevaliers de l'ordre le jour de la Chandeleur, qui étoient le prince de Lixin[1], lorrain, les ducs de Gramont, Gêvres, Béthune, Harcourt, La Rocheguyon et les comtes de Tessé et le marquis de Nangis, premier écuyer et chevalier d'honneur de la reine.

Dans le conseil d'État du 4 février, on apprit, par les lettres du comte de Broglie, apportées par un courrier, que le roi d'Angleterre et son conseil approuvoient ce qui étoit arrivé de Madrid et promettoient

1. J.-Henri de Lorraine, fils du premier comte de Marsan, d'abord chevalier de Malte, quitta l'ordre pour épouser Gabrielle de Beauvau; il fut, à cette occasion, créé prince de Lixin par le duc de Lorraine et grand maître de sa maison. Colonel d'un régiment de cavalerie, il fut tué au siège de Philipsbourg (1734).

des pleins pouvoirs pour signer. L'on dépêcha en Hollande pour en avoir de la République, et rien ne retardoit plus l'ouverture du congrès. L'on dépêcha à Madrid pour convenir du temps qu'ils s'assembleroient en attendant que tout fût signé.

Les nouvelles du Nord ne parloient que des divertissements que le roi de Pologne donnoit à Dresde au roi de Prusse, lequel avoit envoyé ordre au prince royal son fils de venir le trouver à Dresde. Enfin, les plaisirs et le calme s'établissoient dans toute l'Europe, en attendant le congrès de Cambray, où, selon les apparences, les puissances qui y faisoient assembler leurs ministres leur donneroient des ordres pacifiques.

Les lettres de Madrid, lues au conseil d'État du 8 février, apprenoient que la maladie du roi d'Espagne augmentoit : la fièvre étoit continue avec des redoublements ; l'inquiétude de la reine d'Espagne étoit très grande. Elle trouva à propos de faire admettre le prince des Asturies dans les conseils. Elle étoit incertaine si elle persévéreroit dans ses engagements avec l'empereur, ou si elle se donneroit à la France. L'agitation étoit vive. Le carnaval se passa tristement à la cour de France, le roi n'aimant aucun des divertissements qui règnent partout dans ces temps-là.

Les lettres de Madrid du 2 février, lues au conseil d'État du 15 février, apprenoient qu'entre autres incommodités du roi d'Espagne une rétention d'urine de trente heures avoit obligé de se servir de la sonde, et tout faisoit craindre la fin prochaine de ce prince. L'on apprenoit que le Czar étoit parti pour Moscou.

Le 17, presque tous les ambassadeurs qui étoient

à la cour vinrent dîner chez le maréchal de Villars, et tous ceux qui étoient destinés pour le congrès de Cambray parlèrent au maréchal de Villars du désir qu'ils avoient que le congrès fût à Paris. A la vérité, ils trouvoient leurs commodités ; mais c'étoit déjà assez que l'empereur eût consenti qu'au lieu de le tenir à Aix-la-Chapelle, ville impériale, il fût indiqué à Cambrai. Cependant, le maréchal de Villars pensoit qu'il accorderoit volontiers qu'il fût à Paris, auquel cas on pouvoit s'attendre qu'il feroit payer cette seconde complaisance.

On ne reçut aucune nouvelle de Madrid sur la maladie du roi d'Espagne, et il ne fut question d'aucune matière importante dans le conseil d'État du 18 février.

Dans le conseil d'État du 22, on lut des lettres du comte de Rottembourg, du 6 et du 9, qui faisoient craindre de plus en plus la fin prochaine du roi d'Espagne. La fièvre ne l'avoit point quitté, et il étoit tellement abattu qu'à peine pouvoit-il être une heure hors de son lit dans un fauteuil, enfin, si foible que l'on ne pouvoit le porter à Madrid, l'air du Prado lui étant contraire.

On reçut les consentements de l'Angleterre avec le seul mot de *réciprocité*, que le roi d'Angleterre vouloit être employé dans des articles. L'on fit partir un courrier le jour même du conseil d'État pour porter au comte de Rottembourg les pleins pouvoirs pour signer à Madrid. Dans le conseil d'État du 25, on lut des lettres de Madrid qui apprenoient que le roi d'Espagne avoit un flux d'urine ; cette nouvelle incommodité, jointe aux autres, augmentoit les craintes de le perdre.

Dans le conseil de finance du 28 février, le maréchal d'Huxelles se trouva mal, perdit connoissance et tomba à la porte du cabinet du roi; on l'emporta; il revint et fut en état de reprendre ses fonctions peu de jours après.

On apprit, dans le conseil d'État du 29, que le comte de Kœnigseck dépêchoit plusieurs courriers de Madrid à Vienne. La maladie du roi d'Espagne augmentoit, et l'on pressoit Rottembourg de faire signer. Il manda qu'il lui revenoit que l'on négocioit sur la Sicile, au lieu des États de Florence, pour l'infant don Carlos; et l'on examina, au conseil du 3 mars, les partis qu'il y avoit à prendre sur cela.

Le roi fit dire aux princesses du sang que son intention étoit que, dans les musiques et aux audiences des ambassadeurs, elles occupassent les places ainsi que du temps du feu roi. L'usage étoit que la reine avoit son fauteuil au milieu et les princesses du sang touchant les tabourets des dames. Elles avoient usurpé de mettre leurs tabourets à côté de celui de la reine, ce qui n'est permis qu'aux enfants de France. Le roi donna à M. le duc d'Orléans l'appartement qu'avoit M. le Duc; il le fit préparer pour y loger la femme qu'il épouseroit, et celui qu'il quitteroit fut destiné à l'enfant dont la reine étoit grosse.

Les lettres de Rottembourg, lues au conseil d'État du 7 mars, apprirent que la fièvre continuoit au roi d'Espagne; il pressoit pour recevoir les pleins pouvoirs, craignant que, si la mort du roi d'Espagne survenoit, les signatures ne fussent beaucoup retardées. La reine d'Espagne, de Bayonne, qui avoit été à l'extrémité, étoit hors de péril.

Le cardinal de Fleury dit que Penterrieder lui avoit dit, par ordre de l'empereur, qu'il s'engageoit à tous les lieux que l'on voudroit nommer pour le congrès ; Saint-Germain même, si le roi le vouloit. L'on se détermina à Soissons, qui n'est qu'à six lieues de Compiègne ; mais il fut décidé de ne déclarer cette résolution qu'après en avoir parlé aux ambassadeurs d'Angleterre et de Hollande. Le maréchal de Villars dit que la politesse de l'empereur étoit grande ; que rien n'étoit plus glorieux pour le roi, mais qu'il falloit prendre garde au congrès que l'empereur ne voulût faire payer sa politesse et les Anglois leur condescendance, et surtout à ne pas négliger les périls de notre commerce que l'Angleterre détruisoit.

Dans le conseil d'État du 14, l'on apprit, par les lettres du comte de Rottembourg du 3, qu'il avoit reçu les pouvoirs, et qu'après quelques légères difficultés la reine d'Espagne avoit déclaré qu'elle ordonnoit la signature, laquelle Rottembourg comptoit envoyer par un courrier. La santé du roi d'Espagne étoit un peu rétablie, toujours un peu de fièvre, mais l'appétit meilleur et ses forces plus grandes ; cependant il persistoit à ne vouloir pas quitter le Prado, quoique l'air en fût mauvais.

Le roi de Prusse étoit de retour à Berlin et préparoit de grandes magnificences pour recevoir le roi de Pologne.

Dans le conseil d'État du 21, l'on apprit, par les lettres de Rottembourg apportées par un courrier, que tout avoit été signé, et toutes les ratifications furent apportées. Ainsi, rien ne retardoit plus l'ouverture du congrès que les réponses des cours de Vienne et de Londres pour en fixer le jour. Rottembourg mandoit que le roi d'Espagne étoit sans fièvre, mais que ses vapeurs noires continuoient. Ce n'étoit plus un péril imminent, mais peu d'espérance pour une longue vie.

L'on apprit, par un procès-verbal envoyé par le commandant d'un vaisseau de notre Compagnie des Indes, qu'il avoit été attaqué par trois vaisseaux anglois qui l'avoient traité indignement, ne pouvant douter qu'il ne fût François. Il fut ordonné d'en demander des réparations convenables à l'Angleterre. Par les nouvelles du Nord, on apprenoit que tout se préparoit pour recevoir le roi de Pologne à Berlin avec la même magnificence que le roi de Prusse avoit été traité à Dresde.

Le 24, Bannières, courrier du cabinet, revint de Madrid et apporta des nouvelles de la santé du roi d'Espagne qui ne faisoient plus craindre une mort prochaine, mais marquoient la continuation de vapeurs qui le portoient à ne vouloir pas se faire couper la barbe ni même les ongles, ne voulant pas retourner à Madrid; des difficultés peu importantes sur les affaires générales, mais qui marquent l'éloignement de la reine d'Espagne et de son conseil des Anglois, des difficultés sur Gibraltar et la retraite des vaisseaux anglois des Indes. Le comte de Rottembourg partoit de Madrid, et on ordonna au marquis de Brancas de s'y rendre incessamment. Ils devoient se trouver sur la route pour que le comte de Rottembourg l'informât de l'état actuel des affaires; une fièvre survenue au marquis de Brancas l'obligea à différer son départ.

Le roi nomma le sieur de Villeneuve[1], lieutenant

---

1. Louis Sauveur, marquis de Villeneuve, ambassadeur de France à Constantinople de 1728 à 1740.

général du présidial de Marseille, à l'ambassade de Constantinople.

Les ordres donnés aux princesses du sang par le duc de La Trémoille firent naître des querelles très vives ; on n'oublia rien pour les animer contre les ducs, qui n'avoient aucune part aux difficultés de leurs séances aux musiques et spectacles. Cependant, il courut des mémoires attribués aux ducs de La Trémoille et de Saint-Simon, et désavoués par eux, qui mettoient tout en combustion.

Le 4 avril, il y eut un chapitre des chevaliers de l'ordre pour lire les pouvoirs du duc de Richelieu et lui envoyer la permission de porter l'ordre avant que d'être reçu. Le milord Walgraf, allant de l'Angleterre à Vienne, lui porta l'ordre.

Dans le conseil d'État du même jour, on lut des lettres de Rottembourg du 22 mars, qui se préparoit à partir le 1er avril. On lui fit espérer de voir le roi d'Espagne avant son départ, mais il l'espéroit peu. L'ouverture du congrès fut fixée au 20 mai ; et le cardinal de Fleury et le comte de Sinzendorf, qui devoit s'y trouver comme premier plénipotentiaire de l'empereur, prirent leurs mesures pour s'y rendre le premier juin.

Le 11 avril, on lut au conseil d'État des lettres de Rottembourg, qui avoit vu le roi d'Espagne, auquel on avoit coupé la barbe et les ongles, ce qui ne lui étoit pas arrivé depuis sa maladie. Rottembourg le trouva en fort bonne santé et même engraissé ; le teint fort bon. Enfin, l'on pouvoit compter que la tête de ce prince étoit seule attaquée. Il pouvoit vivre longtemps, et par cette raison l'autorité continuée entière à la reine.

Par les nouvelles du Nord, on apprenoit que le maréchal Flemming continuoit ses négociations, inconnues aux ministres de France. Mais il étoit apparent que l'union entre l'empereur, les rois de Prusse, de Pologne et le Czar pouvoit enfin attirer une guerre embarrassante pour l'électorat d'Hanovre.

Dans le conseil d'État du 18 avril, on apprit, par les lettres du 6 de Rottembourg, qu'il avoit pris congé du roi et de la reine d'Espagne, ayant laissé le premier dans une très bonne santé et fini avant son départ le peu de difficultés qui restoient pour envoyer des ordres nécessaires aux flottes d'Angleterre dans les Indes et sur les côtes d'Espagne, pour se retirer en Angleterre et pour remettre le vaisseau *le Frédéric*.

Par les nouvelles du Nord, on apprenoit le départ du maréchal Flemming pour la cour de Vienne, celui du comte de Wratislau de Dresde pour Moscou; et l'on voyoit toutes les mesures prises pour établir la plus forte union entre l'empereur, le roi d'Espagne, le Czar, les rois de Prusse et de Pologne. Le maréchal de Villars étoit toujours persuadé que ces mesures pouvoient troubler le Nord.

L'on apprit que Camilly, ambassadeur de France en Danemark, avoit pris congé du roi de Danemark, et que ce prince avoit fait porter chez lui, outre le présent ordinaire, quarante mille livres pour la signature du traité; ce qui avoit fait une ambassade très utile à un homme qui n'en avoit pas trop bien rempli les devoirs.

Dans le conseil d'État du 21, on apprit que les quatre électeurs de Bavière, Cologne, Trèves et palatin devoient se joindre à Manheim, selon les apparences, pour prendre des mesures sur les desseins des princes de l'Empire. L'Angleterre avoit déjà engagé le landgrave de Hesse et le duc de Brunswick-Wolfenbutel, et les mesures que l'on prenoit pour former un parti contre l'empereur pouvoient très aisément lui donner les moyens d'en former un considérable, qui se réuniroit à ses intérêts, composé des puissances du Nord, dont nous avons parlé, et de ces quatre électeurs.

Les nouvelles des autres cours de l'Europe n'avoient rien de bien vif jusqu'au commencement du congrès. Par les lettres du duc de Richelieu, lues au conseil d'État du 25 avril, on apprit l'arrivée du maréchal Flemming à Vienne, des négociations duquel il ne pouvoit rien pénétrer. L'abbé de Livry, ambassadeur auprès du roi de Pologne, n'en avoit rien démêlé non plus et vouloit penser qu'elles avoient pour premier objet de faire en sorte qu'une ambassade du roi son maître, de laquelle il seroit le chef, fût reçue au congrès de Soissons. Le maréchal de Villars, vu le caractère du maréchal Flemming, déjà très grand seigneur, très ambitieux et homme de guerre, crut qu'il ne se portoit pas à tant de mouvements et de soins pour cet unique objet; il vouloit toujours penser qu'il étoit plutôt question d'une guerre dans le Nord.

Le duc de Richelieu mandoit aussi que l'empereur avoit dit au comte de Windisgratz, destiné à être second ambassadeur au congrès de Soissons, qu'il n'iroit pas. Le comte de Sinzendorf devoit être le premier, mais pour n'y passer que huit ou dix jours, c'est-à-dire le même temps que le cardinal de Fleury. Ce changement étoit pour y laisser le baron de Penterrieder seul.

L'on apprit le retour du roi d'Espagne à Madrid dans une bonne santé; mais, cependant, sa tête n'étoit pas entièrement raffermie. Il se montra beaucoup, sortant tous les jours pour aller à ses dévotions.

Dans le conseil d'État du 2 mai, on apprit, par les dépêches du cardinal de Polignac, que le pape étoit dans une grande fureur, aussi bien que le sacré collège, sur la lettre au roi des douze archevêques, et même contre le concile d'Embrun; que le pape vouloit fulminer des excommunications, ce que le cardinal de Polignac pria de différer.

Par les lettres de Lisbonne, la fureur du roi de Portugal étoit violente contre le pape; il fit sortir par force le nonce du pape, lequel excommunia le secrétaire d'État qui avoit envoyé l'ordre de le faire sortir.

Le comte de Rottembourg arriva de Madrid. Étant venu voir le maréchal de Villars, il lui dit que la santé du roi d'Espagne étoit parfaite, celle du prince des Asturies très foible. On le croyoit attaqué des écrouelles et même qu'elles étoient ouvertes, maladie qu'il tenoit de sa mère.

Les affaires n'étant pas bien vives, jusqu'à l'ouverture du congrès, le maréchal de Villars demanda permission au roi d'aller passer dix jours dans son château. Les fréquents voyages du roi à Rambouillet rendoient les conseils plus rares.

Il partit le 3 mai. Il y avoit eu de grandes vivacités de la part des princes du sang sur les mémoires que l'on attribuoit aux ducs de La Trémoïlle et de Saint-Simon, désavoués par eux. Les princes du sang obtinrent que celui que l'on avoit attribué au duc de La Trémoïlle seroit brûlé par la main du bourreau; ce qui fut exécuté le dernier avril, à la réquisition du procureur général.

On ne voyoit que mémoires et imprimés sur les divisions de l'Église. Les cardinaux de Rohan et de Bissy travailloient à un mémoire qui devoit être présenté au roi et qui le fut réellement le 7 mai, et qui devoit être rendu public ensuite. Ce mémoire attaquoit la consultation signée par les cinquante avocats et neuf évêques, des douze qui avoient écrit au roi. Ils firent d'avance une protestation contre tout ce que les cardinaux de Rohan et de Bissy, et presque tous les évêques qui se trouvoient à Paris et qui s'assembloient chez le cardinal de Rohan, avoient composé.

Dans le conseil d'État du 17 mai, on lut les dépêches qu'avoit apportées un courrier du duc de Richelieu avec la ratification de l'empereur de ce qui avoit été signé à Madrid pour les préliminaires et l'ouverture du congrès. Le comte de Sinzendorf, retenu par une légère indisposition, ne devoit plus s'y rendre le 4 juin, comme cela avoit été résolu; ce qui différa le départ du cardinal, qui devoit s'y rendre le même jour que le comte de Sinzendorf.

Le duc de Richelieu mandoit la mort du général Flemming à Vienne, où il travailloit, selon les apparences, à une grande union entre l'empereur, le roi son maître, le roi de Prusse et le Czar, lequel devoit partir dans peu de Moscou. Les affaires du côté de Perse ne donnoient plus de vives inquiétudes aux Moscovites, par les embarras que trouvoit Escheref[1]

---

1. Fils et successeur du sultan Mahmoud, qui avait détrôné le dernier sophi Chah Hussein. Le fils du sophi, Chah Thamas, lui succéda.

dans sa nouvelle domination. L'on disoit même qu'un fils du dernier sophi avoit épousé une fille de l'empereur de la Chine, lequel lui promettoit ses forces pour rentrer dans son royaume, et l'on attendoit à Moscou un envoyé de ce fils du sophi.

Le maréchal de Villars avoit une grande compagnie à Villars; il trouva à son retour M. Le Blanc, secrétaire d'État de la guerre, à l'extrémité, lequel mourut le 19 mai, et sa charge donnée à M. d'Angervillers, lequel le maréchal de Villars, étant président de la guerre, avoit proposé pour l'intendance d'Alsace, une des meilleures; il avoit ensuite demandé à M. le duc celle de Paris, il le vit placé avec grand plaisir dans une charge aussi importante que celle de secrétaire d'État de la guerre.

Dans le conseil d'État du 23 mai, on apprit la petite vérole du prince des Asturies, maladie dangereuse pour ce jeune prince, déjà attaqué des écrouelles.

On apprit le départ du comte de Sinzendorf de Vienne, le 15 mai, et celui du roi et de la cour pour Compiègne fut toujours décidé pour le 4 juin. Presque tous les ambassadeurs, qui devoient aller au congrès de Soissons, se rendirent à Paris.

On apprit, dans le conseil d'État du 31 mai, que le prince des Asturies étoit hors de danger et la reine d'Espagne de Bayonne, laquelle avoit été très mal pareillement, le marquis de Brancas ayant eu audience d'elle à son passage à Bayonne.

Dans les dépêches de M. de Bonnac, ambassadeur en Suisse, on voyoit qu'il songeoit à traiter avec les Suisses sur les dettes contractées dans les premières années du règne de Louis XIII, lorsqu'il seroit question du renouvellement de l'alliance générale avec le corps helvétique. Le maréchal de Villars dit : « A-t-il été question de ces vieilles dettes lorsque le feu roi a renouvelé l'alliance en 1663 ? » Le garde des sceaux répondit : « Non. » — « Mon sentiment est donc que l'on défende à Bonnac de rien écouter sur pareille matière, lorsque l'on traitera du renouvellement de l'alliance ; car il n'est pas juste de l'acheter par des sommes qui n'ont pas été demandées lorsque cette alliance a été renouvelée il y a près de soixante-dix ans. »

Dans le conseil d'État du 2 juin, il n'y eut aucune matière importante agitée. Le comte de Sinzendorf, qui étoit le premier ambassadeur de l'empereur au congrès de Soissons, fit la révérence au roi avant le conseil. Il vint voir le maréchal de Villars avant que d'aller chez le roi, et le cardinal de Fleury lui donna à dîner. Il invita les maréchaux de Villars et d'Huxelles, les ambassadeurs n'étant pas encore assemblés à Soissons. Le cardinal de Fleury différa de s'y rendre, et le roi indiqua un conseil d'État, pour le 9 juin, à Compiègne, où le roi devoit se rendre le 4 juin.

Le 1er juin, on traita au conseil de finance, devant le roi, une affaire très importante sur les domaines de Franche-Comté, savoir s'ils seroient déclarés inaliénables, avant la conquête faite par le roi en 1674, ou s'ils ne le seroient que depuis ladite conquête. L'on ne décida rien, mais il fut jugé important de ne pas alarmer toute la noblesse de cette province, si le roi vouloit rentrer dans lesdits domaines, et la décision fut remise après un examen de commissaires.

Le 4 juin, le comte de Sinzendorf, le baron de Penterrieder, un fils de Sinzendorf et Fonseca, ministre

de l'empereur, dînèrent à Paris, chez le maréchal de
Villars, qui les mena à l'Opéra. Le roi partit le même
jour pour Compiègne, et le comte de Sinzendorf le 5
pour Bruxelles, d'où il devoit revenir le 11 à Compiègne. Il entretint le maréchal de Villars sur quelques matières, qui pouvoient faire connoître que ce
ministre ne seroit pas facile au congrès. Il parut même
que son retour étoit incertain par l'Allemagne ou par
l'Italie, sous prétexte que l'empereur devoit aller en
Styrie. Le chemin n'étoit pas plus long par Turin et
par Milan. La reine eut quelques accès de fièvre; ce
qui n'empêcha pas le départ du roi.

Le maréchal de Villars partit le 7 juin pour Compiègne. Il y eut conseil d'État le 9. On apprenoit, par
les dépêches des ministres du roi dans l'Allemagne,
plusieurs semences de division. L'électeur palatin ne
vouloit pas se soumettre aux ordonnances de l'empereur pour l'affaire de Suingemberg, le duc de Meckelbourg pour ses différends avec la noblesse de ses
États. Les hostilités commencèrent entre le prince de
Ostfrise et ses sujets. L'Empire soutenoit le prince, et
les Hollandois la ville d'Emden[1], dans laquelle ils
avoient le droit de garnison. Ainsi, outre les grands
démêlés entre les grandes puissances de l'Europe,
celles du second ordre paroissoient très divisées. Le
roi étoit très content de Compiègne; il prépara sa
cour à y faire de plus longs voyages l'année suivante.

Dans le conseil d'État du 13, qui se tint en l'absence du cardinal de Fleury, on apprit, par les nouvelles du 2, de Madrid, que l'on y préparoit des

---

1. Emden ou Embden, port à l'embouchure de l'Ems.

matières difficiles pour le congrès. Elles étoient connues, mais il paroissoit que la reine étoit bien éloignée de les adoucir. On parloit d'un grand conseil que le roi devoit assembler. Sa santé étoit bien rétablie; mais son humeur noire subsistoit. L'on apprenoit que les Espagnols faisoient de grands magasins dans leurs frontières de Catalogne et de Biscaye, et que l'empereur augmentoit toujours ceux de Luxembourg.

Les fêtes que le roi de Prusse donnoit au roi de Pologne étoient aussi magnifiques que celles que le roi de Pologne lui avoit données, et nul ministre, dans le Nord, n'avoit encore rien pénétré des traités qui étoient entre l'empereur et ces deux rois.

Le cardinal de Fleury partit le 13, pour ouvrir le congrès le 14. Le comte de Sinzendorf, comme ministre de l'empereur, parla le premier, le cardinal de Fleury ensuite. Tous les ministres dînèrent le même jour chez le cardinal. Le jour d'après, ce devait être chez le comte de Sinzendorf, et le troisième chez le duc de Bournonville, plénipotentiaire d'Espagne.

Dans le conseil d'État du 16 juin, on lut deux dépêches du cardinal de Fleury : la première de lui seul, par laquelle il rendoit compte au roi de tout ce qui s'étoit passé le premier jour, et des visites que lui avoient rendues tous les plénipotentiaires ; le comte de Sinzendorf n'ayant jamais voulu qu'il lui donnât la main chez lui, quoique le cardinal de Fleury eût déclaré que l'on le devoit regarder comme plénipotentiaire.

Le cardinal mandoit au roi, par la seconde lettre qu'il lui écrivoit avec les deux autres plénipotentiaires, que la troisième journée avoit été employée à examiner et échanger les pouvoirs de tous les ministres ; que, dans la quatrième, ils firent leurs demandes respectives, auxquelles on ne pouvoit répondre qu'après les avoir communiquées à leurs maîtres et reçu leurs ordres.

Les nouvelles du Nord n'apprenoient rien d'important. Les ministres que nous avions dans ces diverses cours n'ayant pu rien pénétrer des négociations que le comte de Flemming avoit commencées à Berlin, Dresde et finalement à Vienne, où les comtes de Walker étoient envoyés, de la part du roi de Pologne, pour les continuer.

Dans le conseil d'État du 20 juin, on lut une dépêche de nos plénipotentiaires, signée du cardinal, lequel étoit revenu de Soissons la veille. On apprenoit que le duc de Bournonville, dans la première demande, n'avoit parlé que de la restitution de Gibraltar. On l'obligea à joindre d'autres demandes sur le commerce, pour qu'il ne fût pas dit que la première et seule demande fût refusée par les Anglois sans négociation.

Il y eut quelques difficultés sur les pleins pouvoirs des plénipotentiaires hollandois, qui étoient en latin ; on leur demanda de les mettre en françois. Le comte de Sinzendorf s'employa à terminer ces premières difficultés. Le cardinal de Fleury devoit retourner à Soissons pour trois ou quatre jours, après quoi les apparences étoient que la plupart des plénipotentiaires viendroient à Paris et à Versailles.

Le comte de Sinzendorf, le duc de Bournonville, Walpole, Hop, Basswik, ministre du duc de Holstein, et qui avoit eu un grand crédit auprès du feu Czar, vinrent à Compiègne; le cardinal de Fleury les pria à dîner, avec les maréchaux de Villars et d'Huxelles, le garde des sceaux de même. Les conférences furent fréquentes avec le cardinal.

Dans le conseil d'État du 24 juin, on lut des lettres du marquis de Brancas, du 16 juin, qui éclaircissoient une nouvelle, qui tenoit la cour de Madrid dans une grande agitation. Le roi d'Espagne avoit écrit au président de Castille un billet de sa main, lequel lui fut porté par La Roche, valet de chambre françois, qui avoit sa première confiance, avec défense d'en parler à la reine. Par ce billet, le roi ordonnoit au président de Castille d'assembler les ministres et de leur déclarer que le roi abdiquoit la couronne et la remettoit au prince des Asturies. Le jour d'après, la reine en fut informée et fut dans la plus violente colère; on crut que le président de Castille l'avoit informée. Elle pleura auprès du roi et fit changer cette résolution : le billet écrit au président de Castille fut rendu et brûlé. On crut que la reine écriroit au pape, pour en faire venir une défense d'abdiquer; et l'on ne doutoit pas que, si elle arrivoit sous peine d'excommunication, elle ne retînt le roi. La reine résolut de le retenir à Madrid et d'éviter le voyage de Saint-Ildefonse.

Par les lettres de Rome, on apprenoit que le saint-père étoit toujours très irrité sur les affaires de la Constitution, et contre ceux qui attaquoient le concile d'Embrun. Il avoit enfin fait afficher un édit qui déclaroit tous les ennemis du concile d'Embrun schismatiques, et en quelque manière hérétiques, et excommunioit *ipso facto* ceux qui liroient la consultation des cinquante avocats.

Les nouvelles de Londres marquoient une grande inquiétude des négociants anglois sur le retour des galions, et l'usage que l'Espagne en feroit.

Par les lettres de Vienne, on apprenoit que l'envoyé de Hollande étoit fort en peine des sentiments de l'empereur sur les affaires de Frise.

Le cardinal de Fleury partit après le conseil pour Soissons, et les maréchaux de Villars et d'Huxelles pour Paris.

Dans le conseil d'État du 4 juillet, on dit qu'on ne parloit plus à Madrid de l'abdication; un bruit répandu du voyage du cardinal Alberoni à Madrid ne se confirma pas. Tous les principaux ambassadeurs du congrès venoient à Paris et à Versailles, et l'on dit même que le comte de Sinzendorf louoit une maison de campagne entre Paris et Versailles.

Le duc de Richelieu revint de son ambassade; il fit la révérence au roi le 3. On le trouva fort changé.

Dans le conseil d'État du 7 juillet, on lut les lettres de nos plénipotentiaires à Soissons; ils envoyoient les premières demandes des plénipotentiaires de Hollande, et les réponses de ceux de l'empereur et de l'Espagne. Les premiers demandoient l'abolition entière de la compagnie d'Ostende, le rétablissement du commerce et la réparation de plusieurs infractions de la part de l'Espagne contre les vaisseaux hollandois, alléguant les articles des traités de Munster, d'Utrecht et de Londres, sur lesquels ils fondoient leurs griefs. Les Impériaux et les Espagnols soutenoient, en interprétant les articles de ces divers traités, qu'ils n'avoient manqué en rien, que les plaintes étoient injustes; mais les mémoires des uns et des autres finissoient par des assurances de chercher tous les moyens possibles d'établir la tranquillité de l'Europe, et que telles étoient les intentions et les ordres de leurs maîtres.

Par les nouvelles de Vienne, on apprenoit le départ de la cour de l'empereur pour Neufstadt, et de là pour Gratz. Les divisions en Frise augmentoient, et même les voies de fait avoient commencé.

Par les lettres de Cadix, on apprenoit qu'un vaisseau y étoit arrivé richement chargé et que le roi d'Espagne y prenoit les mêmes droits qu'il avoit faits sur la flottille. Sur quoi notre ambassadeur eut ordre de faire les plus vives représentations.

On apprenoit par des courriers arrivés de Madrid au duc de Bournonville, ambassadeur d'Espagne au congrès, que l'on avoit obligé le roi d'Espagne à s'engager par serment qu'il n'abdiqueroit plus. Dans le conseil d'État du 14 juillet, on lut des lettres du marquis de Brancas, qui mandoit avoir vu le roi d'Espagne plusieurs fois dans son lit, dont il ne vouloit pas sortir, quoique sa santé fût très bonne pour le corps; mais, pour l'esprit, on y voyoit du dérangement, pour peu que le marquis de Brancas voulût étendre la conversation. Le duc de Bournonville dit au maréchal de Villars qu'il attendoit d'un jour à l'autre un courrier de Madrid, après l'arrivée duquel il donneroit son mémoire, pour travailler à terminer les différends entre l'Espagne, l'Angleterre et la Hollande.

Le maréchal de Villars proposa au conseil que le roi défendît aux étrangers que leurs laquais portassent des cannes, ce qui étoit indécent, aucun François ne prenant cette liberté. Le cardinal de Fleury dit que le roi y mettroit ordre.

Dans le conseil d'État du 18, on lut des lettres du marquis de Brancas, du 5 juillet, qui mandoient que la santé du roi d'Espagne étoit bonne, mais qu'il ne vouloit pas sortir du lit. L'on avoit donné à l'empereur les trois millions suivant ses traités, son crédit paroissant toujours très grand à Madrid. Le marquis de Brancas mandoit aussi qu'il y avoit apparence que l'on songeoit à mener l'infant Don Carlos en Italie, par les préparatifs que l'on faisoit dans le palais de Milan et par un vaisseau fort doré que l'on croyoit destiné au transport.

Les lettres de Ratisbonne et de l'Empire marquoient que l'empereur y étoit le maître. Rien n'avançoit au congrès, et l'on attendoit toujours les réponses de Madrid sur les premières demandes des Hollandois et de l'Angleterre.

Dans le conseil d'État du 25 juillet, on lut des dépêches du marquis de Brancas du 12, qui avoit toujours la liberté de voir le roi d'Espagne, mais en présence de la reine, laquelle ne laissoit aucune liberté au roi son mari. On lui avoit même ôté celle d'écrire, du moins le cardinal de Fleury le dit au conseil, qu'il n'avoit ni encre ni papier. Son petit billet au président de Castille avoit porté la reine à lui ôter tout moyen d'en écrire un second.

Le cardinal de Fleury avoit de grandes conférences avec le comte de Sinzendorf. Le duc de Bournonville différoit toujours ses réponses sur celles qu'il attendoit de Madrid, d'où il recevoit cependant de fréquents courriers. Il montra au maréchal de Villars le traité de 1721 entre la France et l'Espagne, dont un article obligeoit la France à poursuivre la restitution de Gibraltar jusques à l'entière exécution. Les traités de Hanovre lioient la France à soutenir les puissances dans leurs possessions actuelles. Ces deux traités étoient opposés, puisque, par l'un, elle devoit faire restituer Gibraltar et, par l'autre, le conserver aux Anglois. Le cardinal dit qu'il n'avoit eu aucune connoissance du traité de 1721. Le maréchal de Villars n'en avoit pu avoir aucune.

Le baron de Penterrieder mourut à Soissons, où il étoit un des ambassadeurs de l'empereur. Il avoit toujours marqué un grand attachement au maréchal de Villars depuis qu'il étoit secrétaire d'ambassade du prince Eugène aux traités de Rastadt et de Bade. On le croyoit fort dévoué au comte de Sinzendorf, lequel ne parut point du tout touché de sa mort. Il avoit conçu d'assez grandes jalousies de Penterrieder, par l'amitié que l'empereur lui marquoit, laquelle avoit porté à penser à Vienne, lorsque le comte Sinzendorf avoit paru en danger par une attaque d'apoplexie, que Penterrieder auroit sa place. Il est très ordinaire, à ceux qui occupent les premières places du royaume, de n'aimer pas ceux qu'ils croient pouvoir être leurs successeurs.

Dans le même temps, la maréchale de Gramont se rendit maîtresse du peu de bonheur qui restoit au cardinal de Noailles, pour le porter à se séparer des évêques opposés à la Constitution. Le cardinal de

Fleury alla dîner chez lui, et l'on s'attendoit à une soumission entière de ce bon cardinal, qui étoit un saint, à ce que la cour de Rome exigeoit.

Dans le conseil d'État du 28, on lut une lettre que le roi écrivoit au pape, pour lui apprendre ce que l'on avoit gagné sur le cardinal de Noailles, et on envoyoit son mandement à Rome avant que de le faire publier à Paris. On demanda le secret jusqu'à ce qu'on eût les réponses de Rome.

Ce même jour, 28, la reine accoucha d'une fille. L'espérance d'un dauphin avoit flatté, et l'on avoit préparé de grandes magnificences. L'accouchement fut très heureux. Le maréchal de Villars avoit joué avec la reine jusques à une heure après minuit. La reine quitta le jeu deux fois et dit qu'elle comptoit d'accoucher dans peu d'heures. Le comte de Sinzendorf devoit donner un grand repas, qui fut contremandé par la fatigue des dames qui devoient en être, et qui avoient été éveillées à cinq heures du matin.

Le maréchal de Villars passa chez le comte de Sinzendorf à Boulogne. Leur conversation fut assez longue, et le maréchal jugea, par les discours du comte de Sinzendorf, que les affaires du congrès ne se termineroient pas bien promptement, et même qu'il y auroit des difficultés auxquelles le cardinal de Fleury ne s'attendoit pas. Le maréchal de Villars vit le duc de Bournonville à Paris, qui avoit été indisposé pendant quelques jours et préparoit un mémoire qu'il assura devoir donner au cardinal de Fleury le 3 août. Il montra au maréchal de Villars un article du traité avec l'Espagne de 1721, par lequel la France promettoit la restitution de Gibraltar.

Dans le conseil d'État du 1ᵉʳ août, on lut un mémoire de Patino, envoyé par le marquis de Brancas, sur l'indult pris sur un vaisseau arrivé depuis peu. Le mémoire étoit fort court, et que le roi d'Espagne étoit surpris que l'on s'ingérât de trouver à redire aux impositions qu'il lui plaisoit de faire ; qu'il étoit le maître et que, lorsqu'on avoit changé les monnoies en France, il n'y avoit pas trouvé à redire. Le marquis de Brancas demanda une audience au roi d'Espagne après avoir entretenu la reine, et, lorsqu'il commença à parler au roi, qui étoit toujours dans son lit, la reine s'éloigna pour s'approcher d'une fenêtre et ne pas entendre. Le marquis de Brancas la supplia de demeurer, mais elle voulut laisser parler le roi seul, qui répondit très sèchement qu'il étoit le maître chez lui.

D'Angervillers donna à dîner ce même jour au comte de Sinzendorf, aux ambassadeurs d'Espagne et au maréchal de Villars.

Le duc de Bournonville donna le mémoire qu'il avoit préparé, lequel parut dur aux Anglois, et, comme on écartoit autant qu'il étoit possible tout ce qui pouvoit troubler la tranquillité, le cardinal de Fleury ne publia pas ce mémoire, et le duc de Bournonville dit au maréchal de Villars qu'il avoit ordre de le publier, mais qu'il attendroit.

Dans les conseils des 4 et 8 août, il ne fut question que des nouvelles que l'on recevoit de Madrid. La reine d'Espagne paroissoit toujours très dévouée à l'empereur. Patino, ayant le département de la marine aussi bien que des finances, augmentoit les forces de mer, en sorte que l'Espagne avoit vingt-quatre vaisseaux de guerre dans les Indes.

Les ordres que la France envoya vers les côtes d'Afrique obligèrent la régence de Tunis aux justes satisfactions qu'elle devoit sur toutes les infractions de ses corsaires, et à faire un traité de paix pour cent ans. Dans le même temps, les Saltins rompirent la paix avec les Anglois, lesquels armèrent, pour réduire ces corsaires. Ils déclarèrent la guerre à l'empereur, par la raison qu'ils ne pouvoient vivre que de rapines ; dès qu'ils n'en faisoient plus sur la France, il falloit qu'ils retombassent sur les côtes de Naples et Sicile.

Le comte de Sinzendorf vint voir le maréchal de Villars, qu'une légère incommodité empêcha de suivre le roi à Fontainebleau. Dans les premiers jours, il lui dit que le courrier qu'il avoit dépêché sur la mort de Penterrieder étoit revenu ; Fonseca étoit nommé à sa place. Le comte Sinzendorf différa son retour à Vienne, et le duc de Bournonville son voyage à Madrid jusques à la fin de septembre.

Le maréchal de Villars se rendit à Fontainebleau le 30 août ; il assista au conseil d'État du 1er septembre. On attendoit le retour des courriers dépêchés à l'empereur et à Madrid pour terminer, avant le départ du comte de Sinzendorf et Bournonville, ce qui pourroit empêcher la guerre. Les Anglois avoient paru la vouloir et les Hollandois ; Walpole et Goslinga, ambassadeur de Hollande au congrès, s'en expliquoient ainsi ; mais ils avoient un peu rabattu de leur fierté.

L'on apprit, par un courrier du roi de Sardaigne, la mort de la reine sa femme d'une attaque d'apoplexie, ce qui causa un grand deuil à la cour. C'étoit une princesse très sage et très vertueuse, avec laquelle le roi son mari avoit toujours très bien vécu, même dans le temps de ses plus vives amours avec Mme de Verue.

Dans le conseil des finances du 7 septembre, sur le compte que rendoient les intendants de toutes les généralités du royaume, et l'impossibilité où elles se trouvoient de payer les impositions des tailles et capitations, le roi les diminua de près de trois millions. Le maréchal de Villars représenta avec force la nécessité de soulager les peuples, que plusieurs villages étoient abandonnés, ce qui étoit le plus grand des malheurs, et s'étendit aussi sur la nécessité d'être plus difficile sur le choix des intendants, dont les emplois étoient les plus importants du royaume, puisqu'ils étoient les maîtres des provinces; qu'il ne falloit pas compter de les prendre uniquement parmi les maîtres des requêtes. Le contrôleur général dit que ceux qui rapportoient le mieux et se faisoient par là le plus de réputation dans le conseil n'étoient pas toujours les plus propres à être intendants. Le maréchal de Villars dit qu'il ne s'en étonnoit pas; qu'il falloit des talents et des qualités différentes; que la première étoit d'être juste et désintéressé et appliqué à bien connoître son département; qu'il avoit lu dans le testament du cardinal de Richelieu les diverses qualités qu'il désiroit dans tous les emplois; il citoit que les plus dévots n'étoient pas toujours les meilleurs évêques, proposition qui fit rire le roi.

Dans le conseil d'État du 8, on lut les dépêches de Madrid, importantes sur la proposition d'une suspension. La santé du roi d'Espagne étoit toujours la même, sa tête toujours plus attaquée, ne voulant pas sortir de son lit; la reine absolument la maîtresse et plus dévouée à l'empereur. Le marquis de Brancas se plaignit d'une violence outrée envers un de nos vaisseaux, et la réponse sur la plainte fut plus violente encore que l'injure dont on se plaignoit. L'on refusa au ministre d'Angleterre la permission d'envoyer un bâtiment porter les agrès nécessaires au vaisseau *le Prince Frédéric*, pour le mettre en état de naviguer. Enfin la conduite du conseil de Madrid préparoit à de grandes difficultés sur la proposition de la suspension.

Tous les ambassadeurs au congrès étoient à Fontainebleau : le cardinal de Fleury leur donna à dîner et y invita le maréchal de Villars, et, le 13, les duc de Bournonville, comte de Sinzendorf, les sieurs de Goslinga, Barrenechea[1], Van-Hoë, ambassadeurs d'Espagne et de Hollande, vinrent à Villars.

Dans le conseil d'État du 12 septembre, on apprit qu'il y avoit eu quelques difficultés à Soissons, l'ambassadeur du Czar ayant voulu surprendre les nôtres en donnant à son maître le titre d'*empereur* dans ses pleins pouvoirs, ce qui fut refusé.

Les lettres du cardinal de Polignac apprenoient des difficultés sur la soumission du cardinal de Noailles, auxquelles on ne devoit pas s'attendre, tant il est vrai que l'humeur et le faux zèle ont peut-être autant contribué à établir les hérésies que la témérité et l'ignorance des hérésiarques.

La santé du roi d'Espagne étoit toujours la même,

---

1. D. Joachim Ignace de Barrenechea, membre du Conseil des finances et majordome de la reine d'Espagne, épousa à Paris une fille du vicomte de Nancré et fut ensuite envoyé à Stockholm (1740).

et il y avoit trois mois qu'il n'avoit voulu se faire la barbe ni sortir de son lit.

Le roi de Danemark ayant envoyé des chevaux de selle au roi, un entre autres fort beau, qu'il montoit souvent, le roi le donna au maréchal de Villars.

Dans le conseil d'État du 15 septembre, on trouva, par les dépêches du marquis de Brancas, que l'on avoit gardé le courrier déjà dix jours sans le renvoyer. C'étoit un terme bien long pour se déterminer sur la proposition de la suspension. On ordonna à Brancas de bien examiner la conduite de l'ambassadeur de l'empereur et de démêler s'il agissoit aussi vivement pour porter la reine d'Espagne à la paix que le comte de Sinzendorf nous paroissoit le désirer. Le maréchal de Villars craignoit toujours que l'on ne voulût nous amuser jusqu'à ce que les galions fussent arrivés et les mesures de ceux qui pouvoient se déclarer nos ennemis bien prises.

Enfin les courriers d'Espagne et de Vienne arrivèrent le 17 septembre. Par celui de Madrid, on ne voyoit pas un refus entier de la suspension, on ne le faisoit espérer que dans la fin de mars.

Les lettres du marquis de Brancas disoient que le comte de Kœnigseck avoit pressé la reine d'Espagne au point qu'elle s'en étoit plainte à Brancas, disant que Kœnigseck étoit devenu Anglois. Sur cela le maréchal de Villars dit : « L'expression est trop forte. » On crut au conseil que le comte de Sinzendorf partiroit incessamment. Le duc de Bournonville devoit prendre congé du roi et partir le 21, pour aller coucher à Versailles, voir la reine et revenir le 22 à Fontainebleau.

Le marquis de Brancas apprit que Riperda s'étoit sauvé du château de Ségovie. Le roi d'Espagne demandoit à toutes les puissances chez lesquelles il pourroit se retirer qu'il lui fût remis comme criminel de lèse-majesté, crime qui n'avoit pas été prouvé depuis sa prison.

L'on sut que Riperda étoit sorti de sa prison le 2 septembre et que la cour de Madrid ne l'avoit su que le 9. Il n'y a que sept lieues de Ségovie à Madrid. Donc Riperda étoit mal gardé.

Le roi partit le 20 de Fontainebleau pour aller voir la reine à Versailles, qui avoit été incommodée, et revint le 21. Il y eut conseil d'État le 26. L'on avança un peu dans la négociation, et il fut résolu que Sinzendorf ne partiroit pas, que le duc de Bournonville se rendroit incessamment à Madrid, et faisoit espérer de revenir dans la fin de novembre. Enfin le comte de Sinzendorf montra un désir plus fort d'empêcher la guerre.

Dans le conseil du 26, on lut des lettres de Brancas, qui marquoient une grande inquiétude à Madrid des bruits qui s'y répandoient des armements des Anglois et d'un dessein d'arrêter les galions avec les escadres d'Angleterre et de Hollande, qui étoient à la hauteur de Cadix ou dans la Méditerranée, et même de quelques vaisseaux des escadres que le roi avoit envoyées pour obliger les régences de Tunis et de Tripoli à la paix. Sur cela, le marquis de La Paz manda à Brancas que, si le roi d'Espagne pouvoit craindre quelque chose de pareil, il prendroit plutôt le parti de brûler les galions. L'on ne voyoit aucun amendement dans la santé du roi d'Espagne, sortant peu de son lit et ne s'étant pas fait la barbe depuis quatre mois.

Soit inquiétude sur les forces de mer des alliés de Hanovre ou par quelque autre motif, l'Espagne armoit puissamment, et l'on comptoit que dans le mois d'avril elle auroit quatre-vingts vaisseaux de ligne en mer, puissance bien surprenante pour l'Espagne, et que l'on n'avoit pas vue depuis l'armée navale de Philippe II, qui périt sur les côtes d'Angleterre.

Nous avions toujours un courrier à Rome pour attendre la décision du pape sur la soumission du cardinal de Noailles. Il paroissoit une lettre de l'évêque de Montpellier horrible contre les Jésuites.

Le courrier Bannières arriva de Rome le 6 octobre, et le cardinal de Fleury prit la résolution d'aller voir le cardinal de Noailles pour le porter à terminer une nouvelle difficulté que faisoit encore la cour de Rome sur son instruction pastorale.

Par les lettres du marquis de Brancas de Madrid, qui furent lues au conseil d'État du 10 octobre, on apprit que la reine d'Espagne vouloit attendre le retour du duc de Bournonville avant que de s'expliquer sur les propositions de trêve pendant quatorze ans.

Le duc de Bournonville étoit malade à Paris ; cependant il devoit arriver le 10 à Fontainebleau. Le garde des sceaux dit au maréchal de Villars : « Le comte de Sinzendorf hait le duc de Bournonville au dernier point. » Le maréchal de Villars fut porté à penser que cette haine pouvoit n'être pas si violente. Le cardinal de Fleury devant aller à Paris envoya un courrier au duc de Bournonville pour lui dire qu'ils pouvoient conférer ensemble à Paris. Le duc de Bournonville refusa cette conférence pour se rendre à Fontainebleau le jour même que le cardinal de Fleury en partoit pour Paris, et le maréchal de Villars eut lieu de croire que le duc de Bournonville, malgré cette prétendue haine du comte de Sinzendorf, vouloit l'entretenir avant que de parler au cardinal de Fleury et par conséquent que ces deux ministres s'entendoient fort bien d'un autre côté. Le comte de Kœnigseck à Madrid dit que, puisqu'il ne gagnoit rien sur la reine d'Espagne, il alloit passer quelque temps à une maison de campagne près Madrid. D'un autre côté, le comte de Sinzendorf avoit assuré le cardinal de Fleury sur les affaires de Suisse d'une complaisance entière de l'empereur, et nous apprenions de la cour de l'empereur tout le contraire. Le temps leur pouvoit faire voir si le maréchal de Villars se trompoit quand il pensoit qu'il n'étoit pas impossible que l'empereur ne voulût gagner du temps pour rompre quand toutes ses mesures seroient bien prises, ou s'il vouloit sincèrement la tranquillité de l'Europe. Le maréchal d'Huxelles pensoit comme le maréchal de Villars et vouloit que l'on agît pour établir une paix et non une suspension, et rompre plutôt que de ne pas finir promptement.

Le 14 octobre, la reine vint à Villars avec quatre princesses du sang et dix-huit dames. Comme on ne fut averti que peu d'heures avant son arrivée, on ne put que lui préparer deux tables de vingt couverts chacune et plusieurs autres pour les officiers, les gardes du corps et toute la suite.

Dans le conseil d'État du 18 octobre, on lut les dépêches du marquis de Brancas, qui paroissoit toujours content des démarches du comte de Kœnigseck pour porter l'Espagne à la suspension proposée, sur laquelle on fit divers changements à Madrid, et le garde des sceaux, le duc de Bournonville, le marquis de Sainte-Croix et Barrenechea, ambassadeurs d'Espagne, travailloient chez le cardinal de Fleury pour trouver enfin quelque expédient qui rapprochât les parties. Il fut ordonné de l'envoyer au marquis de Brancas, et l'on donnoit trois mois pour nommer des commissaires à Madrid qui pussent régler toutes choses, de manière qu'ils n'aient plus qu'à signer à Soissons.

L'on apprit que l'empereur étoit de retour à Gratz, que son impatience d'arriver un jour plus tôt auprès de l'impératrice lui avoit fait éviter une couchée dans le château de Membourg, où l'appartement où devoit coucher l'empereur s'étoit enfoncé pendant la nuit.

Dans le conseil d'État du 20 octobre, on apprit, par les lettres du marquis de Brancas, que l'on avançoit peu sur la négociation qui avoit pour objet le traité de suspension. La reine d'Espagne vouloit toujours attendre l'arrivée du duc de Bournonville.

Le marquis de Brancas mandoit que la reine d'Espagne ne couchoit plus dans le même lit que le roi, mais dans une chambre joignant celle du roi, dans laquelle couchoit un valet de chambre. Ce prince faisoit quelquefois des songes qui pouvoient donner quelque inquiétude à sa moitié.

La paix de l'Église, que l'on crut pouvoir être déclarée par la publication du mandement du cardinal de Noailles le 17 octobre, fut différée, et vingt-deux curés de Paris firent une protestation même assez insolente.

Le cardinal demanda à assembler son chapitre avant que de publier son mandement, lequel fut affiché le 24 mai. Le même jour, il parut une déclaration du cardinal de Noailles, dans laquelle il persistoit dans ses premiers sentiments, soutenant la lettre qu'il avoit écrite au roi, avec les autres évêques, contre le concile d'Embrun. Il protestoit contre tout ce qui pouvoit paroître signé de lui, soit qu'il fût en santé et jusques à l'article de la mort, qui ne seroit pas conforme à ses premiers sentiments sur la constitution. Ainsi, l'avantage que l'on vouloit tirer pour la paix de l'Église de son dernier mandement étoit bien affoibli par cette dernière déclaration.

Dans le conseil d'État du 24 octobre, on apprit, par les lettres du marquis de Brancas, que l'on attendoit les galions dans le mois de novembre, et que le marquis Mary étoit parti avec quatorze vaisseaux de guerre espagnols pour assurer leur retour.

Le duc de Noailles étoit allé à Paris, sur la dernière déclaration du cardinal, son oncle, et en rapporta des lettres pour le roi et le cardinal de Fleury qui détruisoient cette dernière déclaration, et le public trouva que la famille de ce saint cardinal pouvoit bien se passer de le jeter dans des intrigues qui marquoient une entière imbécillité et que l'on devoit respecter sa vieillesse.

Dans le conseil d'État du même jour, le roi nous montra un bubon au front assez gros, qu'il appela un clou. Le samedi, il s'étoit trouvé mal à la chasse; le lundi, il alla à la chasse; le mardi, il se trouva mal à la messe, se mit à table à neuf heures et demie, sans manger, voulant aller à la chasse; mais la quantité de bubons qui lui paroissoient, diverses instances qui lui furent faites pour ne pas sortir le jetèrent dans l'incertitude; il demeura et on le résolut avec peine à prendre un remède et à se mettre au lit sur les sept heures du soir. Le mercredi matin 27, la petite vérole fut déclarée; elle sortit les jours suivants sans fièvre, sans aucun mal, et plus heureusement que l'on n'auroit jamais pu l'espérer. Enfin la maladie qui paroissoit la plus à craindre pour le roi, dont la vie est si importante à son royaume et à toute l'Europe, arriva et finit sans qu'il y eût lieu d'avoir aucune sorte d'inquiétude.

Tous les ministres étrangers se rendirent à la cour, d'où le maréchal de Villars partit le 2 novembre pour aller tenir à Paris une assemblée de maréchaux de France. A son retour à Fontainebleau, il trouva le comte de Sinzendorf prêt à partir, après avoir reçu son courrier, qui ne lui permettoit pas de finir.

Le 14 novembre, le roi recommença à tenir les conseils suspendus pendant sa maladie. Dans celui d'État, il fut lu des lettres du marquis de Brancas, qui marquoient la santé du roi d'Espagne toujours la même, ne voulant ni se lever ni se faire faire la barbe, mangeant bien, souvent trop, mais rien qui fît entrevoir un dépérissement. Ce qui parut extraordinaire, c'est qu'il n'avoit pas voulu faire ses dévotions ordinaires à la Toussaint, se confesser ni communier, ce qui surprenoit dans un prince aussi dévot, cependant entendant parler d'affaires. La reine gouvernoit absolument; elle remettoit toujours les réponses sur les diverses propositions d'accommodement après l'arrivée du duc de Bournonville.

Du côté du Nord, on voyoit le roi de Prusse augmenter prodigieusement ses troupes jusqu'au nombre de cent mille hommes, ce qui n'étoit nullement proportionné à la force de ses États. L'Angleterre armoit considérablement sur mer, mais sans faire sortir aucun bâtiment.

Le roi partit de Fontainebleau le 18 novembre, coucha à Petitbourg, y séjourna le 19, où il joua un très gros jeu de lansquenet. Le roi gagna six cents louis et revint le 20 à Versailles.

Il y eut le 23 conseil de finance, où il y eut deux affaires assez considérables par les conséquences pour l'avenir.

L'une regardoit des domaines acquis par échange de terres dans le parc de Versailles. Le maréchal de Villars y parla si fortement contre les mauvais marchés que l'on faisoit faire au roi que cet échange fait par MM. de Beaucaire, de treize paroisses dans l'Angoumois pour quelques arpents de terre dans les parcs de Versailles, fut cassé.

La seconde étoit une acquisition de terres prétendues au roi, en faisant une gratification à gens de la cour. L'avis du contrôleur général étoit la restitution des terres, mais que les propriétaires légitimes dédommageassent les acquéreurs. M. Fagon fut de l'avis du contrôleur général et le maréchal d'Huxelles. Le maréchal de Villars reprit très fortement que le dédommagement étoit injuste, puisque les biens n'avoient été acquis que sur une fausse exposition, soutenue par crédit de gens de cour; qu'il étoit non seulement juste que les acquéreurs perdissent, mais même de les punir, sauf leurs recours sur les gens de la cour qui les avoient protégés. Le garde des sceaux, le chancelier et M. le duc d'Orléans soutinrent l'avis du maréchal de Villars, lequel passa.

Dans le conseil d'État du 24 novembre, on lut des lettres apportées par un courrier de M. de Brancas. Elles apprenoient l'arrivée du duc de Bournonville le 5 novembre à Madrid. Le courrier étoit parti le 14, et les ambassadeurs d'Espagne en reçurent un le 22, comme ils dînoient chez le maréchal de Villars avec le comte de Sinzendorf, MM. de Stanhope et Walpole, ambassadeurs d'Angleterre, l'ambassadeur de Sardaigne et quelques autres. Les lettres du marquis de Brancas ne parloient que de la joie du roi d'Espagne de la convalescence du roi. Sur la nouvelle de sa maladie, il s'étoit fait raser une barbe de huit mois, étant sorti dans la ville pour faire ses dévotions, et le jour d'après à la chasse. Une lettre du duc de Bournonville disoit qu'il n'avoit pu parler d'affaires, ce qui étoit très surprenant après dix jours de séjour à Madrid. Les ambassadeurs d'Espagne disoient que l'on comptoit sur l'arrivée des galions dans le mois de novembre.

Dans le conseil d'État du 28, on ne parla de rien qui regardât l'Espagne. Le comte de Sinzendorf reçut un courrier de Madrid, vint voir le cardinal de Fleury le 27 et déclara son départ pour le 29, sans qu'il parût rien d'avancé pour les propositions de trêve dont il étoit question depuis plusieurs mois, et même que les Hollandois rendirent publiques dans leurs gazettes du mois de novembre.

Le comte de Broglie et Chamorel mandoient de Londres que l'on murmuroit fort contre le gouvernement, sur l'incertitude de la paix ou de la guerre ; que les fonds publics baissoient considérablement, et que l'opinion générale étoit que le comte de Sinzendorf n'étoit venu que pour amuser et gagner le temps de faire arriver les galions en sûreté à Cadix, et préparer à la guerre la ligue qui se formoit entre l'empereur, le Czar, les rois de Prusse et de Pologne.

Le cardinal de Fleury n'avoit rien dit aux maréchaux de Villars et d'Huxelles de ce qu'il traitoit avec le comte de Sinzendorf. Ces deux maréchaux craignoient que les soupçons des Anglois n'eussent quelque fondement ; ils s'étonnoient eux-mêmes que dans des circonstances aussi importantes on ne les consultât point.

Dans le conseil d'État du 3 décembre, on lut les lettres de M. de Brancas ; il marquoit son étonnement de ne recevoir aucune réponse du roi d'Espagne sur les propositions de suspension que l'on promettoit immédiatement après l'arrivée du duc de Bournonville, lequel disoit seulement au marquis de Brancas que l'on seroit content, mais déclaroit en même temps que cela iroit jusques à la fin du mois de mars. Les ambassadeurs d'Angleterre pressoient vivement le cardinal de Fleury.

Une légère indisposition servit de prétexte au maréchal de Villars pour passer le mois entier de décembre à Paris. Le cardinal de Fleury ne consultoit ni lui, ni le maréchal d'Huxelles ; il n'étoit pas fâché de s'absenter des conseils. Le public murmura de ce que ces messieurs n'étoient pas consultés.

Cependant le gouvernement d'Angleterre étoit attaqué par ses ennemis, et il crut nécessaire de faire venir promptement à Londres le prince Frédéric, fils aîné du roi d'Angleterre, nommé le prince de Galles, lequel demeuroit toujours à Hanovre. Le jour de l'assemblée du Parlement approchoit : l'incertitude de la paix et de la guerre jetoient les ministres dans un grand embarras, obligés à demander des fonds d'augmentation après des dépenses considérables depuis trois ans, et inutiles, puisque la flottille étoit arrivée et que l'on attendoit incessamment les galions. Stanhope et Walpole, ambassadeurs d'Angleterre, partirent le 25 pour Londres ; ils étoient tous deux membres du Parlement.

Le cardinal de Fleury et le garde des sceaux commençoient à craindre que Sinzendorf ne les eût amusés et ne fût venu en France que dans cette unique vue. L'on ordonna au marquis de Brancas de ne rien oublier pour pénétrer si l'intelligence étoit toujours égale entre les cours de Vienne et de Madrid.

Dans les derniers jours de décembre, l'on apprit, par un courrier du marquis de Brancas, que toute la cour de Madrid, c'est-à-dire le roi, la reine, le prince des Asturies, la princesse du Brésil, les deux infans aînés, devoient partir le 7 janvier, pour aller célébrer les doubles mariages sur la frontière du Portugal, où toute la cour de Portugal devoit se rendre pareillement. Cette résolution subite, après avoir laissé languir la consommation des mariages, marquoit certainement un dessein de s'assurer toutes les forces de Portugal et de les unir à la ligue entre l'empereur et les autres puissances du Nord.

1729. Dans le conseil d'État du 12 janvier, on apprit, par les lettres d'Angleterre, qu'il se préparoit de grands débats dans le prochain parlement, entre les cabales de la cour et celles qui leur sont opposées, fortifiées par l'incertitude de la paix ou de la guerre, et par toutes les dépenses inutiles que l'Angleterre avoit faites depuis quatre ans pour empêcher le retour de la flottille et des galions, auxquels elle n'apportoit plus nul obstacle, sans être plus assurée de la paix qu'elle l'étoit lorsqu'elle avoit envoyé trois armées navales en Amérique, et dans les mers du Nord et la Méditerranée. C'étoit un beau champ aux ennemis du gouvernement.

L'affaire d'Occident[1] n'étoit pas assoupie, et c'étoit une semence de guerre pour la Hollande. Cependant, l'arrivée du comte de Sinzendorf à Vienne confirmoit toujours les grandes espérances de paix que ce ministre avoit toujours données.

Une légère indisposition du roi, causée par des courses de traîneaux, et des repas extraordinaires à la Ménagerie suspendirent les conseils; et les premiers furent le 22 de finance et le 23 celui d'État. Ces courses de traîneaux avoient fait espérer aux dames un peu plus de vivacité du roi pour elles. On avoit dansé après le souper; et, si cela avoit recommencé souvent, il n'étoit pas impossible que quelque belle courageuse n'eût mis la main sur le roi.

Dans le conseil d'État du 23, on lut des dépêches de Vienne qui expliquoient très nettement la situation du ministère de Vienne et l'espérance trompée des ennemis de Sinzendorf sur son absence. L'empereur

1. Sans doute une faute du copiste, pour *Ostende*.

l'avoit toujours bien reçu, il lui dit d'abord : « J'ai bien voyagé, et vous aussi; j'ai dépensé beaucoup d'argent, et vous aussi; je n'ai rien fait, ni vous non plus. » Ces mêmes lettres disoient que l'empereur n'avoit jamais approuvé la suspension sur quoi avoit roulé toute la négociation de Sinzendorf. Les lettres de Madrid, lues dans le même conseil, disoient non seulement que la cour d'Espagne ne l'avoit jamais approuvée, et même que c'étoit de concert avec l'empereur. Sur quoi l'on pouvoit penser que l'unique objet du comte de Sinzendorf avoit été de gagner du temps. Ce n'étoit pas l'opinion du cardinal de Fleury.

Dans le conseil d'État du 26 furent lues les dépêches du Nord. L'on voyoit toujours une suite de négociations assez vives entre l'empereur et le roi de Prusse menées par le même Sekendorf. Le roi de Portugal augmentoit considérablement ses troupes, et l'on parloit du retour du Czar à Pétersbourg. Le Czar donnoit part de la mort de sa sœur la princesse Natalie, et l'on se prépara à en prendre le deuil pour dix jours.

Dans le conseil d'État du 30 janvier, on trouva, dans les dépêches de Vienne, qu'il étoit établi dans la cour de l'empereur que le comte de Sinzendorf avoit proposé la suspension sans le consentement de l'empereur, lequel, cependant, avoit très bien reçu le comte.

Les dépêches de Londres marquoient toujours une grande vivacité, et divers écrits répandus contre le ministère dont les ennemis se préparoient à attaquer fortement.

Dans le conseil d'État des 7 et 10 février, on résolut un traité avec l'électeur palatin, par lequel ce prince s'engageoit à ne pas s'opposer aux mesures que prendroient les cours de France et d'Angleterre pour la tranquillité du haut Rhin.

Dans le conseil d'État du 13 février, on lut des dépêches du marquis de Brancas de Badajos, qui apprenoient l'échange des princesses des Asturies et du Brésil, et la consommation du mariage de la première à Badajos; que les deux rois avoient eu deux conférences dans la maison de bois bâtie sur la rivière qui sépare les royaumes, que les deux cours avoient paru dans la plus grande magnificence : celle de Portugal plus brillante par les habits et les carrosses dorés; ce que la pragmatique, qui défend les dorures, ne permettoit pas à celle d'Espagne.

Le marquis de Brancas mandoit qu'il ne croyoit pas que Leurs Majestés Catholiques eussent encore examiné le mémoire que le duc de Bournonville leur avoit remis à son retour de France, pour le traité de la suspension; une affaire aussi importante ne pouvant être retardée que par la résolution prise d'attendre le retour des galions, avant que de prendre aucun parti. Le garde des sceaux avoua au maréchal de Villars qu'il se méfioit de celui que prendroient les cours de Vienne et de Madrid. Le maréchal de Villars lui dit : « Si celle de Vienne ne veut pas la guerre, celle de Madrid ne l'entreprendra pas; vous devez savoir sur quoi compter de la part de Sinzendorf, ou soupçonner qu'il a voulu nous amuser. » Enfin, le garde des sceaux dit qu'il pourroit fort bien arriver que l'on auroit déclaré la guerre. « Si elle arrive, » dit le maréchal de Villars, « comptez que celui qui se lèvera le plus matin peut avoir beau jeu. »

Par les vaisseaux anglois, arrivés des Indes, et qui

apprenoient le départ des galions, on comptoit qu'ils arriveroient dans le mois de février. Le roi d'Espagne devoit se rendre à Séville, où les seuls nonces, les ambassadeurs de France et de l'empereur avoient permission de suivre, et l'on ne manquoit pas de logement pour les autres, lesquels se plaignirent.

Dans le conseil d'État du 20 février, on apprit par les lettres du marquis de Brancas l'arrivée de la cour d'Espagne à Séville. Il ne parloit pas précisément du séjour qu'elle y feroit. Il avoit ordre de presser le roi d'Espagne de s'expliquer sur les propositions négociées depuis neuf mois avec Sinzendorf. Il étoit surprenant que les instances réitérées n'eussent encore attiré aucune réponse, et très apparent que si l'empereur les avoit pressées vivement, elles auroient été rendues plus tôt[1].

On apprit, par un courrier d'Angleterre, qu'après de très longs débats où le parti de la cour étoit toujours le plus fort des deux tiers, les deux partis étoient devenus d'accord sur un point, de presser vivement la cour d'Espagne de s'expliquer ; l'incertitude paroissoit plus fâcheuse à l'Angleterre que la guerre.

Dans les débats du parlement d'Angleterre, le milord Pultenay, le plus opposé au parti de la cour, reprocha à Robert Walpole les biens immenses accumulés par des voleries exorbitantes sur tous les fonds que l'on tiroit de la nation. Cependant, l'on accorda au roi d'Angleterre les mêmes secours que l'année précédente. On résolut d'envoyer une escadre considérable dans la mer Baltique.

1. Le manuscrit porte *tard*.

Dans le conseil d'État du 27 février, on ne lut aucune lettre de Vienne ni d'Espagne; les ordinaires n'étoient pas arrivés.

La mort de l'électeur de Mayence, dont l'électeur de Trèves étoit coadjuteur, donna lieu à diverses brigues par le prince Théodore de Bavière, évêque de Ratisbonne. L'on prétendoit que l'électeur de Trèves, frère de l'électeur palatin, sollicitoit à Rome la dispense de se marier, que l'empereur appuyoit, pour faire tomber l'électorat de Mayence à Schomborn. Le cardinal de Polignac eut ordre de traverser secrètement cette dispense-là, parce qu'il convenoit mieux à la France de voir cinq électorats dans la maison de Bavière que de voir une créature de l'empereur électeur de Mayence.

Dans le conseil d'État du 2 mars, on parla de quelques avis de l'arrivée des galions à Cadix, donnés par un vaisseau marchand arrivé à Nantes.

Dans le conseil d'État du 6 mars, les lettres du marquis de Brancas disoient que l'on voyoit près de Cadix des vaisseaux que l'on jugeoit être la tête de la flotte des galions. Le marquis de Brancas n'avoit encore aucune réponse du roi ni de la reine d'Espagne sur les matières qui regardoient la suspension; le duc de Bournonville ne s'expliquoit pas clairement. Le marquis de Brancas avoit ordre de presser vivement sur trois points. Le plus important étoit une décision sur tout ce qui pouvoit faire subsister la paix ou ramener la guerre. L'on craignoit que le roi d'Espagne n'établît un trop haut indult sur les espèces, et le marquis de Brancas demandoit aussi que l'Espagne envoyât un ambassadeur en France.

Toutes ses instances n'avoient encore attiré aucune réponse. Du côté de l'empereur, on voyoit des ordres donnés pour les recrues des troupes, des difficultés nouvelles sur l'affaire de Mekelbourg, et rien de fini sur celle de Frise, toutes semences de guerre.

Dans le conseil d'État du 9 mars, il n'y eut aucune matière importante. Par les lettres du cardinal de Polignac, on voyoit que Rome s'impatientoit sur l'instruction pastorale que l'on attendoit du cardinal de Noailles, dont la composition trouvoit des difficultés continuelles. Le cardinal de Noailles avoit rendu aux Jésuites les pouvoirs de prêcher et de confesser dans Paris; ce qui leur étoit interdit depuis très longtemps, l'ayant même refusé au confesseur du roi; en sorte que le roi fut obligé de faire sa première communion à Saint-Cyr, du diocèse de Chartres.

Dans le conseil d'État du 13 mars, on apprit, par les lettres du marquis de Brancas, l'arrivée des galions à Cadix les 20 et 21 février, apportant 35 ou 36 millions de piastres; ce qui faisoit plus de 150 millions, monnoie de France. Le roi et la reine d'Espagne étoient partis de Séville avec des relais, pour arriver en un jour à l'île Saint-Léon, près de Cadix, d'où ils voyoient entrer les galions dans le port. Le marquis de Brancas avoit ordre de presser vivement le roi d'Espagne pour les intérêts des négociants françois, qui avoient le principal intérêt, et pour ceux d'Angleterre et de Hollande. Patino, ministre des finances, répondit qu'il faisoit examiner les mémoires des dépenses immenses et des préjudices que le blocus de Porto-Bello, par l'armée navale d'Angleterre, avoit causés au roi son maître.

Le comte de Broglie mandoit de Londres que tous les partis se réunissoient à demander une prompte décision à l'Espagne et à l'empereur sur la paix ou sur la guerre, et à nous presser d'attaquer l'Espagne. En quoi le maréchal de Villars dit au conseil que l'Espagne, n'étant plus occupée de la ridicule entreprise de Gibraltar, pouvoit faire marcher sur les frontières de Languedoc et de Guyenne plus de quarante bataillons et soixante-dix escadrons, et qu'avec de telles forces l'Espagne n'étoit pas bien facile à attaquer.

Dans le conseil d'État du 16 mars, on apprit la confirmation de l'arrivée des galions, que Patino, fort occupé, ne donnoit aucune parole au marquis de Brancas, lequel même avoit peine à lui parler, et que, tout ce qu'il avoit pu en tirer, c'est que l'on travailloit au mémoire de toutes les dépenses immenses que la guerre des Anglois leur avoit causées; car ils appeloient toujours infractions leurs ports bloqués en Amérique par les armées navales d'Angleterre.

L'on apprenoit, par les nouvelles de l'Empire, que le roi Auguste de Pologne faisoit de grandes levées.

Dans le conseil d'État du 20, les lettres du marquis de Brancas apprirent que le roi d'Espagne alloit passer quinze jours dans un château du duc de Medina-Sidonia, où le marquis de Brancas lui-même n'avoit pas permission de suivre, et que l'on remettoit encore les réponses après le retour de ce voyage. Il étoit aisé de voir que la cour d'Espagne vouloit attendre des nouvelles de celle de Vienne.

Une lettre de Chamorel rendoit compte d'une conversation du comte de Townshend[1], pour faire voir très clairement que l'Angleterre ne pouvoit plus demeurer dans l'incertitude sur la paix et sur la guerre, et qu'il demandoit une décision avant le départ du roi pour l'Allemagne, qui étoit fixé au 1er mai. Le maréchal de Villars dit au cardinal de Fleury : « Suivant ce que vous mande Brancas, vous ne pouvez la donner dans ce temps-là ; mais, si l'empereur ne veut pas de guerre, l'Espagne ne peut la faire. » Le cardinal répondit : « Cela est vrai ; » et marquoit assez compter sur l'empereur, sans rien dire de plus dans le conseil. L'événement seul pouvoit faire voir s'il se trompoit.

Le cardinal de Polignac mandoit que l'impatience étoit grande à Rome sur l'arrivée de l'instruction pastorale du cardinal de Noailles.

Dans le conseil d'État du 23, on ordonna d'écrire au cardinal de Polignac que, n'ayant pu tirer l'instruction pastorale, telle que l'on la désiroit, du cardinal de Noailles, on avoit eu les mêmes difficultés pour l'obliger à faire un mandement pour la publication du jubilé, qui pût être agréable à Rome ; qu'il falloit que l'on se contentât de ce que l'on avoit obtenu du cardinal de Noailles et ne rien outrer.

Celles que l'on reçut de Cadix, en date du 9 mars, et qui furent lues au conseil d'État du 27, n'apportoient aucune réponse du roi d'Espagne. Le marquis de Brancas, avec les ministres d'Angleterre et de Hollande, avoient demandé une audience au roi d'Es-

---

1. Pour plus de clarté, j'adopte l'orthographe anglaise de ce nom, défiguré par Villars. Voy. ci-dessus, p. 6.

pagne, laquelle le marquis de La Paz ne lui faisoit pas espérer si prompte. Patino paroissoit le maître, et le marquis de Brancas le désignoit premier ministre, sans en avoir le titre. L'on voyoit clairement qu'ils attendoient des nouvelles de Vienne pour se déterminer.

Dans le conseil d'État du 30 mars, il ne fut rien lu qui pût tirer des incertitudes où l'on étoit du côté de Vienne et de l'Espagne. Du côté de Vienne, on voyoit toujours des difficultés sur ce qui regardoit l'affaire de Frise, et sur le Meckelbourg. Il y en eut aussi dans le parlement d'Angleterre qui retardoient le départ de Walpole et de Stanhope pour venir en France.

Le roi alla à l'Opéra, à quoi le maréchal de Villars contribua. Le roi n'en avertit que deux heures auparavant, et n'avoit pas voulu entrer dans Paris depuis qu'il en étoit sorti. Le maréchal de Villars alla dans sa loge, lui parla de la joie qu'on avoit de le voir; et, le jour d'après, il lui parla si fortement sur toutes les marques d'amour qu'il avoit reçues des Parisiens, qu'il espéra de le porter à y revenir plus souvent.

Dans le conseil d'État du 3 avril, on apprit, par les lettres du marquis de Brancas, de Cadix, qu'il avoit obtenu audience du roi d'Espagne, avec les ministres d'Angleterre et de Hollande; tous trois ayant ordre de leurs maîtres de presser le roi d'Espagne sur la justice qu'il devoit aux négociants, et plus encore à consentir à cette suspension qui pouvoit assurer la tranquillité de l'Europe. La réponse fut qu'il la souhaitoit plus que personne; qu'il rendroit justice et la demandoit pour lui. C'étoit la même réponse; et le marquis de Brancas ne paroissoit pas content du duc de Bournonville. Il étoit arrivé un courrier de Vienne à..... sans que l'on sût ce qu'il apportoit; mais il étoit toujours constant que les cours de Vienne et de Madrid concertoient les mesures qu'elles avoient à prendre. L'on apprenoit que l'empereur faisoit des magasins en blé à Cologne.

Le cardinal de Fleury gardoit toujours le même silence avec les maréchaux de Villars et d'Huxelles sur ce qui pouvoit regarder la guerre, en usoit de même avec messieurs d'Angervilliers et Desforts, ministres de la guerre et des finances; ce qui fut trouvé surprenant.

Il arriva un bref du pape pour défendre le jubilé à tous les appelants. Il fut résolu de tenir ledit bref secret, et le roi écrivit au pape et au cardinal de Polignac que le bref publié auroit causé un schisme dans le diocèse de Paris, qu'il avoit empêché le nonce de le publier.

Dans le conseil d'État du 6, on apprit qu'il y avoit beaucoup de mouvements dans les chambres du parlement, et le comte de Townshend déclara au comte de Broglie qu'il n'étoit pas possible de contenir ceux qui vouloient un *ultimatum* de la part de l'Espagne; qu'il falloit se décider sur la paix ou la guerre.

On apprit que les recrues des troupes de l'Empire en Bohême et Silésie étoient faites. Le Czar comptoit venir à Pétersbourg et pouvoir mettre deux cent vingt mille hommes en campagne.

Dans le conseil d'État du 10, on apprit, par les lettres du marquis de Brancas, que le roi et la reine d'Espagne avoient appris avec beaucoup de peine, par le dernier courrier venu de Vienne, que l'empereur ne faisoit plus espérer le mariage de l'aînée des archiduchesses avec l'infant Don Carlos, et que la reine d'Espagne paroissoit disposée à une rupture avec l'empereur; il y avoit même quelques propositions dont le cardinal de Fleury ne parla pas au conseil. Tout paroissoit dans une situation violente; la cour d'Espagne, malgré son irritation contre l'empereur, ne finissant rien sur ce qui regardoit la distribution des galions, le roi d'Espagne la différant sous divers prétextes. Patino, principal ministre, travailloit à un mémoire des frais causés par l'infraction des armées navales d'Angleterre.

Il étoit aisé de voir que c'étoient des prétextes. La reine d'Espagne, tout irritée de voir ses espérances trompées sur le mariage de l'infant Don Carlos, vouloit toujours compter sur les États de Florence et de Parme, et, par conséquent, la rupture avec l'empereur n'étoit pas déterminée.

Dans le conseil d'État du 13 mars, on lut les lettres du comte de Broglie, du 7 mars, qui marquoient, de la part des ministres d'Angleterre, les plus vives inquiétudes sur notre prétendue inaction. Les Walpole et Townshend se disoient perdus, si la France ne déterminoit pas l'Espagne à une prompte satisfaction; qu'il falloit déclarer la guerre : sur quoi le maréchal de Villars dit : « Si l'Angleterre veut absolument la guerre, qu'elle se mette en état de la faire et fasse passer incessamment vingt mille Anglois naturels en Hollande. » Le cardinal de Fleury dit : « On leur a déjà mandé. » Horace Walpole dit : « Si la France n'agit pas, nous sommes perdus, et je ne passe plus en Angleterre. »

Brancas eut ordre de presser avec la plus grande vivacité la distribution des galions.

Il avoit paru quelque diversité d'opinions dans le parlement d'Angleterre sur Gibraltar; mais on apprit que, le 5 mars, il avoit été résolu tout d'une voix que Gibraltar seroit déclaré port franc et qu'on y établiroit une cour de justice : ce qui marquoit la résolution déterminée de l'Angleterre de ne jamais rendre cette place, après avoir lu au parlement la lettre du roi d'Angleterre, qui la promettoit au roi d'Espagne.

On apprenoit que le Czar ordonnoit de grandes levées et qu'on travailloit à des tentes pour faire marcher en campagne toutes les troupes russiennes qui étoient en Livonie; que l'empereur pressoit ses recrues, et tout paroissoit disposé à la guerre dans le Nord.

Le 21 avril, les trois ambassadeurs d'Angleterre demandèrent audience au cardinal de Fleury; ils le tinrent tout le matin, et les ambassadeurs d'Espagne eurent audience du même cardinal l'après-midi.

Quelques jours auparavant, il arriva un courrier aux ambassadeurs d'Espagne, chargé d'une lettre du marquis de La Paz au cardinal de Fleury, du contenu de laquelle les ambassadeurs n'avoient aucune connoissance, non plus que le marquis de Brancas, notre ambassadeur en Espagne, par laquelle on apprenoit seulement que le roi alloit passer huit jours à Corte-de-Arena pour chasser; que de là il reviendroit à Séville passer la semaine sainte; qu'ensuite, il iroit à Grenade, où l'on faisoit venir les infants qui étoient restés à Madrid. On eut quelques avis que la reine d'Espagne paroissoit indignée de ce que le mariage de l'infant Don Carlos avec l'aînée des archiduchesses étoit refusé.

Cependant, le départ du roi pour Compiègne fixé au 22 avril, le garde des sceaux demanda que l'on remît le premier conseil d'État après l'arrivée de Compiègne. Le maréchal de Villars ne partit qu'après le roi et donna un grand repas à l'évêque de Lubeck, prince de Holstein, aux ministres du Nord, aux ambassadeurs d'Espagne, au cardinal de Rohan, et beaucoup de dames. Madame la Duchesse demanda à souper et partit le jour d'après pour se rendre à Compiègne.

Dans le conseil d'État du 27 avril, on lut la lettre du marquis de La Paz au cardinal de Fleury, laquelle contenoit une proposition du roi d'Espagne de mettre des garnisons dans les places de Parme et de Florence, pour assurer ces États à Don Carlos; moyennant quoi on rendoit justice aux négociants, ne prétendant que quatorze pour cent des galions, tant pour l'indult que pour les frais que l'infraction des Anglois avoit coûté au roi d'Espagne, et seulement cinq pour cent de ce qui arrivoit des Açores pour le compte des négociants, lesquels craignoient un traitement bien différent; ils marquèrent une grande joie d'un traitement qu'ils n'espéroient pas, à beaucoup près, si favorable ; mais la condition de mettre des garnisons dans les places de Parme et de Florence étoit *conditio sine quâ non.*

Cette lettre, sans nulle explication sur les moyens d'établir des garnisons en Italie dans des fiefs de l'Empire, sans faire mention de l'empereur ni du traité de Vienne entre ce prince et l'Espagne, parut folle. Le maréchal d'Huxelles s'en expliqua ainsi. Le maréchal de Villars, voyant que la réponse étoit déjà faite, se donna le temps des réflexions sur une matière aussi importante, et sur laquelle on n'admettoit pas même la moindre délibération.

On lut des lettres du cardinal de Polignac, par lesquelles il paroissoit que l'on étoit très mécontent à Rome du cardinal de Noailles.

Les trois ambassadeurs d'Angleterre se rendirent à Compiègne le 28. Leurs audiences étoient fréquentes, longues et vives, mais le cardinal n'en rendoit aucun compte au conseil. On trouvoit qu'il hasardoit d'être toujours seul au milieu de ces trois ministres habiles. Il se chargeoit seul de les écouter et de leur répondre.

Dans le conseil d'État du 1er mai, on lut plusieurs lettres du comte de Broglie et de Chamorel, qui toutes disoient que milord Townshend assuroit nettement que, si la France n'agissoit pas avec vigueur contre l'Espagne, l'Angleterre se réuniroit avec l'empereur. L'inaction et l'état actuel ne pouvoient durer plus longtemps. Le comte de Broglie mandoit qu'il falloit compter sur le changement de l'Angleterre. Sur quoi le maréchal de Villars dit : « Mais ceci me paroît bien sérieux, aussi bien que la proposition du marquis de La Paz, laquelle nous fait entrevoir une rupture de l'Espagne avec l'empereur, et les discours de Townshend une rupture de l'Angleterre avec nous. » Le cardinal de Fleury répondit : « Non, non. » Le maréchal de Villars répliqua : « Je ne sais ce que j'entends ; c'est ce qui me fait trouver la matière importante. » Il n'y eut aucune délibération, et l'on passa à d'autres nouvelles.

Celles de Moscou parloient d'un voyage du Czar, de quelques semaines, dans les terres des princes Dolgorouki, ses favoris, et de l'exil en Sibérie, avec une sûre garde, du prince Nareskin[1], parent du Czar. Par les autres avis de Londres et de la Haye, on voyoit des armements de mer très considérables. Il en paroissoit aussi un de dix vaisseaux de guerre à Cadix, et la résolution du roi d'Espagne d'être longtemps dans les royaumes de Grenade et de Valence. L'on fit venir de Madrid les enfants du roi d'Espagne que l'on y avoit laissés.

Dans le conseil d'État du 4 mai, on lut des lettres d'Angleterre, qui apprenoient que, l'empereur ayant fait des propositions de renouer les anciens engagements avec l'Angleterre, les ministres nous en avoient avertis sur-le-champ et promettoient d'être fermes dans leurs engagements. Nous leur donnions les mêmes assurances.

L'on apprit, ce jour-là, la mort du cardinal de Noailles, dont la piété exemplaire pendant le cours de sa vie étoit au plus haut point respectable. Il avoit été le plus redoutable ennemi de la Constitution *Unigenitus*. Sur la fin de sa vie, la maréchale de Gramont, sa nièce, l'avoit obsédé et obligé à se sou-

1. Villars, selon son habitude, défigure complètement ces deux noms russes : le second, sous sa plume, est devenu *Valquin;* nous avons retrouvé les véritables noms dans la dépêche même de Magnan, conservée aux Archives des Affaires étrangères (*Russie,* 22, 17 mars 1729). Nareskin ou Narichkine fut exilé pour avoir eu des relations avec le comte Bonde, chambellan du duc de Holstein, soupçonné d'intriguer pour assurer la succession éventuelle de Pierre II à la princesse Élisabeth ou au fils de la duchesse de Holstein.

mettre. La duchesse de La Vallière, sa nièce aussi, combattoit sa sœur, laquelle, appuyée de la cour, demeura maîtresse. Il est certain que l'esprit n'étoit plus le même. Les ennemis de la Constitution en tirèrent un écrit de sa main, par lequel il désavouoit tout ce que la maréchale de Gramont l'avoit obligé de faire. Combattu et persécuté par les deux partis, qui profitoient de sa foiblesse, il changeoit souvent. Il est à présumer que l'on lui avoit fait espérer les explications si souvent demandées au pape. Ce qu'il y a de certain, c'est que l'on ne put jamais tirer de lui une instruction pastorale, et que Rome, malgré son acceptation, n'étoit pas contente de lui, et qu'enfin ses parents et son conseil, partagés, abusèrent de sa foiblesse en le persécutant, sans grande utilité pour le parti de la Constitution.

L'archevêque d'Aix fut nommé son successeur le 5 mai. Le maréchal de Villars le proposa au cardinal de Fleury, qui dit seulement : « Il nous faut un homme bien sage. »

Le 6 mai, les ambassadeurs d'Angleterre arrivèrent à Compiègne. Ceux d'Espagne étoient venus voir le maréchal de Villars. Le même jour, ils lui dirent qu'ils espéroient un bon succès, et l'on eut lieu de l'espérer. Les chefs des divers partis paroissoient désirer la tranquillité de l'Europe.

Dans le conseil d'État du 8 mai, le garde des sceaux rendit compte des importantes matières qui, jusque-là, n'avoient été connues que du cardinal de Fleury et de lui. Il parut donc qu'il n'y avoit rien eu de traité avec le comte de Sinzendorf que le traité provisionnel : beaucoup d'assurances que l'empereur ne vouloit pas la guerre : mais nos engagements du côté de l'Espagne, la proposition de mettre des garnisons dans les places de Toscane et de Parme, afin d'assurer ces deux États à Don Carlos et, en quelque manière, déposséder ces souverains de leur vivant : opération que le traité de partage de la monarchie d'Espagne, fait par l'Angleterre et la Hollande, avoit commencée ; opération injuste, et contre tout droit divin et humain. Le garde des sceaux apprit donc les mesures que l'on prenoit avec l'Angleterre, et que cette cour entroit dans celles que désiroit l'Espagne pour mettre ces garnisons, offrant, si l'on vouloit, qu'elles fussent d'Espagnols naturels au lieu de Suisses, mais à condition que le traité provisionnel fût signé ; toutes ces conditions, sans savoir si l'empereur y consentoit, sans nulles mesures prises avec le roi de Sardaigne, ne faisoient pas voir une paix aussi assurée qu'on vouloit l'espérer. Il fut résolu de dépêcher un courrier à Madrid, porter la résolution de la France et de l'Angleterre.

Celui qui avoit été dépêché à Rome, sur le bref du pape, pour exclure les appelants du jubilé, duquel on avoit défendu la publication, revint et apporta des assurances de la part du pape qu'il n'avoit eu aucune connoissance ni de l'expédition ni de l'envoi dudit bref ; que c'étoit le cardinal Corradini, homme violent, qui l'avoit fait expédier, sans la connoissance du souverain pontife : ce qui paroissoit bien hardi, pour ne pas dire très insolent, contre l'autorité du pape.

Dans l'intervalle des conseils, le maréchal de Villars alla à Paris tenir une assemblée de maréchaux de France.

Dans le conseil d'État du 15 mai, on apprit, par les dépêches du marquis de Brancas du 28 avril et par une lettre de Vandermer, ambassadeur de Hollande en Espagne, du 29 avril, que la reine d'Espagne avoit été très irritée de la réponse du cardinal de Fleury à la proposition de mettre des garnisons dans les places de Florence et de Parme, laquelle étoit un refus, sans le consentement des alliés d'Hanovre.

Vandermer mandoit que la passion agissoit plus que de raison sur l'esprit de la reine; qu'il pourroit bien arriver qu'elle se détermineroit subitement à la guerre; que Patino et le marquis de La Paz paroissoient fort agités; que l'on ne parloit pas de délivrer l'argent des galions, et que l'on dépêchoit des courriers à Vienne. On lut au conseil une nouvelle instruction pour le marquis de Brancas, dont il ne devoit faire usage que trois semaines après, pour donner à la reine d'Espagne le temps des réflexions. Par cette dernière instruction, on approchoit un peu plus de ses intentions, sans cependant vouloir suivre ses premières vues.

Par les dépêches du cardinal de Polignac, on voyoit que le cardinal Corradini paroissoit un peu honteux de ce bref, envoyé sans la connoissance du pape.

Par les lettres du Nord, on voyoit toujours un armement considérable de terre et de mer de la part des Russes. Le départ du roi de Pologne pour Varsovie fut mandé par l'abbé Langlois et, par ses lettres, lues au conseil d'État du 18, il assuroit que le général Sekendorf, ministre de l'empereur, n'avoit rien obtenu; que Mansfeld, ministre du roi de Pologne, dévoué à l'empereur, n'avoit aucun crédit; que le comte Dem, qui paroissoit le plus en faveur, étoit dévoué à la France.

Les lettres du Nord annonçoient le départ du Czar pour Pétersbourg dans le mois de mai. Les lettres d'Audiffret, ministre du roi en Lorraine, faisoient voir un grand désordre dans les finances. Il ne promettoit un voyage du nouveau duc que dans le mois de septembre.

On attendoit avec impatience un courrier d'Espagne, sans compter qu'il apportât aucune résolution. Dans le conseil d'État du 20 mai, on lut des lettres du marquis de Brancas, du 5, de Séville. Il n'avoit rien fait auprès de la reine; l'on ne délivroit point les effets des galions, et on ne pouvoit douter que cette princesse n'attendît des nouvelles de Vienne pour se déterminer.

Bussy, chargé des affaires du roi à Vienne, ne mandoit rien qui fût important; que le secrétaire d'Espagne à Vienne lui avoit fait de grandes confidences sur la réunion de sa cour avec la nôtre, qu'il les soupçonnoit de n'être pas fidèles, et nous apprenions en même temps que le secrétaire d'Espagne à la Haye en usoit de même avec notre envoyé. Bussy mandoit que les armements des Turcs sur les frontières de Valachie étoient pour remettre le kan des Tartares dans son devoir, duquel il étoit sorti depuis quelque temps.

Les lettres de Florence parloient des débauches du grand-duc, très propres à avancer la fin de ses jours. Le courrier que l'on attendoit d'Espagne, envoyé par les ministres d'Angleterre, arriva le 23, et on lut ses dépêches dans le conseil d'État du 25 mai :

elles contenoient une très vive colère de la reine d'Espagne sur le refus de mettre des garnisons espagnoles dans les places de Toscane et de Parme. La reine d'Espagne dit au marquis de Brancas que le cardinal de Fleury étoit livré aux Anglois, et que, puisque l'on trouvoit de si mauvais parents, il falloit espérer que l'on trouveroit de bons amis; sur les effets des galions, que le roi d'Espagne vouloit rendre justice à tout le monde; mais qu'il n'étoit pas juste aussi de donner de l'argent pour lui faire la guerre. Brancas mandoit que le peu que le roi d'Espagne avoit parlé dans cette conversation étoit pour approuver la reine.

Par les nouvelles d'Allemagne, nos ministres nous mandoient qu'il étoit facile de réunir les quatre électeurs palatins à l'électeur d'Hanovre, roi d'Angleterre; que le landgrave de Hesse, déjà dévoué à l'Angleterre, seroit soutenu des ducs de Wirtemberg et de Brunswick. Sur cela, le maréchal dit au conseil : « Si l'empereur peut craindre une telle ligue dans l'Empire, en sa place, je commencerois la guerre plus tôt que de la laisser former. »

Tous les ministres étrangers du congrès de Soissons se rendirent à Compiègne, où il ne pouvoit être pris aucune résolution, puisqu'il falloit attendre le retour du dernier courrier envoyé en Espagne, qui ne pouvoit arriver que dans le 10 juin. Fonseca, ambassadeur de l'empereur, assura le maréchal de Villars que certainement l'empereur ne vouloit pas la guerre. Il est certain qu'aucune puissance ne la vouloit réellement, pas même les Anglois, qui avoient paru les plus animés.

Dans le conseil d'État du 29 mai, on lut des dépêches du marquis de Brancas du 12, qui parloient toujours de l'emportement de la reine d'Espagne, et qu'il étoit possible qu'elle portât l'empereur à la guerre; qu'on ne parloit point de délivrer l'argent des galions. On lut une réponse du cardinal de Fleury au marquis de Brancas, sur les travers de la reine d'Espagne contre lui. On s'expliquoit sur la proposition de mettre des garnisons dans les places de Florence et de Parme, premièrement que de s'emparer des États de princes vivants, parce que l'empereur promettoit d'en investir Don Carlos après leur mort, étoit une entreprise injuste et odieuse, mais qu'il falloit examiner si c'étoit du consentement de l'empereur, parce que, sans son consentement, c'étoit une guerre que l'on commençoit, et qu'avant d'entreprendre une guerre, toute injuste qu'elle étoit, il falloit au moins convenir comment cette guerre se feroit, avec combien et quelles forces. Enfin, on répondoit de manière à convaincre la reine d'Espagne du peu de fondement de sa colère.

Il n'y eut pas de conseil d'État le mercredi ni le 5, jour de la Pentecôte. Dans celui du 2 juin, on lut des dépêches du marquis de Brancas, du 20 mai, apportées par un courrier anglois. La reine d'Espagne paroissoit toujours dans les mêmes emportements et vouloit, avec la même fermeté, que l'on mît des garnisons espagnoles dans les États de Florence et de Parme. Elle attendoit des nouvelles de Vienne, et tout paroissoit dans la même incertitude sur la paix ou la guerre. Le roi d'Espagne passoit sa journée à pêcher à la ligne, et le soir à dessiner, comme dans sa campagne d'Italie il passoit les journées à tirer des pigeons dans le château de Milan. On voyoit toujours le même caractère.

Bussy, chargé des affaires du roi à Vienne, mandoit que certainement depuis longtemps l'empereur ne cherchoit qu'à gagner du temps. Le maréchal de Villars l'avoit toujours pensé. Il dit que Sinzendorf n'avoit d'autre objet que d'amuser le cardinal de Fleury et le garde des sceaux.

Le Czar faisoit avancer des troupes vers la Pologne, où le roi avoit indiqué la diète à Grodno pour le 2 d'août.

Le roi d'Angleterre arriva à Utrecht le 4 juin pour se rendre dans ses États d'Hanovre.

Dans le conseil d'État du 12 juin, on lut des dépêches du marquis de Brancas, du 26 mai, qui n'apprenoient encore rien d'important. Il ne donnoit aucune espérance de la délivrance des effets des galions.

On apprit, par celles de Magnan de Moscou, que le Czar avoit appris, par un courrier du général qui commandoit ses troupes en Perse, que celles du sophi Eschref avoient été défaites par les Moscovites, et que la paix étoit faite avec Eschref, qui cédoit au Czar toutes les provinces conquises.

Magnan envoyoit une relation très curieuse de tout ce qui s'étoit passé dans les derniers jours de la vie du feu Czar et dans la courte durée du règne de la Czarine, où ses débauches avec un nommé Moons, auquel le Czar avoit fait couper la tête, étoient bien décrites. L'on voyoit les intrigues du jeune comte

Sapieha, du comte Tolstoy[1], pour la faire déclarer impératrice et perdre le jeune Czar, à présent régnant; la disgrâce de Tolstoy et de son fils, ensuite celle de Menzikof, qui avoit perdu Tolstoy, que l'on venoit de faire mener en Sibérie avec son fils. Cela étoit écrit par le ministre de Danemarck à la cour du Czar, lequel avoit eu beaucoup de part à toutes ces intrigues.

On apprenoit de Rome que Corradini et plusieurs autres cardinaux étoient toujours très animés sur les affaires de la Constitution et peu contents de l'acceptation qu'en avoit faite le cardinal de Noailles.

Dans le conseil d'État du 15 juin, on apprit, par les lettres de Vienne, que l'on y dépêchoit plusieurs courriers et qu'à l'arrivée d'un d'eux à Bruxelles on avoit fait partir le chef des ingénieurs pour Luxembourg. Les Anglois avoient une armée navale prête à mettre à la voile de Portsmouth, et les avis de la Haye disoient que l'escadre de Hollande, de douze vaisseaux, devoit aller joindre celle d'Angleterre à Portsmouth. Il paroissoit que l'on retenoit le courrier Bannières à Séville jusqu'à ce que la reine d'Espagne eût reçu des nouvelles de Vienne, puisque Bannières y étoit arrivé le 18 mai; on ne l'avoit pas encore renvoyé. Le roi de

---

1. Tous ces noms sont également méconnaissables dans le manuscrit; nous les avons rétablis d'après l'original du rapport cité par Villars et qui se trouve aux Archives des Affaires étrangères (*Russie*, 22, p. 100 et suiv.) et qui est d'un haut intérêt. L'infortuné Moëns de La Croix est qualifié de « bel homme, en effet, et des plus propres que j'aie jamais connu. » Sapieha était fiancé à la fille de Menzikoff : la tsarine « en fit son mignon, » et Menzikoff en compensation obtint que sa fille fût destinée au grand-duc.

Suède paroissoit résolu à son voyage auprès du landgrave son père.

Dans le conseil d'État du 19 juin, l'on apprit, par les lettres du marquis de Brancas, qu'il ne pouvoit attendre la réponse si désirée de la cour d'Espagne de plus de huit jours, par le voyage qu'elle fait à Port-Marie ; que l'on ne parloit point de délivrer les effets des galions, et qu'enfin ces retardements excitoient de grandes plaintes de tous les négociants.

Les lettres de Moscou faisoient mention des forces du Czar, qui consistoient en deux cent mille hommes de pied et quatre-vingt mille chevaux, outre cela un grand nombre de Cosaques et Tartares, qu'il pouvoit faire monter à cheval au premier ordre. Les nouvelles de Vienne parloient d'un corps d'armée de l'empereur prêt à marcher en Silésie. L'escadre hollandoise, sous les ordres du contre-amiral Sommerdick, étoit partie du Texel pour aller joindre l'armée navale d'Angleterre à Portsmouth.

Dans le conseil d'État du 22, on lut une dernière instruction pour le marquis de Brancas, par laquelle on accordoit à la reine d'Espagne tout ce qu'elle nous avoit demandé pour se séparer des intérêts de l'empereur et s'unir avec la France : c'étoit de mettre des garnisons espagnoles dans les places de Toscane et les États de Parme. Il pouvoit être que la reine d'Espagne, fort mécontente de l'empereur, qui éloignoit le mariage promis de l'aînée des archiduchesses avec l'infant Don Carlos, nous eût fait des propositions pour faire peur à l'empereur. Ces propositions, refusées par la France, l'avoient fort irritée, et, comme l'on voyoit qu'elle attendoit des nouvelles de Vienne, il pouvoit arriver que l'empereur, pour empêcher cette reine de se réunir à la France, lui accorderoit ou paroîtroit lui accorder tout ce qu'elle avoit déjà attendu de l'empereur. Ainsi il falloit attendre ce que le courrier dépêché dès le 14 nous rapporteroit avant que de pouvoir compter sur la paix ou sur la guerre.

Les Anglois vouloient une décision prompte, et leur armée navale, fortifiée de douze vaisseaux hollandois, attendoit cette occasion pour se mettre à la voile.

Cependant on voyoit une négociation, commencée depuis longtemps entre l'empereur et le roi de Prusse, dans une grande vivacité. Sekendorf avoit reçu deux courriers de Vienne en vingt-quatre heures, après quoi Sekendorf avoit eu ordre de se rendre à Vienne en toute diligence. On craignit beaucoup que le prince Eugène ne voulût la guerre. L'empereur n'avoit pas voulu consentir au retour du nouveau duc de Lorraine dans ses États.

Dans le conseil d'État du 26 juin, il n'y eut rien d'important qui regardât les cours de Vienne et de Madrid.

Le roi de Suède avoit fort désiré d'aller voir le landgrave de Hesse, son père. On lui fit connoître que cet éloignement de son royaume ne convenoit pas dans la conjoncture présente. Les États lui avoient accordé une somme pour la dépense de son voyage ; il le remit à un autre temps.

Le pape revint à Rome de son voyage de Bénévent, et le cardinal Corradini, le plus violent sur les affaires de la Constitution, vouloit que l'on procédât vivement contre les appelants et animoit le sacré collège sur un écrit qui parut de la main du cardinal de Noailles, du

26 février dernier, qui rétractoit tout ce qu'il avoit fait en acceptant la Constitution, disant qu'on lui avoit promis les douze articles.

Dans le conseil d'État du 3 juillet, on apprit, par les lettres du marquis de Brancas, que le voyage de la cour de Séville à San-Lucar et Porto-Marie avoit encore suspendu les réponses de la reine d'Espagne, laquelle paroissoit toujours irritée contre le cardinal de Fleury; que Patino avoit commencé à se servir de l'argent des galions, déclarant cependant que ce n'est que de celui qui devoit revenir [au roi d'Espagne].....

Dans le conseil d'État du 6 juillet, on lut une instruction pour faire passer à Hanovre Chavigny, ministre du roi à Ratisbonne, premièrement pour prendre des mesures avec le roi d'Angleterre sur les affaires de Meckelbourg, et ensuite pour se préparer à celles qu'il devoit prendre, si l'empereur attaquoit ses États d'Allemagne, et lui faire entendre que difficilement le roi pouvoit lui envoyer un corps de troupes de France. Le maréchal de Villars crut devoir représenter au conseil que ces réflexions étoient bien tardives et qu'il lui sembloit que tout devoit avoir été concerté il y avoit longtemps. Le cardinal de Fleury prit la parole et dit qu'il y avoit longtemps qu'il avoit averti Walpole. « En ce cas, » dit le maréchal de Villars, « nous avons tous raison : Votre Éminence d'avoir averti et moi d'être justement surpris si on ne l'avoit pas fait. »

Dans le conseil d'État du 10 juillet, on lut les dépêches du marquis de Brancas du 25 juin, qui marquoient l'arrivée, le 24, du courrier qui portoit la dépêche du 14 juin, par laquelle on accordoit à la reine d'Espagne tout ce qu'elle avoit demandé. On étoit surpris avec raison de n'avoir pas appris sept jours plus tôt, par un courrier, la reconnoissance de la reine d'Espagne. Le maréchal de Villars dit : « Nous ne voyons que des marques de sa colère sur les raisons que nous lui expliquons de la nécessité de prendre des mesures pour exécuter ce qu'elle désire, et, lorsque nous accordons tout, le remerciement est bien lent. » Le maréchal d'Huxelles dit : « Si la reine d'Espagne n'est pas contente, le marquis de Brancas a dû lui dire : *Je prends congé*. Il étoit surprenant que le marquis de Brancas accusât simplement la réception de la plus importante nouvelle, et que, le 10 juillet, on n'eût pas reçu de courrier de sa part. »

On reçut divers avis que les Anglois s'accommodoient avec l'empereur et avec l'Espagne.

Le roi partit le 10 pour Rambouillet, où il devoit faire plusieurs voyages pendant le mois de juillet.

Les ambassadeurs d'Angleterre pressoient si vivement la déclaration de l'Espagne qu'il n'y avoit pas apparence que leur ministre eût rien conclu avec l'empereur ni avec l'Espagne.

On apprit, par la voie des négociants, que Patino avoit si bien fait par le moyen des marchands de Cadix que les négociants françois embarquoient leurs marchandises pour les Indes avant que d'avoir rien reçu de l'argent des galions, malgré les résolutions contraires qu'ils avoient prises.

Dans le conseil d'État du 17, on lut des dépêches du marquis de Brancas, du 30 juin, qui disoient seulement que la reine d'Espagne avoit paru contente du consentement que la France et l'Angleterre donnoient à tout ce qu'elle avoit demandé, sans expliquer rien de plus. L'étonnement du conseil ne fut pas médiocre de voir qu'après sept jours qu'avoit eu le conseil d'Espagne de délibérer sur ce qui devoit lui être si agréable sa réponse fût si froide, et l'on fut très mécontent du marquis de Brancas : il n'étoit pas naturel qu'ayant reçu le 24 juin une nouvelle si importante il n'eût pas déclaré à la reine d'Espagne que, puisqu'elle obtenoit tout ce qu'elle avoit demandé, il falloit donc commencer par rendre justice aux nations dont elle retiroit plus de cinquante millions, mais qu'il demeurât tranquille depuis le 4 juin jusqu'au 30, sans presser la reine d'Espagne même pour une réponse plus claire. Et le maréchal de Villars dit : « Il ne faut que dix jours au plus pour avoir un courrier; nous sommes au 17, donc on peut compter que le 7 juillet il n'y avoit encore rien de décidé pour délivrer les effets des galions. » L'indolence du marquis de Brancas étoit surprenante, et la conduite de la reine d'Espagne ne permettoit pas de douter qu'elle n'attendît une dernière réponse de l'empereur, puisqu'elle employoit douze jours à délibérer sur une matière qui ne permettoit pas d'irrésolution.

L'impatience des Anglois, très juste, étoit au plus haut point. Le roi alloit à Rambouillet. Le cardinal de Fleury alla passer ce temps à Issy et promit au maréchal de Villars, qui alloit à Villars, de lui dépêcher un courrier dès que l'on apprendroit quelques nouvelles d'Espagne. Toutes les nouvelles d'ailleurs ne donnoient aucune attention. Les affaires de Frise n'étoient pas terminées; celles de Meckelbourg encore moins. Il y avoit eu assez de violences entre les troupes du roi d'Angleterre et de Prusse sur les frontières des

États de Hanovre ; mais il falloit de plus grandes raisons pour porter à la guerre, et l'on apprenoit qu'il y avoit eu, le 2 juillet, une conférence chez l'empereur, où l'on avoit appelé le général Vedzel[1], qui alloit en Pologne et à Moscou, et le général Sekendorf, qui alloit à Berlin.

Le 25 juillet, le maréchal de Villars apprit, par une lettre que le garde des sceaux lui envoya à Villars, où il étoit, le retour du courrier Bannières, attendu depuis longtemps, qu'il n'y avoit rien d'important; que l'on voyoit par les dépêches du marquis de Brancas beaucoup de satisfaction de la reine d'Espagne, mais rien de décisif; que le maréchal de Villars pouvoit manquer le premier conseil; que l'on attendoit un autre courrier d'un moment à l'autre.

Dans le conseil d'État du 31 juillet, on lut une dépêche du marquis de Brancas, du 14 juillet, plus fraîche de quatre jours que celles qu'avoit apportées Bannières, laquelle parloit seulement de conférences qui devoient se tenir entre les sieurs de Patino et marquis de La Paz avec les ministres de France et d'Angleterre, sur les moyens de convenir de ce traité provisionnel, duquel on parloit depuis si longtemps; mais on ne voyoit pas encore d'ordres pour délivrer les effets des galions. Le marquis de Brancas mandoit que Kœnigseck avoit des conférences plus fréquentes avec la reine d'Espagne seule, et l'on pouvoit croire encore que la reine d'Espagne vouloit gagner du temps.

Par les lettres du marquis de Monty, arrivé à Var-

---

1. Le baron de Wetzel avait commandé les troupes autrichiennes à Naples après la mort de Gallas (1719).

sovie, l'on apprenoit que le roi de Pologne avoit résolu immédiatement, après la séparation de la diète indiquée à Grodno pour le 2 août, de retourner à Dresde, et qu'il devoit former un camp de vingt-cinq mille hommes de ses troupes, où le roi de Prusse se rendroit, lequel faisoit aussi camper ses troupes en divers corps. Le roi d'Angleterre faisoit la même chose pour ses troupes dans le pays d'Hanovre, et toutes les lettres du Nord ne parloient que de camps et de recrues.

Dans le conseil des dépêches tenu le 6 août, le roi fit appeler quatre conseillers d'État nommés pour examiner un édit de Charles IX, lequel ôtoit aux mères la faculté d'hériter de leurs enfants, laquelle leur est donnée dans le pays de droit écrit, où les lois romaines sont suivies. Cet édit fut révoqué d'une voix unanime.

Dans le conseil d'État du 7, les dépêches du marquis de Brancas ne donnoient aucune décision de la part de la reine d'Espagne. Patino, sans avoir rien délivré des effets des galions, avoit engagé les commerçants à charger la flotte qui devoit partir pour les Indes dans les commencements du mois d'août. Il étoit apparent que les commerçants refuseroient de charger, mais, leurs marchandises étant à Cadix, c'étoit les perdre que de les retenir, et ils aimoient mieux le hasard d'en perdre le retour que la perte certaine en les retenant.

La conduite de la reine d'Espagne étoit un manque réel à sa parole. Le maréchal de Villars dit : « Il y a quarante-quatre jours aujourd'hui que la reine d'Espagne est informée que le roi lui a accordé tout ce qu'elle a demandé. Quel nom donnez-vous à ces retardements ? » Le maréchal d'Huxelles dit que Brancas auroit dû prendre congé. Le maréchal de Villars dit tout bas au cardinal de Fleury, auprès duquel il étoit assis au conseil : « Je ne m'étonne pas que l'empereur et la reine d'Espagne aient un grand intérêt à gagner du temps, surtout s'ils ont eu connoissance des délibérations qui ont été tenues chez vous, il y a près de trois ans. » Le cardinal ne parut pas touché de cette réflexion. Dans la fin de la dépêche du marquis de Brancas au garde des sceaux, il disoit : « Vous serez étonné de la sécheresse de cette dépêche. Un rhume très violent dont je suis incommodé y a quelque part. » Le maréchal de Villars dit : « J'aurois attribué la sécheresse de sa dépêche à celle des réponses de la reine d'Espagne ; mais, puisque c'est un rhume, il faut espérer que quelques verres de sirop de capillaire mettront plus d'onction dans la première. » Le roi et le conseil trouvèrent la réflexion du maréchal de Villars assez plaisante.

Les maréchaux de Villars et d'Huxelles dirent que, si les Anglois, qui avoient marqué tant de vivacité sur les retardements de la reine d'Espagne, ne prenoient pas feu sur les derniers et sur l'inaction de leur armée navale, composée de plus de quarante vaisseaux de guerre avec l'escadre hollandoise, ils en seroient étonnés. Le cardinal et le garde des sceaux paroissoient tranquilles ; il falloit bien croire qu'ils avoient leurs raisons.

Le 10 août, le duc et la duchesse de Richemond, le duc d'Hamilton, milord Sunderland, l'ambassadeur Stanhope dînèrent chez le maréchal de Villars. Stanhope dit au maréchal de Villars que les ambassadeurs d'Espagne avoient reçu un courrier le 8, parti de Porto-Marie le 29 juillet, dont ils avoient été rendre compte au garde des sceaux le 9 ; que ce courrier n'apportoit encore aucune décision ; que les ambassadeurs disoient que tout alloit bien ; que leur cour vouloit savoir si l'on aimoit mieux traiter à Paris ou en Espagne ; que l'on leur avoit demandé s'ils avoient des pleins pouvoirs ; qu'ils avoient répondu que non. Le maréchal de Villars dit à Stanhope : « Mais, la cour d'Espagne informée, dès le 25 juin, que la France et l'Angleterre accordent tout ce qu'elle a demandé, nous apprenons, par ce courrier si attendu, quarante-sept jours après, que les ambassadeurs d'Espagne disent que tout va bien, et que l'on demande si l'on aime mieux traiter à Paris ou en Espagne. Comment appelez-vous une telle conduite? » Stanhope dit : « Ils veulent gagner du temps. Pourquoi n'avons-nous pas agi dès 1727 et mis le maréchal de Villars à la tête de nos armées? » Le maréchal répondit : « Il n'est pas question de moi, mais d'examiner quelles raisons a l'Espagne de vouloir gagner du temps. » Stanhope dit : « Nous devons craindre que l'empereur et l'Espagne ne s'entendent. » Le maréchal de Villars dit : « C'est ce qu'il faut démêler. »

Le 13 août, il arriva un courrier anglois, parti de Porto-Marie le 1er. Il fut lu, au conseil du 24, les dépêches du marquis de Brancas apportées par ce courrier ; elles accompagnoient un projet de plusieurs articles pour établir les garnisons espagnoles dans les places de Florence et de Parme, faire une ligue offensive et défensive entre la France, l'Espagne et l'Angleterre, et rallumer une guerre universelle dans l'Europe. La reine d'Espagne avoit déclaré en même temps que l'on envoyoit ordre à Cadix de délivrer l'argent des galions; mais les articles étoient si obscurs et remplis de tant de contradictions que le cardinal de Fleury dit qu'il ne croyoit pas l'ordre de délivrer l'argent des galions bien sincère, d'autant plus que la reine d'Espagne avoit dit : « Quand la France et l'Angleterre auront notre argent, ils se moqueront de nous. »

L'on apprenoit, par des lettres de Vienne, que les conseils chez l'empereur étoient fréquents; que le prince Eugène, soutenu de Staremberg, étoit pour agir, Sinzendorf pour temporiser; que les courriers étoient fréquents; que l'on en dépêchoit souvent à Moscou, et la disposition générale des affaires préparoit à la guerre.

Dans le conseil d'État du 17, on lut la réponse au marquis de Brancas, et on lui faisoit espérer un autre projet par un courrier dès que l'on en seroit convenu avec les ambassadeurs d'Angleterre; qu'il assurât la reine d'Espagne qu'elle seroit contente, puisqu'il ne seroit question que d'examiner les moyens d'exécuter sûrement ce qu'elle demandoit. On recommandoit à Brancas de ne rien omettre pour découvrir ce qui pouvoit se traiter secrètement avec l'empereur.

Dans le conseil d'État du 24, on lut une dépêche du marquis de Brancas, du 4, et une autre du 6 août, apportées par un courrier. L'une et l'autre parloient de la délivrance de l'argent des galions, mais aucune ne l'assuroit. Elles faisoient mention du départ de la flotte de Cadix, richement chargée.

Brancas assuroit qu'il ne croyoit aucune intelligence

entre l'empereur et la reine d'Espagne ; que l'on avoit proposé de menacer le grand-duc s'il s'opposoit aux garnisons espagnoles, et Brancas avoit approuvé ; ce qui fut blâmé par le conseil.

L'on apprenoit par les nouvelles du Nord que les Moscovites rassembloient trente mille hommes sur les frontières de Courlande, et que l'on croyoit que c'étoit par les engagements du Czar avec l'empereur. Il fut question d'un secret confié par les ambassadeurs d'Angleterre, que le cardinal de Fleury ne communiqua pas au conseil ni au marquis de Brancas, dont les dépêches du 6 août ne parloient pas, de la délivrance de l'argent, laquelle seule pouvoit marquer une bonne disposition dans la reine d'Espagne.

Dans le conseil d'État du 24 août, on lut une longue dépêche de Chavigny, arrivé auprès du roi d'Angleterre à Hanovre. Il disoit avoir proposé à ce prince une ligue avec les quatre électeurs de la maison de Bavière ; qu'il étoit question de subsides, lesquels Townshend, principal ministre du roi d'Angleterre, vouloit être payés par la France. Ce même ministre disoit ne pouvoir se fier aux Danois, auxquels la France donnoit plus de deux millions par an. Le maréchal de Villars dit : « On se méfie du Danemarck, que nous payons fort cher; on veut encore nous faire payer ces électeurs, et je soutiens toujours que nous ne pouvons compter sur les princes de l'Empire que lorsque nos armées pourront assurer leurs États, s'il y a de la guerre ; faites passer le Rhin à quarante mille François; que l'Angleterre envoie quinze mille nationaux, la Hollande tout ce qu'elle voudra, alors ne donnez de l'argent à personne, et faites la guerre aux dépens des ennemis. Comme j'ai eu l'honneur de mener trois fois les armées du roi au delà du Danube, je puis parler avec plus de connoissance des moyens de les faire subsister. »

Bussy écrivoit de Vienne que l'on avoit fait partir un courrier avec grand secret pour l'Espagne sans le communiquer au secrétaire d'Espagne. On devoit apprendre au moins, par les lettres de l'ordinaire d'Espagne, arrivées le 27, la délivrance de l'argent des galions, et on sut que, malgré la promesse de la reine d'Espagne de le donner le 8 août, il n'y avoit encore rien de déclaré le 11, ce qui commença à causer des banqueroutes à Paris.

Dans le conseil d'État du 28 août, les lettres du marquis de Brancas promettoient cette délivrance le 12, que Patino devoit aller à Cadix pour cela. Brancas assuroit encore qu'il n'y avoit aucune intelligence entre l'empereur et l'Espagne.

On apprit, par les nouvelles d'Angleterre, que son armée navale à Portsmouth prenoit des vivres pour huit mois, ce qui marquoit un voyage au long cours. L'Angleterre avoit promis qu'elle n'attaqueroit pas les Indes espagnoles, à quoi la France ne pouvoit jamais donner les mains.

Dans le conseil d'État du 31 août, on lut des lettres de Chavigny du 23, apportées par un courrier du comte de Townshend aux ambassadeurs d'Angleterre, qui apprenoient des apparences de rupture entre les rois d'Angleterre et de Prusse. Solterne, chargé des affaires du roi à Berlin, avoit averti d'un conseil tenu chez le roi de Prusse, où Sekendorf, ministre de l'empereur, avoit assisté, après lequel on auroit fait partir les officiers généraux et particuliers pour assembler une armée près de Magdebourg. Il y avoit des différends entre les deux cours trop légers pour être les véritables causes d'une guerre, mais qui pouvoient servir de prétextes.

On travailloit à régler le contre-projet qui devoit être envoyé en Espagne; mais, comme cela devoit être concerté avec le roi d'Angleterre à Hanovre et le conseil d'Angleterre, les réponses étoient lentes à recevoir. Tout cela faisoit désirer au cardinal de Fleury, qui montroit trop ne vouloir pas la guerre, que l'on convînt promptement avec l'Espagne.

Le 4 septembre, à quatre heures du matin, la reine accoucha d'un dauphin, ce qui causa la joie la plus sensible au roi. Cette naissance étoit bien importante à la France, puisque la postérité de Louis XV ôtoit toutes les causes de divisions que pouvoient produire les renonciations qui avoient dû être exigées pour désarmer l'Angleterre. Ce qui est assez expliqué dans l'année 1714.

Dans le conseil d'État du 5 septembre, on apprit, par les lettres du marquis de Brancas, que l'on devoit commencer à délivrer à Cadix l'argent des galions, mais en retenant près de vingt-cinq sur cent, malgré les promesses que ce ne seroit que douze. Les négociants, qui craignoient de tout perdre, se croyoient encore trop heureux.

Les dépêches du cardinal de Polignac de Rome marquoient une grande colère du pape sur ce que l'on avoit défendu dans le royaume l'office de Grégoire VII, qui est plus connu sous le nom de cardinal Hildebrand, lequel avoit plus qu'aucun autre attaqué les empereurs et les rois en les déposant de leurs couronnes.

Par les lettres de Berlin du 27 août, on apprenoit que la colère du roi de Prusse se calmoit et que son conseil, où Sekendorf, ministre de l'empereur, étoit toujours entré, ne le portoit pas à la guerre, malgré les conseils de Sekendorf.

Le 7, le roi alla faire chanter un *Te Deum* à Notre-Dame. Le maréchal de Villars et le maréchal d'Estrées représentèrent au cardinal de Fleury qu'au *Te Deum* de la paix générale le feu roi avoit ordonné au maréchal de Villars d'y assister; que les ducs de La Trémoille et de Lauzun y étoient allés; que, comme ducs, ils avoient été placés du côté gauche de l'autel, vis-à-vis du clergé, avec des carreaux de velours bleu devant eux; que les archevêques et évêques n'avoient pas eu de carreaux, dont ils s'étoient plaints. Le cardinal de Fleury dit à ces Messieurs que le duc d'Orléans, régent, avoit fait donner une déclaration du roi qui n'admettoit plus ce qui avoit été pratiqué en faveur de ces trois ducs. Les maréchaux de Villars et d'Estrées dirent qu'il n'y avoit qu'à prendre patience; que, du temps de M. le Duc, on avoit pareillement détruit les honneurs que les ducs avoient aux obsèques des princes; qu'il falloit attendre la justice que l'on rendroit en d'autres temps, comme de celui de Louis XIV, lequel méritoit d'être respecté. Le maréchal de Villars et le duc d'Antin allèrent faire leur cour au roi pendant son souper : il mangea avec tous ceux qui l'avoient suivi dans ses carrosses.

Dans le conseil d'État du 11 septembre, on lut le projet qui devoit être envoyé au marquis de Brancas pour conclure enfin un traité avec l'Espagne. Ce projet avoit été concerté avec le roi d'Angleterre à Hanovre et le conseil d'Angleterre, c'est-à-dire proprement avec le comte de Townshend, qui avoit suivi le roi d'Angleterre, et Robert Walpole, qui étoit auprès de la reine d'Espagne. On convenoit des moyens d'introduire les six mille hommes dans Livourne et Plaisance, du nombre de troupes que fourniroient la France et l'Angleterre. Tout rouloit sur cette matière.

On apprit que réellement on délivroit à Cadix l'argent des galions.

Dans le conseil d'État du 14, on apprit, par les lettres du marquis de Brancas, que véritablement on délivroit l'argent des galions, mais fort lentement, ce qui donnoit toujours quelques soupçons au marquis de Brancas ; et, malgré les promesses du roi et de la reine d'Espagne que l'on ne prendroit que quatorze sur cent de l'argent des galions, cela alloit à près de vingt-cinq.

Le marquis de Brancas eut ordre d'en faire des plaintes très fortes.

Par les lettres de Berlin, on apprenoit que le roi de Prusse avoit nommé le duc de Saxe-Gotha pour son arbitre, et le roi d'Angleterre, le duc de Volfenbutel, pour accommoder les différends qui avoient fait assembler les armées de ces deux rois. Il paroissoit que le général Sekendorf, ministre de l'empereur, entroit dans les conseils du roi de Prusse ; qu'il avoit envoyé son aide-de-camp porter des dépêches importantes, et qu'à son arrivée l'empereur avoit tenu un conseil. Par les lettres de la diète de Grodno, l'on croyoit qu'il ne s'y passeroit rien de bien important, et que le roi de Pologne paroissoit fort pressé de retourner promptement en Saxe.

Sur le traité qui devoit se conclure entre l'Espagne et les alliés d'Hanovre, le maréchal de Villars dit que sa coutume étoit d'écrire, au sortir du conseil, ce qui lui paroissoit mériter le plus d'attention, et qu'après avoir bien réfléchi sur l'établissement de l'infant Don Carlos dans les États de Florence et de Parme, il ne croyoit pas possible que l'empereur consentît jamais à voir un prince d'Espagne maître des États qui séparent le Milanois des royaumes de Naples et de Sicile, surtout l'Italie craignant autant l'autorité de l'empereur, à moins que Don Carlos ne fût son gendre. Le maréchal d'Huxelles dit qu'il pensoit de même.

Le 12 septembre, la ville donna un grand repas aux ministres du roi, au cardinal de Fleury, aux principaux seigneurs, aux ministres étrangers et aux présidents des cours supérieures qui se trouvoient à Paris.

Le comte de Kinski, ambassadeur de l'empereur, reçut un courrier de Vienne pour faire des propositions. Dans le conseil d'État du 28, on parla de ces propositions, qui étoient de suivre exactement le traité de la quadruple alliance, laquelle ne parloit pas des garnisons espagnoles dans les places de Florence et de Parme ; et, d'ailleurs, l'empereur demandoit que l'on garantît sa succession ; à quoi l'on répondit que l'on ne traiteroit que de concert avec nos alliés.

Le marquis de Brancas mandoit qu'il y avoit quelques avis que l'empereur offroit sa seconde fille pour l'infant Don Carlos, avec les royaumes de Naples et de Sicile, en laissant à l'empereur les États de Florence et de Parme. L'on mandoit de Berlin que le roi de Prusse faisoit la paix avec celui d'Angleterre, quoique l'empereur offrît trente mille hommes et le prince Eugène pour le soutenir.

Dans le conseil d'État du 21, on apprit, par les avis de Berlin, que l'empereur vouloit réellement porter le roi de Prusse à la guerre, et Sekendorf avoit déclaré qu'il avoit des ordres directs de l'empereur, quoique les comtes de Kinski et de Sinzendorf, envoyés en Hollande et auprès du roi d'Angleterre, souhaitassent le contraire. Stanhope, ambassadeur d'Angleterre au congrès de Soissons, eut ordre de se rendre auprès du roi d'Espagne et partit le 18. On apprit que le roi d'Angleterre partoit le 19 d'Hanovre, pour retourner en Angleterre.

Le 22 septembre, il y eut une fête à Icy[1], chez le maréchal d'Estrées. Le maréchal de Villars, en revenant la nuit, versa dans son carrosse, et on fut obligé d'ouvrir sa jambe, la même où il avoit reçu diverses blessures considérables, ce qui l'éloigna de la cour pour plus de six semaines. Il n'y eut rien de considérable dans les conseils. L'on apprit que Stanhope étoit arrivé à Séville, et l'on compta de recevoir incessamment un courrier, qui apporteroit quelque décision sur ce qui se traitoit depuis si longtemps avec l'Espagne.

Blouin, gouverneur de Versailles et de Marly, mou-

1. La belle maison que le maréchal possédait à Issy, près Paris, avait appartenu à de Vanholles, surintendant d'Alsace. Elle fut plus tard acquise par le cardinal de Fleury, qui y mourut.

rut, et le second fils du duc de Noailles, qui avoit la survivance, fut mis en possession, et le duc, son père, se chargea de tous les autres détails desquels Blouin rendoit compte au roi. Dans le même temps, ce fils, qui s'appelle le marquis de Mouchy, hérita de la principauté de Poix, que lui laissa la duchesse de Richelieu, qui le fit son légataire universel en déshéritant ses sœurs et leurs enfants.

Le 20 novembre, il y eut conseil d'État, et, par les lettres du marquis de Brancas, du 3, on apprit que le traité signé arriveroit incessamment. Il rendoit compte de six ou sept changements ou additions, mais si peu importants que lui et les ambassadeurs d'Angleterre n'avoient pas jugé nécessaire d'attendre de nouveaux ordres pour signer le traité. La reine d'Espagne étoit prête à accoucher, et l'on comptoit que le courrier qui apporteroit le traité apporteroit aussi les nouvelles de l'accouchement de la reine.

Par les lettres de la Haye, il paroissoit que le Pensionnaire étoit disposé à garantir la succession de l'empereur. Les liaisons des rois de Prusse et de Pologne se fortifioient. L'empereur faisoit passer des troupes en Italie. On apprit, par les nouvelles de Moscou, que le sophi avoit défait Eschref, et les apparences de la ruine de l'usurpateur. L'attention de l'Europe étoit sur le traité entre l'Espagne et les alliés d'Hanovre, c'est-à-dire principalement la France et l'Angleterre, et les suites que pourroit avoir l'exécution dudit traité.

Le courrier si attendu arriva enfin le 24, et, dans le conseil d'État du 27 novembre, on lut les articles; ils étoient les mêmes, à peu de chose près, que ce qui avoit été proposé il y avoit longtemps. La France et l'Angleterre s'engageoient à faire introduire six mille hommes espagnols dans les places de Toscane et de Parme, pour assurer ces deux États à l'infant Don Carlos, ou autres de ses frères, après la mort des princes possesseurs. L'on donna quatre mois du jour de la signature du traité pour y disposer l'empereur et les princes, et le roi d'Espagne vouloit que dans six mois les garnisons fussent établies. La France donnoit six vaisseaux et six galères, avec trois mille hommes, lesquels s'assembloient à Toulon; les Anglois donnoient six vaisseaux et deux bataillons, et les Hollandois presque autant. Les Anglois conservoient les avantages du commerce que les Espagnols leur avoient précédemment accordés; et la France ne trouvoit d'autre avantage dans ce traité que de se réunir avec l'Espagne et ôter cet allié à l'empereur.

L'empereur avoit déclaré qu'il s'en tiendroit aux engagements de la quadruple alliance, desquels il ne sauroit se départir sans le consentement de l'Empire.

Par les lettres de Vienne, on apprenoit que le duc de Lorraine en étoit parti après avoir reçu de grands présents de l'empereur en argent et en pierreries, et que l'archiduchesse aînée[1] lui avoit donné son portrait enrichi de diamants, ce qui paroissoit un présent de noces.

Dans le conseil d'État du 30 novembre, on apprit par les lettres de Séville que l'ambassadeur de l'empereur avoit donné un mémoire au roi d'Espagne, qui confirmoit que l'empereur ne s'éloigneroit en rien de

1. Marie-Thérèse, qui épousa en 1736 François de Lorraine.

la quadruple alliance. Il représentoit les périls où s'exposeroit l'Espagne en se séparant de l'empereur et de l'Empire.

On lut une longue lettre de Chavigny sur un traité auquel il travailloit pour réunir les électeurs de la maison de Bavière à la France et à l'Angleterre.

Dans le conseil des dépêches qui fut tenu le 3 décembre, on agita si l'on donneroit, en faveur de la naissance du dauphin, une amnistie aux déserteurs. Le maréchal de Villars fut pour l'amnistie, et contre la peine de mort aux déserteurs. M. le duc d'Orléans fut seul contre, et le cardinal de Fleury fut pour différer l'amnistie, de peur que la publication ne persuadât que l'on comptoit sur la guerre.

Dans le conseil d'État du 4 décembre, on lut le traité commencé par Chavigny, et rédigé à Londres, par lequel les quatre électeurs de la maison palatine s'unissoient à la France et à l'Angleterre, moyennant des subsides de près de deux cent mille écus par an à chacun des électeurs de Bavière, de Mayence et de Cologne. Celui de Mayence ne vouloit s'engager que pour deux ans; les autres, pour quatorze ans. Le roi d'Angleterre, qui y avoit le principal intérêt pour conserver ses États d'Hanovre, ne vouloit payer qu'une moitié aux électeurs de Cologne et de Mayence, et que la France se chargeât du reste. On dépêcha un courrier à Londres pour terminer ces difficultés de subsides, que le roi d'Angleterre devoit payer sur la liste civile, n'osant pas les proposer au parlement, bien que ce traité lui fût plus nécessaire qu'à la France, vu le péril auquel étoient exposés ses États de l'Empire si la guerre commençoit.

Le 5 décembre, on tira un feu d'artifice dans la première cour du château, où l'illumination fut belle. Mais le tout, d'une grande dépense, ordonnée par le duc de Mortemart, premier gentilhomme de la chambre, fut peu approuvé.

Dans le conseil d'État du 6, on lut des dépêches d'Italie, qui apprenoient qu'il étoit entré six mille hommes de troupes de l'empereur dans les États de Florence. Il est certain que la résolution la plus honnête étoit celle de l'empereur de s'opposer à voir dépouiller des princes vivans de leurs souverainetés; car, bien que l'on déclarât que l'on ne toucheroit pas à leurs revenus ni à leurs droits, et que les garnisons espagnoles seront payées par l'Espagne, il est bien certain qu'un prince n'est pas maître de son pays quand les places sont gardées par une puissance étrangère.

Le marquis de Bonnac préparoit une fête où il invitoit les députés des Treize-Cantons et leur proposoit un renouvellement de l'alliance, mais que la résolution prise et confirmée par le conseil du roi étoit de ne plus faire aux Suisses des invitations inutiles et contre la dignité du roi. Les députés furent bien traités, reçurent de bon cœur, et à la suisse, tous les présents qu'on a bien voulu leur faire. Ils prirent *ad referendum* les propositions de l'ambassadeur. Ainsi la poudre fut tirée aux moineaux.

Le roi alla passer douze jours à Marly, où tout fut enrhumé, aussi bien qu'à Paris. Cette maladie fut plus dangereuse à Londres, où, pendant quelques semaines, il mouroit jusqu'à huit à neuf cents personnes.

Le roi revint le 24 décembre à Versailles, et, dans

le conseil d'État du 25, on apprit l'arrivée à Cadix d'un vaisseau qui apportoit le reste de l'argent des galions. On pressa en vain le roi d'Espagne de faire plus de justice aux négociants : tout fut remis au prochain retour des galions que l'on se préparoit à faire partir.

Cependant l'Angleterre commença à jouir de la paix signée avec l'Espagne, et réforma huit mille hommes du peu de troupes qu'elle avoit sur pied. L'empereur fit faire le contraire ; il fit travailler diligemment à rendre toutes les siennes complètes et à remplir les magasins de toutes les places frontières ; enfin toutes les démonstrations de guerre. L'on eut quelques avis d'un traité entre le roi de Prusse et celui de Danemarck, lequel avoit déjà tiré plus de douze millions de la France, par le nouveau traité qu'avoit signé le chevalier de Camilly.

Dans le conseil d'État du 28 décembre, on apprit les instances inutiles que faisoit le cardinal de Polignac à Rome pour porter le pape à paroître approuver le dernier mandement de l'archevêque de Paris, que l'on avoit cru très propre à ramener les curés de Paris, et les ennemis de la Constitution prenoient de nouvelles forces de tout ce que l'on faisoit pour les calmer.

Ce jour-là même, le maréchal d'Huxelles se retira du conseil, alléguant sa mauvaise santé, mais en effet peiné de son peu de crédit. Son caractère étoit d'un courtisan adroit, disant toujours qu'il ne vouloit que du repos, et intérieurement fort occupé de la cour, à laquelle il avoit toujours tenu par des cabales secrètes. Il avoit voulu persuader au maréchal de Villars de se retirer, lequel, fort peu touché du peu de crédit, étoit content de la vie douce qu'il menoit, mêlant les plaisirs au peu d'affaires qu'a un ministre qui n'est pas chargé des expéditions.

1730. Le premier de l'année 1730, il y eut conseil d'État, où furent admis messieurs Desforts, contrôleur général des finances, et d'Angervilliers, secrétaire d'État de la guerre. Le chancelier eut lieu d'être très piqué de n'être pas admis, ayant toujours été de celui de régence, et le cardinal de Fleury ayant de grandes obligations au père du chancelier, qui l'avoit tiré du Languedoc. Le caractère du cardinal n'étoit pas reconnoissant.

Dans le conseil, on apprit par les lettres du marquis de Brancas que les Espagnols se préparoient sérieusement à l'entreprise d'Italie, préparant pour cela cinquante-cinq bataillons, cinq mille cinq cents chevaux, et un équipage d'artillerie, outre les secours de la France, de l'Angleterre et de la Hollande.

Le cardinal de Fleury s'expliqua un peu plus qu'il n'avoit fait encore sur la conduite du comte de Sinzendorff, et l'on eut lieu de penser que ce ministre avoit laissé entendre que l'empereur paieroit bien la garantie de la succession. Le maréchal de Villars avoit toujours paru étonné que Sinzendorff n'eût pas offert Luxembourg et d'autres places pour cela. Le garde des sceaux avoit toujours dit que l'on n'offroit rien; et, par les discours du cardinal de Fleury de ce jour-là, on pouvoit présumer que Sinzendorff avoit fait entendre que l'empereur donneroit.

Il est certain que le cardinal avoit avoué que l'empereur le laissoit le maître de tout ce qui pouvoit réunir les maisons de France et d'Autriche. Il est surprenant que l'on fît mystère aux maréchaux de Villars et d'Huxelles de ces propositions, par la crainte apparemment que ces deux ministres ne parlassent fortement pour s'unir avec l'empereur et l'Espagne et ne plus s'attacher contre les véritables intérêts de la France à ceux d'Angleterre.

Les curés de Paris écrivirent une seconde lettre à leur archevêque, plus insolente que la première. Cet archevêque vint dîner chez le maréchal de Villars et lui dit qu'il falloit le soutenir plus fortement, ou qu'il laisseroit tout.

Dans le conseil d'État du 4 janvier, on apprit par les lettres de Vienne que le comte de Sinzendorff, parlant à Bussy, chargé des affaires du roi, du prince Eugène, faisoit voir que la division étoit grande entre eux. Le cardinal de Fleury dit que le prince Eugène parloit très mal de Sinzendorff. On avoit communiqué au comte de Kinski, ambassadeur de l'empereur en France, le traité de Séville, à la réserve des articles secrets, lequel dépêcha un courrier à sa cour. L'on manda au marquis de Brancas de se conduire de manière à pouvoir empêcher la guerre, sans faire craindre que le roi ne tînt pas ses engagements.

L'on apprit par les nouvelles de Moscou que le Czar avoit déclaré son mariage avec la princesse Dolgorouky, sœur de son favori, laquelle avoit quatre ans plus que lui.

Dans le conseil d'État du 8, on apprit par les lettres de Vienne que l'empereur se préparoit à la guerre; que l'on envoyoit trente mille hommes en Italie, outre les troupes que l'empereur avoit déjà dans le Milanais, Naples et Sicile; que les rois de Prusse et de Pologne se préparoient à faire camper leurs troupes sur l'Elbe et sur l'Oder ; que l'on voyoit quelque apparence à un traité de ces puissances avec le Danemarck. Celui que Chavigny avoit commencé avec les électeurs de la maison de Bavière n'avançoit pas, par la faute de l'Angleterre.

Le roi donna la charge du conseil royal, que le contrôleur général avoit conservée, à M. de Courson, son beau-frère; et les charges de conseillers d'État à M. Le Bret, avec celle de premier président d'Aix, et l'autre à M. L'Escalopier.

Le milord Stanhope, partant pour l'Angleterre, vint voir le maréchal de Villars et lui dit que le roi d'Espagne désiroit fort ardemment la guerre. Le marquis de Brancas l'avoit mandé, et que rien ne le tiroit des tristesses dans lesquelles il tomboit quelquefois que de lui parler de l'espérance de voir la guerre.

Dans le conseil d'État du 11 février, on apprit que Bourck et Grumko, les deux ministres auxquels le roi de Prusse avoit le plus de confiance, lui conseilloient d'offrir à l'empereur cinquante mille hommes pour la guerre. L'on sut aussi que l'empereur avoit voulu traiter avec l'Espagne, pour établir Don Carlos dans les places de Florence et de Parme ; mais que, ne voulant pas encore faire le mariage de Don Carlos, la reine d'Espagne avoit rompu avec lui.

Dans le conseil d'État du 15, on apprit, par les lettres de La Bastie, envoyé du roi à Florence, que les ministres du grand-duc avoient paru fort étonnés de la communication du traité de Séville et répondu seulement que la matière étoit trop importante pour n'exiger pas un temps considérable pour la délibération, puisque, de quelque manière que ce pût être, ils voyoient la guerre dans la Toscane. Les ministres de France et d'Angleterre, qui avoient fait la déclaration, répondirent que, si leur délibération n'étoit pas bien longue, ils l'attendroient, mais que, si c'étoit pour gagner du temps, ils croyoient que les puissances contractantes ne laisseroient pas d'agir.

Dans le conseil d'État du 18, on lut les dépêches de Bussy, qui rendoit un compte très exact des déclarations que milord Walgraf, le secrétaire d'Espagne et lui avoient faites aux trois ministres de la conférence, qui étoient le prince de Savoie, Sinzendorff et Staremberg, dont les réponses furent à peu près pareilles, se plaignant que la France et l'Angleterre manquoient au traité de la quadruple alliance, et l'Espagne à tous ses engagements. Sinzendorff fut plus embarrassé, car on faisoit entendre qu'il avoit consenti aux garnisons espagnoles, ce qu'il nioit hautement, mais que ses confrères ne laissoient pas de lui reprocher. On le disoit mal avec le prince Eugène. On apprit que plusieurs régiments impériaux avoient reçu leurs ordres pour marcher incessamment en Italie.

Dans le conseil d'État du 22, on apprit par les lettres du marquis de La Bastie que les ministres de Florence avoient dit que, bien qu'il fût très dur pour leur maître de voir des étrangers dans ses places, cependant il consentiroit qu'il y eût des Espagnols, pourvu que ses troupes y fussent aussi. Enfin, les dispositions paroissoient favorables, et M. le cardinal de Fleury et le garde des sceaux en étoient contents.

Le père Ascanio, ministre d'Espagne, n'étoit pas de même ; il déclara aux ministres du grand-duc qu'il prenoit pour une négative leurs tempéraments. Le maréchal de Villars pensoit que les premières réponses de Florence devoient être de gens qui donnoient des espérances, quelles que pussent être leurs intentions. Ils vouloient, jusqu'au dernier moment, persuader l'Espagne que Don Carlos étoit désiré, et, à la vérité, il l'étoit par une grande partie des Florentins.

Le maréchal de Villars eut un avis que le roi de Sardaigne pressoit le pape de mettre ses propres troupes dans les places de Florence et de Parme. Il en parla au cardinal de Fleury, qui n'y ajouta pas foi.

Le 24 janvier, les ambassadeurs d'Espagne donnèrent leur fête, qui étoit un feu sur la rivière, magnifique, une pastorale et un concert. Il devoit y avoir un bal réglé, qui convenoit à la grande magnificence des habits des personnes distinguées qui se trouvoient à cette fête; mais, les mesures n'ayant pas été bien prises, les masques commencèrent le bal. Le froid pendant le souper, dans une salle de bois, au milieu du jardin, fit que l'on ne put en attendre la fin, et les maîtres d'hôtel volèrent indignement les ambassadeurs.

Il y eut dans le même temps un dîner du roi seul avec le duc d'Épernon, qui fit grand bruit et causa, quelques mois après, la disgrâce des ducs de Gêvres et d'Épernon. Le roi soupoit quelquefois en particulier avec la reine, et le maréchal de Villars s'y étoit trouvé. Le roi l'entretenant des guerres passées, on parla aussi des divertissements. Le maréchal de Villars dit qu'il avoit toujours essayé de mêler les affaires et les plaisirs; que les moments les plus glorieux et les plus agréables de sa vie étoient l'honneur d'approcher de la personne de Sa Majesté et d'entrer dans ses conseils; qu'après cela, il ne manquoit guère de comédies à Versailles; qu'il alloit chercher l'opéra à Paris et qu'il croyoit même convenable au bien du service de mêler les plaisirs aux affaires, commençant par remplir ses devoirs; qu'il falloit se réjouir et faire réjouir ceux qui étoient sous ses ordres; qu'il étoit parti plusieurs fois d'un bal pour de grandes expéditions. Le roi lui dit : « Il vous est cependant souvent arrivé d'ennuyer un grand nombre de gens. » Le maréchal de Villars fut embarrassé, et même le prince de Rohan le fut pour le maréchal de Villars, lequel répondit : « En vérité, sire, c'est bien contre mon intention si ce malheur est arrivé. » Le roi reprit : « Oui, il vous est arrivé, et très souvent; c'est les ennemis quand vous les avez battus, et personne ne les a plus ennuyés que vous. » Ces paroles, très flatteuses pour le maréchal de Villars, firent plaisir aux gens de guerre auxquels elles revinrent.

Dans le conseil d'État du 27 janvier, on apprit qu'une lettre [avoit été écrite] par le cardinal de Fleury au comte de Kinsky, par laquelle il lui mandoit, immédiatement après l'arrivée du traité de Séville, que le roi n'avoit aucun dessein de faire la guerre. Cette lettre, envoyée à Vienne, donna lieu aux ministres de l'empereur d'arrêter l'ardeur de la cour d'Espagne et de la porter à penser que la France ne se prêteroit pas à la guerre sans laquelle on ne pouvoit s'emparer des places de Toscane et de Parme devant que les princes possesseurs ne les livrassent.

Les dernières lettres de Vienne disoient que le prince de Savoie et l'évêque de Wurzbourg vouloient la guerre, et que les courriers étoient fréquents à Moscou et à Berlin. Il en arriva un de Florence à Paris, par lequel on apprenoit que le grand-duc vouloit négocier et recevoir partie des garnisons espagnoles mêlées avec les siennes. Le maréchal de Villars dit au conseil : « Que le grand-duc livre seulement une porte de Livourne; accommodez cette porte de manière que l'on en soit les maîtres par dedans et par dehors. Après cela, mettez-y seulement quatre cents Espagnols au lieu de trois mille, les Florentins n'ouvriront pas une porte aux Impériaux, en laissant la liberté aux Espagnols d'entrer par celle dont ils seront les maîtres, pour donner un combat dans les rues de Livourne. »

Le duc de Lorraine arriva le 30 janvier et fit son hommage le 1er février. Ce jeune prince étoit d'une figure agréable et marquoit de l'esprit. Le cardinal de Fleury lui donna à dîner. Le maréchal de Villars et quatre ou cinq autres personnes y furent invités. La ville, les ambassadeurs de l'empereur, d'Espagne et de Hollande et plusieurs autres avoient dîné chez le maréchal de Villars.

Dans le conseil d'État du 1er février, on lut des dépêches de Hollande, qui marquoient une grande inquiétude de la guerre. Les Hollandois disoient hautement que le traité de Séville n'étoit fait que pour les Anglois, lesquels demeuroient maîtres du commerce; que la guerre étoit inévitable, et l'on pouvoit juger, par quelques discours des plus considérables de la République, que, si la guerre commençoit et qu'elle s'allumât dans l'Empire, ils pourroient prendre le parti de la neutralité.

Les lettres de Berlin marquoient un désir extrême de la guerre et une aversion violente du roi de Prusse contre le roi d'Angleterre. On apprit l'ouverture du parlement le 23 à Londres et les adresses à l'ordinaire. Le parti de la cour dominoit toujours, le roi faisant espérer des diminutions de dépenses. Celles de l'Espagne étoient prodigieuses, et on préparoit un embarquement de quarante-deux mille hommes, cavalerie et infanterie. Brancas avoit ordre de porter le roi d'Espagne aux expédients qui pouvoient empêcher la guerre.

Dans le conseil d'État du 5 février, on apprit, par les lettres du marquis de Brancas, que le roi d'Espagne ne respiroit que la guerre, craignant même que l'empereur ne voulût l'éviter. Celles de Vienne, du 20 janvier, disoient que le prince Eugène avoit déclaré hautement que l'empereur ne souffriroit pas les garnisons espagnoles et que lui, prince Eugène, iroit commander les armées d'Italie. L'on voyoit déjà la liste des régiments impériaux qui devoient passer en Italie, faisant trente mille hommes; le roi d'Espagne paroissoit déterminé à la guerre.

Il fut résolu de donner une amnistie aux déserteurs, et elle fut publiée. On changea la forme des escadrons; on mit à quarante [maîtres] les compagnies de cavalerie et dragons qui étoient à quarante-cinq; on fit les escadrons de quatre compagnies et des compagnies nouvelles des cinq maîtres que l'on tiroit des anciennes compagnies. On résolut aussi de faire camper la cavalerie.

Dans le conseil d'État du 8 février, on apprit par les lettres du comte de Broglie que le ministère d'Angleterre faisoit toujours des difficultés pour payer leur portion des subsides demandés pour conclure le traité avec les électeurs de la maison palatine, mais qu'il offroit vingt mille hommes nationaux pour composer une armée sur le Rhin. Le maréchal de Villars prit la parole : « Il faut ne leur plus demander les subsides qu'ils ont tant de peine à donner : qu'ils fassent marcher leurs vingt mille hommes, mais que l'on se souvienne de ce que j'ai toujours dit sur cette guerre, que celui qui se lèvera le plus matin aura beau jeu. » L'on disoit que la tête des troupes que les Impériaux destinoient pour l'Italie commenceroit à marcher le 1er février.

Dans le conseil d'État du 12, on apprit, par les lettres de Brancas, que le roi et la reine d'Espagne étoient très mécontents de la manière dont les ministres de France et d'Angleterre avoient déclaré à ceux de l'empereur le traité de Séville. Le père Ascanio le déclara avec insolence à Florence, par une lettre qui fut répandue partout et par laquelle il disoit que les États de Florence et de Parme appartenoient par toutes les lois à l'infant Don Carlos, puisque les plus grandes puissances de l'Europe avoient ainsi réglé.

L'on apprit que les rois de Prusse et de Pologne devoient se voir, et que le général Sekendorff seroit présent à leur entrevue. Le maréchal de Villars dit au conseil que cela méritoit attention. Le cardinal de Fleury et le garde des sceaux dirent que non. Sur quoi le maréchal de Villars et les autres ministres étoient portés à penser qu'ils étoient assurés qu'il n'y auroit pas de guerre.

On apprit que le régiment de Philippi, des troupes de l'empereur, marchoit, le 10 février, pour l'Italie, et que les autres régiments de l'empereur suivroient celui-là. L'on fut informé de la marche de ces troupes par un courrier, mais le garde des sceaux craignoit de rien dire au conseil qui donnât idée de guerre.

Dans le conseil d'État du 15, on ne parloit pas de ces mouvements de troupes impériales, et le garde des sceaux évitoit de rien dire au conseil qui pût faire peine au cardinal de Fleury.

Les lettres de Londres ne faisoient mention que des démêlés ordinaires dans le parlement, où le parti de la cour étoit toujours le plus fort d'un tiers.

Le duc de Lorraine partit le 15. Il avoit fait beaucoup d'honnêtetés au maréchal de Villars; il devoit dîner chez lui à Marly, ce que le garde des sceaux empêcha. Il l'obligea malgré lui d'aller dîner chez le cardinal de Fleury, lequel l'empêcha de faire aucune visite, et même à la reine d'Espagne, sa cousine germaine, laquelle le trouva très mauvais.

Le cardinal de Fleury vint dîner chez le maréchal de Villars à Marly et dit, à propos de rien, que sa charge étoit à vendre, entendant celle d'administrateur du royaume. La maréchale de Villars répondit qu'il ne se trouvoit pas d'acheteurs, et le maréchal de Villars allégua que l'empire romain avoit été mis à prix et vendu. Ce discours du cardinal de Fleury surprit la compagnie, de laquelle étoit le duc de Noailles, et l'on douta s'il n'avoit pas été tenu pour lui; mais, depuis quelque temps, il en étoit échappé au cardinal de Fleury qui marquoit quelque foiblesse.

Dans le conseil d'État du 19 février, on lut enfin une dépêche de Bussy apportée par un courrier de Vienne, par laquelle on apprenoit tout ce qui s'étoit passé entre le ministre de Florence à Vienne et les ministres de l'empereur. Il paroissoit une intelligence secrète, mais entière, entre l'empereur et le grand-duc. L'empereur s'étoit déclaré qu'il ne souffriroit jamais les garnisons espagnoles. Les ordres donnés et exécutés de la marche des troupes impériales par la Bavière et le Tyrol en Italie, et toutes les mesures prises pour la guerre conjointement avec le Czar, les rois de Prusse et de Pologne; le comte Lowenstein fut envoyé par l'empereur aux électeurs et princes de l'Empire pour les déterminer à la guerre. Les nouvelles de la Haye ne donnoient pas grande espérance que les Hollandois voulussent sérieusement y entrer.

Par les dépêches de Villeneuve, ambassadeur à Constantinople, on confirmoit les avantages de Chac-Thamas, fils du sophi, sur Escheref, lequel demandoit du secours à la Porte, qui ne se pressoit pas de lui en donner. Le bacha, révolté en Égypte, avoit été battu par Coprogli; mais le bacha étoit maître de la ville du Caire. L'état actuel de l'empire ottoman ne lui permettoit pas de rompre avec la chrétienté.

Dans le conseil d'État du 22 février, on apprit, par un courrier dépêché de Berlin, la mort du Czar, de la petite vérole. Il devoit se marier le 22. Il tomba malade au retour d'une chasse par un froid excessif qui lui donna un grand rhume, suivi de la petite vérole, qui emporta ce prince en peu de jours. Il étoit parfaitement beau et bien fait, d'une taille très haute. A quatorze ans et quatre mois, il étoit plus grand que les gens de dix-huit. Il promettoit beaucoup par l'esprit et par les sentiments. Le conseil du Czar se détermina dans le moment à donner l'Empire à la princesse de Courlande, fille du Czar Jean, aîné du Czar[1], grand-père du dernier mort, dont les filles[2] paroissoient devoir hériter. L'aînée avoit un fils[3] du duc de Holstein, la cadette de la duchesse de Holstein vivoit.

Apparemment, le conseil craignit une minorité ou le sang de la dernière Czarine. Le prince Dolgorouky partit sur-le-champ pour aller chercher la princesse de Courlande à Mittau, et l'on crut que cette famille très puissante tâcheroit de faire épouser cette princesse au prince Dolgorouky, favori du dernier empereur, lequel devoit épouser sa sœur quatre jours avant sa mort. Quelle destinée pour cette princesse, qui épousoit un empereur plus beau que l'amour et qui l'aimoit éperdument!

Par les lettres de Londres, on apprenoit qu'Amestron et Grovestein arrivoient de Hollande pour régler ici les mesures de guerre.

Dans le conseil d'État du 26 février, on apprit par les lettres de Londres que les débats avoient été fort violents dans le parlement, et même avec une insolence outrée contre le roi, dans la présence même du prince de Galles, qui étoit au parlement; cependant, le parti de la cour s'y trouva toujours supérieur. Celles d'Espagne parloient toujours des préparatifs de guerre. Le roi d'Espagne destinoit cinquante batail-

1. Pierre le Grand.
2. Anne et Élisabeth : la seconde régna de 1741 à 1761.
3. Pierre III, époux de la grande Catherine.

lons de sept cent cinquante hommes chacun et cinq mille chevaux pour l'expédition d'Italie, et même deux mille chevaux de plus si on les estimoit nécessaires, avec un équipage d'artillerie.

Par les nouvelles de Rome on apprit un chapeau donné à Salviati, avec cette particularité que le roi d'Angleterre avoit voulu donner sa nomination à Salviati. Le pape avoit déclaré qu'il étoit cardinal sous cette nomination, laquelle le saint-père vouloit conserver à l'archevêque d'Embrun.

Dans le conseil d'État du 1er mars, l'on apprit par un courrier arrivé aux ambassadeurs d'Espagne qu'il apportoit un projet de guerre, que lesdits ambassadeurs devoient examiner avec nous; le cardinal de Fleury parut trouver très mauvais que Brancas, informé de ce projet, n'en mandât rien. On voyoit dans les dépêches de Brancas qu'il falloit avoir de grandes complaisances pour la reine d'Espagne; qu'elle s'irritoit quand on vouloit combattre ses sentiments; à la vérité, Brancas avoit été si complaisant pour la reine d'Espagne qu'elle l'avoit fait grand d'Espagne, ce qui étoit sa seule affaire. L'on avoit bien fait remarquer au cardinal de Fleury qu'il étoit dangereux d'envoyer dans une cour un ambassadeur obligé, par son propre intérêt, à être plus dépendant de cette cour que des intérêts de son maître.

Par les lettres de Vienne, on voyoit la continuation de la marche des troupes impériales en Italie, et l'on ne pouvoit douter qu'elles ne fussent reçues dans les places de Florence et de Parme avant que celles d'Espagne puissent forcer les princes possesseurs à recevoir des garnisons espagnoles malgré eux. Le cardinal lâcha un mot très important : c'étoit la crainte que, d'un moment à l'autre, la reine d'Espagne ne retournât à l'empereur, si l'on trouvoit impossible de lui donner les places de Livourne et de Plaisance. Le maréchal de Villars dit : « On veut toujours croire que la seule crainte de l'empereur force le grand-duc à refuser les garnisons espagnoles ; et moi je trouve que, lorsque l'on veut ôter à un homme la clef de sa chambre, il est très naturel qu'il soit pour celui qui s'oppose à cette violence. »

On apprit, le 2 mars au matin, la mort du pape Benoît XIII, de la maison des Ursins. C'étoit un très saint homme, nourri moine, et qui en avoit conservé l'esprit, la piété et l'austérité dans sa vie ; intimement gouverné par le cardinal Coscia, homme de basse naissance, qu'il avoit élevé immédiatement après son exaltation.

On ordonna aux cardinaux français de se rendre incessamment à Rome. Le cardinal de Rohan, dont la santé étoit délicate, avoit confié au maréchal de Villars, son ami, les mesures qu'il avoit prises pour se dispenser du voyage ; mais il se rendit aux instances du cardinal de Fleury, qui porta le roi à vouloir qu'il partît. On lut, dans le conseil d'État du 5 mars, les instructions que l'on envoyoit au cardinal de Polignac, lequel, quoique moins ancien que le cardinal de Rohan, fut chargé du secret à la sollicitation du cardinal de Rohan.

On apprit par les lettres de Magnan de Moscou ce qui s'étoit passé les derniers jours de la vie du Czar. Les Dolgorouky avoient voulu faire coucher la princesse fiancée avec le Czar, pour qu'il y eût une célébration de mariage, et la déclarer Czarine et lui confier l'Empire, ce qui ne fut pas possible par le dangereux état de la maladie du Czar. Les sept ministres s'assemblèrent. Ostermann dit que comme étranger il ne devoit pas assister à la délibération que l'on alloit tenir pour un successeur, mais qu'il seroit de l'avis commun. Les six demeurèrent et convinrent de la princesse de Courlande; Ostermann rentra après la résolution prise, que les sept ministres firent approuver à tous les divers tribunaux.

Par les lettres de Vienne, on apprenoit la continuation de la marche des troupes impériales en Italie. On ne parla point du projet de guerre qui étoit arrivé de Séville. On sut que le nombre des troupes impériales qui marchoient en Italie étoit encore augmenté de seize bataillons et dix-neuf escadrons.

Dans le conseil d'État du 8 mars, on apprit par les lettres de Vienne que le prince Eugène avoit parlé avec beaucoup de hauteur à l'envoyé de Hollande et déclaré que l'empereur feroit connoître son indignation sur le mépris que le traité de Séville faisoit paroître pour lui.

On apprit, par les lettres de Plelo[1], ambassadeur en Danemarck, qu'il se faisoit un traité entre le Czar et le roi de Danemarck, lequel pouvoit être dérangé par la mort du Czar. Plelo ayant pressé les ministres du roi de Danemarck de faire marcher leurs troupes pour conserver les États d'Hanovre, ils avoient répondu qu'il leur falloit de l'argent. Le maréchal de Villars dit

---

1. L.-Rob.-Hip. de Bréhan, comte de Plélo, le chevaleresque ambassadeur qui devait, quatre ans plus tard, se faire tuer, par point d'honneur, au siège de Dantzick.

qu'il avoit quasi toujours vu que c'étoit de l'argent assez mal employé que celui que l'on donnoit à ces puissances-là.

Les ambassadeurs d'Espagne communiquèrent les projets de guerre qu'ils avoient reçus de Séville. Ils demandoient que la France fît avancer vingt-cinq mille hommes sur les côtes de Provence, pour les faire passer en Italie; qu'elle fît marcher une armée de trente-cinq mille hommes vers le Rhin, pour entrer dans l'Empire, avec un corps considérable des troupes angloises et hollandoises. On attendit l'arrivée de Grovestein et d'Amestron pour délibérer sur les projets de guerre.

Dans les instructions envoyées au cardinal de Polignac, on paroissoit désirer que l'élection regardât le cardinal Imperiali, auquel la France avoit donné autrefois l'exclusion, ou au cardinal Petra.

Il y eut du désordre dans la compagnie des Indes. Le dépôt avoit été violé, les actions tombèrent considérablement, et il se répandit dans la cour que le contrôleur général étoit ébranlé. Il est certain que le cardinal de Fleury écoutoit ses ennemis. Le contrôleur général étoit très mécontent; M. d'Angervilliers ne l'étoit pas moins. Le cardinal de Fleury ayant approuvé un changement très sage, proposé par d'Angervilliers, pour mettre les escadrons à cent soixante maîtres, et pris l'avis du maréchal de Berwick, des ducs de Noailles et de Lévis, qui n'approuvoient pas le projet, il voulut le changer; le cardinal de Fleury envoya prier le maréchal de Villars de venir chez lui, lequel lui déclara que le projet de d'Angervilliers étoit le seul bon, et il fut suivi; mais ces incertitudes sur le contrôleur général et le ministre de la guerre les mécontentèrent l'un et l'autre.

Le maréchal de Villars parla au cardinal de Fleury sur la destruction des chevaux en France : que, dans les dernières guerres, on tiroit plus de vingt-cinq mille chevaux tous les ans de Bretagne et de Comté ; qu'il n'en sortoit pas la quatrième partie, et finit par dire : « Depuis la mort du feu roi, il vous en coûte plus de cent mille écus par an pour établir des haras, et c'est précisément depuis ce temps-là que tous ceux que vous aviez en France sont détruits. Commencez par épargner vos cent mille écus, et laissez aux peuples la liberté que l'on leur a ôtée d'avoir des juments et des étalons. »

Dans le conseil d'État du 12 mars, on parla des conférences tenues entre le cardinal de Fleury et les ambassadeurs d'Espagne. Le cardinal dit qu'il étoit convenu d'attendre l'arrivée de Stanhope, que nous appellerons milord Arington[1], et de Grovestein, pour régler avec eux les mesures nécessaires pour la guerre. Ces deux messieurs arrivèrent à Paris le même jour.

Il paroissoit, par les lettres de Brancas, que le roi et la reine d'Espagne vouloient absolument la guerre, persuadés que les peuples de Naples et de Sicile se révolteroient dès qu'ils verroient approcher la flotte d'Espagne. On pressoit l'Espagne de commencer par fortifier les garnisons de Porto-Ercole ; que ce n'étoit pas commencer la guerre, et qu'il étoit toujours bon que les places qui appartenoient à l'Espagne fussent bien garnies.

1. Le ministre Stanhope fut créé baron (1729) puis comte (1742) de Harrington. L'ambassadeur fut créé comte de Chesterfield.

Le 13, il y eut un grand conseil chez le roi, où furent appelés les conseillers d'État qui avoient examiné le procès entre messieurs de Béthune et d'Orval sur le duché de Sully. Il fut décidé que le titre de duc appartenoit au marquis de Béthune et la terre de Sully au comte d'Orval, avec faculté au premier de la retirer, sur le pied du denier vingt-cinq, et ce dans le terme de six mois, suivant l'édit de 1711[1].

Dans le conseil d'État du 16 mars, il n'y eut rien d'important dans les dépêches d'Allemagne ni de Séville. On apprit que le roi de Prusse étoit allé rendre une visite au roi de Pologne; qu'il étoit arrivé dans le temps que l'on étoit à table, à un grand festin que donnoit le roi de Pologne pour le mariage d'une de ses filles naturelles; que le roi de Prusse et ceux qui le suivoient étoient entrés masqués dans la salle; que le roi de Prusse s'étoit mis derrière la chaise du roi de Pologne, lequel, averti de la compagnie, dit : « Buvons à la santé des masques qui viennent d'entrer ! peut-être y en a-t-il que nous aimons fort; » que sur cela le roi de Prusse avoit ôté son masque; que les deux rois s'étoient embrassés très tendrement. Ce petit voyage n'avoit été que de quatre jours. Les ministres de France, qui étoient dans les cours de Vienne, de Pologne et de Prusse, mandoient que toutes ces liaisons n'iroient à rien, suivant la mauvaise cou-

1. Le marquis de Béthune représentait la branche aînée comme descendant en ligne directe d'un fils cadet du grand Sully; l'abbé d'Orval était le plus proche héritier du dernier duc de Sully : quoiqu'âgé de soixante-treize ans, il avait, pour appuyer ses prétentions, remis ses abbayes au roi et s'était marié avec Françoise de Vatan : un héritier lui naquit peu de temps après l'arrêt qui l'évinçait.

tume de la plupart des ministres, c'est de dire et d'écrire ce qu'on appelle *placentia*, plutôt que des vérités qui déplaisent. Ainsi, les ministres attachés à l'empereur disoient que le roi de Prusse lui offroit cinquante mille hommes, et le roi de Pologne tout ce qu'il avoit de troupes ; que les trente mille promis par le feu Czar marcheroient à la première réquisition ; et les ministres de France dans toutes ces cours écrivoient tout le contraire.

Bonnac se conduisit très mal dans une affaire arrivée dans le canton de Zurich, et, piqué du peu de considération que lui avoit marqué ce canton, il conseilloit hautement de soutenir le canton catholique et de ne pas s'embarrasser des protestants. Le maréchal de Villars dit que, quand un ambassadeur fait de pareilles fautes, il faut lui écrire durement ; louer quand on le mérite, et blâmer de même ; qu'une pareille conduite auroit été nécessaire pendant le traité de Séville.

Le garde des sceaux, dans le conseil d'État du 19 mars, lut les lettres du marquis de Brancas, qui demandoient quelques secours, et sur cela il lut au roi un mémoire par lequel il paroissoit que le marquis de Brancas avoit touché en dix-huit mois deux cent cinquante mille livres, et l'on dit que ces sommes considérables et la grandesse d'Espagne n'étoient pas trop payer le traité de Séville, lequel nous engageoit à une guerre très infructueuse pour nous.

Depuis quelques jours il se répandoit que le contrôleur général étoit mal avec le cardinal de Fleury. Le maréchal de Villars dit au contrôleur général : « A quoi en êtes-vous ? » Sa réponse fut : « A demander dès aujourd'hui à me retirer, et c'est ce que je ferai en sortant du conseil. » Le maréchal de Villars lui dit : « Ne vous pressez pas tant. » Le roi, auquel les États d'Artois faisoient une harangue, arriva et finit la conversation. Le maréchal de Villars, entrant dans la salle des gardes, mit le pied dans un marbre rompu et fit une chute très rude. Cependant, quoiqu'il souffrît beaucoup, il entra au conseil. A son retour chez lui, il se trouva deux contusions très violentes, et quelque crainte que la cheville du pied ne fût cassée. Maréchal, premier chirurgien du roi, vint le visiter; il ne se trouva rien de rompu.

M. Desforts lui fit dire qu'il avoit écrit au cardinal et remettoit son emploi; le 20 au matin, M. Desforts entra chez le maréchal de Villars; il lui apprit qu'il avoit remis son emploi. Deux heures après, le s^r Orry, qui revenoit de l'intendance de Perpignan, vint lui apprendre qu'il étoit contrôleur général. C'étoit un jeune homme qui étoit capitaine de cavalerie à la fin de la dernière guerre. Le maréchal de Villars lui dit : « M. le capitaine, vous seriez peut-être major présentement. L'emploi de contrôleur général est au-dessus, puisque c'est le plus important du royaume. » Le cardinal de Fleury donna trop promptement cette importante charge : peut-être eût-il été plus sage de laisser encore Desforts dans son emploi, quand il n'y eût eu d'autre raison que de ne pas répandre chez les étrangers le désordre de nos finances, surtout une nouvelle guerre étant sur le point de s'allumer.

Le choix surprit la cour et la ville; c'étoit un homme de trente-huit ans, qui avoit passé les premières années de sa vie à la guerre. M. Desforts s'étoit laissé embarquer dans les intérêts de la compagnie des Indes, pour en faire monter les actions. On avoit violé le dépôt et vendu des actions pour acheter et faire hausser le prix. M. Desforts n'avoit rien fait sans ordre du roi, et sans le communiquer au cardinal de Fleury, mais, plusieurs fripons s'étant mêlés de ce trafic, M. Desforts, homme d'honneur, y fut trompé et se retira bien plus mal dans ses affaires que lorsqu'il avoit été remis dans la place de contrôleur général, l'ayant déjà exercée pendant la régence. Il est vrai que le cardinal de Fleury l'avoit voulu et, devant le maréchal de Villars, avoit dit à M. Desforts que c'étoit par pure déférence à son désir qu'il consentoit à l'accepter. Cependant il se retira comme disgracié, et peu d'apparence qu'il conservât la place de ministre. Le nouveau contrôleur général travailla avec le roi et entra au conseil comme contrôleur général.

Le maréchal de Villars manqua les conseils jusqu'à celui du 29 ; il fallut même le porter jusqu'à sa place. Dans le conseil, le roi lui marqua des bontés très vives, allant lui-même chercher ses gens, le faisant monter dans sa chaise devant lui, et ne voulant pas se retirer qu'il ne l'eût vu descendre le degré.

Dans le conseil d'État du 29 mars, on lut des dépêches de Vienne, qui préparoient de plus en plus à la guerre. L'empereur se préparoit à faire marcher une armée de quarante mille hommes sur le Rhin, comptant avoir soixante-dix mille hommes en Italie. Les rois de Prusse et de Pologne paroissoient plus unis que jamais : ils préparoient des revues de leurs troupes pour le mois de juin. Le roi et la reine d'Espagne ne respiroient que la guerre. Par les nouvelles de Séville on apprenoit que la cour partoit pour Grenade, et l'on croyoit qu'après cela elle reprendroit la route de Madrid.

Le parlement d'Angleterre, toujours animé, et le parti opposé à la cour faisant des difficultés sans fondement sur le port de Dunkerque, on leur donna entière satisfaction sur cela et même avec trop de complaisance.

Il arriva des courriers de Séville avec des projets de guerre dont on parla au conseil du 5 avril. Le cardinal de Fleury dit au maréchal de Villars : « Si vous avez lu les Amadis, comptez que leurs faits de guerre étoient moins surprenants que ceux que nous demandent le roi et la reine d'Espagne. » Il paroissoit, par les lettres de Vienne, que l'empereur se préparoit toujours très sérieusement à la guerre. Comme le maréchal de Villars avoit manqué deux conseils, le garde des sceaux lui dit qu'il lui enverroit les projets que les ambassadeurs d'Espagne avoient proposés au roi. L'on manda au marquis de Brancas d'assurer le roi d'Espagne que nous tiendrions très exactement tout ce que nous avions promis. Le maréchal de Villars dit au conseil : « Ce que j'ai appris d'Italie ne me donne pas la plus vive attention, par deux raisons : premièrement, c'est que nous n'y gagnons rien ; et, en second lieu, c'est que nous ne sommes point du tout garants du succès, puisque nous n'avons part ni au dessein ni à la conduite et qu'en donnant ce que nous avons promis dans le traité de Séville, nous en sommes quittes. Mais, dès que l'empereur sera attaqué en Italie, qui nous répondra qu'il ne commencera pas la guerre dans la basse Allemagne ? Et si les rois de Prusse et de Pologne s'emparent des États d'Hanovre, qui nous répondra de la fidélité du Danemarck, et que la guerre ne se porte pas en Frise? Il y a bien longtemps que j'avertis que c'est le côté le plus dangereux pour nous. » Le cardinal de Fleury dit que les Danois seroient fidèles. Le maréchal de Villars répondit : « Vous avez pourtant vu que le conseil du roi d'Angleterre s'en méfie. »

L'on apprit par un courrier du duc de Liria[1], de Moscou, que, le 8 mars, la nouvelle impératrice[2], ayant convoqué le sénat, encouragée, dit-on, par un lieutenant-colonel des gardes, avoit déchiré le billet qu'elle avoit signé, contenant les articles que l'on lui avoit proposés pour changer la forme du gouvernement, et déclaré qu'elle conservoit la *despoticité* tout entière. On voit que tout cela avoit été conduit par Ostermann, qui avoit fait le malade depuis la mort du Czar, pour pouvoir n'avoir aucune part aux conseils qui se tenoient; que la Czarine avoit mis en liberté Jagolinsky, qui avoit été arrêté par ceux qui vouloient changer le gouvernement; que la Czarine avoit en même temps fait assurer l'empereur que les trente mille hommes promis étoient prêts à marcher.

Le 10, le marquis de Spinola, capitaine général d'Espagne, et destiné à commander les armées d'Espagne qui devoient attaquer l'Italie, arriva à Versailles, envoyé pour concerter avec les ministres du roi, ceux d'Angleterre et de Hollande, les moyens d'exé-

---

1. Jacques Fitz-James II, duc de Liria et de Xerica, fils du maréchal de Berwick, né en 1696, brigadier et ambassadeur d'Espagne en Russie (1728).
2. Anne Iwanowna.

cuter le traité de Séville. Le 12, le maréchal de Villars alla à Versailles. Le cardinal de Fleury lui dit en arrivant que le roi avoit intention que le marquis de Spinola, avec les ambassadeurs d'Espagne, ceux d'Angleterre et de Hollande, se rendissent chez lui, pour y délibérer et concerter les projets de guerre. Le maréchal de Villars dit au cardinal qu'il convenoit que cette assemblée se tînt chez lui cardinal, lequel lui répondit que, comme c'étoit matière de guerre, il falloit que ce fût chez le général le plus capable de décider.

Le même jour, il y eut chez le cardinal de Fleury une conférence, composée du garde des sceaux, du maréchal de Villars, du maréchal de Berwick et de M. d'Angervilliers, ministre de la guerre. Le maréchal de Villars désira que le maréchal de Berwick se trouvât chez lui, ce que l'on ne voulut pas. D'Angervilliers lui confia même que le cardinal ne se fioit pas à lui : ce n'est pas qu'il ne le comblât de biens, dans le temps qu'il en usoit différemment pour le maréchal de Villars.

Le 13 avril, le marquis de Spinola, le marquis de Santa-Crux, le sieur de Barrenechea, ambassadeurs d'Espagne, le milord Arington, MM. de Goslinga et Hop, ambassadeurs de Hollande, et le général Grovestein se trouvèrent à neuf heures du matin chez le maréchal de Villars avec M. d'Angervilliers.

Le maréchal de Villars ouvrit la conférence par assurer les ministres d'Espagne que Leurs Majestés Catholiques pouvoient compter sur tout le zèle et toute l'ardeur, pour leur gloire et leur service, qu'ils avoient droit d'attendre de leurs plus fidèles sujets, et qu'après ce qu'il devoit au roi son maître, il seroit très dévoué à ce qui seroit estimé convenable à leurs intérêts. Le marquis de Spinola, homme d'esprit, et destiné à commander l'armée qui doit faire une descente en Italie, commença par demander vingt-cinq mille François : vingt mille hommes de pied et cinq mille chevaux.

Dans le conseil d'État du 12, le cardinal de Fleury avoit dit au maréchal de Villars et à M. d'Angervilliers que si les ministres d'Espagne parloient de ces vingt-cinq mille hommes, on pouvoit soutenir qu'ils n'avoient jamais été promis. Ainsi, sur la première réquisition, ils répondirent suivant leurs instructions. Les ministres d'Espagne se soulevèrent, montrant l'écrit qu'ils soutenoient avoir été approuvé par le cardinal et sommant les autres ambassadeurs de dire ce qu'ils avoient vu et entendu. Tous confirmèrent ce que disoient les ministres d'Espagne. Le premier point très important suspendu, il fut dit que l'on se rassembleroit le soir, après la revue que faisoit le roi du régiment des gardes, où tous devoient aller. Cependant, dans le reste de la conférence, qui dura jusqu'à deux heures après midi, on agita le projet de guerre.

Le marquis de Spinola dit qu'après avoir menacé les côtes de Toscane et tâché d'ébranler le grand-duc, il falloit faire la descente vers Baïa, près de Naples. Le maréchal de Villars dit qu'il étoit d'une extrême conséquence de bien débuter dans un commencement de guerre, et qu'il voyoit de très grands obstacles dans le projet proposé ; qu'il falloit partir des côtes d'Espagne pour aller conquêter l'Italie, sans y avoir aucune place ni intelligence, défendue par soixante-quinze mille Impériaux, comme le disoient les ministres d'Espagne. Aucun des autres ministres ne voulut combattre le projet, persuadé, comme il étoit aisé de le juger, que le cardinal de Fleury ne vouloit pas de guerre, et qu'il falloit lui laisser tout le soin d'y opposer.

Les ministres d'Espagne parlèrent des diversions qu'ils demandoient; qu'il falloit attaquer la Flandre impériale ou l'Empire. L'on dit que d'entrer dans l'Empire, c'étoit en réunir tous les États à l'empereur. Amestron, général anglois, répondit que le seul moyen de ne pas craindre les princes de l'Empire étoit de leur faire peur. Ces différentes matières se traitèrent sans décision. M. d'Angervilliers envoya un courrier au cardinal pour lui apprendre que tous les ambassadeurs, conjointement avec les Espagnols, soutenoient qu'il avoit promis les vingt-cinq mille hommes.

L'on se rassembla sur les sept heures du soir, pendant lequel temps on apprit, par le retour du courrier, que l'on pouvoit soutenir hautement que les vingt-cinq mille hommes n'avoient jamais été promis.

Il fallut ouvrir la séance par cette déclaration, contre laquelle le marquis de Spinola et les ambassadeurs d'Espagne se récrièrent qu'ils feroient un manifeste; qu'ils avoient des témoins; que l'on ne démentoit pas des gens comme eux. Le marquis de Santa-Crux sortit, disant qu'il ne falloit plus traiter avec qui les démentoit. Le marquis de Spinola, plus maître de lui, demeura et dit que pour les vingt-cinq mille hommes il les prétendoit, sans quoi, il dépêcheroit un courrier pour désabuser son maître; mais qu'il offroit que l'on n'armât plus les six vaisseaux de guerre, et que l'on donnât moins de cavalerie et plus d'infanterie.

L'on dit à ces messieurs que nous ne pouvions

qu'offrir de donner notre contingent, suivant le traité auquel on ne manqueroit jamais. Le maréchal de Villars fit voir encore, suivant les ordres du roi, les difficultés de l'entreprise, pressa les ministres d'Angleterre et de Hollande de dire leur sentiment, mais aucun d'eux ne voulut se contredire, en quoi leur partialité pour l'Espagne et leur mauvaise volonté pour la France parut, voulant la laisser seule chargée du mécontentement de l'Espagne.

Ces difficultés, rapportées au cardinal par M. d'Angervilliers, portèrent le roi à donner un conseil extraordinaire, et le garde des sceaux dépêcha un courrier au maréchal de Villars lui dire que le roi lui ordonnoit de se rendre le dimanche matin à Versailles. Le roi, le voyant en entrant chez la reine, lui dit : « Vous ne vous attendiez pas à revenir ici. » M. d'Angervilliers vint dire au maréchal de Villars ce qui s'étoit passé, et lui demander à quoi il se détermineroit pour le conseil. Sa réponse fut qu'il ne conseilleroit jamais au roi rien qui fût contre sa gloire, que, quelque envie et même raison que l'on eût de désirer la paix, on avoit signé à Séville un traité de guerre offensive, qu'il falloit tenir sa parole et voir seulement à faire bien la guerre, suivant de bons et solides principes.

Le 16 avril, le cardinal de Fleury dit au maréchal de Villars, après que l'on se fût assis pour le conseil : « Le roi a ordonné ce conseil extraordinaire sur ce qui s'est passé à la conférence qui s'est tenue chez vous. Le roi vous demande à en être informé. » Le maréchal raconta ce qui est ci-devant ; ensuite, le roi lui demanda son avis. Il parla ainsi : « Par ce qu'on apprend des nouvelles d'Espagne, il paroît un assez grand désordre dans les finances d'Espagne ; cependant, elle est déterminée à la guerre. Celles de Votre Majesté ne sont pas encore rétablies ; cependant, je serai toujours pour suivre ce qui intéresse la gloire de Votre Majesté. Cette gloire, le premier et le plus cher de vos intérêts, vous engage à tenir votre parole. Vous avez signé un traité de guerre offensive : l'Espagne la veut ; l'Angleterre et la Hollande obligées dans le traité, ainsi que Votre Majesté, à suivre le sentiment de l'Espagne. Votre Majesté doit donc dire qu'elle tiendra ses engagements ; et, puisque l'on veut faire la guerre, il faut de bons et solides projets et faire un plan de guerre général. Celui des Espagnols pour la conquête de l'Italie est rempli d'obstacles presque insurmontables.

« Que, suivant sa pensée, le plan de guerre le plus solide que l'on puisse faire, c'est que l'Italie, menacée par les préparatifs de l'Espagne, y a déjà attiré soixante-quinze mille Impériaux ; il faut que la ligue entière paroisse vouloir suivre principalement ce dessein, faire croire que l'on pourra en même temps faire le siège de Luxembourg et se préparer sérieusement à entrer dans l'Empire.

« Que la fausse attaque soit vers l'Italie ; que l'Espagne, avec le moins de dépenses qu'il sera possible, tente des descentes vers le royaume de Naples et de Sicile ; que partie de ses forces suive les côtes de Provence, comme pour s'embarquer à Marseille et à Toulon ; que, dès qu'elles seront vers Tarascon sur le Rhône, elles prennent la route du Dauphiné pour donner quelque inquiétude au roi de Sardaigne et ne pas laisser votre frontière dégarnie, par l'obligation où nous serons de faire marcher nos forces vers l'Empire.

« Qu'avant que l'empereur puisse démêler que la fausse attaque est l'Italie, vingt mille Anglois nationaux aillent se joindre vers Nimègue aux quinze mille Hollandois ; que trente-cinq mille François se joignent à ces trente-cinq mille Anglois et Hollandois avec les douze mille Hessois, ensuite marcher dans les États du roi de Prusse ; ce prince, les voyant exposés, aura peine à se déclarer contre la ligue. Faire contribuer la Westphalie, les pays de Munster, Cologne et autres ; que l'unique moyen de ne pas craindre les princes de l'Empire est d'entrer dans leurs États. » Le maréchal de Villars ajouta : « Je puis citer les exemples des guerres que j'ai vues sous M. de Turenne et celles que j'ai faites à la tête des armées de Votre Majesté. Cette guerre ne sera pas si chère que l'on s'imagine, puisque, établissant une bonne discipline, l'Allemagne paiera une partie des frais. Par cette conduite, vous soutenez les quarante mille hommes que la France et l'Angleterre paient en Danemarck ; c'est l'unique moyen de donner la loi à l'empereur : par un parti différent, vous le laissez le maître de l'Empire, les pays d'Hanovre à la discrétion des rois de Prusse et de Pologne, la Frise exposée et, par conséquent, les Hollandois. »

M. d'Orléans déclara d'abord que, suivant son avis, c'étoit le seul bon projet ; M. le cardinal de Fleury de même et, par conséquent, le garde des sceaux. Pour M. d'Angervilliers, M. le maréchal de Villars savoit bien que c'étoit son sentiment. Sur cela, le maréchal de Villars dit que, pour réussir dans les grands projets, un profond secret et la diligence étoient les premiers moyens, et qu'il demandoit tout ce qui pouvoit les assurer.

Le roi écouta bien attentivement le maréchal de Villars et parut fort occupé de ce conseil, aussi très important.

Le maréchal de Villars, sachant que le garde des sceaux devoit entretenir les ambassadeurs que le traité regardoit, lui écrivit pour lui recommander encore le secret, et qu'il convenoit que les seuls Spinola, Arington et tout au plus Goslinga en eussent connoissance.

L'on indiqua une conférence pour le 20 avril, laquelle fut tenue chez le marquis Spinola, retenu au lit par une violente attaque de goutte. Le maréchal de Villars mena le garde des sceaux dans son carrosse; il connut dans la conversation qu'il eut en chemin que l'unique dessein du cardinal étoit de gagner du temps, sans pourtant rompre le projet qui avoit été approuvé au conseil. L'unique but du garde des sceaux étoit de combattre le projet d'Italie sans en décider un autre. Il amena le maréchal de Berwick pour attaquer ce projet. Il en proposa un pour la Sicile que Spinola rejeta hautement. Les Anglois et Hollandois demeurèrent dans le même silence de la conférence chez le maréchal de Villars, voulant laisser à la France seule le démérite auprès du roi d'Espagne de s'opposer à son dessein. Le garde des sceaux parla longtemps et ne fit que battre la campagne ou, comme M. d'Angervilliers dit au maréchal de Villars, persifler la compagnie. Aussi le marquis de Sainte-Croix dit tout haut : « Vous ne voulez que nous amuser et faire perdre la campagne. » En retournant, le maréchal de Villars dit au garde des sceaux : « Ne craignez-vous pas de révolter la reine d'Espagne? »

Le 29 avril, il y eut un conseil de dépêches, où l'on agita ce qui regardoit le parlement, dont la conduite avoit été peu respectueuse au lit de justice, et l'opiniâtreté continuoit pour ne pas enregistrer la déclaration de la Constitution. Il fut résolu que le premier président auroit ordre de se rendre le 1er mai à Fontainebleau avec quatre présidents à mortier, et le premier président de chacune des autres chambres du parlement. Le chancelier lut un mémoire des corrections qu'il devoit prononcer à ces messieurs de la part du roi, après que Sa Majesté auroit dit en peu de mots qu'elle étoit très mécontente de leur conduite. Le maréchal de Villars dit au chancelier qu'il auroit cru, puisqu'il les accusoit de témérité contre l'autorité du roi, qu'il eût fallu plus de sévérité.

Le jour d'après il y eut conseil d'État, où l'on apprit par les lettres du cardinal de Polignac que la division étoit grande dans le conclave. Il étoit ouvertement brouillé avec le cardinal Bentivoglio, chargé des affaires d'Espagne, lequel avoit donné l'exclusion au cardinal Imperiali, que le cardinal de Polignac espéroit pouvoir être pape.

L'on travailla à un mémoire pour être remis au marquis de Spinola et aux ambassadeurs d'Espagne, par lequel on manquoit réellement au traité de Séville. Le maréchal de Villars, examinant ce mémoire, dit qu'il ne seroit jamais d'avis de manquer à ses engagements; mais que, puisque tous les contractants du traité de Séville parloient de même et signoient le mémoire, enfin paroissoient unanimes, et que M. le cardinal de Fleury vouloit absolument éloigner la guerre, ne fût-ce que de quelques mois, il falloit bien suivre l'ordre du roi; que, cependant, il falloit encore examiner si la gloire du roi et de la nation, qui doit toujours être le premier objet, nous permet de manquer à l'Espagne, ce que l'on peut craindre même en outrant la reine d'Espagne; que le milord Townshend, la meilleure tête d'Angleterre sur la politique, étoit retenu par cette crainte.

Le 2 mai, le maréchal de Villars se rendit à Fontainebleau. Le garde des sceaux lui envoya le mémoire qui devoit être signé par tous les ministres de France, d'Angleterre et de Hollande qui avoient assisté aux conférences.

Tout le 2 et le 3 furent employés en conférences chez le cardinal de Fleury, le mémoire fut encore examiné et, quelque défectueux que fût ledit mémoire, on le signa. Le maréchal de Berwick, qui avoit été appelé à ces conférences sans y applaudir, le signa pareillement.

Le 2 mai, il y eut conseil de finances, dans lequel le contrôleur général proposa une nouvelle loterie pour rétablir les actions et tâcher d'en retirer vingt-cinq mille en huit ans. Pour cela, le roi fournissoit cent mille écus par mois, et on y ajoutoit cent mille livres des cinq cents que le roi donnoit pour la loterie des rentes de la ville. Le maréchal de Villars dit qu'il avouoit sa parfaite ignorance sur pareille matière; que c'étoit pour la troisième fois que le roi payoit des actions qui avoient ruiné le royaume, mais qu'il concevoit une grande opinion du bon état des finances, puisque, pour soutenir les actions, le roi donnoit neuf millions par an de ses fermes de tabac, le million pour augmenter les rentes de la ville et près de quatre millions pareillement pour ces maudites actions. Qu'après cela, en matière de finances, il ne pouvoit que s'en rapporter à ceux qui devoient les connoître. Le chancelier parla à peu près de même; cependant, la loterie fut résolue.

Le 4 mai, il y eut conseil d'État, où l'on disputa assez vivement sur les affaires présentes. Le cardinal de Fleury dit que les Anglois et les Hollandois ne vouloient pas que le roi fît aucune conquête en Flandre, pas même Luxembourg. Le maréchal de Villars dit : « Nous avons de cruels alliés. Nous sommes dans un traité qui nous oblige à une guerre dont nous ferons la plus grande dépense; la reine d'Espagne veut y gagner l'Italie, les Anglois veulent être les maîtres du commerce et les Hollandois détruire la compagnie d'Ostende, et nous n'avons pas le moindre avantage à espérer; je n'en veux pas davantage pour m'accommoder avec l'empereur, s'il veut un peu acheter notre amitié. D'ailleurs, vous manquez à la reine d'Espagne; M. le cardinal de Fleury croit même qu'elle pourroit s'accommoder avec l'empereur. J'en serois bien fâché parce que, s'ils étoient de concert, ils pourroient faire un mal très considérable à la France : la reine d'Espagne du côté de Languedoc; l'empereur, joint au roi de Sardaigne, du côté du Dauphiné. » Le cardinal de Fleury parut tranquille sur ces périls. Et le maréchal de Villars dit : « Il me suffit de les avoir représentés d'avance. » Le cardinal de Fleury soutint que le comte de Sinzendorff n'avoit jamais rien assuré de la part de l'empereur, et le duc de Richelieu assura encore le maréchal de Villars, le même jour, que l'empereur auroit donné Luxembourg et d'autres places encore pour s'unir avec le roi moyennant la garantie de sa succession. C'est ce que Fonseca affirmoit aussi au maréchal de Villars.

Dans le conseil d'État du 7 mai, on apprit par les lettres du marquis de Brancas que le roi et la reine d'Espagne commençoient à se plaindre assez vivement des lenteurs de la France et se préparoient à la guerre ; qu'ils se plaignoient fort aussi de la conduite du cardinal de Polignac à Rome, approuvoient celle du cardinal Bentivoglio sur l'exclusion d'Imperiali ; qu'ils ne ménageoient pas les termes sur la conduite du cardinal de Polignac, lequel envoya au roi la copie de la harangue de Collalto, ambassadeur de l'empereur au conclave, qui donnoit à l'empereur, entre les autres titres, celui de fils aîné de l'Église, que les seuls rois de France avoient jusqu'à présent porté. Il donnoit aussi à son maître celui de président du conclave.

Le cardinal de Fleury dit : « Ils sont bien hauts. » Le maréchal de Villars répondit : « Ils font fort bien, et le seront encore davantage lorsque nous cesserons de l'être. » L'on parla encore des mesures à prendre avec les alliés, et le maréchal de Villars reprit avec grande vivacité leur injustice pour la France dans une guerre où ils veulent seuls gagner, disant : « Ma colère est telle que je serois prêt à jurer. » Et, s'adressant au roi, lui dit : « Votre Majesté ne me le pardonneroit-elle pas ? » Le cardinal de Fleury dit : « Il ne faut pas jurer devant le roi. » Le garde des sceaux dit : « J'ai reçu un mémoire de M. de Spinola en réponse à celui que je lui ai envoyé. Je prie M. le maréchal de Villars de l'examiner. » Ce qu'il fit en sortant du conseil. Il trouva le mémoire très bien raisonné pour faire voir l'impossibilité de pouvoir réussir dans l'entreprise de la Sicile.

Dans le conseil d'État du 10 mai, on apprit par les lettres de l'Empire que les cercles prenoient des mesures pour s'unir à l'empereur ; l'électeur de Mayence n'ayant pas fait difficulté de déclarer au résident de France, qui étoit auprès de lui, que, si l'Empire étoit menacé, ils le défendroient. Le traité que l'on avoit compté de faire avec les électeurs de la maison de Bavière n'avoit pas réussi. On apprit que le roi de Prusse, malgré les tr..... des mariages, paroissoit dans les intérêts de l'empereur.

On apprit, par les lettres du comte de Broglie à Londres, que l'Angleterre promettoit six bataillons à l'Espagne.

Le cardinal de Fleury convoqua, le 11, une assemblée chez lui des ambassadeurs d'Angleterre et de Hollande, des généraux Grovestein et Hamilton, des maréchaux de Villars et de Berwick.

On lut une réponse de Spinola au mémoire, par lequel on lui avoit représenté l'entreprise de Naples trop difficile. Il répondoit article par article à ce mémoire et la soutenoit toujours facile. Ensuite, il demandoit à se retirer, vu le peu d'utilité que le roi, son maître, retiroit de son voyage à la cour de France. Le cardinal de Fleury parla sur les mesures qu'il convenoit de prendre de concert avec les alliés, tant pour faire voir que l'on vouloit observer le traité de Séville que pour fixer les grands projets de la reine d'Espagne. Le milord Arrington, suivant sa coutume, parla peu et dit seulement que, puisque l'on avoit promis à l'Espagne d'attaquer la Sicile, s'il n'étoit pas possible d'aller à Naples, il falloit lui tenir parole. Le maréchal de Villars commença par représenter l'inconvénient de voir publier tout ce qui devoit être tenu très secret; que les desseins sur Naples étoient répandus dans Paris, mais, avant que de dire ce qu'il pensoit sur la situation présente, il prioit MM. les ambassadeurs d'Angleterre et de Hollande de lui dire s'ils étoient persuadés que la guerre que l'on alloit commencer pût devenir générale. Il adressa la parole au milord Arrington, qui fut quelque temps à répondre; enfin, lui et les autres ambassadeurs répondirent que, selon les apparences, la guerre deviendroit générale.

A cela, le maréchal de Villars repartit : « Vous commencez la guerre; vous convenez qu'infailliblement elle deviendra générale; pourquoi donc, puisque vous attaquez, voulez-vous débuter par l'entreprise la moins sage, puisque c'est la plus ruineuse et la plus difficile? Je reprends ce que j'ai proposé il y a trois semaines : les bruits d'attaquer le royaume de Naples et d'y porter le fort de la guerre ont déjà produit un effet duquel il faut profiter. MM. les ambassadeurs d'Espagne vous assurent que l'empereur y a fait marcher soixante-dix mille Allemands; continuons tout ce qui peut fortifier l'empereur et l'Empire dans l'opinion de ces desseins, et pénétrons dans l'Empire avec vingt mille Anglois nationaux, quinze mille Hollandois offerts par la République, quarante mille François, les douze mille Hessois payés par l'Angleterre; songeons à faire agir l'armée que nous payons si cher en Danemarck et méprisons les États de l'Empire, qui ne rechercheront notre amitié que lorsqu'ils nous craindront; établissons une sévère discipline dans nos armées ; réglons nos contributions, et nous donnerons bientôt des lois à ceux qui espèrent nous en imposer. »

Son discours ne détermina pas. Il ne parut pas que la Hollande voulût attaquer. Les Anglois convenoient que c'étoit leur intérêt par le péril des États d'Hanovre, et il fut seulement résolu, après une conférence de trois heures et demie, que l'on conviendroit d'un traité pour soutenir une guerre générale, borner les désirs ambitieux de la reine d'Espagne au point que, si par quelque succès on obligeoit l'Empereur à consentir une garnison espagnole dans les places de Florence et Parme, le traité de Séville seroit estimé rempli. Il étoit aisé de juger que l'Espagne ne seroit pas contente ; aussi les ambassadeurs se plaignoient hautement à Paris, et l'on voyoit une grande attention à ceux d'Angleterre à charger la France de la haine de la reine d'Espagne.

Dans le conseil d'État du 14, on apprit par les lettres du cardinal de Polignac les difficultés qui augmentoient tous les jours pour l'élection du pape, dans lesquelles le Saint-Esprit pouvoit agir, mais, suivant l'usage, par des voies peu saintes assurément, et il paroissoit que le conclave ne finiroit pas sitôt. Il étoit arrivé un courrier au marquis de Spinola envoyé sur la conférence qui avoit été tenue chez le maréchal de Villars. Le roi d'Espagne mandoit qu'au cas que l'on ne voulût pas aller à Naples, il aimoit encore mieux que l'on attaquât la Sicile que de ne rien faire.

Le marquis de Spinola demanda une audience le 15 au maréchal de Villars, auquel il dit, de la part du roi d'Espagne, qu'il comptoit fort sur son amitié. Ce général s'étendit ensuite sur les peines qu'il souffroit de trouver tant de froideur dans le cardinal de Fleury, mais il ne balança pas à se plaindre des Anglois, lesquels, après s'être assuré les plus grands avantages dans le traité de Séville, n'aspiroient qu'à voir l'Espagne se ruiner; que c'étoit pour cela qu'ils conseilloient l'entreprise de Sicile, dans laquelle lui, Spinola, ne voyoit que ruine certaine et peu de succès à espérer.

Le cardinal convoqua, le même jour 15, une assemblée chez lui des ambassadeurs d'Angleterre et de Hollande, de leurs deux généraux Grovestein et Amestron, le maréchal de Villars et M. d'Angervilliers. Là il fut résolu que l'on prendroit des mesures pour l'entreprise de Sicile et pour un traité de guerre générale, même pour attaquer l'Empire; mais que ce ne pouvoit être que pour l'année prochaine, parce que l'on n'étoit pas préparé pour cela. Il fut dit que les ambassadeurs d'Angleterre et de Hollande se trouveroient le 16 chez le maréchal de Villars, avec le marquis de Spinola et les généraux d'Angleterre et de Hollande, pour convenir de tout ce qui pourroit regarder l'entreprise de Sicile.

Il fut résolu que l'on y emploieroit quarante mille hommes, que l'on y porteroit soixante pièces de vingt-quatre, vingt de dix-huit ou seize, outre tous les équipages d'artillerie, trois millions de poudre, dix-huit mortiers, vingt mille boulets, et que le partage des troupes et des dépenses se régleroit chez le cardinal de Fleury.

Le marquis de Spinola, la conférence finie, demeura avec le maréchal de Villars et M. d'Angervilliers. Il leur confia ce qu'il avoit déjà dit au maréchal de Villars sur les malignes intentions des Anglois; que, pour lui, il croyoit encore plus avantageux au roi son maître de ne rien faire de la campagne que de se réduire à une entreprise comme celle de la Sicile, par toutes les raisons susdites.

Le maréchal de Villars et M. d'Angervilliers parlèrent immédiatement après au cardinal; ils lui dirent qu'ils pensoient pour l'intérêt du roi ce que Spinola pensoit pour celui de son maître, qu'il valoit mieux ne rien faire. Le maréchal de Villars ajouta : « Vous verrez ce que le fort de cette dépense, qui tombera sur la France, nous coûtera. Je vous répondrois qu'il vous en coûteroit moins de mettre quarante mille hommes en campagne; et la guerre générale que j'ai proposée en attaquant l'Empire auroit été, sans comparaison, plus utile et moins onéreuse. » Le cardinal dit : « Je crois qu'il ne faut rien faire, ni en Sicile ni ailleurs, qu'il n'y ait un traité général sur une guerre générale et convenu et signé par tous les alliés. » — « Cela étant, lui dit le maréchal de Villars, il est de votre gloire, de celle du roi et de la nation de spécifier dans le traité les avantages qui reviendroient à la France, comme l'Espagne, la Hollande et l'Angleterre ont si bien spécifié et réglé les leurs. » Ainsi se passa la journée du 16 mai.

Le 17, il y eut un conseil d'État tenu le soir, et les nouvelles du conclave et du Nord ne disoient rien d'important, ni celles de la cour d'Espagne. Il parut que le cardinal de Fleury se plaignoit de Spinola et ne le pria pas à dîner; le garde des sceaux ne le pria pas non plus, et même dit à M. d'Angervilliers qu'il n'auroit pas dû l'inviter chez lui avec les autres ambassadeurs.

Le 18, le prince de Léon donna à dîner au cardinal de Fleury, au maréchal de Villars, à Spinola et aux ambassadeurs d'Angleterre et de Hollande.

Spinola dit au maréchal de Villars que le roi son maître verroit avec peine que le maréchal de Berwick fût appelé aux conférences qui regardoient ses intérêts, ayant lieu de le tenir pour son ennemi; qu'il ne pouvoit oublier qu'outre les États qu'il lui avoit donnés en Espagne, la grandesse et l'ordre de la Toison d'or, et en lui donnant une épée magnifique qu'il tenoit du feu roi son grand-père, ce maréchal lui avoit juré une perpétuelle fidélité et attachement, et qu'il n'avoit pas balancé à prendre le commandement d'une armée qui l'attaquoit en personne. Spinola ajouta que « le roi son maître ne devoit pas s'attendre à plus de reconnoissance que le maréchal de Berwick en avoit marqué au roi d'Angleterre, son frère, qu'il avoit refusé d'aller servir en Écosse. »

Dans le conseil d'État du 21 mai, on apprit par les lettres du cardinal de Polignac la continuation des divisions du conclave et de la haine qui étoit entre lui et le cardinal de Bentivoglio; que le cardinal Cienfuegos servoit le cardinal Colonna parce qu'il étoit amoureux de sa cousine; tant il est vrai que les routes que fait tenir le Saint-Esprit sont diverses. Il ne paroissoit plus possible de faire un digne choix pour le chef de l'Église; et, quelque intérêt qu'eût Rome à voir le Saint-Siège bien rempli, on comptoit que ce seroit le plus vieux ou imbécile.

On apprenoit que le roi de Prusse avoit déclaré que,

malgré les apparences de réunion avec le roi d'Angleterre, si les alliés de Séville attaquoient l'Empire, il soutiendroit l'empereur de toutes ses forces. Les États de l'Empire paroissoient se réunir. Le roi de Pologne fit proposer au roi de lui donner des subsides pour former un parti de neutralité; mais il étoit arrivé si souvent à la France de voir les troupes qu'elle avoit payées servir ses ennemis, que l'on refusa cette proposition. Le maréchal Sumyunghen[1], commandant les troupes en Flandre, alla à Luxembourg, et prit toutes les mesures pour munir cette place comme si elle eût été menacée dans le moment.

M. le Duc, Mlle de Clermont et très grande compagnie vinrent passer quelques jours à Villars. Le maréchal de Villars n'alloit à Fontainebleau que pour les jours de conseil. Dans celui d'État du 24, on apprit par les lettres du cardinal de Polignac que les esprits étoient toujours très divisés dans le conclave. Le cardinal de Rohan manda au maréchal de Villars que les Impériaux, pour fortifier leur parti dans le conclave, répandoient qu'ils n'étoient pas si brouillés avec l'Espagne, qu'il ne fût en leur pouvoir de ramener cette puissance en donnant la seconde archiduchesse à Don Carlos, ce qui pouvoit arriver incessamment. Le maréchal de Villars craignoit toujours que la reine d'Espagne, indignée de ce qu'on rompoit ses projets sur Naples, ne prît le parti de se réunir avec l'empereur.

Par les nouvelles de l'Empire, on apprenoit que le

1. Baron de Zumjungen, feld-maréchal lieutenant, d'une bravoure remarquable, avait servi avec distinction en Sicile (1719) sous Mercy.

duc de Virtemberg étoit déclaré maréchal général de l'Empire et commandant ses armées s'il y avoit guerre.

Le 24, le cardinal de Fleury, le garde des sceaux, sa femme, le contrôleur général et M. d'Angervilliers vinrent passer deux jours à Villars. Le nonce, le comte de Kinsky, ambassadeur de l'empereur, et Goslinga, ambassadeur de Hollande, y passèrent deux jours aussi. Le comte de Kinsky pressa fort le maréchal de Villars sur les moyens de faire cesser les divisions qui étoient entre l'empereur et le roi. Le maréchal de Villars répondit seulement : « Mais le comte de Sinzendorff, un des trois principaux ministres de l'empereur, ayant passé neuf mois en France, n'a-t-il apporté ni moyen ni pouvoir de réunir nos maîtres ? Car enfin, si vous voulez notre amitié aux conditions de garantir votre succession, et au hasard de nous troubler avec tous les prétendants, encore faut-il que vous payiez notre amitié. » Le comte de Kinsky répondit : « Mais si vous n'avez pas voulu l'écouter ? » Le duc de Richemont avoit toujours assuré que l'empereur donneroit au moins Luxembourg et plus encore si l'on vouloit se réunir avec l'empereur.

Le maréchal de Villars ne voulut pas entrer plus avant en matière avec le comte de Kinsky. Retenu par un peu de goutte, il manqua la cérémonie de l'Ordre qui se fit à Fontainebleau, et le conseil d'État, qui devoit être le 28, fut remis au 29. Il reçut un courrier de M. d'Angervilliers pour s'y rendre le matin du 29 mai.

L'on apprit par les lettres du marquis de Brancas, du 16, apportées par un courrier, que la reine d'Espagne étoit très irritée des difficultés que ses ambassadeurs et le général Spinola avoient mandé que l'on apportoit à entrer en guerre. Cependant, l'on continuoit toujours les préparatifs en Espagne pour l'embarquement, et l'on doit s'attendre à une violente colère du roi et de la reine d'Espagne quand ils apprendroient qu'avant que de commencer aucune hostilité on vouloit concerter un projet de guerre générale avec tous les alliés de Séville. Le maréchal de Villars avoit fait connoître au conseil, dès le mois d'avril, combien il étoit dangereux de révolter l'esprit de la reine d'Espagne, surtout si son indignation pouvoit la porter à se raccommoder tout d'un coup avec l'empereur.

Par les lettres de l'Empire, on apprenoit que les princes et électeurs levoient des troupes, que celui de Cologne vouloit avoir douze mille hommes sur pied et que les cercles assembloient leurs députés pour convenir de s'armer.

Le maréchal de Villars, allant à Fontainebleau pour le conseil, trouva le comte de Konigseck et sa femme qui venoient à Villars, où il revint les trouver immédiatement après le conseil du 29 mai, dans lequel, par les lettres de Moscou, on apprenoit que la nouvelle Czarine exiloit toute la famille des Dolgorouki et la princesse fiancée du dernier Czar et son favori, qu'elle se préparoit à revenir à Pétersbourg, conservant ses liaisons avec l'empereur.

On lut une lettre de Chavigny et un mémoire qu'il avoit communiqué et donné contre l'empereur, lequel souleva les ministres de l'empereur à Ratisbonne au point qu'invités à dîner par Chavigny ils refusèrent d'y aller. On lut une seconde lettre de lui, qui marquoit une conduite fort indiscrète.

Le marquis de Spinola en écrivit une au garde des sceaux très forte pour se plaindre de nos retardements.

Dans le conseil d'État du 31 mai, on apprenoit que la reine d'Espagne étoit très mécontente. Sur cela, le maréchal de Villars répéta pour la troisième fois ses inquiétudes sur la réunion qui pouvoit se faire entre l'empereur et l'Espagne. Le duc d'Orléans dit que cela n'étoit pas à craindre; le cardinal de Fleury confirma cette opinion. Sur quoi le maréchal de Villars répliqua : « Vous me redonnez une tranquillité qui étoit altérée par tous les malheurs que pourroit causer cette réunion, d'autant plus redoutable que le secret et la diligence pour nous porter des coups très dangereux seroient très faciles, puisque les projets pourroient n'être connus que de l'empereur seul et du prince Eugène, et du roi d'Espagne et d'un secrétaire. Vous auriez de grands sujets de craindre si ces projets pouvoient avoir lieu; mais, puisque M. le duc d'Orléans et M. le cardinal de Fleury ne le trouvent pas, cela me remet du baume dans mon sang. »

Par les lettres du cardinal de Polignac, on voyoit que le cardinal Colonna pouvoit être élevé au pontificat. On ordonna au cardinal de Polignac, en ce cas, de lui donner l'exclusion.

La reine partit de Fontainebleau le 31 mai.

Le 1er juin, le garde des sceaux et sa femme et toute sa famille revinrent à Villars, où la compagnie étoit très nombreuse. Le roi même dit au maréchal de Villars : « Vous avez plus de gens qu'il n'en reste à Fontainebleau. » Le roi étoit assez content de n'y avoir point une grosse cour.

Le garde des sceaux dit au maréchal de Villars que l'on avoit résolu un conseil de commerce devant le roi, lequel seroit composé du duc d'Orléans, du cardinal de Fleury, du chancelier, garde des sceaux, du maréchal de Villars, du contrôleur général, de MM. d'Angervilliers et Fagon ; que ce conseil se tiendroit alternativement avec le conseil de finances tous les mardis.

Le maréchal de Villars partit le 4 juin pour retourner à Paris, et le roi devoit partir le 6 de Fontainebleau pour Versailles. Les nouvelles publiques apprirent que le duc de Virtemberg avoit été déclaré maréchal de camp général de l'Empire et destiné à commander ses armées sur le Rhin s'il y avoit guerre ; que, par l'association des cinq cercles tenue à Francfort, il avoit été résolu de faire des levées. Enfin, l'empereur avoit bien profité du temps que l'on lui avoit donné pour réunir l'Empire, dont les princes et États ne sont à craindre que lorsqu'on ne leur impose pas en passant le Rhin.

Dans le conseil d'État du 11 juin, on apprit que le roi et la reine d'Espagne étoient très irrités ; que la reine d'Espagne avoit dit au marquis de Brancas : « Je ne veux point parler, crainte de n'être pas maîtresse de mes paroles. Parlez au marquis de La Paz ; » lequel dit que Leurs Majestés Catholiques ne s'étoient pas attendues au manquement de parole par lequel on avoit rompu les premiers desseins sur Naples. Le roi d'Espagne dit à Brancas que l'on retardoit celui de Sicile ; qu'il s'attendoit bien que, lorsqu'on paroîtroit à la fin y consentir, on trouveroit moyen de retarder encore l'exécution, de manière que l'on fît perdre la campagne ; qu'il leur revenoit que l'on traitoit avec l'empereur. Il étoit fort à craindre que, lorsqu'ils apprendroient que leurs soupçons étoient fondés, la dernière colère ne s'emparât de leurs esprits, et, ce qui pourroit être encore, c'est que l'on ne convînt pas avec l'empereur.

Le garde des sceaux écrivit au comte de Kinsky sur le mémoire que Chavigny avoit publié à Ratisbonne, que le roi n'approuvoit pas.

L'événement seul pouvoit justifier notre conduite, laquelle n'avoit d'autre objet que d'éloigner la guerre. Brancas mandoit que les dépenses que l'on faisoit en Espagne étoient si grandes qu'il étoit impossible de les renouveler si cette campagne étoit perdue; tout cela pouvoit préparer à des partis violents de la part de Leurs Majestés Catholiques.

Le cardinal de Polignac mandoit que rien n'avançoit dans le conclave. Les meilleurs sujets étoient exclus par l'Espagne, l'empereur et un peu la France avec moins d'éclat. Le cardinal Pico, qui, en dernier lieu, avoit le plus de voix, voyant que l'empereur ne l'approuvoit pas, se donna l'exclusion lui-même. Cependant, l'apparence étoit grande que l'empereur seroit le maître du conclave, les amis du roi de Sardaigne se réunissoient à ceux de l'empereur.

L'assemblée du clergé fut ouverte le 10 juin. Les cent docteurs, chassés de la Sorbonne, appelèrent au parlement, et le roi trouva mauvais que le parlement eût reçu leur appel.

Bussy mandoit de Vienne que l'on préparoit sourdement les équipages du prince Eugène.

Dans le conseil d'État du 14 juin, on lut diverses lettres du marquis de Brancas, la dernière par un courrier arrivé au marquis de Spinola. Il y en avoit neuf chez les ambassadeurs d'Espagne, ce qui marquoit la vivacité de la cour d'Espagne sur la conjoncture présente. Cette vivacité ne pouvoit surprendre. Le marquis de Brancas continuoit à mander que les dépenses que faisoit l'Espagne étoient excessives. Le roi d'Espagne trouvoit dans la France et ses autres alliés plusieurs difficultés pour agir. Son inquiétude sur l'inutilité de ses dépenses étoit naturelle. Le dernier courrier étoit dépêché, sur la résolution des alliés, de faire un traité général sur la conduite de la guerre et les diverses dépenses de tous les alliés avant que de la commencer, et, vu le peu que l'Angleterre et la Hollande mettoient au jeu, les plus grandes tomboient sur la France. Nos raisons étoient bonnes, mais il eût fallu les convenir plus tôt et ne pas dire dans le traité que l'on donneroit quatre mois pour engager les princes possesseurs à recevoir les garnisons espagnoles, et que deux mois après on agiroit avec toutes les forces pour faire recevoir les garnisons. L'Espagne s'étoit épuisée, la France avoit fait quelques dépenses, l'Angleterre et la Hollande aucune ; mais elles promettoient tout et n'oublioient rien pour rejeter sur la France l'inaction.

Le marquis de Brancas avoit été informé que, sur le refus d'agir, le roi et la reine d'Espagne avoient été en fureur; mais il trouva une si grande modération qu'il ne put douter d'une profonde dissimulation. Les plaintes furent modestes, disant qu'ils espéroient qu'en moins de deux mois on seroit convenu de ce traité; mais qu'ils s'attendoient que l'on agiroit après et qu'ils continueroient toujours leurs dépenses et leurs armements. Le marquis de Brancas craignoit cette dissimulation.

Le maréchal de Villars exposa pour la quatrième fois qu'il la redoutoit aussi. M. d'Orléans et le cardinal assurèrent encore qu'il n'y avoit rien à craindre. Le maréchal de Villars répondit : « J'en voudrois caution bourgeoise ; mais je ne vois pas quels bourgeois pourroient nous la donner. »

Par les lettres du conclave, l'empereur paroissoit le maître, et l'on croyoit Colonna, lequel, craignant l'exclusion de la France, fit agir tout ce qu'il y avoit de Mazarins en France, lesquels n'étoient pas en grande considération. Nos cardinaux avoient ordre de lui donner l'exclusion, et le maréchal de Villars dit : « Comme l'empereur peut s'attendre à cette exclusion, peut-être qu'il tâchera de la prévenir. »

Bussy mandoit de Vienne que le prince Eugène et le vice-chancelier de l'Empire avoient été d'avis, dans le conseil de l'empereur, de faire chasser Chavigny de Ratisbonne, mais que les deux autres ministres avoient été d'un sentiment plus modéré. Ainsi, les mesures que l'on avoit prises avec le comte de Kinsky à Paris devoient adoucir cette petite cause de division.

Le 16 juin, le marquis de Spinola et son fils aîné, ayant demandé une audience au maréchal de Villars, se rendirent chez lui le même jour, et, bien loin de paroître irrités des retardements qu'apportoit aux desseins du roi d'Espagne la nécessité d'établir entre les alliés de Séville un traité de guerre générale avant que de commencer aucune opération particulière, dans leurs discours, il n'y eut aucune apparence de plainte, et si différents de ceux qu'ils avoient tenus pendant le séjour de Fontainebleau, que l'on pourroit soupçonner quelque ordre de dissimuler, comme on avoit lieu de le croire dans la reine d'Espagne. Il ne fut question que de mesures nécessaires pour entreprendre une guerre générale pour laquelle ils avoient les pleins pouvoirs ; qu'à la vérité, l'Espagne avoit fait de grandes dépenses pour attaquer Naples ou Sicile ; mais que, comme l'on avoit publié qu'ils ne seroient pas prêts, le roi d'Espagne étoit bien aise de faire voir qu'il ne manqueroit rien de son côté pour agir incessamment. On demandoit que le traité fût signé dans deux mois. Ils vouloient soupçonner les Anglois de n'aller pas bien droit, et qu'il falloit les engager et leur dire même que les neuf mille hommes qu'ils devoient employer à la guerre d'Italie leur causant trop de dépense, que l'on les en dispenseroit, pourvu qu'ils en employassent un plus grand nombre pour la guerre générale. Enfin, l'on n'avoit qu'à désirer de la sincérité dans leurs discours, et il étoit très possible qu'elle y fût.

Dans le conseil d'État du 18 juin, il n'y eut rien d'important de Vienne ni de Grenade. Le sieur Walpole arriva pour prendre congé, devant être relevé dans son ambassade par milord Walgraf, qui étoit dans la même qualité auprès de l'empereur, et milord Arington partit pour aller prendre possession de la charge de secrétaire d'État en Angleterre.

Le 19, le maréchal de Villars eut une conférence avec le cardinal de Fleury et M. d'Angervilliers sur celle qu'il avoit eue avec Spinola et Santa-Crux. Il pressa le cardinal sur la conduite que l'on devoit avoir avec les Anglois, et sur ce que les Espagnols consentoient qu'au lieu d'envoyer leur contingent en Italie on se déterminât à une guerre sérieuse contre l'Empire, attendu que de la faire uniquement en Italie, l'empereur y étant aussi préparé à la soutenir, c'étoit une entreprise ruineuse, et sans espérance de succès. M. d'Angervilliers fut du sentiment du maréchal de Villars.

Mais les Anglois vouloient seulement engager la guerre, sans s'embarrasser qu'elle fût ruineuse pour l'Espagne et pour la France. Le cardinal dit que l'on auroit de la peine à porter les Anglois à attaquer l'Empire, et le maréchal de Villars rappela ce qu'il leur avoit dit dans la conférence chez Spinola et chez le cardinal de Fleury, leur disant que, si l'on vouloit s'entendre et agir avec vigueur, la France, l'Angleterre, l'Espagne et la Hollande étant unies avec le Danemark, la Suède, le landgrave donneroient la loi et la recevroient si l'on se contentoit d'agir mollement. Mais le désir de la paix, ou du moins d'éloigner la guerre, faisoit préférer tous les partis foibles.

Dans le conseil d'État du 21 juin, on apprit, par les lettres de Berlin, que le roi de Prusse se lioit de plus en plus avec l'empereur; que Knipausen, le seul de ses ministres qui fût dans les intérêts de la France, se retiroit pour n'être pas chassé, et que le roi de Prusse n'avoit pas fait difficulté de déclarer à l'Angleterre ses liaisons avec l'empereur.

Les nouvelles du camp du roi de Pologne apprenoient que le roi de Prusse y étoit arrivé; que l'armée du roi de Pologne étoit de dix-huit mille hommes de pied et de neuf mille chevaux, des plus belles et magnifiques troupes que l'on ait jamais vues : mais les dépenses de cette apparence de guerre étoient si excessives que le maréchal de Villars dit au conseil qu'une pareille guerre ne préparoit pas à une sérieuse, pour laquelle il falloit moins de parure et plus d'économie.

Le 24, il y eut un conseil des dépêches le matin et recommencé à cinq heures du soir. Il fut question de plusieurs arrêts de surséance, plus nécessaires que jamais pour empêcher la chute de diverses maisons illustres, ruinées par les dettes et les poursuites des créanciers.

Dans le conseil d'État du 25 juin, on apprit par les lettres de Rome que le cardinal Doria avait eu vingt-six voix, et c'est celui qui jusque-là avoit été le plus près ; mais, suivant l'usage du conclave, il suffit d'avoir approché pour n'y plus revenir.

Les lettres du marquis de Brancas marquoient toujours de très vives inquiétudes sur la dissimulation de la reine ; que l'on agissoit toujours avec la même ardeur pour attaquer l'Italie ; et ce fut pour la cinquième fois depuis trois mois que le maréchal de Villars réitéra la crainte qu'il avoit d'un accommodement secret de l'Espagne avec l'empereur ; et il en fit voir les très dangereuses conséquences. Le cardinal de Fleury en parut plus frappé, et le maréchal de Villars s'étendit encore plus sur les facilités que trouveroient l'empereur et l'Espagne à cacher leurs desseins jusqu'au moment de l'exécution.

Il fut question, dans le conseil des finances, de résilier un contrat d'échange fait du temps de la régence avec le marquis de Grancey, auquel, pour une maison ruinée dans l'enceinte du Louvre, estimée au plus quinze mille livres, on avoit donné des bois et des terres qui valoient sept ou huit fois plus. Les bois avoient été vendus cinquante mille livres, les terres affermées plus de trois mille livres. Le maréchal de Villars ajouta à son avis de résilier le contrat d'échange, de punir les infidèles estimateurs pour intimider ceux qui trompoient le roi si souvent dans l'estimation de ses domaines.

Après le conseil, le roi s'étoit retiré dans son cabinet. Le maréchal de Villars lui demanda : « Puis-je me flatter que Votre Majesté fasse quelque attention à ma vivacité sur ses intérêts? Je me fais des ennemis sans que vous m'en sachiez gré. » Le roi lui dit : « Je le remarque très bien, soyez-en assuré. » Il est vrai que, dès que l'on parla d'un contrat d'échange, le roi jeta les yeux sur le maréchal de Villars, s'attendant bien qu'il parleroit sur cela.

Dans le conseil d'État du 28, on lut les réponses au cardinal de Polignac et au marquis de Brancas, lesquelles confirmoient les ordres précédents. On apprit par celles de Vienne que l'on avoit fait partir les généraux de l'empereur pour commander les armées en Italie. Milord Walgraf arriva de Vienne, lequel disoit que la santé du prince Eugène s'affoiblissoit, ce qui pouvoit être regardé comme un grand malheur pour l'empereur.

Le cardinal de Fleury dit que l'on auroit une conférence avec les ambassadeurs, et qu'il falloit qu'elle fût précédée d'une conférence particulière avec le garde des sceaux, le maréchal de Villars et M. d'Angervilliers, et dit que les Anglois vouloient que l'on attaquât l'Italie. Le 1er juillet, on s'assembla chez le cardinal de Fleury, les ambassadeurs d'Espagne, avec le marquis de Spinola, Walpole et deux autres ambassadeurs d'Angleterre, et Hamilton, trois de Hollande, le maréchal de Villars, le garde des sceaux et d'Angervilliers. Il étoit question de décider si l'on régleroit tout ce qui regardoit une guerre générale avant de commencer les opérations qui regardoient l'Italie. L'on en étoit déjà convenu; mais Walpole ayant reçu un ordre du roi d'Angleterre de porter à commencer la guerre, le cardinal de Fleury et les ambassadeurs d'Espagne déclarèrent que le maréchal de Villars ouvriroit la conférence : il s'en défendit; mais puisque tous l'avoient désiré, il parla ainsi :

« Dans la dernière conférence tenue à Fontainebleau chez M. le cardinal de Fleury, je priai milord Hamilton, et messieurs les ambassadeurs de Hollande ici présents, de vouloir bien, avant que de dire mon sentiment, me faire connoître s'ils croyoient que la guerre, une fois commencée en Italie, pût devenir générale; et m'ayant été répondu qu'ils en étoient persuadés, je dis : *Ce principe établi, je ne suis pas en peine de ramener M. de Spinola au projet que je vais expliquer.*

« Je commencerai par dire que je peux me donner un mérite qui n'est guère envié, et que l'on avoue même avec peine, puisqu'on le doit à plusieurs années : c'est celui de l'expérience. Il y a cinquante-sept ans que j'étois avec l'armée du roi, commandée par M. de Turenne, au milieu de l'Empire. Quoique tout jeune, j'avois une vive attention à étudier ce général respectable. Il nous disoit que, pour ne pas craindre les princes de l'Empire, il falloit qu'ils pussent craindre.

L'armée étoit au milieu de la Franconie; le duc de Neubourg étoit dans nos intérêts, sans subsides; l'électeur de Cologne en avoit de médiocres. Il nous avoit donné Bonn; l'électeur de Mayence, Aschaffembourg sur le Mein. L'électeur palatin étoit pour nous; l'électeur de Bavière avoit des subsides. L'amitié de tous les autres princes ne nous coûtoit rien. L'armée du roi repassa le Rhin, et tous ces princes, excepté les électeurs de Cologne et de Bavière, furent contre nous.

« Depuis ce temps-là, j'ai vu bien des ligues se former, mais aucune si puissante ni si formidable que celle qui lie aujourd'hui les alliés de Séville. Elle est composée de presque toutes les puissances qui nous ont donné de si justes inquiétudes; à ces diverses puissances sont liées, premièrement la France, qui a deux cent soixante mille hommes sur pied, l'Espagne, quatre-vingt mille, et une marine très considérable. J'avoue qu'avec de telles forces il seroit bien fatal que l'on voulût commencer la guerre contre toutes les règles de la guerre, enfin par une pointe, et dans les seuls pays où est l'empereur, lequel jusqu'à présent est le seul ennemi déclaré que nous connoissions, et préparé à rendre vains tous nos efforts.

« Raisonnons suivant les principes de la guerre. Lorsque l'on attaque une place, on embrasse les ouvrages; si on donne une bataille, on tâche de déborder une aile; si on entreprend une guerre, le premier soin doit être d'embrasser, s'il est possible, les États que l'on veut attaquer; si l'on veut secourir une place assiégée, on menace divers endroits pour tomber sur le quartier le plus foible. Ici, en commençant une guerre que l'on convient devoir être générale, on veut attaquer l'Italie, où l'empereur a déjà porté près de quatre-vingt mille hommes. Nous n'y avons aucunes places ni alliés qui nous reçoivent. Je le répète, il y a une fatalité à ce début de guerre, dont j'ose me flatter que ce que j'ai dit désabusera ceux qui veulent nous y déterminer. »

Les Espagnols furent les premiers à applaudir avec de grandes louanges au maréchal de Villars. Les Anglois et les Hollandois ne firent pas de même : Walpole reprit jusqu'à six ou sept fois que le roi son maître étoit entièrement décidé si la saison étoit trop avancée pour agir ailleurs, que le pis étoit de ne rien faire. Comme le cardinal de Fleury et les Espagnols laissoient au maréchal de Villars à répondre, il dit : « Le pis n'est pas de ne rien faire, mais le pis est de faire mal. J'ajouterai que je ne dis pas que l'on ne puisse rien faire ailleurs. Que l'Angleterre fasse passer vingt mille nationaux en Hollande; qu'ils se joignent à quinze mille Hollandois que ces messieurs ont offert de faire trouver à Nimègue, le roi donnera quarante mille François. Joignant les douze mille Hessois, assurez-moi pour un mois de farine quand je passerai le Rhin, et je vous réponds de faire la guerre aux dépens de l'Empire, et qu'ils nous donneront du pain et de l'argent. » Les Anglois dirent qu'ils ne pouvoient donner que huit mille hommes, et les Hollandois rien. Sur cela, le maréchal de Villars se tut, et fit signe au cardinal de Fleury que c'étoit à lui à prendre la parole. Il dit que le roi donneroit même cinquante mille hommes, qu'il étoit juste que la proportion fût observée avec les autres alliés. L'on se disputa longtemps et l'on ne conclut rien. Il fut résolu que l'on se rassembleroit encore le 6 juillet chez le garde des sceaux.

Le marquis de Spinola et les ambassadeurs d'Espagne vinrent dîner chez le maréchal de Villars. Le marquis de Spinola dit qu'il avoit été tenté de se jeter aux pieds du maréchal de Villars pour les baiser, et pour marquer le gré que le roi son maître devoit lui savoir d'avoir parlé avec tant de force et de vérité pour ses intérêts et le bien de la ligue.

Dans le conseil d'État du 2 juillet, on apprit que l'empereur paroissoit toujours déterminé à la guerre, qu'il n'avoit pas approuvé les propositions qui lui avoient été faites. Par celle du marquis de Brancas, il paroissoit que la cour d'Espagne alloit à Cazalla, petit village à douze lieues de Séville; que l'on attendoit avec impatience les nouvelles de France, et que les armements se continuoient de même. Celle de Rome, que l'on n'avançoit pas pour l'élection d'un pape.

La cour partit de Marly le 2, et le roi résolut son départ pour Compiègne le 6 juillet. Il vit les gardes du corps le dernier juin. Le maréchal de Villars les vit aussi, et ils lui marquèrent toujours la même amitié.

Le 6 juillet, le roi partit pour Compiègne. Le même jour, il y eut une conférence chez le garde des sceaux des mêmes personnes qui avoient été assemblées chez le cardinal de Fleury à Marly, à la réserve du cardinal, et du marquis de Spinola, qui étoit parti le 3 pour la cour d'Espagne.

Le garde des sceaux ouvrit la séance par assurer tous ceux qui la composoient que le roi étoit véritablement déterminé à la guerre, et à la faire avec toutes ses forces; que l'on vouloit répandre que la France ne vouloit pas de guerre; que le roi y étoit déterminé, mais qu'il ne la feroit pas seul, d'autant plus qu'il ne la faisoit que pour soutenir ses engagements, et sans en prétendre aucune utilité. Le cardinal avoit déjà tenu le même discours chez lui, auquel le maréchal de Villars s'étoit opposé. Il s'opposa encore à celui du garde des sceaux, disant qu'il n'étoit pas juste que le roi, dépensant plus qu'aucun de ses alliés pour cette guerre, n'en pût espérer aucune utilité.

Le garde des sceaux pria ensuite les ambassadeurs de parler. Walpole prit la parole. Il insista sur l'opinion du roi d'Angleterre, qu'il valoit mieux faire la guerre en Sicile que de ne rien faire du tout. Il fut question des forces que les alliés emploieroient pour la guerre générale. L'Anglois s'en tint aux huit mille hommes; les Hollandois rien, par la nécessité de couvrir leur pays. Le maréchal de Villars interrompit : « Si l'on porte la guerre au delà du Rhin, votre pays est parfaitement couvert. » L'on demanda au maréchal de Villars ce qu'il croyoit qu'il falloit pour porter une guerre dans l'Empire. Il dit : « J'ai fait voir à la dernière conférence que la plus puissante ligue qui eût été formée depuis plusieurs siècles étoit celle dont le traité de Séville devoit unir les forces; mais que cette ligue ne pourroit être redoutable qu'autant qu'elle feroit usage possible de ses forces; qu'il n'avoit rien à ajouter à ce qu'il croyoit avoir très nettement expliqué dans la dernière conférence; qu'il falloit commencer par réunir les intérêts de la ligue, ce qui ne lui paroissoit pas bien aisé. » L'on dit : « Mais si, comme plusieurs le pensent, la saison est trop avancée pour porter la guerre dans l'Empire, peut-on penser que l'Espagne doive attaquer l'Italie sans que l'on agisse ailleurs? » On parla de s'emparer de la Flandre. Les Hollandois s'y opposèrent formellement, bien que l'on déclarât que le roi ne vouloit conserver aucune de ses conquêtes.

Le résultat de cette conférence de quatre heures, c'est qu'il ne parut de véritable dessein de faire sérieusement la guerre que dans la France et l'Espagne, et qu'il ne fut rien décidé sur les opérations, ni sur les forces que chacun donneroit, ce qui laissa le maréchal de Villars et M. d'Angervilliers persuadés que la ligue ne feroit rien de bon si elle ne changeoit d'esprit et de conduite.

Le 15, le maréchal de Villars se rendit à Compiègne et vit le cardinal de Fleury en arrivant, qui lui parut fort piqué contre la reine d'Espagne, et plus encore contre l'Angleterre. Il en dit les raisons au maréchal de Villars, qui étoient telles que le cardinal avoit écrit au marquis de La Paz que l'on étoit convenu avec tous les alliés de faire un plan de guerre générale, et même de régler ce que l'on a voulu appeler l'équilibre, avant que de commencer aucune opération de guerre. Cela étoit vrai, et même signé. Le marquis de La Paz, par ordre de son maître, envoya l'extrait de cette lettre en Angleterre et à la Haye, et ce fut la cause de l'expédition de ces deux courriers dont on n'avoit pas dit un mot au marquis de Brancas. Le roi d'Angleterre désavoua net que l'on fût convenu de ne pas agir, que le plan de guerre générale ne fût réglé avec tous les alliés. Une pareille conduite ne pouvoit qu'irriter l'Espagne, et il fut réglé de dépêcher un courrier pour l'informer de la fausseté des Anglois. L'on avoit reconnu dès les commencements que l'Angleterre vouloit rejeter sur la France les retardements de la guerre que l'Espagne vouloit commencer, au hasard de faire mal. Les Anglois désiroient que l'on commençât, sans se soucier du succès; et il leur suffisoit que l'Espagne, se ruinant, fût toujours dans leur dépendance.

Dans le conseil d'État du 16 juillet, on lut ce qui avoit été écrit au marquis de Brancas, et le maréchal de Villars dit : « Si, au lieu d'agir, on n'est occupé que de se disputer sur les opérations, sur les forces que chacun fournira, et sur l'envie de se disculper aux dépens de son voisin, la plus puissante ligue qui ait jamais été formée donnera beau champ à l'empereur, dont j'avoue que je préférerois l'amitié à celle de nos peu fidèles alliés. » Le cardinal, fatigué de tant d'incidents, dit à.....

Les nouvelles de Rome ne faisoient pas espérer la fin du conclave; celles du Nord apprenoient le retour du duc de Meckelbourg dans ses États, et même qu'il avoit fait attaquer cinquante hommes des troupes de la commission impériale. Tous les ambassadeurs se rendirent à Compiègne dès le 16.

Le 19, dans le conseil d'État, on apprit, par les dépêches du cardinal de Polignac, la résolution de l'élection du cardinal de Corsini pour pape. La lettre étoit du 11, à deux heures du matin. Il falloit le scrutin, qui se fit le même jour. Il est d'une des meilleures maisons de Florence, âgé de soixante-dix-neuf ans, assez infirme, qualités qui déterminent l'élection quand les cardinaux commencent à se lasser du conclave. On le disoit honnête homme, presque aveugle.

L'empereur déclara qu'il ne s'y opposoit pas, et les cardinaux françois voulurent s'en faire honneur.

On apprit que le grand-duc avoit reçu de l'empereur l'investiture de Sienne, que ses prédécesseurs avoient accoutumé de recevoir des rois d'Espagne. La dépendance du grand-duc des volontés de l'empereur étoit bien marquée par cette soumission. Le marquis de La Bastie, envoyé du roi à Florence, proposa de se retirer de Florence. Le maréchal de Villars dit que, quand même la guerre seroit déclarée, ce ne seroit pas une raison pour que le ministre du roi sortît de Florence, et que le comte de Sinzendorff et lui étoient demeurés plusieurs mois à Paris et à Vienne après la déclaration de la dernière guerre.

L'on apprit la mort du maréchal de Villeroy le 18. Il avoit quatre-vingt-neuf ans, accablé, dans ses dernières années, d'une tristesse mortelle, n'ayant pu résister à la froideur du roi, à n'être plus de rien, et à sa haine pour M. le cardinal de Fleury, à la vérité bien fondée.

Dans le conseil d'État du 23, on apprit la nomination des deux premiers ministres du pape, dont le choix, après celui du pape, fait l'objet de ceux qui sont employés pour les couronnes.

On lut un mémoire composé par le garde des sceaux, et qu'il avoit communiqué au maréchal de Villars pour régler avec tous les alliés de Séville les contingents pour soutenir la guerre; c'est ce qui s'agitoit depuis trois mois, sans que l'on fût convenu de rien. On proposa aussi de faire les derniers efforts pour engager le roi de Sardaigne. Le maréchal de Villars dit que c'étoit vouloir se flatter que d'espérer de l'engager dans la guerre que lorsqu'il la verroit bien commencée, et de manière à lui faire envisager des avantages certains.

Le cardinal de Fleury fit donner le même jour la charge de chef du conseil des finances au duc de Charost[1], duquel le roi se moquoit tous les jours. On en diminua trente mille livres de ce qu'elle valoit au maréchal de Villeroy.

Le maréchal de Villars se rendit à Paris le 24 pour donner ordre aux affaires du tribunal. Le 25, il reçut un courrier de M. d'Angervilliers qui le pressoit de revenir promptement à la cour, sur l'arrivée de deux courriers, l'un de Londres et l'autre de la cour d'Espagne. Le premier apportoit un ordre aux ambassadeurs anglois de marquer au roi le mécontentement de leur maître sur la résolution prise, arrêtée et signée par tous les ambassadeurs, de ne commencer aucune opération de guerre que l'on ne fût convenu d'un plan sur la guerre générale, rien n'étant plus contraire au véritable intérêt de la ligue que de commencer la guerre en Italie seulement; cette vérité ayant été bien prouvée, le roi d'Angleterre mandoit qu'il étoit déterminé à suivre les opérations de l'Espagne dès qu'elle le voudroit; et, du reste, s'expliquant un peu d'avance sur l'entière destruction du port de Dunkerque.

L'Espagne demandoit que l'on entrât en action en Italie, que la France donnât des troupes, et, si l'on y manquoit, quelques menaces sur la flottille et le retour

1. Paul-François de Béthune, marquis d'Ancenis, puis duc de Charost, lieutenant général (1682-1759), grand-père d'Armand-Joseph de Béthune-Charost, le grand seigneur économiste, philanthrope et patriote de la fin du xviiie siècle.

des galions. Ces nouvelles déplurent fort au cardinal de Fleury. Il paroissoit que le roi d'Angleterre avoit assemblé tous ses ministres pour prendre sa dernière résolution.

Dans le conseil d'État du 30 juillet, on ne parla point de ces matières assez importantes. Il y avoit eu des conférences entre les ambassadeurs d'Angleterre et de Hollande chez le cardinal de Fleury, auxquelles M. d'Angervilliers n'avoit pas été appelé. Il est certain que le cardinal et le garde des sceaux n'aimoient pas les délibérations, cependant en quelque façon nécessaires, lorsqu'il faut prendre un parti.

On lut des dépêches peu importantes..... Les ambassadeurs d'Espagne prièrent le maréchal de Villars, comme il entroit au conseil, de presser pour prendre une dernière résolution sur un plan de guerre. L'ambassadeur du roi de Sardaigne vint voir le maréchal de Villars à Paris pendant le peu de séjour qu'il y fit; il lui dit qu'il ignoroit les mesures que l'on prenoit pour engager son maître dans la ligue, mais que l'on devoit assez le connoître pour croire qu'il ne se déclareroit pas ennemi de l'empereur pour demeurer, après une légère et courte guerre, exposé à son ressentiment. On ne pouvoit pas dire qu'il eût tort.

Le dernier juillet, les ambassadeurs d'Espagne envoyèrent prier le maréchal de Villars qu'ils pussent l'entretenir le matin. Ils lui dirent que les ambassadeurs d'Angleterre et de Hollande étoient assemblés chez le cardinal de Fleury; qu'ils avoient demandé dans la journée une réponse et qu'ils avoient ordre de l'envoyer dans l'instant, bonne ou mauvaise, ne balançant pas à déclarer au maréchal de Villars qu'il falloit s'attendre à un parti peut-être violent, si la réponse n'étoit pas favorable.

Ils dirent au maréchal de Villars les conditions qu'ils avoient déclarées au cardinal de Fleury, auxquelles le maréchal de Villars ne pouvoit s'attendre : c'est que, quand même l'empereur consentiroit aux garnisons espagnoles, l'Espagne ne s'en contenteroit pas, et que les dépenses que les retardements de l'empereur avoient causées obligeoient le roi d'Espagne à vouloir la guerre, à moins que l'équilibre ne fût réglé, lequel équilibre devoit faire rendre les royaumes de Naples et Sicile à l'Espagne; que l'Angleterre et la Hollande consentoient à cette résolution. De telles propositions étoient nouvelles pour le maréchal de Villars; il en parut très surpris.

Ils lui dirent : « M. le cardinal et le garde des sceaux nous font des mystères de ce qu'ils disent à d'autres, » et firent entendre que les Anglois leur disoient tout et rejetoient sur la France toutes les difficultés qui leur étoient faites; qu'ils ne prioient point le maréchal de Villars de parler au cardinal, mais que, connoissant ses bonnes intentions pour conserver une intelligence avec leurs maîtres, qui pourroit être rompue si nous n'y prenions garde, ils avoient voulu lui en faire connoître le péril.

Le maréchal de Villars ne perdit pas un moment à dire au cardinal de Fleury et au garde des sceaux ce qu'il venoit d'apprendre. Ils étoient informés des prétentions des Espagnols. Ils dirent qu'ils devoient signer le jour même, avec les Anglois et Hollandois, une convention pour le plan de la guerre générale, et qu'ils étoient d'accord, à une chose près : c'est que les

Anglois et Hollandois déclaroient que, si l'Espagne vouloit entrer en action dans le moment, ils la suivroient, et la France déclaroit qu'elle ne le feroit pas. Le maréchal de Villars répondit seulement : « Voilà une manière d'être d'accord assez surprenante. »

Dans le conseil d'État du 3 août, on lut les diverses réponses de la France, de l'Angleterre et de la Hollande au mémoire de l'Espagne, toutes lesquelles ne décidoient rien ni sur le plan de la guerre générale, ni sur le refus de l'Espagne de se contenter de l'introduction des garnisons espagnoles, ni sur l'équilibre ; qu'il falloit constater l'opposition de l'empereur à cette introduction par un manifeste. On dit : « Elle est assez constatée par quatre-vingt mille Impériaux qui s'y opposent. » Il parut au maréchal de Villars et à M. d'Angervilliers, ce qu'ils voyoient depuis longtemps, que le cardinal étoit content, pourvu que la guerre s'éloignât de quelques mois.

On lut une lettre de Berlin par laquelle on apprenoit que le roi de Prusse faisoit un voyage chez les princes du Rhin, sans que l'on pût en démêler les raisons ; que son fils le suivoit dans ce voyage, lequel il maltraitoit souvent jusqu'à le battre ; que l'on soupçonnoit que, si ce fils pouvoit s'échapper, il n'en perdroit pas l'occasion.

Le marquis de Brancas demandoit son congé. On lui envoya un secrétaire, ce ministre n'ayant pas auprès de lui un homme capable des plus simples commissions. Le cardinal dit au maréchal de Villars que c'étoit par avarice et que la fête qu'il avoit donnée pour la naissance du Dauphin avoit été misérable. Il n'y étoit allé que pour se faire grand d'Espagne, épargner de l'argent et faire un mauvais traité. Ce fut ce que le cardinal en dit au maréchal de Villars, qui devoit croire ce cardinal le meilleur ami de Brancas.

Dans le conseil d'État du 6 août, on lut des lettres du marquis de Brancas, qui parloit plus de sa santé que des affaires, toujours quelque mécontentement du roi et de la reine d'Espagne.

Par celles d'Italie, on apprenoit que le Saint-Père, deux jours après son exaltation, avoit dépêché des courriers en France, en Espagne et à Vienne pour exhorter les souverains à la paix. C'étoit un devoir du Père commun, duquel on n'attend pas un grand effet.

On apprenoit, par les lettres de Milan et de Turin, que les troupes impériales s'étendoient le long du Pô jusqu'à la hauteur de Valence, que l'on avoit fait des marchés pour le pain, même pour traverser les États du roi de Sardaigne, ce qui n'eût pas dû être connu, comme si l'empereur avoit compté y faire marcher ses troupes; que le comte Philippes, général de l'empereur, avoit de fréquentes conversations avec le roi de Sardaigne. Tout dépendoit de savoir si la reine d'Espagne seroit capable de se raccommoder avec l'empereur.

L'on parla au conseil du peu de satisfaction que l'on avoit des Anglois, et le garde des sceaux dit qu'il enverroit au maréchal de Villars des mémoires qu'il avoit fait chercher, lesquels expliquoient tout ce qui s'étoit passé entre l'empereur, l'Angleterre et la Hollande sur les contingents que ces diverses puissances avoient fournis dans la dernière guerre. Sur cela, M. d'Angervilliers dit : « M. le maréchal de Villars les a pressés plus d'une fois sur le peu qu'ils vouloient donner pour celle-ci, et sur les efforts immenses que les Anglois et Hollandois avoient faits lorsqu'ils vouloient détruire la France. » Il est certain que l'Angleterre, indépendamment de sa marine, avoit fourni près de cent mille hommes et les Hollandois autant, et, pour la guerre présente, à peine vouloient-ils donner douze mille hommes et les Hollandois trois mille, désirant que, dans une guerre dont eux seuls profitent, la France fît les plus grandes dépenses. Le garde des sceaux dit qu'il falloit avoir une conférence avec ces messieurs.

Dans le conseil d'État du 9 août, on apprit par les lettres du cardinal de Polignac que la cour de Rome se préparoit à de nouvelles démarches sur la Constitution, et qu'elle n'étoit pas satisfaite de tout ce que l'on faisoit en France pour la soutenir, n'approuvant pas même cette déclaration du roi au parlement, laquelle avoit excité de si grands mouvements, et que l'on avoit eu beaucoup de peine à faire enregistrer.

Les ambassadeurs de l'empereur dépêchèrent un courrier à Vienne, apparemment sur quelque nouvelle proposition de la part du cardinal de Fleury pour empêcher la guerre. Les premières avoient été refusées avec assez de hauteur; elles ne furent pas communiquées au maréchal de Villars ni à M. d'Angervilliers, le cardinal voulant, à quelque prix que ce fût, éviter la guerre. Il a été démontré que si on l'avoit faite, avant que la cour de Vienne eût pris ses mesures et lorsqu'elle avoit tant de raisons de la craindre, elle n'eût pas duré six mois, et auroit été terminée avec gloire et avantage pour la France. L'on pouvoit craindre qu'elle n'y trouvât pas les mêmes avantages dans la suite.

Dans le conseil d'État du 13, il n'y eut rien d'important. Dans les dépêches du Nord, on apprit que les troupes angloises, qui avoient été promises pour le contingent, avoient mis à la voile, et Walpole, dans une conversation qu'il eut avec le maréchal de Villars, soutint encore qu'il valoit mieux agir en Italie que de ne rien faire, et convint que l'Angleterre contribueroit à la guerre générale avec les efforts que l'on pouvoit raisonnablement lui demander. Mais ce plan de guerre générale, auquel on pensoit depuis trois mois, n'étoitpas encore commencé.

Le 15, il y eut conseil d'État le soir pour laisser aux ministres la liberté de s'en aller à Paris. Le garde des sceaux dit qu'il ne doutoit pas que le dernier courrier dépêché à Vienne par les ambassadeurs de l'empereur ne rapportât ordre au comte de Kœnigseck de partir. Les lettres du marquis de Brancas étoient les plus propres à détruire, dans l'esprit du roi et de la reine d'Espagne, l'opinion qu'ils avoient que l'on traitoit avec l'empereur. L'on n'avoit rien avancé avec les ambassadeurs d'Angleterre et de Hollande sur le plan de guerre générale. L'on mandoit des bords du Rhin que le roi de Prusse avoit passé à Manheim, où il avoit trouvé l'intendant d'Alsace et quelques officiers françois, que ses propos préparoient à la guerre.

Par les nouvelles d'Italie, on apprenoit que le général Mercy préparoit des camps pour les troupes impériales. Le comte de Kœnigseck apprit au maréchal de Villars, le 2 août, que le sophi de Perse avoit demandé au Grand Seigneur la restitution totale des provinces prises sur la Perse; que l'on en avoit offert une partie, et que, sur le refus du total, la guerre se préparoit; que le Grand Seigneur devoit aller à Scutari sur la mer Noire et le grand visir à Alep, et que toutes les forces de l'Empire ottoman se préparoient à marcher.

Le 24 août, il arriva aux ambassadeurs d'Espagne un courrier parti de Cazalla le 14. Ils dirent que, leurs lettres n'étant pas déchiffrées, ils ne pouvoient dire ce que leur courrier avoit apporté; mais le marquis de Brancas mandoit que le marquis de La Paz lui avoit dit que le roi d'Espagne se croyoit dégagé du traité de Séville par l'inexécution de ses alliés.

Dans le conseil d'État du 27 août, on apprit par les lettres du marquis de Brancas que le roi d'Espagne lui avoit parlé avec beaucoup de hauteur; que, si ses alliés lui manquoient de parole, il ne manqueroit pas d'amis, et, comme la reine s'étoit absentée pendant quelques moments, elle revint lorsque le roi parloit encore avec colère; elle dit au marquis de Brancas : « On veut toujours que ce soit moi qui gronde le plus; vous le voyez. » L'on informa le marquis de Brancas que le roi d'Espagne envoyoit le marquis de Castelar, frère de Patino et secrétaire d'État de la guerre, en France (on croit bien que ce n'étoit qu'une commission de peu de semaines), et apparemment pour tirer un *ultimatum* de tous les alliés de Séville et voir si le roi d'Espagne pouvoit compter sur une véritable guerre.

Les lettres de Rome n'apprenoient rien d'important. Le cardinal de Polignac demandoit son congé.

Les affaires du Nord paroissoient dans la même situation.

Comme la cour d'Espagne paroissoit dans une vive agitation et que les lettres du marquis de Brancas n'expliquoient point à quoi l'on pouvoit s'attendre, le maréchal de Villars fut d'avis de lui dépêcher un courrier. L'incertitude paroissoit pénible dans une conjoncture aussi vive.

Dans le conseil du 30 août, il fut résolu que l'on permettroit au marquis de Brancas de revenir, ce qu'il demandoit très instamment ; mais l'on étoit fort embarrassé pour lui trouver un successeur.

Le garde des sceaux donna au maréchal de Villars un mémoire contenant trente-cinq articles sur tout ce qui pouvoit se traiter avec les ambassadeurs de la ligue. Le maréchal de Villars fit ses observations sur tous lesdits articles.

L'Espagne, qui d'abord avoit pensé que, pour engager le roi de Sardaigne, il suffiroit de lui offrir le Vigevano et quelques autres parties du Milanois, consentit à faire les offres les plus propres à engager ce prince ; le maréchal de Villars représenta combien le secret étoit nécessaire.

Dans le conseil du 3 septembre, on apprit l'arrivée des galions et que le roi d'Espagne avoit avancé son départ de Cazalla pour les voir entrer dans le port de Cadix.

Le marquis de Brancas paroissoit inquiet et craindre quelque résolution violente de la part de la reine d'Espagne, et un accommodement avec l'empereur, lequel eût pu attirer de grands malheurs à la France, et dont le maréchal de Villars avoit dit, avant même le départ pour Fontainebleau, qu'il falloit se méfier. Cependant, l'envoi du marquis de Castelar, frère du premier ministre, marquoit au moins que la cour d'Espagne vouloit savoir précisément à quoi s'en tenir avant que de rompre.

Il paroissoit par toutes les lettres de l'Empire que l'on continuoit à s'armer, et jamais l'on n'avoit vu tant de dispositions à une guerre générale.

On lut au conseil un assez long mémoire des ambassadeurs d'Espagne qui demandoient une prompte réponse. On lut celle qui leur étoit préparée, dans laquelle ils ne pouvoient trouver des résolutions bien rigoureuses pour la guerre de la part de leurs alliés. Les Hollandois surtout faisoient voir une très grande foiblesse. L'on eut des avis contraires sur l'embarquement des Espagnols : les uns les faisoient embarquer et les autres marquoient un retardement.

Dans le conseil d'État du 6 septembre, on apprit par les lettres du comte de Broglie, de Londres, que les ministres d'Angleterre vouloient insinuer que le prince royal de Prusse avoit voulu se retirer en France pour irriter le roi son père[1] contre la France plutôt que contre l'Angleterre, où il étoit certain qu'il vouloit se retirer, un officier nommé Spar ayant fait préparer un bâtiment en Hollande. Le roi de Prusse avoit même envoyé divers officiers à la Haye pour se saisir de ce Spar, au point que le Pensionnaire déclara au sieur Menersagen, envoyé ordinaire du roi de Prusse, que, si ces officiers faisoient quelque violence, on les feroit pendre. Cet envoyé, saisi de douleur et de crainte que le roi son maître ne le soupçonnât d'avoir voulu

---

1. Frédéric-Guillaume, deuxième roi de Prusse, père du grand Frédéric.

contribuer à l'évasion de son fils, en mouroit de douleur.

On étoit toujours dans quelque incertitude de l'embarquement des Espagnols; plusieurs lettres des côtes de Provence l'assuroient.

Walpole, ambassadeur d'Angleterre, donna part de la mort de la duchesse de Brunswick, et l'on examina si l'on en prendroit le deuil : n'y ayant aucune parenté avec le roi, on en prit le deuil pour huit jours.

L'on apprit, le 8 septembre, que le roi de Sardaigne avoit abdiqué et remis la couronne à son fils, âgé de vingt-neuf ans[1]. Nous pourrions observer que c'étoit très peu de jours après avoir reçu un courrier par lequel on lui offroit le Milanois pour entrer dans la ligue. L'abdication d'un roi tel que le roi de Sardaigne, dont la valeur et plusieurs autres grandes qualités étoient connues, dans le temps que toute l'Italie étoit en armes, et lorsque les alliés de Séville lui en offroient la plus considérable partie pour joindre à ses États, cette abdication est surprenante. On eut lieu de croire qu'il la méditoit depuis quelque temps ; mais on ne pouvoit douter qu'elle ne fût précipitée par la nécessité de prendre un parti.

Il fit un très long discours à ses États rassemblés, se réserva seulement cinquante mille écus de revenus, disant que c'étoit assez pour un gentilhomme retiré. Il partit de Turin dans un carrosse à six chevaux, un

---

1. Victor-Amédée II avait soixante-quatre ans et régnait depuis cinquante-cinq ans. Son fils Charles-Emmanuel III, né en 1701, régna jusqu'en 1773. Son père ayant voulu revenir sur son abdication, il le fit emprisonner, ainsi que la comtesse de Saint-Sébastien.

valet de chambre, deux cuisiniers, quatre valets de pied, sans aucun grand officier ni personne de considération. On apprit qu'il avoit déclaré son mariage avec Mme de Saint-Sébastien, depuis appelée comtesse de Spire, dame d'atours de la princesse de Piémont, femme de cinquante-deux ans.

Dans le conseil d'État du 10 septembre, on lut la lettre du résident du roi à Turin, lequel mandoit au roi, par ordre du roi de Sardaigne, que les premières instructions qu'il donnoit à son fils en lui remettant la couronne étoient un éternel attachement pour la France. Il avoit formé un conseil à son fils des meilleurs sujets, et toutes ses dispositions très sages ayant payé toutes les dettes de l'État.

Par les nouvelles de Séville, le secrétaire du marquis de Brancas mandoit que son maître, en dictant sa dépêche au roi, avoit eu une foiblesse qui ne lui avoit pas permis de l'achever. La flottille étoit arrivée très richement chargée et l'on ne voyoit rien qui marquât l'embarquement des troupes d'Espagne, lequel on croyoit certain depuis plusieurs mois.

Dans le conseil d'État du 13 septembre, on fut informé de ce qui s'étoit passé sur le mariage déclaré du roi de Sardaigne avec Mme de Saint-Sébastien. Cette nouvelle ne surprit pas moins que son abdication. On apprit qu'il lui avoit acheté la terre de Sommerive cent mille écus, dont elle porteroit le nom; qu'il lui avoit fait donner vingt mille francs pour le suivre, et qu'il comptoit aller s'établir dans le château de Chambéry.

On apprit par les nouvelles de Berlin que le roi de Prusse avoit fait enfermer son fils dans le château de

Custrin, qu'il avoit ôté de son conseil Knipausen, ministre, qui étoit tout dévoué à la France.

Le garde des sceaux dit au maréchal de Villars qu'il devoit y avoir une conférence avec les ministres d'Angleterre et de Hollande.

On commença le premier conseil de commerce le 12 septembre. Le contrôleur général lut un long mémoire sur l'importance du commerce, vérité très connue, et le résultat des premiers ordres fut de nommer deux inspecteurs généraux de commerce pour aller examiner la conduite de tous ceux qui étoient dispersés dans les provinces; de renouveler la défense de toiles peintes et de diminuer encore les deuils, en attendant que l'on pût prendre des mesures plus importantes pour rétablir le commerce.

Dans le conseil d'État du 17 septembre, on lut plusieurs dépêches du marquis de Brancas très peu satisfaisantes, et qui marquoient l'abattement de sa maladie. Il parloit de l'arrivée du marquis de Spinola, lequel avoit eu de grandes conférences avec le roi et la reine d'Espagne, desquelles lui, marquis de Brancas, n'avoit pu rien pénétrer. Il mandoit avoir entretenu longtemps Spinola, sans rien dire de sa conversation.

Il mandoit aussi la colère du roi et de la reine d'Espagne sur l'inaction de la France; que la flottille étoit arrivée, riche de près de cinquante millions, presque tout pour les François; mais que l'on ne délivreroit rien de plus de quatre mois; que lui, Brancas, avoit insinué à la reine d'Espagne que cette conduite feroit beaucoup de peine au roi. Enfin, sa conduite étoit uniforme à celle d'un homme qui avoit voulu être grand d'Espagne, et qui, très content de l'être, ne vouloit pas déplaire au roi d'Espagne. Le maréchal de Villars dit au cardinal de Fleury : « Mais, pourquoi envoyez-vous gens qui veulent être grands d'Espagne ? Pourquoi n'envoyez-vous pas des évêques en Espagne ? » Le garde des sceaux dit : « Trouvez-m'en un capable ? » Et le maréchal de Villars dit : « Le premier corps du royaume est si sot que, sur cent vingt-cinq, on ne peut pas en trouver un capable d'être ambassadeur. » M. d'Orléans, tout rempli de piété, dit : « Mais veut-on tirer des évêques de leur église ? » Le cardinal de Fleury parla de plusieurs grands saints et Pères de l'Église qui avoient été ambassadeurs, et le maréchal de Villars cita un évêque de la maison de Noailles, ambassadeur auprès du Sultan[1].

Les nouvelles de Berlin disoient que le roi de Prusse avoit fait venir le prince son fils à cinq lieues de Berlin, où il le faisoit interroger par quatre ou cinq de ses ministres ; que ce roi étoit entré dans la chambre de sa fille, qu'il l'avoit prise par les cheveux et l'avoit mise en sang à force de coups, en sorte qu'aux cris perçants qu'elle faisoit on étoit accouru de tous les endroits du palais, et cela, parce qu'elle avoit connoissance du dessein de son frère de s'évader.

Par une lettre de Villeneuve, ambassadeur à Constantinople, on apprenoit les grands préparatifs de guerre contre les Perses ; cependant, il y avoit un

---

1. François de Noailles, évêque de Dax (1519-1585), fut ambassadeur à Londres et à Venise avant de l'être à Constantinople : il a laissé une correspondance très remarquable qui a été imprimée. Son frère Gilles (1524-1597), qui fut un instant son coadjuteur, fut aussi un diplomate distingué.

traité par lequel les Turcs rendoient Tauris et conservoient la province d'Erivan et deux autres.

Dans le conseil d'État du 21 septembre, on apprit la continuation des cruautés du roi de Prusse contre son fils, enfermé dans Custrin[1]. On ne lui laissa pas même un valet pour le servir, sans livres, sans papier ni encre. Interrogé par Grumko, ministre du roi de Prusse et chef de la commission, il répondit qu'il n'avoit jamais rien fait contre le respect et la soumission qu'il devoit au roi son père; qu'à la vérité, outré des mauvais traitements, il avoit voulu n'y être plus exposé. On lui demanda où il vouloit aller; il dit : « En France, et de là à Alger, » pour ne pas avouer l'Angleterre, où il avoit résolu de se retirer. On mandoit que la reine de Prusse se mouroit de tristesse du malheur de son fils et de sa fille.

Par les nouvelles d'Espagne, on apprenoit les ordres donnés à Castelar de se rendre incessamment en France. Le maréchal de Villars prit congé du roi pour aller passer quinze jours dans son château. Le garde des sceaux le pria de travailler à un projet de guerre pour que tout fût prêt à l'arrivée de Castelar. Walpole prit congé du roi.

Dans le conseil d'État du 1er octobre, on apprit par les dépêches de Séville que le marquis de Brancas avoit pris congé; la lettre ne parloit que du mauvais état de sa santé. Celles de [Hullin], chargé des affaires au départ de M. de Brancas, contenoient des plaintes très

1. Frédéric avait combiné une évasion de concert avec un de ses amis, le lieutenant von Katte : ils avaient été découverts, arrêtés et traduits devant une commission militaire sous le chef de désertion.

vives du roi et de la reine d'Espagne sur l'inaction de ses alliés. Ils répétoient que, puisque l'on leur manquoit, ils se tenoient dégagés du traité de Séville, ne promettant l'argent de la flottille dû aux François que suivant la manière dont la France se comporteroit. Le marquis de Castelar partoit pour se rendre en toute diligence auprès du roi; on étoit incertain si l'armée navale d'Espagne avoit mis à la voile, et quelle route elle prenoit.

M. d'Orléans proposa au conseil d'accepter la pragmatique de l'empereur pour éviter la guerre. Le cardinal de Fleury dit que, quand on auroit perdu trois batailles, l'on n'y consentiroit pas. Le maréchal de Villars dit que, si l'on consentoit à un tel dessein de l'empereur en abandonnant tous les électeurs et princes de l'Empire, il falloit au moins que l'empereur achetât notre amitié par nous donner Luxembourg, la citadelle d'Anvers et Dendremonde pour pouvoir, par les deux dernières places, retirer Namur, Tournay et Ypres des Hollandois. M. le duc d'Orléans reprit : « Le roi a trop de places. » Et le maréchal répliqua : « Avec le respect que je dois à M. le duc d'Orléans, il oublie qu'il n'y en a aucune sur la Meuse. »

On eut avis par le chevalier de Boissieux, envoyé auprès de l'électeur de Cologne, que ce prince manquoit en plusieurs occasions au respect dû au roi dans la personne de ses envoyés. Il eut ordre de venir faire un tour en France pour ses affaires pour examiner ensuite si l'on y enverroit quelqu'un.

Le dernier septembre, le roi exila le duc d'Épernon et le duc de Gèvres. Il y avoit longtemps qu'il se répandoit des bruits que le premier donnoit des mémoires contre le cardinal de Fleury. Bachelier, premier valet de chambre du roi, fut chargé, sous le nom d'inspecteur, des détails des châteaux de Versailles, Marly, Trianon et la ménagerie qu'avoit le duc de Noailles.

Dans le conseil d'État du 11 octobre, on lut les lettres du marquis de Brancas, lequel, après avoir pris congé du roi et de la reine d'Espagne, mandoit qu'il falloit leur parler avec fermeté et même hauteur. Il oublioit qu'il avoit mandé auparavant que la reine d'Espagne devoit être ménagée et qu'il falloit surtout éviter de l'aigrir. Il avoit même oublié que, dans sa précédente, sur la crainte de voir l'Espagne retenir l'argent de la flottille, il s'étoit ainsi expliqué; qu'il avoit insinué à la reine d'Espagne qu'une pareille conduite pourroit bien déplaire à la France. Il est certain que sa conduite n'étoit point du tout d'un homme d'esprit.

M. d'Angervilliers envoya par un courrier au maréchal de Villars un projet de guerre générale pour attaquer en même temps l'Italie par le roi de Sardaigne et par l'armée navale d'Espagne, et l'Empire par deux armées : une de soixante mille François par le Haut-Rhin et l'autre de cent mille hommes, composée de troupes angloises à la solde d'Angleterre dans l'Empire, de Danois à la solde de France, qui devoient attaquer par le Bas-Rhin et se joindre vers le Weser. Sur tout le projet, le maréchal de Villars répondit en peu de mots : « Vous ne tenez pas encore le nouveau roi de Sardaigne; pour le reste, concert parfait avec nos alliés, profond secret s'il est possible. Levez-vous matin, je vous réponds de tout. »

On apprit que Castelar devoit arriver incessamment et que, jusqu'à ce qu'il fût convenu de projets de guerre dont la reine d'Espagne fût contente, on ne délivreroit point l'argent des galions ; que le marquis de Brancas craignoit toujours un mauvais dessein, si elle n'étoit pas contente. Ce mauvais dessein ne pouvoit être qu'une réunion avec l'empereur.

En entrant au conseil, on déclara le comte de Rottembourg pour l'ambassade d'Espagne.

Dans le conseil d'État du 22 octobre, on lut une longue lettre de [Hullin] chargé des affaires de France en Espagne, qui rendoit compte des conversations qu'il avoit eues avec Patino et le marquis de La Paz. Tous deux s'étoient expliqués sur le mécontentement du roi et de la reine d'Espagne de la conduite de la France, nous imputant l'inaction de cette campagne après les dépenses que l'Espagne avoit faites pour agir avant que l'empereur eût rempli l'Italie de ses troupes, n'épargnant pas le cardinal de Fleury. Ces deux ministres déclaroient que l'on ne délivreroit pas l'argent des galions que l'on ne vît clair sur la conduite de la France et les opérations de guerre.

[Hullin] mandoit que l'on avoit appris au roi d'Espagne l'abdication du roi de Sardaigne, mais, comme le maréchal de Villars l'avoit prévu, c'est-à-dire en parlant d'abord de son mariage comme peu convenable, il faisoit entendre que la tête du roi de Sardaigne étoit affaiblie. [Hullin] mandoit aussi qu'il ne falloit pas s'attendre que le roi d'Espagne voulût abdiquer ; qu'il avoit fort aimé le roi don Louis et qu'il haïssoit le prince des Asturies ; que la reine ne l'éloignoit point de retourner à Madrid et à Saint-Ildefonse ;

que la cour iroit vers le printemps à Barcelone pour voir partir les troupes et l'armée navale.

Les nouvelles de Prusse continuoient à parler de la [sévérité] du roi contre son fils, qu'il n'appeloit plus que le *prisonnier;* que plusieurs puissances ayant écrit en sa faveur, il les avoit fait prier de ne se point mêler de ses affaires domestiques.

L'on mandoit de Lisbonne que le roi de Portugal n'étoit occupé que des grosses cloches qu'il faisoit venir de toutes parts, et qu'il les avoit fait baptiser avec une dépense prodigieuse.

Les sieurs Goslinga et Hop, ambassadeurs de Hollande, prirent congé du roi le 22. Le cardinal de Fleury demeura pour attendre l'arrivée de Castelar.

Castelar arriva le 27. Il fit assurer le maréchal de Villars qu'il avoit ordre du roi et de la reine d'Espagne de suivre ses conseils, et répéta ce que le marquis de Brancas avoit mandé au comte de Céreste son frère, que l'un et l'autre l'avoient assuré qu'ils ne prendroient confiance qu'aux projets de guerre qui partiroient du maréchal de Villars. Il renouvela ces assurances.

Le 29, qui fut la première fois qu'il vit le maréchal de Villars au sortir du conseil du même jour, dans lequel conseil les dépêches de Séville marquoient quelque légère espérance de la délivrance de l'argent des galions, le duc de Saint-Aignan[1] fut déclaré ambassadeur à Rome.

1. Paul-Hippolyte de Beauvillier, second duc de Saint-Aignan, fils du gouverneur du duc de Bourgogne, membre de l'Académie française et de l'Académie des inscriptions et belles-lettres (1684-1776).

Le 30 octobre, il y eut un conseil des dépêches, principalement sur une consultation signée de quarante des plus célèbres avocats de Paris, laquelle étoit très séditieuse et manquoit au respect dû à la Majesté Royale. Il fut résolu que l'on donneroit un arrêt par lequel ceux de ces avocats, qui ne rétracteroient pas leur consultation, seroient au moins suspendus du parlement. Le préambule de l'arrêt expliquoit leur hardiesse en termes qui marquoient un esprit de révolte. Le maréchal de Villars dit : « Je suis peiné de voir rendre publics des sentiments de révolte, dont je ne voudrois pas laisser penser qu'aucun des sujets du roi fût capable; lesquels, connus, exigent des punitions plus sévères que celles dont l'arrêt fait mention. » Il fut ordonné au sieur Hérault, lieutenant de police, de faire arrêter l'imprimeur, ce qui fut exécuté le jour d'après, lequel remit à M. Hérault l'exemplaire sur lequel il avoit imprimé, signé de treize avocats; les vingt-sept autres avoient signé depuis.

Le 1er novembre, on lut au conseil d'État un projet de plaintes vives pour être remis au roi d'Espagne sur les retardements de la délivrance de l'argent des galions. Le garde des sceaux dit que le marquis de Castelar lui avoit remis ce jour-là même un mémoire très vif, duquel il paroissoit très mécontent. Le maréchal de Villars fit quelques questions sur ce mémoire, auxquelles il ne répondit pas, et l'on n'en sut pas davantage.

Les lettres de Berlin parloient des cruautés exercées par le roi de Prusse contre le prince son fils, et il y avoit lieu de craindre que l'on ne le fît périr dans la prison.

Le roi partit le 2 novembre pour un voyage de huit jours à Rambouillet.

Le 5 novembre, le marquis de Castelar, le nonce et presque tous les autres ambassadeurs qui étoient à Paris dînèrent chez le maréchal de Villars, auquel le marquis de Castelar dit qu'il avoit déclaré au cardinal et au garde des sceaux, de la part du roi et de la reine d'Espagne, qu'ils ne pouvoient prendre confiance qu'aux projets de guerre qui partiroient du maréchal de Villars; qu'ils avoient dit la même chose au marquis de Brancas, et que, pour une aussi grande guerre, les alliés, voulant agir de bonne foi, avoient plus de confiance pour ses projets que pour tout autre.

La reine vint le 6 à Notre-Dame. Le maréchal de Villars fut le seul qui alla lui faire sa cour; elle fut étonnée qu'aucune personne de dignité ni autre ne s'y fût trouvée. Le cardinal de Fleury dit au maréchal de Villars que la reine lui avoit mandé sa conduite.

Le maréchal de Villars fut informé que, plus d'un an avant le traité de Séville, et dans le temps où le roi d'Espagne s'étoit trouvé assez mal, la reine d'Espagne avoit écrit au cardinal de Fleury pour que l'on lui assurât une retraite bonne et solide en France, à quoi il n'avoit pas été favorablement répondu.

Il fut informé aussi que le cardinal de Fleury avoit proposé de marier l'infant don Carlos pour n'avoir pas toujours à craindre un raccommodement de la reine d'Espagne avec l'empereur par son mariage avec l'archiduchesse, et que Castelar n'avoit rien répondu. Il étoit étonnant que l'on ne désirât pas ardemment le mariage de don Carlos avec l'archiduchesse, qui étoit la gloire de la France.

Dans le conseil d'État du 12, on n'apprit rien d'important de Séville; point de délivrance des galions; que Patino avoit pris sept à huit millions, appartenant en partie aux négociants.

Hullin mandoit des particularités de la vie du roi d'Espagne aussi surprenantes que celles que l'on avoit sues des années précédentes. Il ne soupoit qu'à trois heures après minuit, se couchoit à six heures du matin, entendoit la messe à trois heures après midi, ne pouvoit plus souffrir le carrosse et n'alloit plus à la chasse.

Par les lettres de Berlin, on avoit assemblé le conseil de guerre pour juger le prince royal, composé de plus de trente personnes. Le roi son père paroissoit toujours plus cruel, et l'on avoit condamné à la mort le lieutenant des gendarmes Katte[1].

Il arriva, le 13, un courrier de Constantinople au milord Valgraf, qui apprit une terrible révolution. Un fanatique se mit à crier dans les rues de Constantinople que les malheurs arrivés dans la guerre de Perse venoient de ce que l'on attaquoit leurs frères en Mahomet. Pendant plus de huit jours, à peine y avoit-il deux mille hommes qui suivissent ce fanatique. Le Grand Seigneur revint avec partie de son armée, et, au lieu d'envoyer trois ou quatre mille hommes punir les misérables, il resta tranquille. Son incertitude en fit grossir le nombre. Les janissaires s'unirent. On lui demanda la tête du grand visir et de trois ou quatre des principaux ministres; il les envoya, après quoi sa foiblesse porta les mutins à l'enfermer et à mettre sur

---

1. Le manuscrit altère le nom de ce malheureux officier en *Karg* et même *Spach*.

le trône le fils de son frère, que l'on gardoit en prison depuis que son père avoit été déposé.

On apprit en même temps que Bonneval[1] s'étoit fait Turc et avoit été déclaré bacha à deux queues.

Le conseil d'État du 19 fut occupé de matières très importantes.

Le cardinal de Fleury avoua pour la première fois, après l'avoir nié opiniâtrément au maréchal de Villars, aussi bien que le garde des sceaux, que le comte de Sinzendorff avoit proposé en arrivant d'acheter l'amitié du roi, pourvu que l'on voulût garantir la succession.

Le maréchal de Villars avoit toujours demandé si le comte de Sinzendorff parloit d'or ; en un mot, s'il n'offroit pas Luxembourg et quelques autres places de Flandre pour faire une alliance solide. Le garde des sceaux l'avoit toujours nié, même dans le précédent conseil. Le maréchal de Villars disoit : « J'en suis surpris, ayant eu lieu de compter que c'étoit l'intention aussi bien que l'intérêt de l'empereur de s'unir pour toujours avec le roi. » Il avoit dit plus d'une fois : « Mais le duc de Richelieu me l'a soutenu. » On répondoit en se moquant du duc de Richelieu. Enfin, le cardinal déclara, au grand étonnement du maréchal de Villars et de M. d'Angervilliers, que Sinzendorff avoit fait des offres, mais qu'il avoit été désavoué ; que le cardinal lui avoit gardé le secret et n'en avoit rien fait connoître à l'empereur.

Il étoit très évident que le comte de Sinzendorff n'étoit venu en France que pour faire un traité solide

---

1. Sous le nom d'Achmet-Pacha : il mourut en 1747 ; son tombeau se voit encore dans un cimetière de Péra.

avec la France ou pour gagner un temps bien précieux pour l'empereur, surtout s'il avoit été informé des mesures prises en 1727, puisqu'il auroit été en péril si elles avoient été suivies. Il étoit donc évident que le comte de Sinzendorff, ne trouvant pas le cardinal disposé à la guerre ni à faire un traité solide avec son maître, et ayant gagné le temps qu'il désiroit, lui avoit mandé : « Désavouez-moi sur mes offres. » Le cardinal de Fleury dit que le prince Eugène avoit voulu venir à Soissons. Il est vrai que Penterrieder avoit dit au maréchal de Villars que, si lui, maréchal de Villars, avoit été nommé pour chef de l'ambassade du congrès, comme l'on le croyoit à Vienne, le prince Eugène y seroit venu.

Les lettres de Hullin, de Séville, étoient très importantes. Il mandoit que l'on ne pouvoit pas douter qu'il n'y eût un parti pris en Espagne et que ce parti ne fût de se lier avec l'empereur; que c'étoient des plaintes continuelles du roi et de la reine d'Espagne contre la France, ne voulant rien attribuer aux Anglois sur l'inaction de la campagne.

Le maréchal de Villars, voyant que le cardinal et le garde des sceaux convenoient qu'il étoit à craindre que ce parti ne se prît, dit : « Mais, lorsque je l'ai pensé il y a huit mois et fait voir le péril où nous serions exposés, on m'a dit que cela étoit impossible. » Hullin mandoit encore que l'ambassadeur de Hollande l'avoit averti que l'on ne délivreroit pas l'argent des galions, qu'il le tenoit de Patino même. Il y en avoit pour près de cinquante millions appartenant aux François.

Le cardinal dit qu'un homme bien informé assuroit

que le traité de la Czarine étoit de donner cinquante mille hommes à l'empereur. On mandoit aussi de Vienne qu'il y avoit apparence que l'empereur et le roi de Pologne s'unissoient. Tout cela frappa le maréchal de Villars et M. d'Angervilliers, lequel pria le maréchal qu'ils pussent conférer ensemble sur des matières aussi sérieuses; mais le cardinal et le garde des sceaux lui avoient caché, aussi bien qu'au maréchal d'Huxelles, les choses les plus importantes.

Dans le conseil d'État du 22 novembre, on n'apprit aucune nouvelle de Séville. Celles de Berlin marquoient la cruauté du roi de Prusse d'avoir ordonné que l'on coupât la tête au lieutenant des gendarmes, nommé Katte, devant la fenêtre de son fils, auquel un lieutenant déclara que l'on avoit ordre de le mener par force à la fenêtre, s'il n'y alloit de lui-même. Il s'en approcha et demanda pardon au malheureux de la mort qu'il lui causoit, lequel lui répondit qu'il étoit bien aise de le voir avant que de mourir. On lui coupa la tête et le prince tomba évanoui en le voyant.

Le marquis de Castelar envoya demander à voir le maréchal de Villars; il fut près de trois heures avec lui. Il lui dit que l'intention du roi d'Espagne étoit que l'on ne signât pas le traité de Séville que l'on ne fût convenu des opérations de guerre; que l'on s'en étoit défendu cinq jours et que Brancas l'avoit obtenu de force, par complaisance pour les Anglois, lesquels n'avoient d'autre objet que d'obtenir leurs cédules pour que leurs vaisseaux allassent aux Indes; que l'on étoit étonné en Espagne que la France n'agît que pour les intérêts de l'Angleterre, sans jamais songer aux siens; que, pour lui, il n'étoit pas venu pour négocier, mais pour avoir un *oui* ou un *non* sur l'exécution du traité de Séville; que lui, marquis de Castelar, avoit ordre du roi et de la reine d'Espagne de déclarer au cardinal de Fleury qu'ils ne pourroient avoir confiance aux projets de guerre qu'autant qu'ils seroient formés par le maréchal de Villars; que le marquis de Brancas avoit reçu le même avis de Leurs Majestés et de le mander à M. le cardinal de Fleury, lequel ne l'avoit pas fait, mais il l'avoit mandé au comte de Cereste son frère, qui l'avoit dit au maréchal de Villars.

Dans le conseil d'État du 26 novembre, on reçut de Dresde un projet donné par le comte Dem pour faire un traité, le roi de Pologne demandant toujours des subsides refusés depuis longtemps. Le roi d'Espagne refusoit la délivrance de l'argent des galions; il se régloit sur l'exécution du traité de Séville. Il paroissoit quelque adoucissement du roi de Prusse pour le prince son fils.

Le 28, il y eut un conseil du commerce, où le contrôleur demanda, de la part de la compagnie des Indes, la rétrocession du Mississipi au roi, parce que ce pays-là lui étoit à charge. Le maréchal de Villars fut d'avis que, si elle rendoit les portions qui n'étoient pas utiles, elle rendit aussi celles qui lui valoient des sommes immenses; en un mot, qu'elle dédommageât le roi des dépenses qu'il faudroit faire pour soutenir le Mississipi, puisque la conservation étoit estimée nécessaire pour le commerce.

Le conseil d'État du 29 novembre ne produisit rien d'important.

Le courrier dépêché en Angleterre arriva. Il apporta seulement que l'Angleterre désiroit que l'on attaquât l'Italie, et qu'elle offroit de payer deux millions de subsides au roi de Sardaigne, paroissant désirer que l'on ne portât pas la guerre ailleurs.

Le maréchal de Villars, indisposé d'un rhume, passa quinze jours à Paris, pendant lesquels le marquis de Castelar l'étoit venu voir; il montroit son impatience de voir prendre des mesures solides pour la guerre; on lui fit voir qu'il ne tenoit pas à la France.

Il se répandit un bruit d'une cabale très vive pour faire rentrer M. le Duc dans le conseil, et l'on prétendit qu'elle étoit menée par le garde des sceaux.

Les évêques étoient très animés sur deux arrêts du conseil d'État, desquels le premier ordonna un désaveu de leur part, et le second approuvoit les sentiments que les avocats avoient publiés. Les évêques s'assemblèrent plusieurs fois, et les cardinaux de Rohan, de Bissy et de Fleury allèrent supplier le roi de prononcer contre les avocats. On fut surpris que le cardinal de Fleury, ayant approuvé la conduite des avocats, se fût joint aux deux autres cardinaux pour se plaindre d'eux.

Il parut plusieurs mandements; mais celui de l'archevêque d'Embrun étoit d'une extrême violence, et tel que celui de l'archevêque de Paris, n'ayant pas encore paru, demeura secret. Il étoit très modéré, et il fut honteux qu'un archevêque, prenant son parti, parlât avec tant de force contre les avocats qui attaquoient la justice des évêques sur un fait qui regardoit Paris; que lui, archevêque de Paris, se défendît si mollement. L'archevêque d'Embrun vouloit principalement embarrasser le cardinal de Fleury, et, plus hardi qu'un autre, il y réussit.

Le marquis de Castelar étoit venu voir plusieurs fois le maréchal de Villars et lui dit que la France vouloit vingt mille Anglois nationaux; que le roi d'Angleterre ne le pouvoit sans le parlement; qu'il iroit jusqu'à seize. Le maréchal de Villars se crut obligé d'écrire au cardinal de Fleury sur une matière aussi importante. Le garde des sceaux vint voir le maréchal de Villars, eut une longue conversation avec lui, sur laquelle le maréchal de Villars se crut obligé de lui envoyer un mémoire dans lequel il expliquoit le péril (en manquant au traité de Séville) de forcer l'Espagne à se réunir avec l'empereur.

1731. Le maréchal de Villars se rendit à Marly, et, le 14, il y eut des matières très importantes agitées dans le conseil d'État. Le garde des sceaux rendit compte de la conférence qui avoit été tenue chez lui, entre le marquis de Castelar et les ambassadeurs d'Angleterre et de Hollande, sur les projets de guerre et les contingents. Le garde des sceaux prétendit avoir confondu le milord Walgraf, et que les ambassadeurs de Hollande avoient certifié qu'il n'y avoit jamais eu aucune difficulté de la part de la France, et qu'enfin Castelar avoit été convaincu que l'Espagne ne pouvoit se plaindre de la France, et que ce ne pouvoit être que des Anglois.

L'on lut les dépêches de Séville, de Hullin, lequel se plaignoit beaucoup de la dureté de Patino sur la délivrance des galions et Patino de la France, et qu'il savoit qu'il y avoit plus de six mois qu'elle avoit traité avec l'empereur et qu'il y avoit eu des conditions signées. Le cardinal de Fleury dit que cela étoit entièrement faux, et le garde des sceaux dit que ce qui pouvoit avoir donné lieu à cette plainte, c'est que véritablement on avoit parlé à Kœnigseck d'une espèce de convention entre la France, l'Angleterre et la Hollande. Il n'expliqua point ce que c'étoit que cette convention, et l'on connut seulement que la cour de Vienne avoit fait usage de ce prétexte pour animer l'Espagne contre ses alliés.

Le garde des sceaux, en lisant la suite de la dépêche de Séville, accusa hautement la conduite du marquis de Brancas, qu'il avoit dit au roi et à la reine d'Espagne qu'il étoit disgracié dans sa cour, mais que sa consolation étoit que c'étoit pour le service de Leurs Majestés Catholiques. Il s'étendit sur plusieurs autres faits et demanda permission au roi d'interroger le marquis de Brancas sur sa conduite et de le convaincre par un écrit du marquis de Castelar, lequel fut lu au conseil.

Ensuite, le cardinal de Fleury dit qu'il y avoit apparence que l'Angleterre traitoit avec l'empereur, et allégua plusieurs raisons qu'il avoit de n'en pas douter et proposa de tâcher de traiter aussi. Il fut dit que l'empereur ne feroit pas grand cas de notre bonne volonté, surtout lorsqu'on voyoit si peu de raisons de craindre une ligue divisée ; mais, comme l'on n'eut pas le temps de délibérer sur une proposition si importante et sujette à tant d'inconvénients, le maréchal de Villars remit à les faire connoître au premier conseil.

Il alla voir le cardinal de Fleury le soir même et le trouva abattu et las du fardeau, non au point de vouloir s'en soulager, mais il reconnoissoit qu'il étoit trop fort pour lui.

Dans le conseil d'État du 17, on apprit que les Anglois traitoient avec l'empereur; que l'on en avoit certitude; et, sur cela, le garde des sceaux lut une lettre qu'il écrivoit à Bussy, à Vienne, de parler secrètement au prince Eugène et de lui faire des propositions. Le maréchal de Villars dit qu'il craignoit que l'on ne s'y prît un peu tard, puisque les Anglois, très infidèlement, traitoient sans notre participation et nous avoient prévenus. On lut des discours tenus par Walpole à Chamorel qui marquoient l'infidélité, et le cardinal avoit à se reprocher d'en avoir été la dupe. Le maréchal de Villars dit : « Il falloit faire la guerre premièrement après le traité d'Hanovre ou bien deux ans après, en 1727. Stanhope m'a dit que le feu roi d'Angleterre avoit été bien fâché que l'on ne fût pas entré dans l'Empire, et qu'il auroit demandé que le maréchal de Villars commandât les armées. » Le cardinal et le garde des sceaux prièrent le maréchal de Villars de parler au marquis de Castelar pour lui prouver qu'il n'y avoit de bon parti que la guerre générale. Belle proposition, lorsque l'Angleterre proposoit de traiter avec l'empereur et que la France vouloit faire de même !

L'on répandit des remontrances qu'avoit faites le parlement sur un écrit composé par le chancelier.

Les lettres du cardinal de Polignac parloient de l'irritation du Pape sur les mémoires des avocats et sur les deux arrêts donnés en conséquence. Le Pape vouloit que le roi les traitât sévèrement, et donna six semaines pour agir à Rome, si l'on n'agissoit pas en France.

Dans le conseil d'État du 21 janvier, on lut une

lettre de Bussy apportée de Vienne par le courrier que le secrétaire d'Espagne envoyoit à sa cour, pour lui apprendre que, selon les apparences, l'Angleterre traitoit avec l'empereur. Bussy n'en doutoit pas. Sur cela, le maréchal de Villars dit au conseil : « L'ambassadeur Castelar m'a dit qu'il étoit très content de la conduite de la France ; qu'elle suivoit exactement ses engagements sur le traité de Séville, auquel l'Angleterre faisoit une infraction manifeste, et traitoit avec l'empereur. Or, si l'Espagne, qui doit être très satisfaite de nous et très irritée contre l'Angleterre, nous retient encore contre toute sorte d'équité les quarante-cinq millions qui sont à Cadix pour les François seuls, comptez que l'Espagne traite aussi avec l'empereur, et prenons garde à nous. » Le cardinal ni le garde des sceaux ne répondirent rien.

Dans le conseil d'État du 24, on apprit par les lettres de Hullin, de Séville, que Patino résistoit toujours à délivrer les quarante-cinq millions, disant que cette délivrance étoit liée à d'autres conditions. Sur cela, Hullin lui fit voir, par tous les exemples passés, que, dans la guerre même avec l'Espagne, elle n'avoit jamais retenu l'argent des François. Enfin, Hullin disant à Patino : « Mais la France fait tout ce que vous pouvez désirer sur l'exécution du traité de Séville ; » Patino répondit : « Un seul mot du cardinal de Fleury feroit mieux. » — « Quel est ce mot ? » Après s'être tu longtemps, il dit : « Menacez les Anglois. » Le maréchal de Villars dit : « Je voudrois que l'on eût fait plus encore, et il y a longtemps. »

Cependant, le bruit du traité de l'Angleterre se répandit, et le cardinal dit qu'il avoit reçu une lettre de Walpole, de quinze pages, par laquelle il cherchoit querelle, et l'on ne put douter de leur trahison.

Dans le conseil d'État du 28 janvier, on lut des nouvelles d'Angleterre qui disoient que le parti opposé aux ministres avoit répandu ce que l'on appelle un *crafman*[1], qui leur reprochoit leur mauvaise conduite de s'engager dans une guerre ou de manquer aux traités pour en faire un avec l'empereur. Les ministres répondirent par un autre écrit à ce reproche que, si l'Angleterre faisoit un traité avec l'empereur, c'est parce que les François avoient fait la première infraction en voulant absolument porter la guerre dans l'Empire, ce que l'Angleterre n'avoit jamais pensé.

Cette trahison des ministres étoit horrible, puisque l'on avoit leur signature, non seulement d'avoir consenti à la guerre dans l'Empire, mais d'avoir pressé et insisté pour que la France, l'Angleterre et la Hollande fissent marcher leurs armées jointes et aller en Silésie et en Bohême, et que Stanhope avoit même assuré le maréchal de Villars que le feu roi d'Angleterre avoit été très affligé que l'on n'eût pas suivi les projets de 1727, et que le roi d'Angleterre devoit demander que le maréchal de Villars commandât cette armée, qui devoit être de cent mille hommes.

Le garde des sceaux lut un mémoire qui expliquoit et prouvoit, par la signature même des ministres anglois, qu'ils avoient non seulement consenti, mais hautement pressé pour attaquer les États héréditaires de l'empereur.

---

1. *The Craftsman* (l'Ouvrier), journal fondé par Bolingbroke et Pulteney pour combattre Walpole.

Le maréchal de Villars insista dans le conseil pour que ce mémoire fût rendu public sur-le-champ, pour faire voir à toute l'Europe, mais surtout aux ennemis des ministres anglois, qu'ils étoient des traîtres et des perfides. Le maréchal de Villars dit que, si la France étoit abandonnée par ses alliés, il falloit se tirer de ce péril par la fermeté. Le duc d'Orléans dit : « Mais, si cette fermeté mène à la guerre avant deux ans, on se trouvera hors d'état de la soutenir, faute d'argent. » Le cardinal répondit que l'on avoit des ressources, et le maréchal de Villars continua que, si la France ne soutenoit pas sa réputation, bientôt elle seroit accablée, et qu'il ne falloit jamais compter sur la générosité de ses ennemis; que l'on avoit le dixième et la ferme du tabac; enfin, que toutes les extrémités étoient préférables à celle de recevoir la loi.

Le 25, le maréchal de Villars alla voir à Paris le marquis de Castelar, lequel lui dit avoir envoyé le jour même la déclaration que le roi son maître se tenoit dégagé du traité de Séville. Le maréchal lui dit : « Mais envoyer cette déclaration dans le même temps que nous apprenons l'accommodement de l'Angleterre avec l'empereur, je l'aurois mieux aimé quinze jours plus tôt. » Le maréchal lui parla (mais comme très éloigné de le croire) des bruits qui couroient que l'Espagne étoit aussi dans quelque intelligence avec l'empereur. Les discours de l'ambassadeur, qui n'en convenoit pas, ne plurent point au maréchal de Villars.

Le jour même, le parlement donna deux arrêts : l'un pour supprimer le mandement de l'archevêque d'Embrun, le traitant de séditieux ; l'autre pour faire brûler par la main du bourreau une lettre de l'ancien évêque d'Apt, nommé Foresta, gentilhomme de Provence. Le cardinal de Rohan vint voir le maréchal de Villars et lui parut disposé à faire quelque chose dans l'esprit du mandement de l'archevêque d'Embrun.

Le 31 janvier, on lut au conseil d'État la déclaration que l'ambassadeur d'Espagne envoya, par laquelle le roi son maître se tenoit dégagé du traité de Séville sur les difficultés que les alliés avoient apportées à son exécution. Comme la France en avoit observé les conditions, le maréchal de Villars vouloit qu'il parût quelque distinction. Le cardinal et le garde des sceaux vouloient en trouver, mais elles étoient difficiles à démêler; on y parloit en général de connoissances presque assurées de l'accommodement de quelques puissances avec l'empereur.

Les lettres de Rottembourg, apportées par un de ses courriers, disoient qu'une de ses audiences avec le roi et la reine d'Espagne avoit été depuis onze heures du soir jusqu'à trois heures et demie du matin. Depuis longtemps, le roi d'Espagne faisoit de la nuit le jour. Rottembourg assuroit la santé du roi d'Espagne parfaite; qu'il lui croyoit de bonnes dispositions pour la France; que la reine d'Espagne se plaignoit toujours de l'inaction; que l'on ne vouloit pas encore rendre l'argent des galions.

L'on apprit, par un courrier de Milan, la mort du duc de Parme, et que les généraux de l'empereur avoient envoyé des troupes occuper l'État de Parme. Le garde des sceaux demanda le secret pour cette nouvelle; elle étoit publique à Paris dès la veille.

On lut une lettre du roi au pape, pour le calmer sur les rigueurs qu'il vouloit que l'on observât contre les avocats qui avoient attaqué la justice extérieure des évêques.

Dans le conseil d'État du 4 février, on parla de l'arrivée du duc de Liria auprès de l'empereur. Le maréchal de Villars, supputant le temps où l'Espagne avoit pu se déterminer à se raccommoder avec l'empereur, dit : « Le marquis de Castelar, frère du premier ministre, est venu auprès du roi, pour reconnoître précisément sa volonté. Il m'a dit avoir mandé, le 12 novembre de l'année dernière, que l'Espagne ne devoit point compter sur la France. Les dépêches, arrivées le 25 à peu près du même mois à Séville, ont pu en faire partir les autres au duc de Liria, lequel a eu tout le mois de décembre pour les recevoir; ainsi l'on peut compter que la reine d'Espagne, irritée plus de cinq mois auparavant de notre inaction, a décidé de se réunir avec l'empereur dans la fin de novembre ou le commencement de décembre. Nous pouvons donc craindre que l'Espagne ne soit entrée dans le traité avec les Anglois. En ce cas-là, la France seroit plus destituée d'amis et d'alliés qu'elle ne l'a jamais été : c'est le temps où il faut marquer plus de fermeté. Je suis donc d'avis de faire commander les soixante mille hommes de milice, pour que le 10 mars elle soit prête à marcher vers les frontières. » Le duc d'Orléans s'y opposa, pour éviter la dépense et toute démonstration de guerre. Le maréchal de Villars expliqua que pour ne pas avoir la guerre, il falloit paroître en état de ne la pas craindre. Le cardinal et le garde des sceaux ne parlèrent point, et il ne fut rien décidé.

On n'apprit aucune nouvelle d'Angleterre. Le maréchal de Berwick vint le 5 chez le maréchal de Villars et lui dit que le duc de Liria son fils étoit arrivé le 23 janvier à Vienne, qu'il l'avoit appris par milord Walgraf.

Le maréchal de Villars eut la nouvelle, apportée par un courrier, les ordres de Vienne n'arrivant pas en dix jours.

Dans le conseil d'État du 7, on apprit que le marquis de Castelar avoit reçu un courrier de Séville, duquel il n'avoit rien mandé au garde des sceaux. Le cardinal de Fleury se plaignoit fort de Castelar, aussi bien que le garde des sceaux, le traitant de fourbe et de menteur; le cardinal de Fleury disant qu'au lieu de paroître irrité de la conduite des Anglois, il étoit disposé à l'approuver. Le maréchal de Villars dit : « Castelar m'a pourtant déclaré qu'il la trouvoit une infraction formelle au traité de Séville. » Le cardinal dit : « Il vous dira le contraire au premier jour. »

Le 8 février, le comte de Maurepas vint dîner chez le maréchal de Villars; il lui apporta la nouvelle de l'ouverture du parlement d'Angleterre, et la harangue du roi, laquelle étoit très opposée à l'écrit qui avoit paru il y a quelques jours, lequel étoit regardé comme venant du ministère anglois, qui avouoit un traité et rejetoit sur la France toutes les fautes alléguées sur l'inexécution du traité de Séville, comme des raisons de traiter avec l'empereur.

La harangue du roi d'Angleterre à son parlement parloit, au contraire, de sa résolution de continuer le traité de Séville, et que, si l'on ne pouvoit par les voies de douceur obliger l'empereur à satisfaire l'Espagne, il faudroit employer toutes les autres, et sur cela demandoit des secours à ses peuples.

La satisfaction de Castelar sur la conduite des Anglois fit penser au maréchal de Villars qu'il étoit informé de leurs desseins avant nous, et que leur commerce étoit plus lié que nous ne voulions le penser. Toutes les incertitudes sur les sentiments de la cour d'Espagne, la certitude que l'Angleterre traitoit avec l'empereur portèrent le conseil du roi à rappeler les avances que les comtes de Sinzendorff et Kœnigseck en dernier lieu avoient faites pour établir une bonne intelligence entre le roi et l'empereur. Il importoit de cacher cette démarche; pour cela on chargea le maréchal Du Bourg de faire passer un courrier à Vienne avec le plus grand secret.

Cela fut exécuté; et Bussy, chargé des affaires du roi, fut chargé d'en faire l'ouverture au prince Eugène, toujours avec beaucoup de secret, et de le prier que l'empereur fût seul informé de ce premier pas. L'on reçut la réponse de Bussy, elle fut lue au conseil du 11 février. Le prince Eugène répondit qu'il l'apprenoit avec plaisir; que l'union avec la France seroit préférée à toute autre, et qu'il alloit en rendre compte à l'empereur. Il prit des mesures pour que ses conversations avec Bussy fussent très secrètes; il répondit de la part de l'empereur à Bussy qu'il souhaitoit l'union, mais que la garantie de la Pragmatique pour la succession seroit la première condition. Bussy répondit qu'elle pourroit être une suite du traité; que le roi ne la désapprouveroit pas, mais que cet avantage pour l'empereur devoit en attirer à la France.

Dans le conseil d'État du 12 février, la délibération fut longue. Le maréchal de Villars dit qu'il n'étoit pas surpris des sentiments de l'empereur et du prince

Eugène; qu'ils avoient toujours désiré une véritable union avec la France, et le prince Eugène l'avoit proposée au maréchal de Villars à la signature de la paix générale à Bade. Il lui avoit même donné un chiffre pour la traiter.

On disputa sur les premiers avantages que l'on demanderoit à l'empereur. Le cardinal vouloit que l'on se contentât du pays de Luxembourg et de la place rasée. Le maréchal de Villars insista pour la demander entière, et le cardinal y consentit. Nous apprîmes que Kinski, ambassadeur de l'empereur, avoit consenti à Luxembourg fortifié. Enfin l'on apprit que l'empereur avoit promis la troisième archiduchesse, qui étoit morte il y a deux ans, à Don Carlos, et il paroissoit que l'on n'étoit pas éloigné de lui donner la seconde.

L'on demanda que l'Espagne fût admise dans le traité, et l'on envoya des articles pour assurer les États de Parme et de Toscane à Don Carlos. Le prince Eugène dit que l'empereur avoit tant de sujets de se plaindre de l'Espagne, que ce seroit à la seule considération de la France qu'il l'admettroit dans le traité.

L'on fit repartir le courrier avec le même secret et la même diligence, et tout parut dans une favorable disposition. Le maréchal de Villars s'opposa à ce que l'on vouloit mettre dans le traité par rapport à la compagnie d'Ostende; ce n'étoit qu'un traité de quatorze ans, dont il y avoit sept de passés; sur cela, il soutint toujours qu'il falloit demander Luxembourg en entier.

Dans le conseil d'État du 14, on lut une lettre du comte de Rottembourg, qui, par ordre de Leurs Majestés Catholiques, mandoit au roi leurs sentiments pour le maréchal de Villars, leur inquiétude pour sa santé et un désir très fort de le voir chargé de la conduite de la guerre, n'en pouvant espérer un bon succès si tout autre commandoit les armées de la Ligue. Leurs Majestés Catholiques rappeloient les services du maréchal de Villars, les heureux succès de ses armes et l'obligation que l'Espagne et la France lui avoient. Le cardinal de Fleury pria le maréchal de Villars d'écrire à Leurs Majestés Catholiques et de leur bien expliquer la vérité, qui étoit certainement que l'inaction venoit de l'opposition que l'Angleterre avoit toujours apportée à la guerre générale. Le roi écouta avec attention tout ce que le roi d'Espagne avoit dit sur le maréchal de Villars, et le soir, chez la reine, il vint au-devant du maréchal de Villars, et lui demanda s'il n'avoit pas écouté avec plaisir ce que le roi d'Espagne mandoit des obligations qu'il lui avoit. Le maréchal répondit que c'en étoit un bien sensible pour lui que la bonté de Sa Majesté de s'en souvenir.

Le pape, ayant envoyé un courrier pour se plaindre de l'entrée des troupes impériales dans Parme et Plaisance, sollicitoit le roi d'en écrire à l'empereur. On se servit de l'envoi d'un courrier à la cour impériale, qui portoit ordre à Bussy de parler à tous les ministres de l'empereur sur les affaires de Parme, pour porter au prince de Savoie un projet de traité entre le roi et l'empereur. L'on écrivit aussi en Espagne pour convenir avec Leurs Majestés Catholiques des partis à prendre sur les connoissances que l'on avoit des commencements de traité de l'Angleterre avec l'empereur; et tout se disposa à une liaison qui ne pouvoit être que très avantageuse à la France, l'Espagne et l'empereur.

Dans le conseil d'État du 18 février, on lut les réponses au cardinal de Polignac et au comte de Rottembourg. Les premières étoient pour calmer le pape sur le sujet des avocats, querelle qui augmentoit tous les jours. Il parut un mandement de l'archevêque de Paris, par lequel il traitoit d'hérétique leur opinion sur la justice extérieure que les avocats ôtoient aux évêques. Les avocats, traités d'hérétiques, se rassemblèrent pour appeler comme d'abus, et la querelle étoit très vive.

Dans les dépêches au comte de Rottembourg, on mandoit ce qui pouvoit le plus porter l'Espagne à se réunir à la France. Les lettres étoient longues, et le maréchal de Villars dit au garde des sceaux : « Mais il y avoit deux pages entières de la part du roi d'Espagne sur le maréchal de Villars dans la lettre de Rottembourg. Il me semble qu'un petit mot de réponse du roi, qui marquât quelque bonté pour le maréchal de Villars, pourroit être placé dans ces longues dépêches. » Le cardinal de Fleury le trouva ainsi, et le garde des sceaux s'excusa par des raisons peu solides.

Par les nouvelles de Londres, l'on voyoit que le ministère craignoit un mauvais effet de la déclaration de l'Espagne, qu'elle se feroit dégager du traité de Séville par l'inexécution de ses alliés. Stanhope pria même le comte de Broglie de ne pas rendre publique cette déclaration; et le cardinal de Fleury, ci-devant fort dévoué aux Anglois, blâma le silence du comte de Broglie.

L'on apprit, par un courrier de Séville, que les Anglois avoient porté leur perfidie à dire au roi et à la reine d'Espagne qu'ils n'avoient engagé un traité avec l'empereur que de concert avec la France. Le cardinal de Fleury se[1]..... des lettres de Walpole, qui s'excusoit de n'avoir pas osé lui faire part de ce qui se passoit entre l'Angleterre et l'Empire. On les fit voir à Castelar, et l'on envoya un courrier à Séville pour désabuser la cour d'Espagne, laquelle marquoit toujours une extrême prévention contre la France, au point que Rottembourg manda au maréchal de Villars qu'il voudroit, aux dépens de son sang, que lui, maréchal de Villars, pût être seulement pour huit jours auprès de Leurs Majestés Catholiques, lui seul pouvant les tirer de l'horrible prévention où elles étoient contre le cardinal de Fleury, lequel dit même au conseil que Castelar avoit eu ordre de faire ses efforts pour faire changer le ministre. Cette nouvelle en étoit une pour le conseil.

Dans celui du 21 février, on lut les dépêches au comte de Rottembourg, envoyées par un courrier exprès, pour désabuser la cour d'Espagne de ce que les Anglois avoient dit que nous étions de concert avec eux pour traiter avec l'empereur. Rottembourg se plaignoit toujours de la froideur de Patino et du marquis de La Paz, et tout étoit à craindre de la prévention de la reine d'Espagne. Rottembourg avoit encore

---

1. Le mot est en blanc dans le manuscrit ; de nombreuses lacunes de ce genre se rencontrent à partir de ce point jusqu'à la fin des *Mémoires;* nous avons déjà expliqué, dans l'Introduction, que le secrétaire de Villars laissait en blanc les mots qu'il n'avait pu lire ; le maréchal les rétablissait ensuite de sa main en corrigeant la copie. Ce travail de revision est resté inachevé à partir de ce point. Nous indiquerons par des points les lacunes que nous ne pourrons pas combler et nous mettrons entre crochets les mots que nous croirons pouvoir restituer.

eu une conversation de trois heures avec le roi et la reine d'Espagne, et toujours ses audiences commençoient après minuit. Le cardinal de Fleury paroissoit fort irrité contre la reine d'Espagne : il dit qu'il lui avoit écrit avec une extrême hauteur. Tout paroissoit dans une fâcheuse disposition, et on avoit lieu de craindre que tout ne se réunît contre nous.

Dans le conseil d'État du 25 février, on lut des lettres de Rottembourg, qui portoient toujours à craindre que l'Espagne, au lieu de se réunir avec nous, ne s'engageât avec l'empereur. On refusoit toujours l'argent des galions.

Le jour même du 26 février, le cardinal de Fleury envoya, sur les six heures du soir, prier le maréchal de Villars de se rendre chez lui. On y avoit mandé M. d'Angervilliers ; ils y trouvèrent le garde des sceaux, qui lut deux lettres qu'il recevoit dans le moment d'Angleterre, une du comte de Broglie, et l'autre de Chamorel. Toutes deux marquoient que l'envoyé du roi de Prusse avoit reçu un courrier de son maître, auquel il en étoit arrivé un de l'empereur, qui avoit fait une extrême diligence. L'empereur informoit le roi de Prusse qu'il avoit signé un traité avec l'Angleterre et la Hollande, par lequel il consentoit à l'entrée de six mille Espagnols dans les États de Florence et de Parme, pour les assurer à Don Carlos, moyennant neuf millions cinq cent mille florins que l'Espagne paieroit de subsides dus à l'empereur.

Il étoit à présumer que ce traité étoit de concert avec l'Espagne ; moyennant quoi la France se trouvoit abandonnée de tous ses alliés, ne lui en restant aucun des traités de Hanovre et de Séville ; et tout s'étoit réuni à l'empereur, malheur que le maréchal de Villars avoit toujours appréhendé et prédit dès le mois d'avril de 1730, l'ayant avancé au conseil dans ce temps-là, cependant sans avoir manqué à aucun de ses alliés; mais le cardinal avoit trop marqué qu'il ne vouloit point de guerre : situation terrible pour une couronne aussi puissante, et qui se croyoit, par une fausse politique, arbitre de l'Europe. Elle l'auroit été infailliblement, s'il y avoit eu autant de fermeté que de foiblesse dans le conseil du roi.

Sur cela le maréchal de Villars dit : « Depuis que je vois grande apparence à la défection de plusieurs de nos alliés, je conviens qu'il faut se mettre en état; s'il nous reste quelque ami, lui faire voir que nous pouvons le soutenir et ne pas craindre nos ennemis, et, pour cela, armer nos soixante mille hommes de milice. » Ce qui fut résolu. Cela auroit changé la face des affaires si on l'eût fait trois mois plus tôt.

Le marquis de Castelar vint voir le maréchal de Villars le 27 février et lui parla fort raisonnablement sur ses bonnes intentions. Le maréchal de Villars le dit au conseil, mais le cardinal de Fleury et le garde des sceaux dirent toujours que c'étoit le plus grand fourbe et le plus grand menteur qu'ils eussent jamais connu.

Dans le conseil d'État du 28 février, le garde des sceaux dit que l'ambassadeur d'Angleterre lui avoit dit que ce qui étoit arrivé d'Angleterre n'étoit point vrai, et nia tout ce que cet envoyé du roi de Prusse avoit publié à Londres. Il falloit donc attendre les premières nouvelles, et ce n'étoit pas sans impatience, surtout celles qui nous arrivoient de Bussy, de

Vienne. Castelar nioit que l'Espagne fût entrée dans aucun traité avec l'empereur ; cependant, les courriers du duc de Liria alloient de Vienne à Séville, passant par Paris. Aux inquiétudes que donnoient les nouvelles étrangères s'y joignoient celles que causoient les affaires de religion. Le mandement de l'archevêque de Paris déclaroit les quarante avocats hérétiques, lesquels vouloient porter leur appel au parlement. Cet archevêque, celui d'Embrun, l'évêque de Montpellier et Petit, évêque de Laon, n'oublioient rien pour brouiller tout, et la foiblesse du cardinal de Fleury leur en laissoit liberté entière.

Le 1er mars, le cardinal de Rohan vint voir le maréchal de Villars ; il lui dit avoir déclaré au cardinal de Fleury que, si l'on ne prenoit pas une résolution contre les avocats, il se retireroit de la cour. Le cardinal de Fleury lui avoit répondu que lui se retireroit si le cardinal de Rohan se retiroit. Le maréchal de Villars dit au cardinal de Rohan que sûrement le cardinal de Fleury ne quitteroit pas la cour.

Dans le conseil d'État du 4 mars, on lut une très longue dépêche du comte de Rottembourg, qui rendoit compte de toutes les conférences avec le roi et la reine d'Espagne, dans lesquelles ce ministre n'avoit rien oublié pour leur faire connoître que, dans la perfidie des Anglois, l'unique bon parti étoit de resserrer les nœuds de cette union, si nécessaire aux deux couronnes. Ses bonnes raisons ne pouvoient être combattues, mais il croyoit voir le parti contraire pris, et la reine d'Espagne embarquer le roi son mari, malgré lui, à s'unir à l'empereur et à l'Angleterre, sans y rien stipuler pour la France, refusant toujours avec opiniâtreté la restitution de l'argent des galions; et tout faisoit craindre que la France ne fût abandonnée de tous ses alliés. Le maréchal de Villars fut toujours d'avis de se mettre en état de ne rien craindre, et qu'il étoit honteux avec une puissance pareille à la nôtre de n'être plus recherché de personne. Il dit même au roi qu'il le croyoit très sensible à un pareil malheur, très mérité par la foiblesse de notre conduite depuis plusieurs années.

La mort du duc de Parme redoubla la vivacité de la reine d'Espagne. L'empereur fit entrer trois mille hommes de ses troupes dans les villes de Parme et Plaisance, en prenant possession au nom de Don Carlos; mais, comme la duchesse de Parme étoit demeurée grosse, il fut dit que, si elle accouchoit d'un fils[1]........ .... sans difficulté. Le pape envoya un courrier au roi et fit des protestations, prétendant, avec justice, que l'État de Parme relevoit du saint-siège. L'on attendoit avec impatience des nouvelles de Vienne, et avec quelque inquiétude que ce que l'empereur avoit paru désirer fortement ne le fût moins, se voyant recherché de l'Angleterre, et peut-être de l'Espagne.

Pendant que les affaires étrangères nous donnoient de justes inquiétudes, celles de la religion méritoient toute notre attention. Le mandement de l'archevêque de Paris, qui traitoit d'hérétiques les propositions des avocats, surtout celle qui ôtoit aux évêques la justice extérieure, obligea le procureur général du roi

1. La grossesse de la duchesse de Parme était imaginaire, mais servait les intérêts de l'Autriche; l'occupation avait pour prétexte la défense des droits de l'héritier attendu.

à en appeler comme d'abus; sur quoi le parlement donna un arrêt le 5, par lequel il défendoit la publication de ce mandement, ce qui étoit un affront sanglant à l'archevêque de la capitale du royaume.

Dans le conseil d'État du 7 mars, on apprit par les lettres de Bussy, de Vienne, que le courrier qui portoit les préliminaires d'un traité avec l'empereur étoit arrivé le 19 février. Il paroissoit que le conseil de l'empereur avoit pris au moins huit ou neuf jours pour délibérer, puisque la réponse n'étoit pas encore arrivée.

Le marquis de Castelar reçut un courrier le 6, et il parut, par quelques propositions de sa part, que l'Espagne n'avoit pas encore traité avec l'empereur. On avoit lieu de croire aussi que l'Angleterre n'avoit pas fini son traité; et jamais conjoncture n'avoit mérité plus d'attention ni paru plus propre à produire de grands événements.

Le 10 mars, le courrier que l'on attendoit de Vienne revint en six jours et demi, et l'on lut les dépêches de Bussy au conseil d'État du 11 mars. Il apprenoit que le prince Eugène attendoit de nos nouvelles avec impatience, et réitéra le premier discours, que l'empereur préféroit l'union avec la France à toute autre, et demanda à Bussy par écrit les propositions, lequel les donna, mais en priant le prince Eugène de lui rendre son écrit. Il dit que l'empereur s'en ouvriroit tout au plus avec un autre ministre; et on eut lieu de croire que ce ministre étoit le vice-chancelier de l'empereur, l'évêque de Wurzbourg.

Nous eûmes lieu de croire en même temps par les propositions de Castelar que l'Espagne n'avoit traité

ni avec l'empereur ni avec l'Angleterre. Le maréchal
de Villars dit : « Si nous traitons avec l'empereur, et
que, suivant nos propositions, l'Espagne y entre, je
suis persuadé que l'empereur pourra consentir à donner sa seconde archiduchesse à Don Carlos, mais à
condition de lui donner tous les Pays-Bas au lieu de
la Toscane. » Le cardinal de Fleury dit : « Il ne faut
pas consentir aux Pays-Bas, ni à voir l'empereur maître de l'Italie. » — « Et moi, » répondit le maréchal de
Villars, « je ne croirai point cette proposition de l'Italie, que la France ait Luxembourg fortifié et un prince
de France maître des Pays-Bas. L'empereur, toujours redoutable aux puissances du Nord, ne voudra
pas s'exposer au péril de les voir se réunir à la France
et à l'Espagne pour l'attaquer, et j'aime mieux voir
Don Carlos maître des Pays-Bas que de la Toscane. »

On apprit, en même temps, que la duchesse de
Parme n'étoit plus grosse.

Dans le conseil d'État du 14 mars, on apprit que
Castelar avoit reçu des ordres d'Espagne de traiter
avec la France, mais aux conditions de s'assurer dans
le moment les États de Parme. Le garde des sceaux
proposa divers articles pour ce traité, lesquels finissoient par forcer l'empereur par la guerre à remettre
les États de Parme. Le maréchal de Villars dit : « Mais
vous êtes au point de traiter avec l'empereur ; et, ce
que je vois de plus convenable dans la proposition
que vous faites de traiter avec l'Espagne, c'est qu'elle
vous donne le temps de voir à quoi aboutiront les
commencements du traité avec l'empereur ; mais,
quoi qu'il arrive de celui que nous pourrons faire avec
l'Espagne, prenez garde, s'il nous engage à la guerre,

de nous déterminer à la faire réellement, puisque vous seriez méprisables aux yeux de toute l'Europe si vous promettiez un engagement dans la résolution de ne le pas tenir. » M. d'Angervilliers fut du même sentiment.

Le maréchal de Villars manqua le conseil du 18 mars et reçut le jour d'après une lettre du garde des sceaux, qui lui mandoit qu'il avoit [été fâché] qu'il n'eût pas entendu ce qu'il avoit lu au précédent conseil de l'estime et de la confiance du roi et de la reine d'Espagne pour lui, et qu'il le prioit de ne pas manquer le conseil [prochain, où sa présence étoit] nécessaire dans des circonstances aussi difficiles.

Dans le conseil d'État du 21 mars, le cardinal de Fleury dit au maréchal de Villars que Leurs Majestés Catholiques marquoient toujours une grande confiance en lui, et toujours la même prévention contre la France, refusant constamment de rendre à nos [marchands] plus de quarante-cinq millions qui leur étoient dus du retour de la flottille.

D'un autre côté, on n'avoit aucune nouvelle de Vienne, et, le 23, le maréchal de Villars apprit, par le garde des sceaux, qu'il étoit arrivé un courrier de Bussy, dépêché secrètement, par lequel on apprit que le prince Eugène l'avoit remis encore à deux ou trois jours. Cette froideur, après avoir assuré deux fois que l'amitié du roi seroit préférée à toutes les autres, ne préparoit à rien de bien favorable.

D'un autre côté, les affaires se brouilloient entre le parlement et les évêques ; et une fermeté pour imposer silence ne se trouvoit pas dans le gouvernement.

Dans le conseil du 26 mars, on apprit, par les lettres

de Bussy, de Vienne, du 17, que le traité entre l'empereur, l'Angleterre et la Hollande avoit été signé le 16. Les seules particularités que l'on en sut, c'est que les garnisons espagnoles seroient introduites dans les places de Parme et Florence, et que l'Espagne paieroit à l'empereur ce qui étoit dû des subsides, que l'on faisoit monter à plus de vingt millions de notre monnoie. Le prince Eugène dit à Bussy que l'on traiteroit avec la France, et que ce seroit à Paris ou à Vienne.

On eut quelques avis que l'Espagne entroit dans ce traité, le marquis de Castelar ayant fait mystère des lettres qu'il recevoit de Séville et de Vienne ; et toutes les apparences étoient que la France étoit abandonnée de tous ses alliés et, par conséquent, bien éloignée d'être l'arbitre de l'Europe, avantage qu'elle pouvoit avoir avec une conduite différente.

Le 1er avril, on apprit, par les lettres de Rottembourg, de Séville, que l'on avoit quelques premiers avis de ce que les Anglois traitoient à Vienne. Le roi et la reine d'Espagne soutenoient que c'étoit entièrement à leur insu. Cependant la reine avoit une telle envie de se voir en possession des États de Parme que Rottembourg ne pouvoit douter que, si elle l'obtenoit par l'empereur, elle entraîneroit son mari, malgré lui, à se lier avec l'empereur. Cependant on disoit qu'ils ne consentoient ni à payer ces vingt millions ni à la Pragmatique. La possession de Parme, l'empereur pouvoit la promettre, mais non la donner ; la veuve du duc de Parme étoit grosse ou du moins estimée telle.

Il y a eu, le jour de la Cène, chez la reine, une

querelle violente entre les dames, Mme de Rupelmonde ayant d'abord passé devant les duchesses de Luxembourg, Béthune et Gontaut. Les ducs en parlèrent au cardinal de Fleury, et le maréchal de Villars au roi, après le conseil, et lui dit que par sa justice et sa bonté Sa Majesté avoit intérêt d'animer le courage de ses sujets par l'espérance de l'élévation; qu'aucune nation n'avoit jamais marqué plus d'ardeur pour le service et pour la gloire de son maître; qu'il étoit de son intérêt d'inspirer de pareils sentiments et de sa dignité de soutenir les grâces dont elle avoit honoré ceux qu'elle croyoit les avoir méritées, et que c'étoit lui manquer de respect que d'oser les attaquer; que, d'ailleurs, on demanderoit à ces gens de qualité, qui attaquent les dignités, pourquoi ils vont se faire casser les bras et les jambes à la guerre; quel est leur objet quand ils passent des journées dans les antichambres des ministres; pourquoi ils veulent se ruiner dans les ambassades : n'est-ce pas de l'élévation qu'ils attendent des peines qu'ils se donnent? que quiconque attaque une élévation, laquelle doit être son premier objet, se déclare indigne d'y parvenir; que lui, maréchal de Villars, avoit été dans toutes les cours de l'Europe; qu'en Espagne, les grands, dont le nombre est deux fois plus grand que celui des pairs, sont traités d'*excellence* par les plus qualifiés, qui ne sont pas grands, que les derniers ne traitent que de *seigneurie;* qu'en Angleterre, il n'y a pas la moindre dispute; qu'en Allemagne, les comtes de l'Empire passent, sans difficulté, après tous les princes. Le roi signa un ordre, le 1er avril, par lequel il déclaroit qu'il étoit sans exemple que les dames titrées n'eussent pas toujours précédé celles qui ne l'étoient pas, et que l'on suivroit exactement ce qui s'étoit pratiqué du temps du feu roi.

Dans le conseil d'État du 11 avril, on apprit, par les lettres de Rottembourg, que la vivacité étoit au plus haut point sur ce qui se traitoit à Vienne, et l'inquiétude que le roi d'Espagne vouloit absolument demeurer uni avec la France, et la reine avec l'empereur, s'il la mettoit en possession des États de Parme ; la grossesse de la veuve du duc de Parme n'étoit plus mise en doute.

Patino, presque seul ministre, voyoit le péril de se séparer de la France. Tous les Espagnols et le roi pensoient de même ; mais la reine étoit la maîtresse. Rottembourg mandoit au roi que le roi d'Espagne parloit toujours du maréchal de Villars et que, sur les guerres d'Allemagne, il avoit dit : « Si l'on avoit laissé faire le maréchal de Villars, nous étions les maîtres de l'Allemagne. »

On apprit, dans ce même conseil, que le milord Walgraf avoit reçu le traité de Vienne ; il devoit le communiquer le même jour au cardinal de Fleury. Il arriva divers courriers du duc de Liria pour l'Espagne, et plusieurs d'Espagne qui passoient à Paris et alloient à Vienne. L'incertitude de la conduite de l'Espagne continuoit.

Le roi passoit la plus grande partie du temps à Rambouillet, ce qui faisoit manquer plusieurs conseils.

Dans celui d'État du 19 avril, on lut plusieurs dépêches du comte de Rottembourg. Le cardinal dit que milord Walgraf lui avoit communiqué le traité de Vienne. Le cardinal étoit persuadé qu'il y avoit des articles secrets. Le roi d'Angleterre s'engageoit à garantir la Pragmatique de la succession de l'empereur. On prétendit qu'il étoit stipulé qu'aucun prince de la maison de Bourbon n'épouseroit l'archiduchesse; l'introduction des six mille Espagnols dans les places de Parme et de Toscane. On prétendit que l'Espagne paieroit ce qu'elle avoit promis de subsides à l'empereur dans le traité de Vienne. Enfin le conseil ne fut pas informé bien exactement du traité signé le 16 mars à Vienne.

Sur la Pragmatique, le maréchal de Villars dit qu'il ne lui seroit pas reproché de n'avoir pas pris la liberté de conseiller au roi de refuser la garantie; que l'on avoit quelque connoissance que Charles-Quint avoit fait une substitution perpétuelle des mâles et femelles de la maison d'Autriche; que le roi étoit donc appelé à cette substitution et qu'il ne devoit jamais y renoncer en garantissant un autre héritier. M. le duc d'Orléans dit qu'il falloit principalement conserver la paix. Le maréchal de Villars dit qu'il falloit principalement conserver la dignité du roi et celle de la nation, et adressa la parole au cardinal de Fleury. Il rappela les paroles de ce cardinal aux comtes de Sinzendorff et de Kœnigseck, sur des propositions de garantir la Pragmatique, que *si le roi avoit perdu trois batailles, il ne faudroit pas encore l'écouter*. Le cardinal redit les mêmes paroles, et à M. le duc d'Orléans, qui alléguoit qu'un des premiers devoirs des rois étoit de soulager leur peuple, ce qui ne se pouvoit que par la paix. Le maréchal de Villars répondit qu'un des premiers devoirs des rois étoit de conserver leurs États, ce qui ne se pouvoit que par ne pas craindre la guerre.

Le garde des sceaux lut un écrit par lequel milord Walgraf pressoit le roi, de la part de son maître, d'ordonner à son ambassadeur en Espagne de se joindre à celui d'Angleterre, pour soutenir que l'on n'abandonneroit pas le traité de Séville. Il fut résolu de lui répondre avec la plus grande hauteur qu'une pareille proposition étoit ridicule de la part de ceux qui, contre leur parole, avoient fait des traités avec l'empereur, malgré divers articles du traité de Séville même, par lesquels ils s'engageoient à ne faire aucun traité avec l'empereur que du consentement des parties contractantes du traité de Séville. Il est certain que l'influence des Anglois étoit aussi marquée que leur perfidie.

Rottembourg donnoit quelque espérance, par les lettres du 4 avril, que l'Espagne n'entreroit pas dans le traité de Vienne.

Les fréquents voyages de Rambouillet firent manquer deux conseils d'État. Dans celui du 29 avril, on apprit, par les lettres de Rottembourg, que le roi d'Espagne n'étoit pas encore informé du traité de Vienne, mais, ne doutant pas qu'il n'y en eût un, étoit fort irrité contre les Anglois; que Patino vouloit que l'on s'unît à la France; mais que, si l'empereur donnoit les États de Parme, il ne répondoit pas que la reine d'Espagne ne l'emportât.

Le roi d'Espagne marquoit toujours beaucoup d'amitié pour le maréchal de Villars, s'informant de sa santé; la reine même paroissoit s'intéresser à sa conservation. Il paroissoit qu'il étoit souvent question de lui dans les conversations de Rottembourg avec le roi et la reine. Le garde des sceaux lut une dépêche pour que Rottembourg fortifiât le roi d'Espagne dans sa résolution sur le traité de Vienne. Le maréchal de Villars lui en avoit écrit une qu'il demanda permission au roi de lui lire. Il hasarda de lire au roi une dépêche, de laquelle il n'avoit pas parlé au cardinal. On la trouvera ci-jointe[1], et le cardinal et le garde des sceaux la louèrent fort. Le roi eut même la bonté de lui en parler et de la louer.

Le comte de Broglie, revenu pour quelques jours à la cour, confirma tout ce que l'on savoit déjà de la perfidie des Anglois, et dit même que, pendant la négociation qui se traitoit en France pour agir contre l'empereur, ils avertissoient la cour de Vienne de tout.

Il étoit facile de fortifier le parti opposé au roi d'Angleterre, et le maréchal de Villars rappela au conseil du 29 avril ce que le cardinal de Richelieu avoit fait pour exciter une sédition à Londres[2]. Celui qui la pratiquoit, ne voulant pas être connu, ne donna d'autres marques, pour que l'on lui fît toucher une somme très considérable, si ce n'est qu'à telle heure un homme avec un manteau noir seroit près du second pilier de l'église cathédrale. Il y a des occasions où il faut hasarder l'argent, et il étoit important de ruiner un ministre qui nous avoit trahis.

Dans le conseil d'État du 6 mai, on apprit que le roi d'Espagne avoit enfin ordonné que l'on délivrât l'argent de la flottille aux négocians françois. Ces retardements avoient causé beaucoup de banqueroutes dans tout le royaume. Rottembourg écrivit au maréchal de Villars qu'il espéroit que l'Espagne n'entreroit

---

1. Cette dépêche ne se trouve pas jointe au manuscrit.
2. Cette anecdote est tirée des Mémoires du C. D. R. F. (c^{te} de Rochefort), ouvrage de des Courtilz, peu croyable. (Note d'Anquetil.

pas dans le traité de Vienne. Le garde des sceaux lut une dépêche dans laquelle le roi d'Espagne parloit toujours avec bonté du maréchal de Villars, racontant plusieurs de ses actions, desquelles il avoit une parfaite connoissance.

On donna l'ordre à Plelo, ambassadeur en Danemarck, de faire espérer la continuation des subsides, pour les empêcher de désarmer.

Dans le conseil des dépêches du 12, M. de Maurepas rapporta un procès de Mme de Mézières contre le comte de Joyeuse. Il parut, de la part de ladite dame, tant de faussetés qu'elle fut condamnée tout d'une voix.

Dans le conseil d'État du 14, on trouva une infinité de contrariétés dans la conduite de Patino. Les effets de la flottille, qui devoient être distribués dès le 22 avril, ne l'étoient pas encore le dernier du même mois. On distribua seulement les petites monnoies, mais ordonnant qu'elles seroient réformées dans les hôtels des monnoies du roi d'Espagne, où il y avoit un cinquième de perte pour les négociants.

Rottembourg mandoit que Kent, ambassadeur d'Angleterre, lui avoit parlé comme un homme hors de lui-même, désespéré si on ne faisoit pas quelque chose sur le traité de Vienne qui empêchât la perte du ministère anglois. Le roi n'avoit pas intérêt de soutenir un ministère qui avoit trahi la France, et même de la manière la plus fausse et la plus perfide. Le maréchal de Villars conseilla de renvoyer le milord Walgraf, ambassadeur d'Angleterre, et de ne plus renvoyer en Angleterre le comte de Broglie. On ne fit que le dernier.

On voyoit que l'Espagne vouloit encore traiter avec

l'empereur, et la prévention de la reine d'Espagne contre le cardinal de Fleury l'éloignoit de toute négociation avec la France, malgré le désir du roi et de toute l'Espagne.

Dans le conseil d'État du 16 mai, on lut des lettres de Rottembourg, qui étoit outré de la conduite de Patino, lequel manquoit à toutes les paroles qu'il avoit données sur la délivrance des effets de la flottille. Il est certain que ce ministre mentoit familièrement et sans scrupule. Les apparences sont que Patino auroit voulu, comme très bon et très sage, que la France et l'Espagne demeurassent dans une parfaite union, conformément à leurs plus grands intérêts; mais la reine d'Espagne n'étoit occupée que du seul intérêt d'avoir Parme, ce qui devenoit bien douteux par la grossesse bien réelle de la duchesse de Parme.

Le 17 mai, le roi alla voir les gardes du corps. Le milord Walgraf étoit à la revue; il parla au maréchal de Villars de la beauté des troupes. Le maréchal lui répondit : « Il n'a tenu qu'à vous qu'elles ne soient entrées dans l'Empire l'année dernière, et suivies de plus de soixante-dix mille hommes des meilleures troupes. Nous ne vous demandions que quinze ou seize mille nationaux anglois, par l'estime que nous faisons de leur valeur, et, avec les Hollandois et les Hessois, nous donnions la loi à l'Empire en passant le Rhin. » Le général Amestron étoit avec Walgraf. Le maréchal de Villars le prenant par la main lui dit : « Vous vous souviendrez, monsieur d'Amestron, que, dînant chez moi, sur les objections que l'on fit par rapport aux princes de l'Empire, vous dîtes : *Passons le Rhin, et je me moque des princes de l'Empire.* Et j'ajoutai : *Entrons dans l'Empire, et nous aurons à choisir de leur argent ou de leur amitié. Ils nous donneront leurs troupes ou de l'argent.* Milord, » ajouta le maréchal de Villars, « cette guerre étoit plus sage que celle d'Italie et de Sicile, que M. Horace Walpole vouloit toujours, préférablement à tout. Je ne crois pas même que vous eussiez voulu encore celle-là, puisque vous étiez déjà si bons amis de l'empereur. Vous ne la vouliez assurément pas, puisque vous avez traité avec l'empereur sans nous en rien dire, à nous vos bons amis, fidèles alliés et confédérés. » Walgraf ne sut que répondre.

Le 20, il y eut conseil d'État, et les lettres de Rottembourg confirmoient que l'on ne délivreroit pas l'argent de la flottille. Il parut que la reine d'Espagne attendoit des nouvelles de Vienne; et l'on pouvoit craindre que, malgré le roi d'Espagne, elle traiteroit avec l'empereur, pourvu qu'il lui promît l'État de Parme, de quoi l'on ne doutoit pas, avec la certitude que l'on ne lui tiendroit pas parole.

Le roi donna le gouvernement de Béthune à Rottembourg, en éteignant le brevet de retenue de cinquante mille livres, pour dix mille de rente. Le maréchal de Villars se récria contre la modicité de la grâce, à proportion du mérite et des services de Rottembourg.

Quant à la distribution de l'argent de la flottille, elle fut encore différée, malgré les paroles réitérées de Patino; et, lorsque Rottembourg s'en plaignit au roi d'Espagne, le prince dit qu'il n'avoit pas ordonné que l'on délivrât l'argent.

Dans le conseil d'État du 27, on lut des lettres de

Rottembourg, qui avoient toujours des assurances de Patino que l'Espagne ne traiteroit pas avec l'empereur. Le cardinal de Fleury dit au maréchal de Villars que la reine d'Espagne étoit si folle qu'il valoit peut-être mieux qu'elle ne traitât pas avec nous. M. d'Orléans fut de ce sentiment, que le maréchal de Villars combattit hautement, disant que le plus grand malheur seroit que l'Espagne se séparât de la France, laquelle restoit seule et pouvoit tout craindre; qu'il valoit beaucoup mieux faire la guerre, si la reine d'Espagne le vouloit, que l'on étoit assuré de détruire le commerce des Anglois, et par là d'abattre nos plus grands ennemis. Qui pouvoit répondre, si la France demeuroit seule, que l'empereur voulût se contenter de nous voir garantir sa succession? A quoi M. le cardinal de Fleury avoit assuré que le roi ne consentiroit jamais, quand même il auroit perdu trois batailles. La foiblesse du conseil du roi étoit si connue dans l'Europe que l'on avoit à craindre qu'elle ne rendît nos ennemis insolents.

Fénelon mandoit de Hollande que le pensionnaire Stringland étoit bien mal et qu'il y avoit des soupçons que l'on pourroit faire le prince Guillaume de Hesse stathouder.

Le roi de Suède se disposoit à venir passer quelques mois dans ses États d'Allemagne.

Dans le conseil d'État du 30 mai, on lut une dépêche de Rottembourg, qui rendoit compte du bon effet de celle du maréchal de Villars du 23 avril; que le roi et la reine d'Espagne avoient été touchés des raisons qu'elle expliquoit pour convaincre les Anglois de n'avoir jamais voulu la guerre. Leurs Majestés Catholiques avoient dit à Rottembourg : « Assurez-le que nous l'aimons autant que nous l'estimons. » Le roi parut écouter avec plaisir les sentiments du roi et de la reine d'Espagne pour le maréchal de Villars, lequel avoit entretenu le roi, le matin, sur la guerre, et l'excitant de paroître désirer d'y aller, étant nécessaire de désabuser l'Europe entière qu'il n'y a sorte d'affronts que la France ne souffrît plutôt que d'entrer en guerre.

Rottembourg mandoit que les discours de Vandermer, ambassadeur de Hollande, étoient assez insolents pour vouloir établir qu'il falloit ôter l'Alsace à la France et la réduire à ses anciennes limites.

Tout étoit encore incertain sur le parti que prendroit l'Espagne. Patino assuroit toujours qu'il étoit impossible qu'elle ne demeurât pas entièrement unie à la France. Cependant, le maréchal de Villars eut lieu de juger qu'elle accéderoit au traité si l'on introduisoit les garnisons espagnoles dans Plaisance et Livourne, qui étoient les principales places des États de Toscane et de Parme.

Les Anglois se conduisoient toujours avec la même hauteur, faisoient équiper une armée navale de vingt-cinq des plus gros vaisseaux, sous les ordres de l'amiral Wager, pour aller vers Cadix forcer les Espagnols à l'accession du traité de Vienne, pendant que la France ne donnoit aucun signe de vie pour contenir ou attaquer.

Le 6 juin, le maréchal de Villars partit pour son château; il alla dîner chez le garde des sceaux, dans sa nouvelle acquisition de Grosbois, qu'il avoit faite à bon marché et malgré la famille des Bernard. Le maréchal de Villars lui demanda si l'on ne prenoit aucun parti sur l'armement des Anglois ; qu'ils faisoient très bien de se rendre redoutables et la France très mal de se rendre méprisable ; que le feu roi ne nous avoit pas accoutumés à tant d'humilité ; qu'il ne falloit plus douter de l'accession de l'Espagne ; que Castelar avoit dit au maréchal de Villars : « Les Anglois nous promettent l'introduction des garnisons espagnoles. Dès qu'ils exécuteront le traité, pourquoi n'accéderions-nous pas, surtout n'ayant rien à espérer d'ailleurs ? » Le garde des sceaux dit au maréchal de Villars qu'il n'avoit reçu aucune nouvelle de Rottembourg ; mais il ne disoit pas toujours vrai, et il étoit bien difficile qu'il fût douze jours sans un courrier.

Dans le conseil d'État du 10 juin à Fontainebleau, on lut une lettre de Chamorel, de Londres, laquelle confirmoit l'armement de vingt-cinq vaisseaux de guerre pour forcer l'Espagne à l'accession du traité de Vienne. Le maréchal de Villars soutint avec beaucoup de fermeté que, quelque plainte que l'on eût lieu de faire de la conduite de la reine d'Espagne, désapprouvée du roi d'Espagne et de tous les Espagnols, il ne falloit pas qu'ils pussent dire que la France les abandonnoit. Le cardinal résista, et le garde des sceaux combattit par de foibles raisons celles du maréchal de Villars, lequel soutint les siennes avec force. La dispute fut longue, et le maréchal de Villars dit au roi : « Sire, je demande pardon à Votre Majesté de mon opiniâtreté ; mais j'ai lu dans les Mémoires du cardinal de Richelieu que celui-là n'est pas digne d'être conseiller d'État qui ne soutient pas avec opiniâtreté ce qu'il croit utile à l'État, et rien ne l'est tant que de soutenir votre gloire et celle de la nation, et il est directement contre cette gloire de ne pas soutenir l'Espagne quand nos ennemis veulent la forcer à nous abandonner. » M. d'Angervilliers soutint l'opinion du maréchal de Villars, mais avec la prudence convenable lorsque l'on combat l'opinion du cardinal maître, appuyé par le garde des sceaux, uniquement occupé à lui plaire.

Le maréchal de Villars demanda après le conseil au roi s'il désapprouvoit son opiniâtreté. Le roi lui dit : « Non, et vous m'avez fait plaisir. »

L'on apprit par les lettres de Perseville, chargé des affaires du roi auprès du roi de Pologne, que le marquis de Fleury, son principal ministre, lui avoit montré une lettre du duc de Liria, laquelle disoit qu'il avoit si bien fait à la cour qu'il avoit rompu les mesures du comte de Rottembourg pour empêcher l'Espagne d'accéder au traité de Vienne. Sur cela, le maréchal de Villars dit : « Le misérable, est-ce que le maréchal de Berwick, son père, ne le punit pas ? » Sur cela, le cardinal de Fleury et le garde des sceaux se mirent à rire en regardant le roi. Le maréchal de Villars parut ignorer, ce qu'il savoit déjà, que le maréchal de Berwick trahissoit le roi en avertissant l'Angleterre de tout ; cependant le cardinal l'avoit comblé de grâces.

Dans le conseil d'État du 13 juin, on parla encore de l'armement des Anglois, et le garde des sceaux dit au maréchal de Villars : « Vous verrez que j'écris à M. de Rottembourg conformément à vos sentiments. » Il est vrai qu'il mandoit que le roi pouvoit mettre en mer quarante vaisseaux de ligne, lesquels, joints à ceux d'Espagne, pouvoient tenir tête aux Anglois. Le maréchal de Villars dit : « Mais n'envoyez-vous pas cette lettre par un courrier? » Le garde des sceaux dit : « Non. » Le maréchal de Villars reprit : « Dans une occasion aussi importante, je voudrois marquer plus de vivacité de votre part. » Mais la vivacité n'étoit pas du côté du cardinal, et le garde des sceaux étudioit surtout ses sentiments. Le maréchal de Villars reprit encore : « Je regarde comme un très grand malheur de perdre l'Espagne. » Le garde des sceaux répondit : « Mais si la reine d'Espagne vous propose, pour se joindre à vous, de faire la guerre? » Le maréchal dit : « Il faut la faire, et nous en aurons de bien dangereuses à soutenir si l'Espagne nous abandonne; vous trouverez le conseil de l'empereur bien insolent et qui vous demandera peut-être l'Alsace. Vous voyez les puissances qui nous abandonnent pour tenir à l'empereur commencer à tenir de très mauvais discours : la crainte d'une guerre prochaine, que nous aurions pu faire avec avantage, vous en attirera une dangereuse dans peu de temps. »

Dans le conseil d'État du 17 juin, on lut une lettre de Rottembourg, du 4, qui donnoit encore quelque apparence de ne pas voir l'Espagne accéder au traité de Vienne. Il est certain que la reine seule, dans toute la cour de Séville, nous étoit contraire. On voyoit que le roi d'Espagne, le prince des Asturies et tous les Espagnols croyoient leur perte certaine dans notre désunion.

Rottembourg mandoit que le roi d'Espagne se portoit très bien, quoiqu'il ne fût que cinq quarts d'heure au lit dans les vingt-quatre. Ce qui étoit inconcevable et même que sa santé pût se soutenir. Ce qui étoit encore très surprenant, c'est que, demeurant si peu au lit, les heures d'audience aux ministres étrangers fussent depuis minuit jusqu'à six heures du matin.

L'on apprenoit que le duc de Liria n'oublioit rien à Vienne pour réunir sa cour avec l'empereur, et assurément le roi n'avoit guère de plus grands ennemis que le maréchal de Berwick, comblé des grâces du roi, et son fils. Il est vrai que le maréchal de Berwick, après avoir trahi le roi son frère et refusé de le servir, ne pouvoit guère nous être plus fidèle.

L'on apprit que le roi de Danemarck, en lui faisant payer deux quartiers de ses subsides, avoit accordé de différer de six mois la réforme de ses troupes.

L'envoyé de Parme vint donner part au roi de l'état de la duchesse de Parme, laquelle fut trouvée véritablement grosse, et qu'elle pouvoit accoucher dans deux mois.

Le 16, la marquise de La Vrillière épousa le duc de Mazarin, qui paroissoit mourant; elle prit le tabouret le 18.

Le 19, il arriva deux courriers de Séville; le premier, dépêché par Kent à milord Walgraf, pour le faire passer à Londres; le second, par Rottembourg, arrivé en neuf jours. Ce dernier nous apportoit des nouvelles fort importantes et plus favorables que nous ne les pouvions espérer. Le roi d'Espagne avoit signé une déclaration par laquelle il consentoit à ce qui avoit été signé à Vienne, conformément à l'article 5 du traité de Séville, qui regardoit l'introduction des six mille Espagnols dans les places de Toscane et de Parme et la prise de possession de l'infant Don Carlos, pour laquelle on donnoit cinq mois. Moyennant l'accomplissement de cet article, le roi d'Espagne confirmoit tout ce qui regardoit les Anglois dans le traité de Séville; mais il n'accordoit aucune garantie de la Pragmatique de l'empereur ni le paiement d'aucun subside.

Le roi et la reine d'Espagne, persuadés que l'empereur ne consentiroit jamais à voir l'Espagne mettre un pied dans l'Italie sans accorder la garantie de la succession, pressoient pour faire un traité secret avec la France. Le maréchal de Villars dit au conseil du 20 qu'il ne s'attendoit pas à une résolution de la reine d'Espagne aussi avantageuse; qu'il falloit faire un traité; qu'enfin, en s'unissant avec l'Espagne, il étoit démontré que nous ruinions le commerce des Anglois en moins de deux ans, et le nôtre plus florissant que jamais; que l'Empire et le roi de Sardaigne, étonnés du traité de Vienne, étoient ébranlés et ne cherchoient qu'un point d'appui pour se séparer de l'empereur; que ce point d'appui ne pouvoit être que la France; mais qu'il falloit donc que la France montrât quelque fermeté, et que, lorsqu'on seroit persuadé dans toute l'Europe que la France, malgré ses véritables intérêts, ne vouloit aucune sorte de guerre, elle seroit abandonnée de tout le monde. Ce raisonnement étoit certain. Le cardinal ne le combattit pas, mais ne parut pas l'approuver. C'en étoit assez pour que le garde des sceaux, en approuvant le parti que prenoit l'Espagne, écrivît mollement sur la résolution de la France de soutenir l'Espagne.

Le maréchal de Villars soutint son opinion, mais alla ensuite chez le garde des sceaux pour lui faire voir que notre foiblesse paroissoit en tout; que, lorsque l'Angleterre envoyoit une armée navale contre l'Espagne, on se contentoit d'écrire par la poste ordinaire que le roi avoit quarante vaisseaux de ligne; que la droite raison eût été de commencer à les faire armer et le mander par un courrier à Séville; qu'il n'y paroissoit nulle force de notre part et que, lorsque l'Espagne s'unissoit à nous, marquant les intentions les plus favorables, nous ne faisions rien qui parût vouloir l'aider; que j'avois fait ce que j'avois pu pour faire assembler nos milices; en un mot, que la puissance de l'Europe la plus redoutable sans contredit, ne voulant la paroître en rien, deviendroit la plus méprisable.

Par le même courrier, le marquis de La Paz envoya à Rottembourg une déclaration très offensante pour l'empereur, par l'accusation du crime de supposition de part contre la duchesse régnante de Parme, et cette déclaration de la part du roi et de la reine d'Espagne, comme si l'empereur avoit protégé cette duchesse.

L'on reçut des lettres très fraîches de Constantinople, arrivées par mer en trente-neuf jours de Constantinople à Fontainebleau. Elles marquoient que Rustan-Bacha, commandant à Tauris, assiégé par l'armée des Persans, avoit reçu un ordre par un capigi-bachi d'envoyer sa tête à Constantinople; qu'il avoit fait enfermer le capigi-bachi et fait une sortie avec toutes ses troupes et défait l'armée qui l'assiégeoit; qu'ensuite il avoit mandé au Grand Seigneur qu'avant de lui envoyer sa tête il avoit voulu rendre un grand service à l'empire ottoman, et qu'ensuite, s'il vouloit encore sa tête, il obéiroit.

Dans le conseil d'État du 24, on lut des lettres encore plus fraîches de Constantinople, qui confirmoient les premières; mais l'ambassadeur Villeneuve mandoit que ce n'étoit pas Tauris qui étoit assiégé, mais Érivan; que Rustan-Bacha n'étoit pas dans la ville, mais qu'il commandoit un camp de cinq ou six mille Turcs, et que, sur la nouvelle de la défaite des Persans par la garnison d'Érivan, il avoit suivi les Persans dans leur fuite; que le sophi Thamas avoit été blessé et que l'on le suivoit dans l'espérance de le prendre.

L'on attendoit un courrier de Séville, qui devoit apporter un projet de traité avec la France, le roi d'Espagne persuadé que l'empereur n'accepteroit pas les conditions que l'Espagne avoit stipulées pour accéder au traité de Vienne.

Le marquis de Castelar, ambassadeur d'Espagne, vint passer deux jours à Villars et donna au maréchal des mémoires qui lui étoient envoyés de Londres et de la Haye, par lesquels il paroissoit que les Anglois n'épargnoient pas les ridicules au premier ministre de France, ceux d'Angleterre avouant qu'ils l'avoient trompé en tout, qu'il avoit fallu toute l'habileté possible à leurs ministres pour empêcher, premièrement l'union de l'empereur avec la France, ensuite celle de la France avec l'Espagne; qu'ils n'avoient fait le traité de Séville que pour se réunir ensuite avec l'empereur; liés à la Hollande, qu'il faudroit bien que l'Espagne accédât, y trouvant tous ses avantages, et qu'il n'importoit guère que la France, demeurant seule, fût amie ou ennemie.

Dans le conseil d'État du 27, le maréchal de Villars

fit remarquer l'insolence des Anglois et qu'il falloit, à quelque prix que ce fût, conserver l'Espagne.

Il paroissoit que les électeurs de Bavière et de Saxe traitoient ensemble pour se réunir à la France. Sur quoi le maréchal de Villars dit : « J'ai déjà fait voir plus d'une fois que la Pragmatique de l'empereur soulève l'Empire et le roi de Sardaigne; que ces puissances ne peuvent être soutenues que par la France, qui est le seul point d'appui que l'on puisse imaginer dans l'Europe; mais que, pour être censé point d'appui, il ne faut pas que l'Europe entière croie que la France ne veut aucune sorte de guerre. »

Dans le conseil d'État du 1er juillet, on apprit qu'il étoit arrivé un courrier au marquis de Castelar, qui lui apportoit un projet de traité avec le roi. Il y avoit aussi une réponse de la main du roi d'Espagne, laquelle s'étoit fait attendre plus de trois mois, aux assurances d'amitié que le roi lui donnoit.

Le garde des sceaux, au lieu de lire le projet, qui devoit être important, ne parloit que des menteries continuelles de Patino et de son frère Castelar; qu'il avoit voulu parler au roi et ensuite donner un mémoire au roi rempli d'impostures; et, en un mot, au lieu de parler d'un projet si important, il parut que le garde des sceaux n'étoit occupé que de dire tous les maux du monde de ces deux ministres d'Espagne ; le cardinal dit même que l'on ne feroit rien avec l'Espagne tant que la reine d'Espagne vivroit. Le maréchal de Villars dit : « Mais elle est très jeune, et je serois bien fâché de voir l'Espagne unie à l'empereur, et la France demeurer seule. » La vérité est qu'il y avoit une haine très grande de la reine d'Espagne contre le cardinal et le garde des sceaux, et que celui-ci, uniquement occupé à plaire au cardinal, ne songeoit qu'à piquer le roi contre l'Espagne. Le maréchal de Villars et d'Angervilliers s'entretenoient sur cela et jugeoient que tout iroit très mal.

Le 1ᵉʳ juillet, Mᵐᵉ la Duchesse et plusieurs dames arrivèrent à Villars pour y passer deux jours, avec grande compagnie.

Dans le conseil du 4, le garde des sceaux apporta les articles du traité et les notes qu'il avoit faites à côté de chaque article. Le maréchal de Villars dit qu'il faudroit avoir ces articles pour les examiner avec une grande attention; mais on ne les donna pas. Le garde des sceaux dit que l'Espagne traitoit avec l'empereur; il vouloit penser que la France ne concluroit rien avec l'Espagne.

Le maréchal de Villars reçut une lettre du comte de Rottembourg, remplie, comme les précédentes, d'assurances de l'amitié du roi et de la reine d'Espagne.

Le garde des sceaux dit que le marquis de Castelar étoit homme de plaisir et ne travailloit pas. Sur quoi M. d'Orléans dit que tout homme qui aime les plaisirs n'est pas capable de travailler. Le maréchal de Villars dit : « Je vous demande pardon, j'aime les plaisirs, et je vous soutiens que je suis très capable de bien travailler. » Le roi approuva la réponse du maréchal de Villars.

Dans le conseil d'État du 2, on lut un projet d'articles donnés par le marquis de Castelar et notés par le garde des sceaux. Ils furent examinés; il étoit question d'établir la possession de Don Carlos dans les places de Parme et Florence, sans attendre l'accouchement de la duchesse ; et, quand même elle accoucheroit d'un fils, la France entroit dans toutes les mesures qui seroient prises pour l'introduction des garnisons espagnoles, et les articles établissoient l'union avec la France. Mais il étoit aisé de présumer que l'empereur ne consentiroit pas à cette union, et l'on avoit lieu de penser que l'Espagne traitoit aussi secrètement avec l'empereur. La Hollande n'accédoit pas encore, mais il étoit vraisemblable qu'elle y consentiroit et que la France demeureroit seule.

Dans le conseil du 11, on lut une lettre de Rottembourg qui faisoit encore mention des sentiments du roi d'Espagne pour le maréchal de Villars, et qu'il souhaitoit qu'il se portât assez bien pour commander les armées *de ambas coronas ;* c'étoit le terme dont le roi d'Espagne se servoit.

Les articles furent envoyés à Séville par un courrier du marquis de Castelar, et un pouvoir du comte de Rottembourg pour les signer. L'on apprenoit par les nouvelles de l'Empire que l'empereur augmentoit ses troupes, et il ne paroissoit aucune marque de vigueur de la part de la France.

Le roi eut une légère indisposition le 9, laquelle ne l'obligea pas à garder le lit ; mais il paroissoit d'une foiblesse et d'un ennui qui obligèrent le maréchal de Villars à lui parler avec force, lui disant : « Voir un roi de France de vingt-deux ans triste et s'ennuyer est inconcevable ; vous avez tant de moyens de vous divertir ! On ne vous désirera jamais d'autres plaisirs que ceux que permet la sagesse ; mais la comédie, la musique..... » Le roi interrompit et dit : « Il ne faut pas disputer des goûts. » — « Non, » répliqua le maréchal de Villars, « mais je vous en souhaite plusieurs. Joignez quelque divertissement à celui de la chasse, et d'ailleurs vos affaires sont en si bon état que ce ne sera jamais un ennui pour Votre Majesté d'y travailler ; et, si au divertissement il se joint quelque divertissement de gloire, quels moyens n'avez-vous pas de le satisfaire? » Ces discours ne parurent pas faire une grande impression ; mais le maréchal en fut loué par ceux qui les entendoient, et fut cinq jours de suite à Fontainebleau ; il revint le 11 à Villars, où il venoit toujours beaucoup de monde.

Dans le conseil d'État du 15, on lut diverses lettres de Rottembourg, sur lesquelles le cardinal et le garde des sceaux dirent que l'on pouvoit compter que l'Espagne accéderoit au traité de Vienne et ne signeroit pas le traité avec la France, pour ne pas déplaire à l'empereur. Sur cela, le maréchal de Villars dit au cardinal : « Vous comptez l'Espagne réunie avec l'empereur? » Il répondit qu'il s'y attendoit. Le maréchal de Villars ajouta : « Mais les nouvelles publiques et particulières veulent que l'empereur augmente ses troupes. » Le cardinal et le garde des sceaux en convinrent. Sur cela, le maréchal de Villars dit : « Je supplie le roi de m'honorer d'un peu d'attention ; ce que je vais prendre la liberté de dire me paroissant en mériter.

« Le conseil n'aura point oublié qu'il y a plus de dix-huit mois que je lui ai représenté tous les périls de la réunion de l'Espagne avec l'empereur. Nous avons un ennemi de plus, qui est l'Angleterre, par la grande raison de Machiavel. Nous avons fait depuis plusieurs années tout ce qui doit porter l'empereur à nous regarder comme son principal et plus dangereux ennemi ; nous n'avons pas un petit ministre dans l'Empire ni ailleurs, à commencer par Chavigny à Ratisbonne, et tous nos ambassadeurs, qui, par leurs écrits et leur conduite, n'aient mis tout en usage pour ôter un ami à l'empereur et lui faire partout des ennemis. Il est donc démontré que, lorsque ce prince pourra nuire à la puissance qui lui est la plus contraire, il n'en perdra pas l'occasion.

« Examinons présentement les moyens qu'il peut avoir de nous faire beaucoup de mal. Le cardinal de Richelieu disoit qu'un ministre devoit faire le tour de l'Europe deux fois par jour. Je suis bien persuadé que M. le cardinal de Fleury en use ainsi ; pour moi, je m'y suis promené réellement depuis plusieurs années, je m'y promène encore quelquefois ; mais j'avoue que j'aime mieux les promenades de mon jardin. Je trouve que l'empereur, qui a plus de cent cinquante mille hommes sur pied, augmente encore ses troupes ; l'évêque de Wurzbourg et Bamberg, vice-chancelier de l'Empire et ministre de l'empereur, a réellement douze mille hommes de ses troupes ; comme directeur du cercle de Franconie, il est maître des troupes du cercle, qui font environ six mille hommes. L'on assure que le roi de Suède, comme landgrave de Hesse, pour conserver les subsides de l'Angleterre, se contente de la moitié de ce qu'elle donnoit pour les douze mille Hessois. L'Angleterre refusera-t-elle à l'empereur les dix-huit mille Hanovriens ?

« Si l'empereur, qui a quatre-vingt mille hommes en Italie et qui, réuni avec l'Espagne, n'a pas besoin d'y en avoir, à beaucoup près, un si grand nombre, en veut retirer environ trente mille hommes, nous en trouvons près de quatre-vingt mille à ses ordres dans l'Empire. On me dira : « Mais voilà tous les États de « l'Empire et l'empereur bien embarrassés de leurs « subsistances? » Je vais démontrer que l'empereur peut donner un quartier d'hiver à plus de cent mille hommes en deçà du Rhin.

« Il met la gauche à Philisbourg et Spire, occupe les pays qui sont entre le Rhin et la montagne, et par Kaiserlutter s'étend dans le duché des Deux-Ponts et tout le Hunsruck, les bords de la Sarre, Trèves et tout le pays de Luxembourg. Cette grosse place fait le centre de ses quartiers, tout le pays de Liège, ceux de Stanloo, Montmédy, et jusqu'à Bonn et derrière Namur, et étend ses quartiers jusqu'à la mer.

« La France attendra-t-elle que dans une telle situation il vienne border la Meuse, se mettre dans Stenay, Mouzon, ou faire le siège de Longwy, comme disent les gens de guerre, en pantoufles? Que l'on me prouve que ces projets que je donne à l'empereur soient impossibles et je consens à l'inaction. Je ne parle pas de tous les autres moyens qu'il peut avoir de nuire à la France par le roi de Sardaigne, peut-être par l'Espagne. Ne soyons occupés que de cette première disposition ; et, encore une fois, que l'on m'en prouve géométriquement l'impossibilité.

« Nous avons ouï dire à M. le cardinal de Fleury qu'il avoit assuré Sinzendorff et Kœnigseck qu'il faudroit que le roi eût perdu trois batailles avant que de garantir la Pragmatique de la succession de l'empereur ; mais, en vérité, je ne crois pas qu'il en soit fort en peine. »

Le garde des sceaux, qui écoutoit avec impatience le discours du maréchal de Villars, interrompit et dit : « Mais, avant d'entrer dans l'examen des périls que vous nous faites entrevoir, avons-nous pu éviter cette réunion de l'Espagne? Quels remèdes à ces malheurs que vous annoncez? » Le maréchal de Villars repartit : « Voilà deux questions. Sur la première, j'avoue que vous avez fait tout ce qui étoit raisonnable pour conserver l'Espagne; vous lui avez offert la guerre la plus raisonnable, la plus utile, la plus propre à lui assurer les avantages promis par le traité de Séville. Les Anglois s'y sont toujours opposés en voulantl a guerre de Sicile, que le général Spinola, envoyé pour concerter les opérations avec nous, faisoit voir impossible. Ainsi donc, vous n'avez donc aucun tort avec l'Espagne, qui agit contre ses plus puissants intérêts quand elle vous abandonne pour s'unir avec l'empereur.

« Nous n'avons donc aucun tort; cela ne suffit pas, il faut éviter d'avoir du mal. Je demande seulement si l'on croit impossible l'exposition que j'ai ci-devant faite de ce que nous avons à craindre de l'empereur? » Le cardinal laissoit au garde des sceaux le soin de répondre, ce qu'il faisoit faiblement. Le maréchal de Villars poursuivit : « Aux grands maux il faut de grands remèdes. Nous voyons l'Empire étonné de la Pragmatique de l'empereur; le roi de Pologne et l'électeur de Bavière trouvent fort mauvais que leurs femmes, qu'ils peuvent croire les véritables héritières, n'aient rien et qu'un duc de l'Europe vienne leur enlever les vastes États de la maison d'Autriche et l'Empire; mais ces princes ni aucun autre n'oseront lever la tête contre cette puissance de l'empereur. Ne savons-nous pas que l'on ne peut compter sur aucun prince de l'Empire que lorsque les armées de France sont au delà du Rhin? » Le garde des sceaux dit : « J'en conviens ; mais voulez-vous attaquer l'Empire ? » — « Non, » dit le maréchal de Villars, « je veux le défendre contre la puissance énorme de l'empereur. Je ne veux que vingt mille hommes d'abord, m'assurer une tête au delà du Rhin. Dans le même temps, tous nos ordres sont donnés pour faire suivre les troupes plus éloignées, assembler les soixante mille hommes de milice, pour remplacer successivement les troupes qui marchent vers le Rhin, surtout la cavalerie, qui vous coûtera si cher cet hiver. Pour le projet, je vous donne l'exemple de la guerre de 1688, où, sans l'avoir annoncé à l'empereur ni à aucun prince de l'Empire, les armées de France allèrent aux portes de Nuremberg. » Le cardinal répondit : « C'étoit pour rompre la ligue d'Augsbourg. » Le maréchal répliqua : « En avez-vous une moindre à craindre présentement ? » — « Mais vous vous déclarez les agresseurs, » dit le garde des sceaux. — « Trouvez-moi d'autres moyens. »

Pendant cette dispute, le roi quitta des petits ouvrages qui l'occupent quelquefois ; il écoutoit très attentivement le maréchal de Villars, lequel s'attendoit bien que l'on ne concluroit pas à la guerre ; mais il ne vouloit pas avoir à se reprocher de laisser former un très grand orage sans avoir donné les moyens de le dissiper.

Le maréchal, pour calmer le cardinal, qui pouvoit trouver mauvais qu'il eût entamé au conseil une matière si sérieuse sans l'avoir méditée avec lui, dit que ce qui l'avoit porté à ne pas différer de parler de guerre étoit l'absence de M. le duc d'Orléans, qui s'y opposoit toujours. Le cardinal repartit : « Il auroit cependant peine à garantir la succession de l'empereur. »

« Il est certain, » dit le maréchal de Villars, « qu'il est un peu trop établi que la France ne veut aucune sorte de guerre, et cela depuis que je suis dans le conseil. Le roi de Prusse, dont les égarements sont fréquents, n'en a point du tout marqué dans le traité d'Hanovre. Immédiatement après, il dit à Rottembourg : « Par mon traité, je dois donner sept mille hommes ; faisant la guerre, j'en offre cinquante. » — Je dis alors : attaquons, — et même je fis la disposition des troupes pour entrer dans l'Empire. L'offre du roi de Prusse refusée, il écrit de sa main dix-huit articles pour être ajoutés au traité d'Hanovre. Ces articles disoient en substance : — Vous ne voulez pas de guerre offensive? Pour la défensive il faut me garantir tous mes États. — Cette proposition de sa part raisonnable refusée, il se lie, par la négociation de Sekendorff, à l'empereur. En 1727, on fait un projet de guerre avec le feu roi d'Angleterre, lequel alloit à la ruine de l'empereur ; ce projet demeure sans exécution. Il alarma l'empereur au point qu'il envoya le comte de Sinzendorff en France pour dissiper l'orage. Le traité de Séville se conclut en 1729 ; c'est un traité de guerre dont les Anglois nous ont attribué l'inexécution, et cela contre la vérité ; mais aussi ne peut-on pas dire que nous n'ayons pas donné quelque lieu à cette opinion si établie que la

France ne veut pas de guerre. Sur ce fondement certain, aucun prince ne s'unira avec nous que cette opinion ne soit bien détruite; pour la détruire, il n'y a pas d'autre parti que celui que je propose. »

Dans le conseil d'État du 18, on apprit, par les lettres de Chavigny et plusieurs autres de l'Empire, que l'empereur alloit toujours en avant pour faire garantir sa succession par tout l'Empire et par s'assurer tous les princes; qu'il le faisoit avec succès et que l'on pouvoit s'attendre à l'orage que le maréchal de Villars prévoyoit. Il eut une conversation avec le cardinal et Kinsky, et il soutint que, si l'empereur vouloit de nous une aussi grande marque d'amitié que celle de garantir sa succession, il falloit aussi une marque de la sienne et nous donner Luxembourg et quelques autres places. Il lui fit voir que la seule alliance solide étoit avec la France, puisque ses principaux intérêts y étoient assurés, aussi bien que celui de la religion. Le cardinal approuva, mais n'en demandoit pas tant à Kinsky.

On envoya de Parme une disposition de toutes les mesures que l'on prenoit pour rendre authentique l'accouchement de la duchesse de Parme.

Dans le conseil d'État du 22 juillet, on lut une lettre de Rottembourg qui marquoit la plus grande violence de la part de la reine d'Espagne de ce que la France n'avoit pas offert ses forces pour l'introduction des garnisons espagnoles. Le maréchal de Villars avoit été de sentiment que l'on offrît tout à la reine. Le garde des sceaux s'y opposa en disant : « Elle vous forcera à la guerre. » Le maréchal dit : « A la bonne heure. » Le refus des forces, qui fut mandé huit jours après, cabra la reine d'Espagne au point qu'il s'en fallut peu qu'elle ne chassât Rottembourg honteusement. Elle dit qu'elle étoit femme d'un roi d'Espagne de la maison de France, mais abandonnée par la France, et qu'il falloit s'attacher à ses amis plutôt qu'à ses parents. Le cardinal dit qu'il la falloit compter unie avec l'empereur et qu'elle lui donneroit notre argent. Le maréchal de Villars dit : « Vous me faites peur. Songez donc à ce que je vous ai dit il y a huit jours ; et Dieu nous garde de tout le mal qu'elle pourroit nous faire ! »

Dans le conseil d'État du 25, on lut des lettres de l'Empire, par lesquelles il paroissoit que l'électeur de Bavière principalement s'opposoit au plein pouvoir que l'empereur demandoit à l'Empire pour terminer tout ce qui étoit compris dans le traité de Vienne. Le roi de Pologne, électeur de Saxe, suivit l'avis de l'électeur de Bavière, aussi bien que l'électeur palatin et celui de Cologne. On croyoit que le roi d'Angleterre, comme électeur de Hanovre, feroit de même, bien qu'il fût vraisemblable qu'il resteroit pour l'empereur. Le collège des princes, par la pluralité de peu de voix, fut pour l'empereur. Celui des villes n'avoit pas encore voté.

Le garde des sceaux dit : « Nous pouvons espérer que le collège des électeurs sera contre le plein pouvoir. » Sur cela, le maréchal de Villars dit : « Il s'agit pour le présent de la garantie de la succession : ou le roi la donnera, ou il la refusera ; s'il la donne, il abandonne l'Empire à l'empereur ; s'il la refuse, il faut soutenir l'Empire contre l'empereur : et comment y aura-t-il quelque puissance dans l'Empire qui ose lever la tête, si les armées de France ne passent le Rhin ? Je reviens donc à ma proposition du dernier conseil et peut-être à dire que quand l'Europe entière verra que la France ne veut pas de guerre, la France sera abandonnée de toute l'Europe. »

Dans le conseil d'État du 29 juillet, on vit dans les lettres de Rottembourg que la reine d'Espagne voulut réparer par des discours obligeants la dureté de ceux qu'elle lui avoit tenus la dernière fois qu'il l'avoit vue ; mais on comptoit cependant qu'elle traitoit avec l'empereur. Le maréchal de Villars dit que Rottembourg, sachant que l'on négocioit avec le marquis de Castelar, ne devoit jamais dire à la reine d'Espagne que le roi refusoit ses forces, et qu'il eût été plus sage de dire que, puisque l'on traitoit avec Castelar, il falloit espérer que Leurs Majestés Catholiques seroient contentes. Il étoit cependant très fâcheux de se voir au hasard d'une rupture avec l'Espagne.

On apprit, par les nouvelles de Londres, que, sur le peu de troupes que l'on avoit envoyées à Dunkerque, l'Angleterre avoit pris l'alarme et fait marcher toutes ses troupes sur les côtes qui regardent la France, et ordonné au comte ..... et aux autres généraux de se rendre sur les côtes. Le maréchal de Villars dit : « Il est aisé de voir, par la peur des Anglois, qu'on peut leur faire du mal ; si j'en étois cru, ils n'en seroient pas quittes pour la peur. Pourquoi ne pas laisser revenir le roi d'Angleterre à Avignon ? »

Le cardinal dit au maréchal de Villars : « Le roi veut vous aller voir demain ; mais c'est un grand secret, et ne faites rien qui puisse faire croire que vous en avez la moindre connoissance. » Le maréchal de

Villars parut donc ne rien savoir, que comme le roi étoit à cent pas du château. Le roi avoit recommandé le même secret aux ducs de La Rochefoucauld, de Luxembourg, de Villeroy et de Retz, qui l'accompagnoient. Il visita tous les appartements et s'arrêta fort à voir les divers tableaux des batailles et actions qui s'étoient passées sous les ordres du maréchal. Comme l'on n'attendoit pas le roi, l'artillerie ne fut pas d'abord bien servie, et le roi se réjouit fort de la colère du maréchal. Ensuite on joua à l'oie, et le maréchal, ayant été au cabaret, dit qu'il n'y seroit pas si longtemps sans boire à la santé du roi. On lui apporta à boire, et pendant ce temps-là les décharges d'artillerie recommencèrent. Le roi se promena[1].....

. . . .

1732.

. . . .

[Le maréchal de Villars dit] : « .... à Votre Majesté le....... [il faut nous joindre] aux plus puissants qui offrent de commencer la guerre. On étoit convenu de leur offrir toutes les troupes de Votre Majesté pour aller les joindre dans le milieu de l'Empire. Trop de sagesse dans les conseils paroît timidité, et nous aurons à la fin une guerre honteuse pour la France et très dangereuse à soutenir. » Le cardinal dit : « Mais il faut avoir raison pour faire la guerre. » Le maréchal dit : « En voulez-vous de plus forte que celle de soutenir nos alliés ? » Le roi écoutoit et ne

---

1. Ici se trouve, dans le manuscrit, une lacune qui s'étend du 29 juillet 1731 au 7 juin 1732. Les feuillets étaient déjà perdus du temps d'Anquetil, qui les remplaça, dans sa publication, par des extraits du *Journal de Verdun*.

répondoit rien ; et ce conseil finit comme les autres, sans prendre aucune résolution.

Le maréchal de Villars n'eut pas de peine à découvrir que l'on avoit parlé au roi sur ce qu'il avoit dit dans le conseil, le roi ne l'ayant pas regardé pendant deux jours. Le maréchal lui dit : « Sire, je crois m'apercevoir que ma liberté vous a déplu : je vous supplie de vous souvenir que j'ai eu l'honneur de vous dire autrefois que vous ne reconnoîtrez ceux qui vous aiment qu'à la liberté qu'ils prendront de vous dire des choses utiles, au hasard de vous déplaire. »

Le 14 juin, on apprit que le parlement s'étoit rassemblé. Il avoit été question de la réponse du roi aux gens du roi ; sur quoi ayant délibéré, il y eut quatre-vingt-cinq voix contre cinquante-quatre pour traiter l'affaire des curés, et il fut ordonné aux gens du roi de donner leurs conclusions. Ils répondirent très sagement que l'ordre vouloit que les curés appelassent de l'officialité à la grand'chambre, et non aux chambres assemblées, et refusèrent leurs conclusions. Sur cela le parlement nomma le sieur Delpêche pour faire les fonctions de procureur général, et donna un arrêt pour recevoir les curés appelant comme d'abus sur le mandement de l'archevêque de Paris, et préalablement défense de publier ledit mandement ; et tout cela contre les règles et malgré les ordres du roi.

Sur quoi le 16 juin il y eut un conseil des dépêches le matin, dans lequel le chancelier, que l'on avoit fait venir de Paris, rapporta ce qui s'étoit passé au parlement, et ensuite attendit que le roi prît les avis, comptant que ce seroit par les derniers, suivant l'usage. Le cardinal de Fleury dit que le rapporteur des affaires disoit son avis le premier. Il opina donc à punir de prison le président Ogier, les conseillers Robert, Vervins et La Fautrière. Le contrôleur général parla longtemps, et finissoit par dire que, si le parlement continuoit dans sa désobéissance, il falloit le détruire; d'Angervilliers, à en punir jusqu'à six et supprimer leurs charges; Saint-Florentin, de l'avis du chancelier; Maurepas parla longtemps, et concluoit comme le contrôleur général. Le maréchal de Villars dit que, pour détruire le parlement, ce ne seroit jamais son avis, par la crainte......, mais qu'il falloit que le roi fût obéi, et punir ce qui auroit l'audace de s'opposer à son autorité; qu'il croyoit qu'il falloit y soumettre le parlement, par punir jusqu'à douze de ses membres. Le garde des sceaux fut de l'avis du chancelier de quatre, et le reste du conseil de même. L'on envoya ordre à d'Artagnan de faire mener à la Bastille les quatre nommés ci-dessus, lesquels on enverroit ensuite dans les prisons du royaume les plus éloignées.

Le soir du même jour, il y eut conseil d'État; l'on apprit, par les lettres de l'ambassadeur du roi en Danemarck, que le roi de Danemarck avoit conclu un traité avec l'Empereur et la Czarine, dans lequel il y avoit un article sur le duché de Holstein. On apprit le départ de l'empereur pour..... et ensuite à Prague et à..... Les lettres qu'on lut de Varsovie marquoient toujours une résolution du roi de Pologne de faire la guerre. Le prince de Grinbergue, ministre de l'électeur de Bavière, assura le maréchal de Villars que l'électeur de Bavière étoit dans la même résolution; il répondit de l'électeur palatin.

Les lettres de l'ambassadeur du roi à Turin ne

marquoient aucune impatience du marquis d'Ormea d'apprendre ce que le roi pensoit sur l'offre de donner la Savoie au roi, pour assurer à son maître la conquête de Milan. Le roi et la reine d'Espagne n'avoient rien répondu à Rottembourg sur le projet de traiter avec le roi.

Celles du duc de Saint-Aignan, de Rome, marquoient une opposition du cardinal Cienfuegos aux deux loges que le duc de Saint-Aignan avoit prises dans les salles d'Opéra, pour en avoir deux, comme l'ambassadeur de l'empereur; des menaces vives de Cienfuegos : sur quoi les opéras avoient cessé. Le maréchal de Villars dit : « Puisque le duc de Saint-Aignan a pris les deux loges, il faut le soutenir; et il vaut mieux que les opéras cessent que de céder. » Il écrivit le jour même une lettre au garde des sceaux sur cela, pour empêcher le duc de Saint-Aignan d'admettre aucune sorte de proposition qu'il fît à céder une des loges.

Le parlement eut ordre de se rendre à Compiègne le 17. La députation étoit de près de quarante : elle fut admise à l'audience du roi à onze heures du matin. Le roi ordonna la lecture de l'arrêt du conseil, qui cassoit celui du parlement, et même avec des expressions dures. Après la lecture, le roi dit : « Je suspends mon indignation, comptant que la conduite sera meilleure. » L'on apprit que dès le 16 tous les avocats avoient abandonné les tribunaux, que le murmure étoit grand et que l'on avoit vu des affiches contre le gouvernement très insolentes.

Dans le conseil d'État du 18 juin, on lut des lettres du marquis de Monty, avec un projet de traité avec le roi de Pologne; mais des conditions si surprenantes, qu'elles marquoient le mépris, plutôt qu'aucune pensée de s'unir avec la France, et disoit que, pour se mettre en état de soutenir la guerre, il falloit lui donner les moyens d'avoir une armée de cinquante mille hommes pour se soutenir, pendant que la France attaqueroit Mayence, et se réservoit la liberté d'agir.

Le maréchal de Villars dit tout bas au garde des sceaux : « Je partage avec vous la juste douleur que vous devez sentir du mépris que l'opinion de votre éloignement pour la guerre vous attire de toutes parts. A la vérité, il eût été plus honnête au roi de Pologne de vous dire : *Je ne veux pas m'exposer à la haine de l'empereur*, que de croire votre ministère assez peu éclairé pour vous demander près de cinq millions par an pour faire peur à l'empereur et demeurer dans l'état d'un prince puissant qui peut nuire et ne veut s'exposer à rien. »

Le 21, il y eut conseil de dépêches, dans lequel le chancelier apporta ses papiers, qui étoient des démissions de charges des deux chambres des requêtes et des cinq chambres des enquêtes, signées de tous les présidents et conseillers desdites sept chambres, au nombre de cent quatre-vingts, disant que, puisque l'on avoit à craindre de se perdre en parlant et de se déshonorer par le silence, ils remettoient leurs charges au roi.

L'on avoit tenu une assemblée, sur la première nouvelle, chez le cardinal, et pris la résolution d'envoyer ordre à la grand'chambre de se rendre le 21 à Compiègne. L'intention étoit de marquer à la grand'chambre la satisfaction de sa conduite, n'ayant en rien imité celle des autres chambres du parlement, et l'empêcher d'être corrompue par les sollicitations des autres. Il fut proposé de donner trois jours aux sept chambres pour se repentir, que ces trois jours fussent demandés par la grand'chambre. Cette résolution avoit été prise dans le conseil tenu la veille et le matin chez le cardinal. Le maréchal de Villars dit que cette matière ayant été déjà examinée à divers conseils chez M. le cardinal, la sagesse prescrivoit de suivre ce qui sembloit y être résolu, mais qu'il lui arrivoit quelquefois que son zèle l'emportoit sur sa sagesse; que, dans l'avis de donner trois jours de réflexion aux sept chambres, qui avoient, selon lui, fait une faute capitale, on reconnoissoit la bonté du roi; mais que trois jours étoient un temps trop court pour des têtes aussi échauffées; qu'il falloit rendre cette bonté utile à son service, en empêchant une punition qui devoit tomber sur cent quatre-vingts de ces conseillers et présidents; qu'il étoit question de deux choses : la première, indispensable, qui est de voir le roi totalement obéi; la seconde, que, de quelque espèce que fussent ces punitions, elles étoient toujours un mal pour l'État; qu'il croyoit donc nécessaire de faire bien connoître aux coupables tous leurs torts, tous les périls auxquels ils s'exposoient; qu'il puniroit dans le moment les sept présidents qui avoient apporté les démissions de leurs chambres et donneroit au lieu de trois jours jusqu'à huit, pour que la chaleur du premier mouvement pût tomber.

Le garde des sceaux suivit une partie de l'avis du maréchal et fut pour les huit jours; il s'opposa à la punition actuelle des sept présidents. Le maréchal expliqua qu'il ne l'avoit proposée que pour n'être pas obligé à celle des cent quatre-vingts.

Le roi admit messieurs de la grand'chambre le 22, et leur marqua être content de leur conduite. Le premier président parla de sa douleur de voir une partie considérable du parlement éloignée des bonnes grâces de Sa Majesté. Lui et la plupart de ce qui étoit avec lui marqua un grand désir de pouvoir faire rentrer dans leur soumission les sept chambres qui avoient envoyé leurs démissions, et sur cela le roi dit qu'il leur accordoit huit jours; mais, comme ces messieurs n'avoient pas bien entendu, M. le cardinal vint demander au roi d'écrire [un billet] de sa main, et il le donna au premier président. Le cardinal désira que l'on donnât des copies, et l'écrit fut rendu public.

Le même jour 22, il y eut le soir conseil d'État. M. d'Orléans dit au maréchal de Villars qu'il n'y viendroit pas, voulant se coucher de bonne heure. Le maréchal lui dit qu'il faisoit très mal, et que la piété même devoit l'obliger à remplir ce devoir. M. d'Orléans répondit : « Si je ne me crois pas capable de bien remplir cette place ? » Le maréchal attaqua encore sa modestie, et M. d'Orléans dit : « Je suis rentré dans les conseils pour obéir, mais je suis toujours dans le dessein de m'en retirer. » La conversation n'alla pas plus loin.

Le garde des sceaux lut au conseil la réponse au projet du roi de Pologne, envoyé par le marquis de Monty. L'on a déjà dit que les propositions étoient méprisantes, et par conséquent méprisables. On répondit à tous les points par en rejeter la plus grande partie, ce prince voulant cinq à six millions de subsides, engager la France à la guerre et ne s'engager à rien.

On lut aussi la réponse de l'ambassadeur du roi à Turin : c'étoit celle qu'il avoit enfin reçue du marquis d'Ormea. L'ambassadeur se plaignoit de son peu d'empressement à savoir les intentions du roi, et à nous apprendre celles du roi son maître après avoir fait des propositions très importantes. D'Ormea s'excusa avec respect et soumission, et dit que la situation actuelle des affaires de l'Europe ne permettoit pas que l'on prît aucune sorte d'engagement; mais que le roi de Sardaigne seroit toujours plus disposé à prendre des liaisons avec le roi et le roi d'Espagne, ses neveu et cousin germain, qu'avec toute autre puissance. Ainsi il étoit clair que ce premier discours d'Ormea, de nous offrir la Savoie pour faire conquérir le Milanois, n'étoit que pour voir, comme l'on dit, ce que nous avions dans le ventre; et l'on trouvoit de tous côtés que nous n'y avions pas grand'chose.

L'ambassadeur d'Espagne donna au maréchal de Villars une copie d'une lettre du roi au duc de Lorraine, que l'on rendoit publique. Cette lettre marquoit de bonnes intentions du roi pour le duc de Lorraine, bien opposées à la déclaration que nous avions faite dans toute l'Europe du dessein de s'opposer à son élection pour roi des Romains. Le garde des sceaux dit que cette lettre du roi étoit fausse.

Le garde des sceaux ayant dit au maréchal de Villars qu'il n'y auroit rien d'important au conseil du 25, le maréchal de Villars demanda permission au roi de revenir à Paris.

On apprit qu'il étoit arrivé à l'empereur le malheur de tuer le prince de ..... à la chasse. C'étoit un des plus grands seigneurs de l'Empire, ayant sept à huit cent mille livres de rente. La douleur de l'empereur fut conforme au malheur. Il devoit le dégoûter de la chasse; mais c'étoit la passion dominante des souverains du siècle.

Le roi arriva à Rambouillet le 1ᵉʳ juillet. Le conseil du 2 fut principalement occupé des affaires du parlement. Le premier président demanda deux jours, pour ramener les chambres qui avoient envoyé leurs démissions; et l'on résolut, si elles ne rentroient pas dans leur devoir, d'exiler trois de chaque chambre, jusqu'au nombre de vingt. Il y eut peu de nouvelles étrangères qui méritassent attention.

Le 4, le premier président arriva à la cour avec le président Pelletier, le conseiller Soulet; il dit au roi que tous ceux qui s'étoient écartés de leur devoir désiroient d'y rentrer, mais qu'il supplioit le roi de donner encore un jour, et que Sa Majesté seroit pleinement satisfaite.

Le 7, le premier président fut admis au conseil. On délibéra encore. Le maréchal de Villars dit que le parti le plus sage étoit de faire cesser promptement tout ce qui paroissoit être une espèce de dérangement dans le gouvernement, et plutôt par la douceur, lorsque ceux qui avoient manqué rentroient dans leur devoir, que par de grandes punitions, auxquelles la bonté du roi répugnoit, que la clémence étoit un acte d'autorité aussi bien que la rigueur; que, le pardon retardé, tout seroit assoupi, et que les grandes punitions avoient quelquefois des suites fâcheuses. Il fut résolu que le premier président se rendroit le 8 au matin, avec la plus grande partie de la grand'chambre, pour recevoir les ordres du roi.

On apprit le départ de la flotte d'Espagne le 16 juin, chargée de trente-deux bataillons bien complets, vingt-quatre escadrons, tous complets aussi. Le comte de Rottembourg manda au maréchal de Villars que le roi et la reine d'Espagne s'informoient souvent de sa santé et continuoient à marquer une extrême amitié pour lui.

Le 8, la députation du parlement se rendit à Versailles, et fut admise devant le roi. Le chancelier s'étendit sur la conduite irrégulière des sept chambres du parlement. Le premier président parla de leur vive douleur d'avoir déplu, et le roi dit : « J'aime mieux pardonner que punir ; mais que l'on n'abuse plus de mon indulgence. » Le chancelier fit rendre toutes les démissions. L'on devoit s'attendre à une soumission entière, et avec joie : cependant toute la journée du 9 se passa en assemblées chez les présidents de chaque chambre ; et ce ne fut que le 9 au soir que l'on apprit à Versailles que toutes les chambres avoient repris leurs démissions, mais qu'elles avoient résolu des remontrances.

Ce même jour, il y eut conseil d'État, sans qu'aucune nouvelle importante y fût lue. Les voyages de Rambouillet rendoient les conseils moins réguliers. Il y en eut un très long et très important le 17, dans lequel le garde des sceaux lut une longue lettre de Rottembourg, qui rendoit compte de deux conversations avec le roi et la reine d'Espagne, lesquelles tendoient à une réunion entière, et à faire sérieusement la guerre à l'empereur ; mais que la France avoit marqué une si grande répugnance pour la guerre que Leurs Majestés Catholiques ne pouvoient rien en attendre de grand et d'utile. Elles renouveloient des plaintes sur l'inexécution du traité de Séville et sur le refus des mariages qu'elles prétendoient que l'empereur avoit offerts; ce que nous avons vu que le cardinal de Fleury avoit avancé plus d'une fois au maréchal de Villars, mais que le garde des sceaux avoit toujours dit n'avoir jamais été. Le garde des sceaux, en parlant de cette matière, disoit bien que Bournonville l'avoit offert; mais Bournonville, ce n'étoit rien; et le cardinal avoit dit au maréchal de Villars, et même à d'autres, que Sinzendorff l'avoit offert. Le maréchal de Villars dit : « Il est certain que le roi et la reine d'Espagne sont convaincus que Sinzendorff l'avoit offert, » et, le maréchal l'ayant répété deux fois, le cardinal ne le nia pas.

Enfin on lut la réponse que le garde des sceaux faisoit à la lettre de Rottembourg. Il offroit très positivement de faire la guerre et de soutenir les droits et les possessions de don Carlos en Italie avec toutes les forces de la France; mais très raisonnablement nous voulions un plan de guerre solide avec l'Espagne, dans lequel il nous étoit très aisé d'engager les trois électeurs. Tout bien examiné et bien délibéré dans le conseil, le maréchal de Villars vouloit que l'on dépêchât des courriers; il fit une dépêche pour Rottembourg, qu'il communiqua au garde des sceaux, pour éloigner de persuader à Leurs Majestés Catholiques que le mariage n'avoit pas été offert par Sinzendorff. On trouvera la copie de cette dépêche ci-joint[1].

Dans le conseil d'État du 24, on lut les réponses

---

1. Cette copie ne s'est pas retrouvée.

que l'on faisoit aux dernières dépêches de Rottembourg. Il étoit arrivé un courrier de Séville avec une lettre du roi d'Espagne, pour apprendre au roi la prise d'Oran et de tous les forts qui environnent cette place, abandonnés par le bey, et rien ne marquoit plus de terreur et d'ignorance dans la guerre que la conduite du gouverneur, lequel n'avoit été occupé que de sauver sur deux cent cinquante chevaux son argent et ses meubles. C'étoit un vieillard de quatre-vingts ans. La place de Mazalquivir[1] étoit située sur un rocher, dont la face n'étoit que deux bastions et une courtine, le pont assez grand; mais, ce qui rendoit cette conquête plus importante, c'est qu'elle étoit à la tête de cinq places que l'Espagne possède sur la côte d'Afrique, depuis la place de Ceuta. La reine d'Espagne dit à Rottembourg : « Que dira le maréchal de Villars? car il n'étoit pas pour cette entreprise. »

Le roi et la reine d'Espagne proposoient encore la guerre et disoient que leur flotte et leur armée pouvoient encore faire quelque expédition dans l'année. L'on avoit traité; la ville de Mazalquivir et les forts autour d'Oran se rendirent : il s'y trouva près de deux cents pièces de canon, dont cent trente de bronze. Il paroissoit que tous les équipages de guerre, et même une artillerie de campagne, avoient été préparés en Angleterre, ce qui mettoit le roi et la reine d'Espagne dans une grande colère contre l'Angleterre. Il fut résolu dans le conseil que l'on assureroit l'Espagne qu'on étoit porté à entrer en guerre. Le maréchal de

---

1. Mers-el-Kébir, port d'Oran. Les Espagnols conservèrent cette place jusqu'en 1792.

Villars vouloit que l'on dépêchât des courriers ; le garde des sceaux s'y opposa toujours, disant que l'Espagne ne le vouloit pas, pour que l'empereur ne pût rien soupçonner.

Les voyages du roi à Rambouillet rendoient les conseils moins fréquents. Il y en eut un des dépêches le 2 août, et, dans celui d'État du 3, on lut les dépêches du comte de Rottembourg, qui disoient que le roi et la reine d'Espagne pressoient toujours pour entrer en guerre. La reine disoit : « Ne nous trompez pas. Si véritablement vous ne voulez pas de guerre, ne nous engagez pas à une conduite qui nous brouille avec l'empereur. » Le maréchal de Villars dit : « Examinez si vous regardez comme dangereux pour la France le mariage du duc de Lorraine avec l'aînée des archiduchesses et son élection pour roi des Romains. » Le cardinal et le garde des sceaux répondirent : « Très dangereux. » — « Empêchez-le donc, et vous ne le pouvez que par la guerre. L'Espagne vous en presse : faisons-la donc. Vous croyez bien que les électeurs de Saxe, de Bavière et palatin, qui veulent se lier avec nous, ne feront aucune démarche que lorsqu'ils verront les troupes du roi au delà du Rhin : ils seroient dépourvus de tout bon sens s'ils donnoient lieu à l'empereur de se saisir de leurs États. Le roi le peut avec les seuls douze bataillons du camp du maréchal Du Bourg à Strasbourg. J'offre de m'établir au delà du Rhin et de faire relever le fort de Selinguen. Les camps de MM. de Lévis et de Belle-Ile sont unis. J'ai déjà expliqué au conseil les sentiments de M. de Bavière, et une longue expérience m'en a fait voir la solidité ; j'ai dit aussi que M. de Louvois commença la guerre en 1688, ayant l'Europe entière contre la France. Présentement vous avez l'Espagne et une partie de l'Empire : agissons donc. » Le cardinal dit : « Mais lorsque M. de Louvois fit la guerre, il y avoit la ligue d'Augsbourg. » Le maréchal de Villars reprit : « Est-ce que le duc de Lorraine, roi des Romains, ne vous prépare pas pis que la ligue d'Augsbourg? » Le cardinal dit : « Cela est vrai. » L'on pouvoit croire que le cardinal ne vouloit pas de guerre.

On lut une lettre de [Magnan] de Pétersbourg, qui disoit que le maréchal Munich et le grand chambellan Biron[1] offroient un traité de la Czarine avec le roi. On envoya à [Magnan] un projet de traité[2]. Il paroissoit que le grand chambellan Biron, qui avoit tout pouvoir sur la Czarine, songeoit à faire son fils duc de Courlande; et il y avoit quelques anecdotes qui faisoient le fils de Biron fils aussi de la Czarine.

L'on attendoit avec impatience des nouvelles de Séville.

Le maréchal de Villars fut retenu quinze jours à Paris par un rhume très léger; mais il n'étoit pas fâché de marquer peu d'assiduité aux conseils. Comme le garde des sceaux avoit dit au maréchal de Villars que le duc de Richelieu, pendant son ambassade à

1. L'aventurier Biren, dont on connaît la prodigieuse fortune.
2. Le projet de traité se trouve aux Archives des Affaires étrangères (Russie, vol. 26, fol. 23); Fleury proposait une alliance défensive, une garantie réciproque des territoires en Europe et la promesse réciproque de ne prendre aucun engagement relativement à la succession de l'empereur. Munich et Biren voulaient en outre toute liberté d'action en Courlande et en Crimée. La France ne pouvait sacrifier la Pologne et la Turquie; il fut impossible de s'entendre.

Vienne, n'avoit jamais rien mandé qui marquât un dessein de l'empereur de marier l'aînée des archiduchesses à Don Carlos, le duc de Richelieu apporta au maréchal de Villars cinq de ses dépêches de l'année 1725, qui toutes marquoient le désir de l'empereur de faire ce mariage; et jamais l'on n'avoit fait une plus grande faute, plus honteuse et dangereuse pour les suites que de ne pas mettre l'Empire et tous les biens de la maison d'Autriche dans la troisième branche de la maison de Bourbon[1].

Le parlement présenta des remontrances, principalement pour demander la liberté des présidents et conseillers arrêtés; et, le 19 août, le roi manda à Marly une députation composée de près de trente de ses membres. Le roi leur dit que l'on remettroit aux gens du roi une déclaration, laquelle Sa Majesté désiroit être enregistrée sur-le-champ.

Le 20, les chambres furent assemblées, et, les gens du roi ayant remis une déclaration, elle fut lue par le sieur de Vienne, lequel dit qu'il croyoit qu'il falloit nommer des commissaires pour examiner ladite déclaration, dont plusieurs articles n'étoient pas clairs. Cinq ou six de ceux qui opinèrent ensuite parlèrent de même.

---

1. Il est souvent question, dans la correspondance du duc de Richelieu en 1725, de négociations secrètes entre l'Espagne et l'Autriche pour le mariage du deuxième fils de Philippe V avec l'archiduchesse Marie-Thérèse; si elles ont réellement existé, elles étaient inspirées par une pensée hostile à la France et le secret espoir de reconstituer contre elle l'Empire de Charles-Quint, même avec un Bourbon. Villars fut toujours convaincu que l'offre était sérieuse et que l'affaire avait manqué par la faute de Fleury. Voir ci-dessus p. 168, 170, 181, 196, 205, 283, 351, et ci-dessous p. 361, 363 et 385.

Il fut dit que l'on liroit encore une fois la déclaration, parce qu'elle n'avoit pas été bien entendue; après quoi un des présidents des enquêtes, opinant, dit que la déclaration n'étoit point du tout obscure, qu'elle alloit à détruire les chambres des enquêtes, et que son avis étoit de supplier le roi de retirer sa déclaration. Tout le reste fut unanime; et les présidents à mortier, qui opinent les derniers, furent tous du même avis. Ainsi la grand'chambre, qui s'étoit séparée des autres chambres, étoit entièrement réunie; et, de cent vingt-deux opinants, tous furent pour supplier le roi de retirer ladite déclaration, et, qu'en attendant, toutes les chambres demeureroient assemblées, ce qui suspend toute autre affaire. Vingt seulement furent pour que le parlement ne fût pas suspendu, attendu la prochaine séparation et la nécessité de finir tant de procès, dont les parties se ruinoient à poursuivre.

Le 22, les gens du roi présentèrent à Marly la résolution du parlement de supplier le roi de retirer sa dernière déclaration, laquelle remontrance étoit en termes forts.

Le 24 août, il y eut conseil d'État, et les lettres de Rottembourg, du 7, portoient une résolution déterminée de Leurs Majestés Catholiques de s'unir avec le roi et de faire un traité solide pour entrer en guerre, laquelle seroit trouvée convenable aux parties contractantes; et il paroissoit que le traité pouvoit être bientôt conclu.

Par les lettres de Varsovie, on ne voyoit pas une grande vivacité du roi de Pologne; mais on pouvoit compter qu'il se joindroit aux deux couronnes.

Par les lettres de Prague, on apprenoit l'entrevue

de Leurs Majestés Impériales et du roi de Prusse ; que l'empereur avoit été quatre ou cinq jours à Prague, où on lui avoit donné des fêtes continuelles.

L'on apprenoit, par des lettres de négociants, que l'on avoit arrêté à la Havane un bâtiment anglois pris en contrebande, et que les Anglois avoient arrêté un vaisseau appartenant au roi d'Espagne.

Le 31 août, il y eut conseil d'État, le matin, et le garde des sceaux dit qu'il apporteroit au premier conseil le projet de traité avec l'Espagne.

Le soir, il y eut un conseil de dépêches, principalement pour les affaires du parlement, lequel continuoit dans la résolution de ne pas rendre la justice. Le maréchal de Villars avoit offert d'aller au parlement. Le cardinal de Fleury lui dit qu'il valoit mieux qu'il parlât à quelques-uns des principaux, ce qu'il fit dans les derniers jours du mois. Mais, quelques bonnes raisons qu'il eût à leur dire, les esprits étoient si échauffés que l'on ne put rien gagner sur le corps entier, quoique les plus raisonnables convinssent que rien n'étoit plus odieux que de manquer à ce que l'on doit à Dieu, au roi, à ses serments, à sa patrie et à soi-même, en s'abstenant de son plus essentiel devoir, qui étoit pour eux de rendre la justice.

Dans le conseil de dépêches du 31, il fut résolu que le roi tiendroit un lit de justice à Versailles, et il fut ordonné pour le 3 septembre.

Le parlement s'y rendit, très nombreux. Le roi fit lire et enregistrer la déclaration. Il fut lu aussi un édit pour renouveler pour six ans l'imposition des quatre sols pour livre, qui alloient à près de vingt millions. Le chancelier parla assez longtemps pour expliquer les justes plaintes que le roi faisoit de la conduite du parlement. Le président Pelletier, se trouvant le premier, parla très bien pour tâcher de l'excuser; Gilbert, avocat général, parla, et tout se passa tranquillement, et très différemment du dernier lit de justice, où l'on avoit souvent manqué de respect. Le chancelier prit les opinions de tout ce qui composoit le parlement, de tout ce qui fait la suite du roi, qui étoient ses principaux officiers, les gouverneurs et lieutenants généraux des provinces et les chevaliers de l'Ordre.

Le jour d'après, le parlement, s'étant assemblé à Paris, fit un arrêté dans lequel tous d'une voix attaquoient ce qui avoit été enregistré au lit de justice touchant la déclaration du 18 août, l'édit des quatre sols pour livre. Quant à l'ordre que le roi avoit expliqué très clairement, parlant lui-même, et sous peine de désobéissance, pour que le parlement continuât ses séances pour rendre la justice, il passa de sept voix qu'on ne la rendroit pas.

Le roi, très justement irrité d'une conduite si ....., tint un conseil de dépêches, où M. d'Orléans et le cardinal de Fleury se trouvèrent; et, sur le compte que le chancelier rendit de la mauvaise conduite du parlement, il fut résolu d'exiler tout ce qui composoit les chambres des requêtes et des enquêtes. Quant à la grand'chambre, les avis furent partagés. Le maréchal de Villars soutint qu'il étoit de l'intérêt du roi qu'il ne fût pas dit qu'il dissipoit tout le parlement; que d'ailleurs toute cette chambre, à la réserve d'un seul conseiller, nommé Delpêche, avoit été d'avis de rendre la justice. Les avis partagés, il fut résolu que si le 7 septembre, qui étoit la séparation du parlement, la grand'-chambre enregistroit la patente pour la chambre des vacations, on la laisseroit à Paris, sinon qu'elle seroit envoyée à Pontoise; on demanda un profond secret sur ladite résolution.

L'on apprit le 6, au soir, que la grand'chambre n'avoit pas enregistré, et, dans un conseil que l'on tint le soir, [la discussion] fut vive sur le sort de la grand'-chambre, car pour toutes les autres l'on envoya la nuit, par les mousquetaires du roi, des lettres de cachet à cent quarante-deux présidents ou conseillers des requêtes et enquêtes, qui les exiloient en divers lieux du royaume. L'ordre étoit de partir dans la journée du 7 et de ne pas sortir des villes où chacun d'eux étoit exilé.

Mais, pour la grand'chambre, le contrôleur général fut d'avis de l'envoyer à Pontoise; d'Angervilliers, pour que l'on lui donnât encore deux jours, pour se conduire de manière à adoucir le roi; Saint-Florentin de même; Maurepas, de l'avis du contrôleur général. Le maréchal de Villars s'y opposa très fortement et dit que l'autorité du roi étoit suffisamment marquée par l'exil de cent quarante-deux membres du parlement. On devoit considérer que cette grand'chambre s'étoit conduite bien différemment des autres; que c'étoit un tribunal respecté dans tout le royaume; que d'ailleurs il falloit éviter, autant qu'il seroit possible, de détruire le parlement; qu'une telle rigueur pouvoit être dangereuse et feroit un très mauvais effet dans les pays étrangers. Le duc de Charost vouloit la perte du parlement; il y eut quelque vivacité entre lui et le maréchal de Villars, lequel reprit qu'il prenoit la liberté de rappeler le souvenir du zèle et des grands services du parlement; qu'il s'étoit opposé à la légende de Grégoire VII, qui avoit fait tant de bruit; que dans les temps de la Ligue, il avoit conservé la couronne dans l'auguste maison de Bourbon. Le garde des sceaux et le chancelier furent de l'avis du maréchal de Villars, et il passa que l'on donneroit encore deux jours à la grand'chambre.

Le conseil d'État du 7 septembre fut très long. L'on commença par les lettres de Rottembourg, dans lesquelles il étoit fait mention de la confiance que le roi et la reine d'Espagne avoient au maréchal de Villars. Le garde des sceaux lut tous les articles du traité qui devoit se faire entre la France et l'Espagne pour la guerre, et qui laissoit à l'Espagne le pouvoir de renouer les doubles mariages, lesquels on avoit refusés au comte de Sinzendorff. Il étoit toujours bon, puisque l'on avoit fait une pareille faute, de montrer que l'on n'y persistoit pas. Le garde des sceaux dit au maréchal de Villars que l'on lui demanderoit de faire des projets de guerre, le roi croyant n'en pouvoir approuver de meilleurs que ceux qu'il auroit dirigés.

Le maréchal de Villars revint le soir à Paris; et à onze heures M. Pelletier, qui représentoit le premier président, M. Portail étant absent et incommodé, envoya prier le maréchal de Villars qu'il pût lui parler. Le maréchal de Villars alla l'attendre dans sa rue. La conversation fut longue; et enfin le maréchal de Villars put mander au garde des sceaux qu'il avoit lieu de compter que, si le roi envoyoit à la grand'-chambre l'ordre pour enregistrer la chambre des vacations, il seroit obéi. Le roi envoya donc l'ordre, auquel la grand'chambre se soumit ; et par cette conduite elle évita la destinée des autres chambres du parlement, et par conséquent peut-être la destruction de ce grand corps, laquelle le maréchal de Villars avoit toujours regardée comme un très grand malheur pour le royaume.

Le garde des sceaux manda au maréchal de Villars, le 11, qu'il y auroit conseil ce jour-là. Comme il savoit que l'on envoyoit au parlement l'ordre pour l'enregistrement, il crut être moins nécessaire au conseil qu'à fortifier les principaux membres du parlement dans le dessein d'obéir au roi, et par là éviter l'exil de la grand'chambre.

Le garde des sceaux dit au maréchal de Villars qu'il dépêchoit un courrier en Espagne, et qu'il le prioit, de la part du cardinal de Fleury, d'écrire au roi d'Espagne sur le projet de traité que l'on envoyoit par le courrier, ce qu'il fit, et l'on trouvera la lettre ci-jointe [1].

Le maréchal de Villars se rendit le 16 à Fontainebleau et alla descendre chez le cardinal. Il eut une longue conversation avec lui. Le cardinal commença par le remercier de ce que, dans sa lettre au roi d'Espagne, il avoit expliqué les raisons que lui cardinal avoit eues de craindre la guerre dans les premières années de son administration, par le désordre des finances. Il lui parla des préventions de la reine d'Espagne contre lui. Le maréchal de Villars lui écrivoit : « Je dois l'excuser, si le duc de Bournonville et Sinzendorff lui ont persuadé que vous avez refusé le

---

1. La lettre ne fut pas insérée dans le manuscrit.

mariage de Don Carlos avec l'aînée des archiduchesses. »

Dans le conseil d'État du 17, on lut les dépêches du comte de Rottembourg, qui marquoient un grand désir du roi d'Espagne de voir conclure le traité, que les bruits s'en répandoient. On lut le traité, qui avoit été envoyé par l'ordinaire jusqu'à Bayonne, et de là par un courrier à Séville. Le cardinal dit qu'il y avoit quelques avis qui parloient d'un traité entre l'empereur et l'Espagne, de guerre offensive et défensive. Le maréchal de Villars dit : « Castelar me le fait craindre, si le vôtre ne se conclut pas. »

Des lettres de Bussy parloient d'une grande division entre le prince Eugène et Sinzendorff; que même dans une assemblée le prince Eugène n'avoit pas voulu regarder Sinzendorff, ni sa femme, ni son fils le cardinal. Le maréchal de Villars dit : « Ne serait-ce pas un temps pour me laisser écrire au prince Eugène, rappelant toutes les offres qu'il m'a faites, de la part de l'empereur, de s'unir avec le Roi? »

Dans le conseil d'État du 21, on lut une lettre de Bussy, laquelle expliquoit les raisons de la division du prince Eugène avec Sinzendorff. C'étoit à l'occasion des quatre chefs des Corses, auxquels on avoit promis la liberté, sûreté entière et conservation de leurs biens de la part de l'empereur, en se soumettant avec quatre mille hommes bien armés. Pendant une petite absence du prince Eugène, on prétendoit que le comte de Sinzendorff, gagné par un présent considérable de la république de Gênes, avoit obtenu un ordre de l'empereur de remettre ces quatre chefs aux Génois, qui les avoient fait mettre en prison. Le prince Eugène, de retour, dit à l'empereur que si le duc de Virtemberg, commandant, avoit remis ces quatre hommes à la République sans ordres, il méritoit une punition des plus sévères, et d'être chassé du service de l'empereur, et que ceux qui lui donnoient le conseil de manquer à sa parole étoient des gens vendus et méprisables.

Le maréchal de Villars reprit la proposition d'écrire au prince Eugène qu'il avoit faite au cardinal, et expliqua dans le conseil qu'il falloit compter le prince Eugène déterminé à quitter le service de l'empereur, si le mariage du duc de Lorraine se faisoit avec l'aînée des archiduchesses et ensuite l'élection de roi des Romains, parce que Sinzendorff pourroit dire au duc de Lorraine que, si le prince Eugène avoit été cru, l'aînée des archiduchesses étoit pour Don Carlos; qu'ainsi c'étoit Sinzendorff qui donnoit l'Empire et la succession de la maison d'Autriche au duc de Lorraine, laquelle le prince Eugène vouloit bien donner à un autre; et que par ces raisons l'on pouvoit compter le prince Eugène perdu.

Le maréchal de Villars reprit la même conversation avec le cardinal, après avoir dîné avec lui, et dit : « Je suis assuré que le prince Eugène me renverra ma lettre. » Le cardinal lui dit : « Je n'en doute pas, car l'empereur m'a renvoyé la mienne. » Le maréchal lui dit : « Étoit-ce sur les mariages? » — « Oui, » dit-il, « mais je voulois qu'il terminât l'affaire de Frise et celle de Meckelbourg. » — « Est-il possible, » reprit le maréchal, « que de si petits intérêts vous aient empêché de conclure la plus importante affaire qui ait jamais regardé les deux couronnes? Cela s'appelle manquer un marché qui vaut un million pour conserver un écu. » Le maréchal de Villars pressa encore pour profiter de cette division entre les deux principaux ministres de l'empereur.

Les lettres de Rottembourg marquoient toujours un désir sincère du roi et de la reine d'Espagne de conclure le traité. Le roi d'Espagne gardoit toujours le lit, mais sans maladie.

Dans le conseil d'État du 24, on apprit, par les lettres de Berlin, que les ordres étoient envoyés à la plus grande partie des troupes de Prusse pour aller prendre des quartiers entre l'Elbe et l'Oder. On marquoit trente-huit mille hommes de pied et dix-sept mille de cavalerie. Cette nouvelle disposition paroissoit un effet de l'entrevue de l'empereur et du roi de Prusse, et ce grand mouvement de troupes menaçoit également les électeurs de Saxe et de Bavière, et l'on pouvoit présumer que c'étoit pour faire les mariages et peut-être l'élection d'un roi des Romains.

Il paroissoit, par les lettres de Rottembourg, que le roi et la reine d'Espagne désiroient sincèrement la parfaite réunion et le traité, et nous attendions avec impatience les résolutions de l'Espagne.

On apprit que l'archevêque d'Arles, malgré les défenses du roi, avoit demandé un jubilé au pape, l'avoit obtenu et fait publier dans son diocèse par un mandement extravagant. Il fut résolu de le punir, en l'exilant dans une abbaye très éloignée de son diocèse.

Les ambassadeurs d'Espagne, Castelar et le comte de Montijo qui alloit en Angleterre, vinrent à Villars passer un jour.

Dans le conseil d'État du 28 septembre, on apprit

par les lettres de Rottembourg que le roi et la reine d'Espagne étoient toujours dans les mêmes dispositions sur le traité, désiré avec la plus vive ardeur par l'Espagne tout entière. Ces sentiments étoient dans la noblesse et le peuple.

On eut quelques avis, mais encore douteux, que les troupes du sophi marchoient à Babylone. Il avoit défait quatre mille janissaires que l'on y envoyoit.

Une légère indisposition retint le maréchal à Villars dans son château et lui fit manquer deux conseils d'État. Le cardinal de Fleury y vint passer deux jours avec MM. de Maurepas et d'Angervilliers. Le dernier apprit au maréchal de Villars que l'on avoit nouvelle que l'empereur fortifioit ses troupes, et les apparences de guerre commençoient à étonner le cardinal, et, comme le traité auquel on travailloit avec l'Espagne tendoit à la guerre, le maréchal de Villars craignoit la foiblesse du cardinal, et d'Angervilliers pensoit de même, mais le maréchal de Villars étoit bien déterminé à s'opposer à tout parti de foiblesse.

M. d'Angervilliers apprit au maréchal de Villars que Monty mandoit de Pologne que le roi Auguste lui avoit dit : « Quand je serai de retour en Saxe, je manderai au cardinal : *Ne me trompez pas, et je vous demande qu'en homme d'honneur vous ne m'engagiez pas à la guerre, si vous ne voulez pas la faire sérieusement, parce qu'en ce cas-là je réformerois la moitié de mes troupes, et je ne songerois qu'à vivre en repos.* »

Le roi marqua quelque envie de venir à Villars; mais il en fut détourné par ceux qui vouloient l'éloigner d'un commerce avec le maréchal de Villars.

Le maréchal de Villars vint s'établir à Fontainebleau

le 18. Ce même jour, il y a eu conseil des dépêches, dans lequel celles du maréchal d'Estrées, apportées par un courrier, apprirent qu'il y avoit un grand mouvement dans les premières séances des États de Bretagne ; que l'on avoit pris la résolution d'envoyer à la cour les présidents des trois ordres pour demander au roi des changements. Le plus important étoit la liberté que les États demandoient de faire eux-mêmes l'imposition pour la dépense des troupes que le roi envoyoit dans cette province, et que ce ne fût plus par les syndics et l'intendant que cette imposition fût réglée. Le conseil trouva raisonnable d'accorder cet article, les autres n'étant pas considérables.

Dans le conseil d'État du 19 octobre, on lut les dépêches du comte de Rottembourg sur le projet du traité que Leurs Majestés Catholiques avoient demandé. Patino le trouva tel que l'Espagne pouvoit le désirer ; mais une légère indisposition du roi d'Espagne ne permit pas une réponse précise. Ce prince depuis quelque temps ne pouvoit se résoudre à quitter le lit : il étoit constipé, et le séjour dans le lit n'étoit pas propre à faire cesser cette indisposition.

Il y avoit lieu de croire que la reine d'Espagne avoit quelque inquiétude, puisque le comte de Rottembourg fut informé qu'elle avoit obtenu un ordre du roi qui n'avoit point paru pour former un conseil, composé du prince des Asturies, de Patino, Castelar, gouverneur du prince, du prince de Cellamare, de .....[1], qui

1. La dépêche originale de Rottembourg, que Villars cite de mémoire avec une exactitude remarquable, donne ainsi la liste du conseil projeté : « ... composé du prince des Asturies, du marquis de La Paz, de M. Patino, du président de Castille, des ducs

avoit commandé l'expédition d'Oran; Rottembourg étoit persuadé qu'en cas de malheur il y avoit deux partis formés, celui du prince devenu roi, et celui de la reine, soutenue de l'espérance de ses trois princes, le prince des Asturies, d'une santé délicate, n'ayant point d'enfants.

L'on apprit, par les nouvelles de Florence, que Don Carlos partoit pour les États de Parme, l'empereur n'ayant encore rien réglé sur sa majorité. Le maréchal de Villars dit au conseil que ce voyage de Parme lui déplaisoit fort, dans le temps que l'on agitoit un traité de guerre avec le roi d'Espagne pour les intérêts de Don Carlos, dont la personne seroit au pouvoir de l'empereur. Le maréchal de Villars conseilla, s'il mésarrivoit au roi d'Espagne, que le prince des Asturies partît secrètement et diligemment de Séville pour se rendre à Madrid, et qu'il menât avec lui Patino ..... et le comte de Montemar; que par ces moyens la reine sa belle-mère ne pourroit former aucun parti qui pût affoiblir le sien. Le garde des sceaux approuva ce sentiment.

Le 22 octobre, il arriva au marquis de Castelar un courrier de Vienne pour Séville. Nous apprîmes que l'empereur avoit déclaré nul l'hommage rendu à Florence, et que, jusque-là, Don Carlos ne seroit pas déclaré majeur pour gouverner les États de Parme.

Le roi fut incommodé pendant huit jours des oreillons. Il fut saigné du pied et purgé deux fois. On tint conseil de finances le 28, et le 29 octobre conseil

de Grenade et de Giovenazzo et du comte Montemar. Le roi avoit la main si foible qu'on étoit obligé de la mener pour signer. » (Arch. des Aff. étr., corr. d'Espagne, vol. 395, fol. 145.)

d'État, dans lequel on lut les dépêches de Rottembourg, lequel mandoit que le roi d'Espagne gardoit toujours le lit, avec une mélancolie à laquelle il étoit sujet. Nulle réponse précise sur le projet de traité envoyé par le roi.

On apprit par des dépêches de Bussy, de Vienne, que l'empereur avoit cassé, par un rescrit du conseil aulique, les hommages rendus à Florence; il déclaroit que Don Carlos ne seroit pas investi qu'il n'eût préalablement payé les sommes réglées pour les investitures, lesquelles n'alloient qu'à deux cent mille florins. L'on envoya un courrier à Séville pour offrir que le roi demanderoit que le rescrit du conseil aulique fût révoqué, en ce qu'il étoit contraire à un des articles de la quadruple alliance, et que la France agiroit sur cela avec toute la hauteur qui conviendroit à l'Espagne.

Dans le conseil d'État du 2 novembre, on lut des dépêches de Rottembourg, qui préparoient à quelque événement en Espagne. L'on voyoit que le roi d'Espagne ne sortoit pas du lit, que le prince des Asturies avoit obtenu par ses larmes qu'il voulût bien se faire raser. Il y avoit eu une très longue conversation entre le roi, la reine et le prince des Asturies; que la reine en étoit sortie avec larmes; que le prince des Asturies étoit ensuite demeuré seul avec le roi; que le prince des Asturies, sorti, étoit demeuré assez longtemps avec la reine, laquelle avoit fait savoir à Rottembourg qu'elle vouloit lui parler avant qu'il vît le roi d'Espagne; qu'elle lui avoit dit que ce n'étoit pas sa faute si le traité ne se concluoit pas plus tôt; qu'elle craignoit que le roi n'eût la fièvre; que la reine et Rottembourg étoient entrés chez le roi, qui n'avoit répondu à ce que Rottembourg lui avoit dit sur le traité, sur l'amitié du roi, son cher neveu, que par des signes de tête. Tout préparoit à une abdication du roi d'Espagne.

Les Maures, avec plus de quarante mille hommes, attaquoient Oran, et il y avoit des actions très vives pour soutenir un fort dont la prise pouvoit entraîner celle d'Oran.

Le roi se trouva encore indisposé et garda le lit.

Le 6 novembre, l'on apprit, par un courrier de l'ambassadeur du roi à Turin, la mort du roi Victor. Le roi conta au maréchal de Villars la fin de ce grand prince ; qu'il étoit mort avec la plus grande fermeté ; qu'il avoit demandé très instamment à voir le roi son fils, disant qu'il ne lui feroit point de reproches ; qu'il vouloit l'embrasser, lui donner sa bénédiction et lui découvrir un secret important. Il est vraisemblable que les ministres, craignant cette entrevue, empêchèrent que le roi fils ne sût rien des désirs du roi Victor, lequel mourut le treizième mois de sa captivité.

Le 9 novembre, il y eut conseil d'État ; dans les lettres de Rottembourg, du 17 octobre, il mandoit qu'il n'avoit pas vu le roi d'Espagne ; que personne n'entroit dans sa chambre ; que Patino ne l'avoit pas vu depuis longtemps ; que personne même n'entroit dans les antichambres et que l'on avoit entendu, de la salle des gardes, des cris du roi d'Espagne. Ces cris étoient si surprenants d'un prince qui parle très peu et si lentement, que l'on ne pouvoit juger qu'ils ne fussent causés par quelque délire. L'on ne voyoit rien sur le traité, et il étoit apparent que la reine et le prince des Asturies s'attendoient à un parti nécessaire à prendre, si la tête du roi d'Espagne étoit dérangée ;

mais, comme il avoit déjà eu des accidens desquels il étoit revenu, il n'étoit pas surprenant que des personnes si intéressées ne fussent très embarrassées du parti à prendre.

On apprit par le même ordinaire que le gouverneur de Ceuta, averti par des déserteurs du camp des Maures qu'il leur arrivoit un renfort, avoit pris la résolution de les attaquer; sa garnison étoit forte et avoit attaqué et défait toutes leurs troupes, pris le sérail du bacha, qui s'est sauvé en chemise, dans lequel on avoit trouvé des lettres de l'amiral anglois qui promettoit tout secours aux Maures, et d'autres lettres qui marquoient qu'on leur envoyoit de Gibraltar toutes les munitions de guerre qui leur seroient nécessaires.

Le 10 novembre, il y eut un grand conseil chez le roi, sur ce que le premier président et toute la grand'chambre avoient demandé au roi l'exil des autres chambres, et avec les termes les plus soumis. La délibération fut longue. Le maréchal de Villars dit que rien n'étoit plus nécessaire que de faire cesser ce qui étoit une espèce de dérangement dans l'État; que l'autorité du roi étoit établie à tel point....; on l'attribuera toujours plutôt à bonté qu'à foiblesse. Quant à la hauteur, qu'il la faut garder tout entière avec les étrangers, et paroître autant mépriser la malignité et la perfidie de quelques-uns que désirer l'amitié des autres en leur promettant une haute protection.

Le départ de Fontainebleau, le séjour à Petitbourg firent qu'il n'y eut de conseil que le 23 novembre.

Les lettres de Rottembourg apprenoient que le roi d'Espagne, après vingt-sept jours d'interruption, avoit recommencé à travailler avec ses ministres; que tout étoit convenu pour le traité, mais que l'on ne finissoit pas encore. Cette indolence étoit d'un préjudice extrême dans la conjoncture la plus vive et la plus importante; ce qui obligea le maréchal de Villars à faire savoir à Leurs Majestés Catholiques que tout ce qui s'intéressoit à leur gloire, aux intérêts de leur monarchie, à ceux de leurs enfants, étoit pénétré de douleur de voir perdre des moments aussi précieux; qu'il falloit finir avec le roi de Sardaigne puisqu'avec son alliance tout étoit facile, et sans elle toute entreprise hasardée et périlleuse, et qu'il falloit tirer de l'incertitude trois électeurs qui vouloient savoir à quoi s'en tenir.

Vaugrenant mandoit de Turin qu'il étoit persuadé, par les discours du marquis d'Ormea, qu'en donnant le Milanois au roi de Sardaigne il céderoit la Savoie au roi.

Dans le conseil d'État du 26 novembre, on lut la réponse à Vaugrenant, par laquelle on lui mandoit d'entrer en traité avec le marquis d'Ormea, d'aller par degrés; on lui offroit d'abord une partie du Milanois, et ensuite le total, en donnant au roi la Savoie et [les places] cédées au roi de Sardaigne dans la dernière paix.

On lut une très longue lettre de Chavigny, lequel rendoit compte de diverses conversations avec les Walpole, lesquels vouloient se raccommoder avec la France, en expliquant que la Pragmatique réglée avec l'empereur n'étoit pas si contraire à la France. Le maréchal de Villars interrompit cette longue lettre en disant que les Walpole répandoient que l'on vouloit se raccommoder avec l'Angleterre, et qu'il étoit peu glorieux pour nous que de tels bruits pussent nous faire soupçonner d'une foiblesse dont nous étions fort accusés. Ensuite, on parla des longueurs de l'Espagne à terminer le traité, et qu'il y avoit grande apparence que l'on nous demanderoit de nous engager à attaquer l'empereur lorsque l'Espagne s'engageroit à envoyer une armée considérable en Italie par Livourne.

Il parut que le garde des sceaux, qui suivoit les inclinaisons du cardinal, ne seroit pas pour entrer dans un pareil engagement. Le maréchal de Villars prit la parole et dit : « Si l'Espagne veut le traité à ces conditions un peu injustes, il faut l'accepter plutôt que de se jeter entre les bras de l'empereur et de l'Angleterre. Souvenez-vous de la guerre de 1688, où nous attaquâmes seuls toute l'Europe pour empêcher la ligue d'Augsbourg. Présentement l'Espagne est avec nous; nous espérons le roi de Sardaigne; lequel même....., nous avons trois électeurs sur lesquels on peut compter, et nous hasarderons de voir tout réuni contre nous. Je ferai un mémoire sur cela et n'aurai rien à me reprocher pour que l'on évite la honte d'une conduite foible et la guerre très dangereuse que vous aurez dans deux ou trois ans. »

Le 30 novembre, il y eut un très long conseil d'État, dans lequel on lut plusieurs lettres de Rottembourg; la dernière du 17 novembre apportée par un courrier.

Nous commencerons par ce qui regarde la santé du roi d'Espagne. Il étoit bien difficile de ne pas croire sa tête attaquée, premièrement en demeurant au lit sans maladie, sans se faire la barbe, ne voyant personne, ayant de très longues conversations avec un valet de très bas étage, auquel il disoit des choses importantes, lesquelles le valet faisoit passer à Rottembourg; ses conversations très rares avec ses seuls ministres Patino le premier et le marquis de La Paz; la reine seule maîtresse de la chambre; le prince des Asturies ayant aussi des conversations.

Enfin, les observations de Patino furent apportées par ce courrier; le marquis de Castelar n'ayant nul pouvoir pour signer deux articles entre autres qui ne pouvoient se passer.

Patino vouloit que tous traités précédents fussent annulés, entre autres ceux du commerce avec la France. Il étoit surprenant que, faisant un traité qui réunissoit plus étroitement que jamais les deux couronnes, on voulût annuler les traités précédents de commerce. Le maréchal de Villars eut une longue conversation avec le marquis de Castelar, lequel convint que ces deux articles devoient être ratifiés. Le maréchal de Villars écrivit une longue lettre au garde des sceaux, lequel lui manda qu'il l'avoit lue au roi au conseil.

Dans celui du 14 décembre, on lut des dépêches de Rottembourg, lesquelles ne marquoient aucune apparence de finir le traité; au contraire, il paroissoit que Patino vouloit l'éloigner, ne voulant plus de guerre, parce qu'il ne pouvoit en soutenir aucune; le désordre dans les finances empêchoit tout moyen de la soutenir. La reine vouloit la guerre, Patino ne la vouloit pas, Rottembourg ne pouvoit parler au roi ni à la reine d'Espagne.

Le maréchal de Villars dit au conseil que, dans une si cruelle situation, il ne falloit plus ménager Patino, et, si on ne pouvoit parler, écrire au roi et à la reine, enfin leur faire savoir que, la reine voulant la guerre et Patino ne la voulant pas, malgré tous leurs principaux intérêts, ce ministre porteroit ses maîtres à se réunir avec l'Angleterre; cela arriveroit infailliblement; qu'il falloit donc dévoiler ce ministre au roi d'Espagne. Mais le cardinal de Fleury n'avoit pas plus d'envie de la guerre que Patino; ainsi on ne prenoit aucun parti.

Il arriva un courrier au marquis de Castelar, qui apporta d'assez fâcheuses nouvelles d'Oran. Le marquis de Santa-Cruz, ayant reçu un secours et toutes ses troupes montant à seize mille hommes, attaqua, le 21 novembre, l'armée des Maures et la poussa, prit quelques pièces de canon, mais s'éloigna trop de la place; il s'étoit trouvé dans une petite plaine environnée de collines bordées de bois, sur lesquelles toutes les troupes des Maures s'étoient retirées. Elles firent un très grand feu, dont les Espagnols se lassèrent, et, commençant à se retirer, les Maures descendirent et mirent quelque désordre dans la retraite. Le marquis de Santa-Cruz [s'exposa] pour rétablir le désordre, marchant l'épée à la main : il y parvint; mais les Maures, voyant arriver de nouvelles troupes d'Oran, se retirent. Cette action se passa le 21. Le 23, les Espagnols remarchèrent au lieu du combat. Les Maures se retirèrent; on leur reprit quelques ouvrages, mais la première affaire leur coûta plus de deux mille hommes [tués] ou blessés.

Le maréchal de Villars avoit dit un mois auparavant au marquis de Castelar : « Il seroit à souhaiter que, parmi plusieurs généraux que vous avez à Oran, quelqu'un eût vu les guerres de Hongrie, et qu'il sût que les Turcs fuient toujours et reviennent souvent, et sont très à craindre si on les poursuit sans précaution. »

Dans le conseil d'État du 17 décembre, on lut des lettres apportées par un courrier de Rottembourg, parti le 6 de Séville. La reine d'Espagne consentoit que l'on offrit le Milanois entier au roi de Sardaigne pour l'engager, et l'ambassadeur de France à Turin avançoit les affaires.

Bussy mandoit de Vienne que le comte de Sinzendorff parloit toujours avec grande hauteur ; que, si l'électeur de Bavière vouloit faire le méchant, il n'y avoit qu'à faire entrer quelques bataillons de l'empereur dans ses États et désarmer ses troupes.

Le marquis de Monty mandoit que le roi de Pologne augmentoit toujours ses troupes et marquoit beaucoup de fierté. Il est certain que l'on pouvoit former un parti dangereux contre l'empereur ; mais il falloit une hauteur soutenue de la part de la France, à laquelle le cardinal n'étoit pas disposé.

Dans le conseil d'État du 21 décembre, on lut les lettres du 6, de Rottembourg, apportées par un courrier. On apprenoit des détails de l'affaire d'Oran, très fâcheuse pour les Espagnols. Il est vrai qu'ils avoient rasé les tranchées des Maures, mais perdu, tués ou blessés, plus de trois mille hommes et perdu quatre pièces de canon. Cependant on avoit chanté le *Te Deum* à Séville et par toute l'Espagne pour que le roi d'Espagne entendît le bruit des cloches et celui du canon ; car il ne sortoit pas, et personne ne le voyoit que la reine et le prince des Asturies, lequel le servoit à dîner comme un domestique, quittant même son épée.

Les nouvelles de Turin apprenoient que Vaugrenant avançoit toujours sur le traité; que le roi de Sardaigne l'avoit assuré de ses bonnes intentions; que le marquis d'Ormea avoit demandé que la reine d'Espagne entrât dans les mêmes engagements et que ce fût une triple alliance.

Dans le conseil d'État du 24, on apprit que l'électeur de Bavière étoit venu voir l'électeur palatin à Manheim et l'électeur son frère à Bonn, pour le ramener à sa résolution sur la Pragmatique de l'empereur et confirmer l'électeur palatin dans ses sentiments. L'électeur de Saxe, roi de Pologne, avoit plus de trente mille hommes sur pied, et rien n'étoit plus aisé que de former un parti très considérable contre l'empereur; mais il falloit persuader que la France, avec près de trois cent mille hommes sur pied, voudroit bien entrer en guerre.

Dans le conseil d'État du 28 décembre, on apprit par les lettres de Rottembourg qu'il avoit enfin vu le roi d'Espagne en robe de chambre, la barbe très longue; qu'il n'avoit répondu que par un signe de tête aux assurances de l'amitié du roi son neveu, sans dire un mot sur le traité commencé depuis trois mois, lorsque Rottembourg nous mandoit que ce même roi avoit de très longues conversations et sur matières importantes avec un simple valet françois, et d'un si bas étage que, pour gagner le valet, il n'avoit fallu qu'une pension de six cents livres pour son frère, curé en Poitou.

Cependant on ne pouvoit pas douter que le traité ne se conclût. La reine d'Espagne dit en confidence à Rottembourg : « Pour vous faire voir qu'il sera bientôt conclu, je vous apprends que le duc de Liria a ordre de partir de Vienne incessamment. »

Vaugrenant rendoit compte d'une très longue conférence qu'il avoit eue avec le roi de Sardaigne, tête à tête, sur le traité commencé. Ce jeune roi parloit très sensément, et le maréchal de Villars prit cette occasion pour faire entrer le roi dans des réflexions très convenables sur un jeune prince qui traite ses affaires lui-même avec un ambassadeur et exciter le roi à parler. Cela fut impossible, et il étoit surprenant que le cardinal ne fît pas le moindre effort sur cela.

On fut informé dans le même temps que la Nord-Hollande étoit menacée d'un très grand péril par des vers apportés par les vaisseaux qui revenoient d'Amérique, lesquels [rongent] le bois dans l'eau, et, comme cette partie de la Hollande n'est garantie de la mer que par des digues formées par des pieux plantés dans la mer, derrière laquelle on fait la digue de terre, les pieux rongés, la digue étoit emportée par les mers un peu hautes et agitées, en sorte que la dépense pour soutenir les digues excédoit de beaucoup la valeur des terres qu'elles garantissoient. Le maréchal de Villars fut informé par des avis bien circonstanciés de ces détails, et même que plusieurs familles quittoient le pays et se retiroient dans la Flandre autrichienne; il les envoya au cardinal de Fleury.

Dans le conseil d'État du 31 décembre, on apprit par les lettres de Vienne que le duc de Liria se préparoit à en partir. L'Angleterre négocioit pour que l'empereur accordât à Don Carlos les investitures de

Parme et Plaisance, voulant se faire un mérite auprès de l'Espagne de terminer ces difficultés.

1733. On négocioit auprès du roi de Prusse pour qu'il fût favorable au dessein de faire le fils du duc de Biron duc de Courlande, la Czarine déterminée à procurer à son favori cette grande fortune. Les deux dernières impératrices de Russie avoient marqué beaucoup d'amour à leurs serviteurs. On croyoit le fils du comte de Biron fils de la Czarine et du comte de Biron, la femme du comte ayant aidé à tromper le public. On négocioit aussi le mariage du prince de Bevern avec la princesse de Meckelbourg, nièce de la Czarine, et de la maison des derniers czars par les femmes.

Dans le conseil d'État du 4 janvier, on lut des lettres du 19 décembre, de Séville, qui marquoient la reine d'Espagne bien déterminée à conclure le traité avec la France, et Rottembourg écrivit au maréchal de Villars qu'il n'en doutoit plus. On attendoit seulement une réponse à quelques éclaircissements demandés par un mémoire de Patino.

L'empereur continuoit à donner diverses sortes de plaintes à Don Carlos; les troupes du Milanois ayant occupé l'île de [Ponce][1] sur le Pô, l'Espagne demandoit que la France parlât hautement à l'empereur sur toutes ces matières, et on résolut au conseil de le faire, bien que l'on eût pu croire que l'Angleterre négociât sur cela. Mais, comme l'Espagne avoit déclaré que c'étoit

1. Arch. des Affaires étrangères, Espagne, 396, fol. 363.

sans aucune mission de sa part, et par l'espérance presque certaine de voir le traité incessamment signé, on n'hésita pas de faire ces offices auprès de l'empereur.

Le garde des sceaux fit un long discours pour en prouver la nécessité, et le maréchal de Villars l'appuya par trois raisons : la première, que l'Espagne déclaroit qu'elle n'avoit rien demandé à l'Angleterre ; la seconde, que, le traité prêt à signer, il falloit complaire ; la troisième, que Rottembourg l'avoit promis.

Le marquis de Castelar ayant dîné, le 6 janvier, chez le maréchal de Villars, lui dit que Patino lui mandoit, par une lettre du 24 décembre, apportée par un courrier anglois, qu'il venoit de lire au roi d'Espagne une lettre que le maréchal de Villars écrivoit à ce prince, du 14 septembre. Il étoit surprenant qu'une lettre du 14 septembre ne fût lue que le 24 décembre.

Cette lettre avoit été demandée au maréchal de Villars par le garde des sceaux ; elle étoit remplie des raisons les plus fortes pour engager le roi d'Espagne à conclure le traité. Il faut que Patino ne l'ait pas lue dans ce temps, par la mauvaise santé du roi d'Espagne ou par quelque autre raison. Il étoit certain que c'étoit une marque du désir de Patino de faire conclure le traité, puisqu'il avoit lu cette lettre.

Dans le conseil d'État du 8 janvier, on lut une lettre de Rottembourg, du 24 décembre, par laquelle il disoit avoir reçu la réponse aux éclaircissements, et que l'on pouvoit s'attendre à la conclusion du traité.

Les lettres de Vienne marquoient des augmentations de troupes de la part de l'empereur et une grande nouvelle de Perse ; que Zuli-Kan, général de l'armée des Perses, ayant reçu ordre du sophi de cesser les hostilités avec les Turcs et de ramener l'armée, avoit paru obéir, étoit revenu à Ispahan, avoit fait crever les yeux à Chah-Thamas, sophi, et mettre sur le trône un de ses fils, âgé de quarante jours, et s'étoit emparé du gouvernement. Ce Zuli-Kan, étant très hardi, avoit relevé les affaires des Perses, et le roi dit un jour au maréchal de Villars que c'étoit un autre Tamerlan. Le maréchal répondit qu'il n'étoit pas mauvais de trouver de temps en temps des Tamerlans, pourvu qu'ils fussent soumis et fidèles à leurs rois. Ce Zuli-Kan n'avoit pas cette qualité; il connoissoit le désir des Perses de continuer la guerre contre les Turcs, ce qui lui donna moyen de soutenir ceux qui vouloient la guerre. Il fit mourir quelques-uns de ceux qui n'étoient pas de sa cabale, et, comme l'on vient de dire, détrôna Chah-Tamas.

Dans le conseil d'État du 11 janvier, les lettres de Rottembourg apprenoient qu'il avoit vu le roi d'Espagne la barbe faite, levé, et en habit neuf, le meilleur visage, les jambes point enflées et une santé plus parfaite qu'il ne l'avoit eue depuis dix ans; que l'on avoit ordonné trois jours de fête et que les infants prenoient l'habit de saint François pour trois mois par un vœu pour le rétablissement de la santé du roi.

Rottembourg fit compliment au roi sur le retour de sa santé, lui parla de la joie très sensible qu'en auroient le roi son neveu et tous les François. A ces mots, le roi d'Espagne s'est attendri, et les larmes lui vinrent aux yeux. Cette audience se passa sans qu'il y fût question d'un mot de ce traité, commencé depuis le 1er septembre de l'année dernière. Cette tendresse et ces larmes du roi d'Espagne firent impression au maréchal de Villars et le portèrent à penser qu'elles venoient de ce que peut-être dans ce même temps on le forçoit à des [menées] contre ces mêmes François.

Dans le conseil d'État du 14, on apprit, par les lettres de Bussy, de Vienne, que l'empereur faisoit marcher un corps de troupes en Silésie pour imposer au roi de Pologne; que l'on pensoit d'envoyer de nouvelles troupes en Italie.

Le marquis de Monty proposoit, de la part du roi Auguste, d'attendre, pour agir, la mort de l'empereur, et en attendant des subsides.

Le marquis d'Ormea formoit de nouvelles prétentions pour le roi de Sardaigne, et rien n'avançoit à Séville pour un traité commencé depuis les premiers jours de septembre, ce qui donnoit très mauvaise opinion de celle que toute l'Europe concevoit de la foiblesse du gouvernement.

Dans le conseil d'État du 18 janvier, on apprit par les lettres de Rottembourg que Patino avoit été assez mal d'un très gros rhume et qu'il avoit été saigné deux fois; mais nulle conclusion encore du traité. Le maréchal de Villars lut au roi, dans ce conseil, une lettre qu'il avoit écrite au roi d'Espagne sur toutes les raisons qui devoient le porter à une réunion parfaite avec la France. Elle étoit si forte et si clairement expliquée qu'il n'avoit rien oublié de tout ce qui pouvoit accélérer une affaire si importante. On avoit lieu de croire que la reine d'Espagne, se méfiant que la France ne voulût pas de guerre, aimoit mieux finir par l'Angleterre.

L'on apprenoit par les lettres de Vienne que l'empereur faisoit marcher près de trente mille hommes en Silésie pour forcer le roi de Pologne à s'expliquer, et, la cour de Vienne appuyant avec fermeté ses projets, et la France et l'Espagne agissant foiblement, il étoit infaillible que l'empereur feroit décider le roi de Sardaigne et que les trois électeurs, résistant à la Pragmatique, seroient forcés à s'y soumettre.

L'on mandoit de Hollande que les troupes de Prusse, jointes à plusieurs autres de l'Empire, formeroient un camp près de Wesel. Quelques avis de Berlin disoient aussi que l'empereur faisoit marcher en Italie vingt mille Prussiens et cinq mille hommes de troupes de Saxe-Gotha. Tous ces derniers avis n'étoient pas propres à avancer notre traité avec le roi de Sardaigne, et il paroissoit que l'opinion répandue de notre inaction déterminée rendoit la France méprisable, quoiqu'elle eût plus de deux cent soixante mille hommes sur pied.

Dans le conseil d'État du 25, on apprit par lettres de Vaugrenant que le marquis d'Ormea avoit demandé encore une fois que l'Espagne entrât dans le traité et que l'on voulût expliquer les moyens que le roi voudroit bien employer pour le mettre en possession du Milanois, que l'on lui promettoit. Le maréchal de Villars dit que le roi de Sardaigne avoit grande raison sur ces deux points. On lui répondit : « Mais comment répondre de l'Espagne, si vous ne l'avez pas encore? » Le maréchal de Villars dit : « Il faut dire ce qui est vrai, c'est que l'on compte positivement sur l'Espagne, premièrement parce que l'on peut s'en flatter; en second lieu, c'est que, si vous paroissez incertain, le roi de Sardaigne vous échappera; » et ajouta : « Voulez-vous être réduits à implorer l'auguste protection de l'Angleterre, que j'ai déjà démontré plusieurs fois avoir pour premier intérêt notre destruction? Quand nous avons commencé la guerre de 88, la France attaquoit l'Europe entière, et présentement, si vous montrez quelque force, l'Espagne vous est assurée, le roi de Sardaigne et trois électeurs. » Le cardinal avança que l'Empire n'avoit pas intérêt que l'empereur fût si puissant. « Mais, » répliqua le maréchal de Villars, « quand l'empereur sera bien puissant, l'Empire fera ce que voudra l'empereur. » Et, voyant que ces raisons étoient inutiles, il finit par dire : « Dieu soit béni ! »

Dans le conseil d'État du 28, il n'y eut rien d'important, et l'on lut les réponses à Vaugrenant, qui n'étoient pas bien propres à déterminer le roi de Sardaigne.

Le marquis de Castelar dit, le 1ᵉʳ février, au maréchal de Villars qu'il avoit reçu des lettres de son frère, apportées par un courrier qui est arrivé en moins de dix jours de Séville. Le roi d'Espagne avoit été assez mal, et même dans une grande foiblesse qui avoit alarmé toute la cour; qu'il se portoit mieux. Mais Patino annonçoit à son frère un courrier incessamment, qui lui portoit la réponse aux articles du traité, la permission et les pouvoirs de signer, pourvu qu'il n'y eût rien d'essentiel changé à la substance du traité, et que le roi s'y étoit déterminé sur la parole qu'il donnoit que l'on trouveroit dans la France la fermeté nécessaire et sur celle que le maréchal de Villars avoit donnée.

Le 4 février, il fut lu au conseil d'État des dépêches

de Rottembourg, du 17, apportées par un de ses courriers, lequel informoit de l'état du roi d'Espagne, qui avoit été saigné deux fois du pied; que les médecins avoient proposé de le saigner à la tempe; enfin d'assez grands sujets de crainte pour sa vie; que le prince des Asturies désiroit que l'on ne se pressât pas de conclure, assurant de son entier attachement à la France dès qu'il seroit le maître.

Un nommé [Brière], valet de chambre du roi d'Espagne, avoit dit à Rottembourg que le roi d'Espagne avoit dit qu'il ne pouvoit souffrir les quatre évangélistes de la reine sa femme, dont le premier étoit Patino, sa nourrice, son confesseur et un autre [1].

Patino, par son courrier parti du 19 janvier, n'avoit pas envoyé de lettres de Rottembourg, et il étoit surprenant que, l'intelligence devant être parfaite entre eux deux, il fît partir un courrier sans l'avertir. Le maréchal de Villars dit au conseil : « On peut douter de la bonne foi de Patino et, par conséquent, de la reine. Mais enfin Patino promet un courrier qui apporte les pleins pouvoirs; il n'enverra pas ce courrier sans qu'il apporte des dépêches de Rottembourg. Auquel cas on auroit à se plaindre de Patino, et il seroit dans l'ordre de dire : *Nous ne savons rien par notre ambassadeur; nous attendons de ses nouvelles.* Mais, s'il apportoit des nouvelles de Rottembourg, Castelar a le pouvoir de signer des articles qui vous convien-

---

1. « Il appelle ainsi M. Patino, M. de Scoti, l'archevêque d'Amida et la caméristre Pelegrine..., et, sur ce qu'il a aperçu deux fois en différents jours la caméristre, il s'est mis dans des fureurs affreuses » (Arch. des Affaires étrangères, Espagne, 403, fol. 41).

nent ; quel risque courez-vous ? Le prince des Asturies approuvera tout ce que vous approuverez, puisqu'il n'y aura rien qui ne lui soit agréable. »

Dans le conseil du 8 février, on lut une lettre de Rottembourg du 23 janvier, qui disoit avoir vu le roi d'Espagne avec un assez bon visage, mais foible et les mains tremblantes. Nul courrier et rien sur le traité, ce qui ne permettoit pas de douter que la reine d'Espagne ne cherchât à traiter par d'autres voies.

Rien de Turin qui pût porter à penser que le roi de Sardaigne fût pressé de traiter avec nous. Il est certain que la foiblesse du gouvernement nous rendoit méprisables.

Le maréchal de Villars reçut une lettre du prince Eugène du 24 janvier[1], toute remplie des assurances d'une amitié très vive de sa part sur les affaires générales, qu'il leur revenoit de tous côtés que nous faisions des menées pour leur susciter des ennemis ; que, si on leur en vouloit, ils tâcheroient de se bien défendre.

Le maréchal de Villars lut cette lettre au cardinal de Fleury et lui parla encore de la faute que l'on avoit faite de ne pas accepter l'aînée des archiduchesses pour l'infant Don Carlos. Le cardinal répondit qu'il avoit demandé cinq mois au comte de Sinzendorff pour se déterminer. Sur cela, le maréchal lui dit que oui pour les intérêts de Meckelbourg et de la Frise : « Je vous ai déjà dit que c'étoit l'intérêt d'une pastille

---

1. Nous l'avons publiée, ainsi que tout ce qui reste de la Correspondance du Prince Eugène avec Villars. Voyez *Villars*, etc., t. II, p. 169.

contre un million[1]. » Le cardinal répondit : « Et aussi pour les Anglois, lesquels ne nous ont pas bien traités. » Le maréchal répliqua : « Que faisiez-vous contre les Anglois lorsque vous acceptiez l'offre de mettre dans la troisième branche de la maison de Bourbon l'Empire et la succession entière de la maison d'Autriche? Cette augmentation de puissance pouvoit leur déplaire, mais ce n'est pas leur faire la guerre. » La misère du gouvernement étoit au plus haut point, et telle que l'on pouvoit dans la suite envisager des malheurs.

Dans le conseil d'État du 11, on lut des lettres de Rottembourg, du 27 janvier. Patino lui avoit enfin remis ces éclaircissements sur le traité, dans lesquels on ne voyoit rien qui marquât un véritable désir de finir. Le maréchal de Villars en parla au marquis de Castelar avec la vivacité que devoient inspirer les intérêts de la cour d'Espagne à terminer une affaire plus intéressante encore pour elle que pour la France. Les lenteurs étoient causées par la défiance que nous ne voulussions pas entrer en guerre pour l'infant Don Carlos, si l'empereur l'attaquoit en Italie.

L'on apprit, par un courrier du marquis de Monty, la mort du roi Auguste de Pologne[2], d'une enflure à la cuisse, causée par un sang corrompu qui avoit produit la gangrène et l'avoit emporté en trois jours.

L'on délibéra sur le parti à prendre pour notre roi de Pologne, beau-père du roi. Le maréchal de Villars fut d'avis qu'il partît sur-le-champ pour s'approcher

---

1. Voir ci-dessus, p. 363.
2. Auguste II de Saxe, né en 1670, élu roi de Pologne en 1697, remplacé par Stanislas Leczinski en 1704, rétabli en 1709.

de son royaume, non qu'il fût assuré d'être reconnu roi en arrivant, mais au moins étoit-il dans l'ordre qu'il en marquât quelque espérance en s'approchant de la Pologne. Le cardinal fut d'un avis contraire et soutint qu'il avoit abdiqué. Le maréchal de Villars, qui savoit le contraire, soutint qu'il n'avoit jamais abdiqué. Le cardinal s'opiniâtra quelque temps, et M. d'Angervilliers, qui savoit la même chose que le maréchal de Villars, dit qu'il tenoit, de personnes qui pouvoient le savoir, qu'il n'avoit jamais abdiqué.

Par les nouvelles de Turin, on ne disoit rien sur le traité proposé, et tout cela par le mépris du gouvernement.

Dans le conseil d'État du 18 février, on lut de très longs mémoires sur les explications envoyées par Patino pour terminer le traité entre la France et l'Espagne. Ces explications, telles que les lut le garde des sceaux, étoient encore assez obscures. L'on voyoit que l'Espagne admettoit la quadruple alliance parce qu'elle donnoit la succession du grand-duc à Don Carlos, mais ne vouloit pas renoncer à tous les États qu'elle avoit possédés, comme Milan, Naples, Sicile et autres.

Le cardinal, qui craignoit surtout ce qui pouvoit donner la guerre, ne vouloit pas que l'on annulât la quadruple alliance, disant cependant que, si l'on ne faisoit pas le traité avec l'Espagne, elle se mettroit entre les bras de l'empereur et de l'Angleterre. Le maréchal de Villars dit : « Mais c'est ce qu'il faut empêcher par tous moyens. »

Le maréchal de Villars, ayant trouvé le marquis de Castelar ce jour même, lui parla très vivement. Le marquis lui répondit : « Je ne veux plus parler au garde des sceaux qu'avec un tiers, car il ne veut pas m'entendre, bien que je prétende m'expliquer clairement. Je dis donc qu'il faut sur la quadruple alliance un article secret et séparé, par lequel l'Espagne, ne renonçant pas à ses anciennes possessions, puisse, quand les occasions se trouveront favorables, de concert et convenablement avec la France, faire valoir ses droits. Quant à l'annulation d'autres traités, sur celui du commerce j'ai toujours dit que ceux que nous avons demeureroient dans leur entier, la France toujours traitée comme la nation la plus favorisée, jusqu'à ce que, si l'on le trouve à propos, on en fasse un nouveau, dans lequel la France aura toujours les mêmes avantages. » Tout cela étoit bien différent de ce que faisoit entendre le garde des sceaux.

Le cardinal de Fleury dit qu'il savoit que le roi de Sardaigne traitoit avec l'empereur. Le maréchal de Villars répondit qu'il regardoit cette nouvelle comme très mauvaise. Le garde des sceaux répliqua : « Quand nous voudrons promettre d'agir au roi de Sardaigne, il reviendra à nous. » Le maréchal de Villars dit : « Il vaut mieux empêcher son traité avec l'empereur que de se flatter de le faire rompre. »

Le 20, la troisième madame mourut[1].

Il fut dit que le roi Stanislas ne partiroit pas, ce qui étoit contre l'opinion générale. Le maréchal de Villars disoit : « Ne regardez le roi Stanislas que comme Leczinski, grand seigneur de Pologne, et par

---

1. C'est-à-dire la troisième fille du roi, Louise-Marie, âgée de cinq ans.

conséquent candidat. Lorsque le trône est vacant, il doit retourner dans sa patrie. Il y a d'autres petites raisons pour l'y obliger. Il s'appelle roi de Pologne, l'a été deux ans paisiblement; le roi Auguste l'a reconnu, il n'a jamais abdiqué; pourquoi ne pas montrer qu'il a quelque sorte de droit à la couronne? Il me semble donc qu'il conviendroit qu'il se rendît à Dantzick, écrire au primat qu'il ne doute pas de la continuation des marques d'estime et d'affection que la Pologne lui a déjà données, et faire entendre outre cela, à gens qui l'ont connu et qui aiment un peu d'argent, que les confirmations seront payées. D'ailleurs, l'honneur d'être beau-père du plus grand roi du monde ne peut lui nuire. » L'opinion du cardinal prévalut, et le roi Stanislas demeura à Chambord.

Le 22 février, dans le conseil d'État, on lut les dépêches du 6 de Rottembourg. Il mandoit que le roi d'Espagne se portoit bien, dormant et mangeant bien, mais que personne ne le voyoit. Le garde des sceaux lut tout ce qui regardoit le traité commencé avec l'Espagne, et toujours arrêté par les manèges de la reine d'Espagne avec l'Angleterre. Il est certain que les difficultés de la part de l'Espagne venoient de l'opinion établie que le cardinal de Fleury ne vouloit de guerre en aucune façon.

Le garde des sceaux écrivit aussi à Vaugrenant de manière à persuader au roi de Sardaigne que l'on entreroit en guerre dès que lui-même jugeroit l'occasion propre à lui donner le Milanois.

Dans le conseil d'État du 25, on lut les dépêches écrites de Séville, Turin et Hollande. Celles du marquis de Fénelon parloient de la juste colère du roi de

Prusse sur trois de ses officiers, exécutés à Maestricht pour y avoir enrôlé des sujets de la République, sans avoir demandé justice au roi de Prusse, lequel avoit fait enlever des officiers hollandois dans le voisinage de Wesel pour agir apparemment à titre de représailles; mais l'on n'étoit pas persuadé que cette querelle produisît la guerre entre ces deux puissances.

Dans le conseil d'État du 1er mars, on apprit par les lettres de Vienne que l'empereur, sur la nouvelle de la mort du roi Auguste, prenoit toutes les mesures possibles pour empêcher la confirmation de l'élection du roi Stanislas et pour engager la Czarine à s'entendre avec lui pour l'élection d'un roi qui leur convînt; qu'il faisoit marcher beaucoup de troupes en Silésie; par les lettres de Vaugrenant que le marquis d'Ormea avoit traité très sérieusement avec lui pour conclure le traité, voulant que l'Espagne y entrât, et un plan d'action; le maréchal de Villars dit : « Il est bien certain que la France et l'Espagne ne peuvent rien faire de solide en Italie que par l'union du roi de Sardaigne. L'Espagne est déjà convenue que l'on lui donne le Milanois. L'on ne doit pas hésiter sur tous les moyens qu'il vous demandera pour s'en rendre maître, et l'on s'assurera sa possession solide et tranquille.

Par les lettres de Séville du 13 février, le comte de Rottembourg mandoit avoir lu à la reine d'Espagne et à Patino les trois dernières lettres du maréchal de Villars sur les lenteurs surprenantes à conclure un traité qui ne devoit être arrêté par aucunes considérations.

Par celles du 15, le comte de Rottembourg mandoit

que le roi d'Espagne se portoit très bien, mais qu'il ne travailloit pas encore. Rottembourg étoit persuadé que c'étoit par répugnance pour voir Patino ; mais il étoit vraisemblable que la tête de ce prince étoit affoiblie. Ce malheur lui étoit déjà arrivé, et, comme il en étoit revenu, ou la crainte d'un pareil retour que la reine d'Espagne inspiroit, ou celle de déplaire à la reine, tenoit toute la petite cour de Séville dans la soumission.

L'on écrivit en Pologne de la manière la plus propre à faire confirmer la couronne au roi Stanislas, tant par l'argent, voie la plus sûre avec les Polonois, ayant envoyé d'abord au marquis de Monty un million six cent mille livres, lui en faisant encore espérer, que par mander dans toutes les cours que le roi soutiendroit le roi son beau-père de toutes ses forces. L'empereur s'expliquoit de même pour s'opposer à son élection et fit marcher des troupes en Silésie, en déclarant son intention à Rome et dans toutes les cours.

Le maréchal de Villars, ayant été retenu à Paris par un rhume, manqua les conseils des 8, 11 et 15 mars.

Le marquis de Castelar lui apporta les articles séparés du traité de Copenhague entre l'empereur, la Czarine, le Danemarck et le roi de Prusse, par lesquels on convenoit de s'opposer à l'élection que la Pologne pourroit faire d'un roi qui seroit fils ou beau-père du roi.

Le maréchal de Villars écrivit au garde des sceaux que, ne pouvant se rendre au conseil, il croyoit devoir lui expliquer ses sentiments sur les articles séparés, et, sur la déclaration de l'empereur, de s'opposer hautement à la confirmation du roi Stanislas à la couronne de Pologne, disant qu'il falloit enchérir sur la hauteur de l'empereur, connoissant mieux qu'un autre les manières de la cour de Vienne. Le garde des sceaux lui manda que son sentiment seroit entièrement suivi, et il lui apprit, le 21 mars, qu'il avoit lu sa lettre au roi et que l'on avoit fait les déclarations les plus fières contre celles de l'empereur pour soutenir la liberté de la République de Pologne.

Dans le conseil d'État du 22, on apprit par les dépêches de Rottembourg que la santé du roi d'Espagne étoit parfaite; qu'il s'habilloit tous les jours, mais se mettoit au lit pour dîner et ne parloit point, ne voulant voir aucun ministre. On attendoit les dernières réponses pour conclure le traité commencé depuis six mois.

Par les lettres de Turin, il paroissoit que l'on pouvoit compter d'en faire bientôt un avec le roi de Sardaigne.

Par les nouvelles de Pologne, on apprenoit que le prince Lubomirsky s'étoit emparé de la ville et du château de Cracovie, et que le primat avoit déposé l'évêque de Kiovie pour le faire rentrer dans le devoir d'un fidèle Polonois, sujet aux lois du royaume.

Dans le conseil d'État du 25 mars, on apprit qu'un courrier d'Espagne avoit apporté une réponse aux dernières propositions de notre part pour conclure enfin le traité, telles que Castelar dit au maréchal de Villars qu'il les auroit signées sans difficulté s'il en avoit le pouvoir, n'y trouvant rien que de juste; cependant, Patino faisoit encore des difficultés. L'on manda à Rottembourg de ne plus presser.

Le marquis de La Paz, chargé des affaires étrangères, eut une attaque d'apoplexie très violente, et Patino fut encore chargé de ce détail; ainsi il avoit en même temps toutes les parties du gouvernement, les finances, la guerre, les affaires étrangères et la marine.

Les affaires avançoient à Turin, et l'on pouvoit espérer de conclure un traité. Il étoit incertain si l'on différeroit à entrer en guerre par donner le Milanois au roi de Sardaigne dès cette année, ou si l'on attendroit à l'année prochaine. Le maréchal de Villars fut d'avis de ne pas différer par les raisons suivantes : « Nous apprenons, par les nouvelles de la Pologne, que le prince Lubomirsky s'est rendu maître de la ville et du château de Cracovie, et M. le cardinal de Fleury est persuadé que c'est en faveur de l'électeur de Saxe. Si, dans le courant de cette année, l'empereur, dont les troupes ont marché en Silésie, lui procure la couronne de Pologne, cet électeur pourroit se soumettre à la Pragmatique. S'il s'y soumet, l'empereur méprisera l'électeur de Bavière; il fera marcher ses troupes sur le Rhin. J'ai déjà fait voir que l'évêque de Wurzbourg, directeur et maître du cercle de Franconie, peut donner vingt mille hommes à l'empereur. Le cercle de Souabe est à la dévotion de l'empereur, lequel pourroit fort bien dire à la reine d'Espagne : *Soumettez-vous à ma Pragmatique ou je vous chasse de Parme, Plaisance et Livourne.* L'on ne peut disconvenir que tout cela ne soit possible, et, si tout cela arrive, pensez-vous que le roi de Sardaigne soit bien pressé de traiter avec vous? Quelles raisons avez-vous donc de différer d'entrer en action? Aurez-vous plus de troupes l'année prochaine que celle-ci? Vous risquez beaucoup en différant, et, lorsque M. de Louvois fit attaquer l'Empire en 88, la France étoit seule ; il avoit moins de raisons que la France, pouvant avoir le roi de Sardaigne et s'assurer de l'Espagne sans difficulté par sa fermeté et son audace en commençant la guerre.

Dans le conseil d'État du 1ᵉʳ avril, la même matière fut encore traitée, sur laquelle le maréchal de Villars écrivit un mémoire, et pria le roi de lui permettre de le lire ; il concluoit à entrer en action. Le garde des sceaux opposa toutes les difficultés que l'Espagne apportoit à la conclusion du traité. Le maréchal de Villars répliqua qu'elles étoient principalement causées par l'opinion que déterminément nous ne voulions pas de guerre, que, si cette opinion subsistoit dans l'Europe, nous ne pouvions compter sur aucun allié ; et, adressant la parole au cardinal, il lui dit : « Vous avez dit à Sinzendorff qu'il faudroit que la France eût perdu trois batailles pour admettre les propositions qu'il vous faisoit. Elles seront plus dures encore. Mettez-vous à portée d'en donner une, et vous aurez des amis. » Après le conseil il dit au roi : « Sire, Votre Majesté me voit souvent combattre les sentiments de ceux que vous croyez uniquement. Si vous n'avez pas la bonté de me dire que vous approuvez ma conduite, je ne parlerai plus. Dites-moi donc que vous l'approuvez. » Il dit oui. C'est tout ce que le maréchal de Villars en put tirer.

Dans le conseil d'État du 5 avril, le garde des sceaux lut les conventions qu'il avoit réglées avec Castelar. Il avoit chargé d'Angervilliers de mander au maréchal de Villars qu'il étoit convenu avec Castelar, et de ne pas manquer de se trouver au conseil du jour de

Pâques. Le maréchal fit compliment au garde des sceaux sur..... et même certaine conclusion d'un traité qui duroit depuis sept mois. Le garde des sceaux dit : « Mais je ne réponds pas que Patino approuve. » Le maréchal répliqua : « Pouvez-vous douter que Castelar, frère de Patino, soit désavoué par son frère ou pour mieux dire qu'il fût convenu sans un ordre secret? »

On lut ensuite une lettre de notre ambassadeur à Turin, qui mandoit que le roi de Sardaigne et le marquis d'Ormea, son premier ministre, avoient approuvé le projet envoyé par le garde des sceaux, et il étoit vraisemblable que ces deux traités si importants seroient bientôt terminés et signés.

Dans le conseil d'État du 8, le garde des sceaux lut une longue instruction pour Bonnac, sur le peu d'intérêt de renouveler l'alliance perpétuelle avec les Suisses. Le maréchal de Villars dit : « D'autant plus qu'elle ne les a jamais empêchés d'agir contre la France et de donner passage aux armées de l'empereur. »

Le 8 avril mourut M. le duc d'Anjou[1], et M. d'Angervilliers envoya un courrier au maréchal de Villars pour se rendre à Versailles. Il trouva le roi l'après-midi dans son cabinet, qui lui raconta de quelle manière la reine avoit appris cette cruelle nouvelle. Étant couchée avec le roi, son impatience l'a fait sortir de son lit pour faire ouvrir une fenêtre qui donnoit sur celles de la chambre de M. le duc d'Anjou, à la porte de laquelle étoit un crocheteur. La reine lui cria : « Com-

---

1. Second fils de Louis XV, âgé de deux ans et sept mois; il était né le 30 août 1730.

ment se porte le duc d'Anjou? » Le crocheteur répondit : « Il est mort. » La reine fit un grand cri ; heureusement une femme de chambre la soutint, et le roi sortit du lit pour venir la consoler.

Dans le conseil d'État du 12, on apprit, par les lettres de Rottembourg, que le roi d'Espagne se portoit très bien, mais toujours la même obstination à se taire et à se tenir dans son lit ; enfin, cette même humeur noire qui l'avoit accablé six ans auparavant. Les infants avoient été indisposés. La reine chargea Rottembourg de mander au maréchal de Villars que, si les autres ministres pensoient comme lui, la véritable union entre les deux couronnes seroit bientôt rétablie. Cependant on avoit lieu d'espérer que le traité seroit incessamment conclu.

Vaugrenant mandoit de Turin que le roi et le marquis d'Ormea lui avoient dit qu'incessamment ils lui donneroient réponse sur le projet du traité.

Le marquis de Monty envoya un courrier pour assurer que le parti du roi Stanislas étoit très considérable, mais qu'il s'en formoit un pour l'électeur de Saxe, lequel, appuyé par l'empereur, la Czarine et le roi de Prusse, pourroit avoir beaucoup de force, et qu'il n'étoit pas impossible qu'il y eût une scission. Le maréchal de Villars dit : « Je voudrois bien que l'on expliquât précisément ce que c'est que scission. » Le garde des sceaux répondit : « C'est partage, division. » — « En ce cas, l'électeur de Saxe protégé du camp de l'empereur en Silésie, de celui de la Czarine en Courlande, des troupes du roi de Prusse dans la Prusse, le roi Stanislas n'aura pas beau jeu. »

Monty demandoit beaucoup d'argent. On lui envoya

plus de trois millions et carte blanche pour le reste. Le maréchal de Villars dit que l'expérience des précédentes élections apprenoit qu'il falloit assurer l'argent à ceux qui avoient tenu parole, mais que celui qui touchoit d'avance trouvoit très bon de recevoir des deux côtés. Le garde des sceaux dit que l'on ne pouvoit se dispenser de donner beaucoup d'avance.

Monty mandoit qu'il étoit assuré du primat du royaume, de Poniatovsky et de la maison de Czartorisky.

Depuis longtemps les convulsions nées au tombeau du sieur Pâris faisoient beaucoup de bruit à Paris ; le nombre de ceux qui croyoient à ses miracles augmentoit tous les jours. Une partie du parlement pensoit favorablement. Plusieurs dames des principales de la cour et de la ville alloient voir les convulsions, et l'on auroit très mal parlé des plus galantes sur ces voyages nocturnes. Les persécutions du cardinal de Fleury augmentoient plutôt le parti du jansénisme que de le diminuer. Le maréchal de Villars crut devoir lui dire que le parti le plus sage étoit le silence et même la douceur ; que c'étoit par la douceur qu'il avoit détruit le fanatisme du Languedoc, et qu'il falloit surtout défendre aux évêques des deux partis de continuer cette quantité prodigieuse d'instructions pastorales qui mettoient plus de troubles que de lumière. Le chancelier parla de même, mais ce fut inutilement.

Le 15 d'avril, le maréchal de Villars ayant été invité par le premier président d'aller entendre les mercuriales, il s'y rendit ; et, lorsque l'on eut pris place, un conseiller nommé Montagny dit au premier président qu'il étoit chargé d'une requête contre le desservant de la cure de Saint-Médard, lequel avoit refusé les sacrements à une femme moribonde, sur ce qu'elle lui avoit déclaré qu'elle ne regardoit pas la Constitution comme règle de foi, et s'il présenteroit sa requête devant ou après les mercuriales. Le premier président répondit : « Vous m'auriez fait plaisir de m'en parler auparavant l'audience. »

Après les mercuriales, le conseiller reprit son instance pour rapporter sa requête. Le premier président répondit que celle qui la présentoit n'étoit pas compétente pour que la cause fût rapportée aux chambres assemblées. M. le président Pelletier soutint cette opinion. En même temps, le sieur Titon dit qu'il avoit à dénoncer des matières à peu près pareilles : c'étoient des livres imprimés par un abbé Pelletier, chanoine de Reims, très répréhensibles, cependant imprimés avec privilège. L'on alla aux opinions. Le sieur Delpêche soutint, sur le refus des sacrements par le desservant de Saint-Médard, que cette affaire étoit si importante que, bien que celle qui présentoit la requête ne fût pas compétente des chambres assemblées, la matière étoit plus que compétente. L'abbé Pucelle parla hautement dans le même sens : que les mêmes refus de sacrements avoient été faits à Orléans, en Provence, et qu'enfin la tranquillité générale et le bien de l'État exigeoient que l'on remédiât à de pareils désordres.

Il n'y avoit que très peu de personnes entre l'abbé Pucelle et le maréchal de Villars, lequel n'eut que très peu de moments à prendre son parti et trouva que, lorsque l'on parloit du bien public et de la tranquillité générale, un pair de France, ministre, ne pouvoit demeurer dans le silence ; et il dit, adressant la parole au premier président : « Monsieur, l'unique désir d'admirer les très beaux et très éloquents discours que je viens d'entendre m'a amené ici. Je ne m'attendois pas aux matières qui sont proposées ; mais, lorsque j'entends M. l'abbé Pucelle, magistrat respectable, avancer qu'elles regardent la tranquillité générale, le bien de l'État, qu'il faut prévenir un mal qui s'établit dans le royaume, je ne crois pas pouvoir demeurer dans le silence.

« Je connois l'attention très vive du roi et de ceux qui ont l'honneur d'entrer dans son conseil pour le bien public, et je veux me flatter que cette cour respectable connoît mon zèle pour ses intérêts ; elle me permettra d'en rappeler un témoignage : monsieur votre prédécesseur me fit l'honneur de m'inviter à une conférence chez lui avec M. le cardinal de Noailles, messieurs les gens du roi et M. l'abbé Menguy ; je fus assez heureux pour porter ce sage archevêque, et dont la mémoire est respectable, à se rendre sur des difficultés, lesquelles, soutenues par lui, causoient les plus violents orages à cette cour. Je sais que son autorité, sans celle du roi, peut réprimer et punir les désordres ; que c'est un de ses premiers devoirs ; mais, lorsque ces désordres troublent la tranquillité générale, regardent la religion et s'étendent même dans le royaume, elle me permettra de dire que les plus prompts remèdes seroient de charger M. le premier président et quelques-uns de ces messieurs de les demander au roi, et qu'ils seront aussitôt apportés que demandés. »

Le maréchal de Villars, prévoyant que l'on seroit encore plusieurs heures à opiner (ce qui dura jusqu'à deux heures après midi), demanda au premier président qui le touchoit s'il ne pouvoit pas se retirer, et lui conseilla aussi bien que messieurs les autres présidents. Il lui parut que le parlement avoit approuvé sa conduite ; et, le jour d'après, en entrant au conseil, M. le cardinal de Fleury dit au roi que le maréchal de Villars avoit parlé au parlement en digne pair de France, en digne ministre et même en conseiller au parlement.

Dans le conseil d'État du 17 avril, on apprit, par les lettres du comte de Rottembourg, que la reine d'Espagne avoit déclaré que le traité seroit signé incessamment. Les seules raisons du retardement venoient de l'incertitude si la France voudroit soutenir Don Carlos par la guerre, parce que certainement il ne le pouvoit l'être que par la guerre ou par se soumettre à toutes les conditions que l'empereur voudroit imposer. Le garde des sceaux dit que la reine voudroit que l'on fît un projet de guerre. Le maréchal de Villars dit que cela étoit indubitable, et avec raison, puisque Don Carlos, maître de la Toscane et du Parmesan, étoit au milieu des États de l'empereur en Italie. Les lettres de Vaugrenant faisoient espérer une réponse prompte et favorable au roi de Sardaigne.

Dans le conseil d'État du 22 avril, on lut la réponse du roi de Sardaigne qui prétendoit le Milanois, en quoi on étoit d'accord ; mais il ne parloit plus de la Savoie, que le marquis d'Ormea avoit offerte, et vouloit aussi que l'on traitât avec les électeurs de l'Empire, demandant que le roi donnât une armée de quarante mille hommes, et il en promettoit trente. Il ne fixoit pas encore les subsides. Le maréchal de Villars dit : « Il faut que l'armée du roi soit de cinquante mille hommes, et assurer ce prince que, le vingtième jour après que l'armée du roi sera arrivée à Turin, le roi donnera le Milanois au roi de Sardaigne ; mais ce projet ne peut jamais réussir qu'en prévenant l'empereur, et, comme je l'ai déjà dit plus d'une fois, en commençant la guerre dans le mois de juillet de cette année, puisqu'il est certain que, si l'empereur réussit, comme les apparences le veulent, à faire élire l'électeur de Saxe roi de Pologne, dans le même temps les troupes de l'empereur marcheront en Italie. »

L'on parla aussi des subsides qu'il faudroit donner à l'électeur de Bavière. Le maréchal de Villars dit : « La première attention de l'électeur de Bavière doit être de ne donner aucun soupçon à l'empereur, car, sur les premiers, l'empereur lui demandera de se déclarer ; on prendra son pays en faisant marcher des troupes de Franconie, de Souabe et de Virtemberg, l'électeur n'ayant pour toute place que Braunau sur la rivière d'Inn et Ingolstadt sur le Danube ; et il faudroit que cet électeur fût dépourvu de sens pour se déclarer avant que de voir les armées du roi approcher du Danube. »

Du côté d'Espagne on attendoit la signature d'un moment à l'autre, mais elle n'arrivoit pas.

Dans le conseil d'État du 26, on n'apprit rien de Séville, de Vienne, de Turin ni de Varsovie qui méritât grande attention ; il paroissoit que les fortifications d'Oran étoient en très bon état et que cette place ni celle de Ceuta n'étoient pas pressées par les armées des Maures.

Dans le conseil des dépêches tenu le matin, il fut uniquement question de casser l'arrêt du parlement donné contre le curé de Saint-Médard, pour avoir refusé les sacrements à une femme de sa paroisse, et contre des livres imprimés par un abbé Pelletier, qui déclaroit la Constitution règle de foi. Cet arrêt avoit été donné sur des prétextes peu fondés, le curé n'ayant pas refusé les sacrements; et les livres avoient déjà été condamnés par ordre du roi.

On proposa de punir les conseillers Montagny et Titon. Le maréchal de Villars, sur les punitions, dit qu'en matière de religion l'on ramenoit plus de gens par la douceur que par la rigueur; que les punitions de l'année dernière n'avoient pas eu un heureux succès, et cita la conduite qu'il avoit tenue en Languedoc en faisant cesser l'horreur des supplices; il avoit terminé une très dangereuse révolte sans effusion de sang et sans dépense par la douceur; que, ce qui méritoit punition, étoit le mandement de l'évêque de Montpellier qui osoit parler de trois ordres de miracles : ceux de Moïse, Jésus-Christ et du sieur Pâris, que l'on ne pouvoit lire sans indignation ce qui alloit au mépris de la religion. L'on donna un arrêt contre le mandement, et celui du parlement fut cassé.

Il n'arrivoit encore rien de Séville, et jamais traité d'une nécessité indispensable pour la gloire et tous les intérêts des deux couronnes n'a été si longtemps à se conclure.

L'on apprit des nouvelles très importantes de Londres : c'est que le maire suivi des shérifs en habits de cérémonie et de plus de trois cents carrosses avoient été au parlement se plaindre hautement du droit que les Walpole vouloient établir; que Robert Walpole, en sortant du parlement, avoit été attaqué par gens qui lui avoient arraché des papiers qu'il tenoit dans la main, et que le ministère étoit violemment attaqué. Le maréchal de Villars dit qu'il apprenoit cette nouvelle avec grand plaisir, et que M. le cardinal de Fleury devoit être ravi de voir brouiller des gens qu'il avoit sauvés une fois et qui l'avoient indignement trompé.

Vaugrenant mandoit de Turin que le marquis d'Ormea attendoit nos réponses et qu'il croyoit toujours les dispositions très bonnes.

Dans le conseil d'État du 6 mai, on lut des lettres peu importantes de Séville; mais l'ambassadeur d'Espagne avoit dit la veille au maréchal de Villars que Patino lui mandoit que l'on signeroit, mais comme des gens que l'on mène à la potence, par la défiance entière de notre foiblesse et comptant que nous les abandonnerions à la première occasion.

Vaugrenant ne mandoit rien d'avance, et le maréchal de Villars dit : « J'ai déjà représenté plusieurs fois que l'on doit s'expliquer plus hautement au roi de Sardaigne et lui dire : *Vous ne pouvez avoir le Milanois, que nous vous promettons, qu'en agissant avec le plus profond secret et la plus grande célérité.* Si l'empereur a la moindre inquiétude de notre projet, il faut que lui et son conseil soient [fous] s'ils ne font passer en Italie tout ce qu'ils ont de troupes en Hongrie, où assurément ils ne craignent rien du côté du Turc. Si l'empereur suit les principes de la sagesse, il s'assurera du roi de Sardaigne ou par un traité avec lui ou par faire marcher toutes les troupes qu'il a en Italie, en Piémont. »

L'on lut des lettres de Londres qui confirmoient les désordres. Le maréchal de Villars dit : « Voilà une belle occasion de se venger de nos bons amis les Walpole. » Le cardinal dit : « Si l'Espagne, au lieu d'aller à Oran, avoit voulu mener ses forces et sa flotte en Angleterre en partant de la Corogne, elle en auroit été maîtresse. » Le maréchal de Villars répondit : « Mais elle ne le pouvoit que de concert avec nous. L'occasion n'étoit pas telle qu'aujourd'hui. Elle n'avoit pas les mêmes raisons de se plaindre des Anglois que vous, monsieur le cardinal, et il y a encore plus près de Dieppe, de Calais et de Dunkerque en Angleterre que des côtes d'Espagne. » Alors, adressant la parole au roi, il lui dit : « Sire, combien le roi votre bisaïeul auroit acheté une pareille occasion! Cette gloire étoit réservée à notre jeune et grand roi, et j'espère que vous en profiterez. » Le roi se leva et sortit. Le maréchal de Villars dit qu'il lui a jeté un regard riant en sortant, mais voilà tout ce qu'il en put tirer.

Cependant, le cardinal de Bissy et plusieurs archevêques et évêques qui étoient à Paris s'assembloient chez le cardinal de Rohan, et le bruit se répandit qu'ils vouloient demander au roi un concile national. Le maréchal de Villars dit au cardinal de Fleury : « Si vous y consentez, prenez garde aux suites. Il vous mènera plus loin que vous ne voudrez et vous verrez le parlement de Paris appeler au concile général; après quoi, attendez-vous à de grands désordres dont vos ennemis profiteront bien, prenez-y garde. »

Dans le conseil d'État du 20, on apprit, par les lettres de Rottembourg, que le roi d'Espagne et la reine étoient dans une parfaite santé. Ils avoient encore refusé de signer le traité proposé depuis huit mois. Rottembourg mandoit au maréchal de Villars qu'il avoit toujours trouvé la plus grande répugnance au roi d'Espagne à confirmer le traité de la quadruple alliance, lequel confirmoit celui des renonciations, compris sous le terme général de tous traités antérieurs. Le maréchal de Villars avoit dit sur les premières expositions qu'il savoit bien que le roi d'Espagne avoit en horreur cette renonciation à la couronne de France. Enfin, on se rendit, et le garde des sceaux manda à Rottembourg qu'il pouvoit passer cet article. Le garde des sceaux soutenoit toujours que l'Espagne ne vouloit pas de guerre, et le maréchal de Villars répliqua : « Au nom de Dieu, tâchez de désabuser l'univers que c'est nous qui n'en voulons en aucune manière. »

Dans le conseil d'État du 13 mai, on trouva dans les lettres de Rottembourg de nouvelles difficultés de la part de la reine d'Espagne ; et le marquis de Castelar dit au maréchal de Villars qu'il pensoit que l'on craignoit notre inaction, si l'empereur vouloit chasser Don Carlos d'Italie. « Que pouvons-nous faire de plus, » dit le maréchal de Villars, « que de nous engager à le soutenir? Mais on ne nous croit pas. »

Sur le traité avec le roi de Sardaigne, Vaugrenant n'avançoit pas, et le maréchal de Villars dit au garde des sceaux : « Offrez-lui tout, les portions même que nous voulons pour Don Carlos. »

Du côté de la Pologne, le maréchal de Villars dit que ce royaume étoit investi par une armée de l'empereur campée en Silésie, par les troupes du roi de Prusse, par celles de l'électeur de Saxe, par celles de la Czarine en Courlande et par un corps de troupes de l'empereur en Hongrie. Tant de troupes affoiblissent bien le parti du roi Stanislas ; le maréchal de Villars dit tout haut au cardinal : « J'ai peur que l'argent que vous donnez en Pologne ne soit perdu. »

Le premier président porta les remontrances du parlement au roi le 15 ; et, le jour même, le roi fit envoyer un courrier à Paris au maréchal de Villars pour qu'il se rendît le 16 au matin à Versailles, où l'on devoit tenir un conseil sur les remontrances ; lesquelles furent lues ; elles étoient fondées en bonnes raisons par rapport à la Constitution, laquelle le parlement soutenoit ne devoir pas être regardée comme règle de foi.

Le maréchal de Villars dit, sur l'arrêt du parlement cassé, que c'étoit justement, puisque si les sieurs Montagny et Titon, qui l'avoient procuré, auroient tenu une conduite plus régulière s'ils n'avoient désiré de faire du bruit plutôt que de procurer le bien, ils auroient suivi les voies les plus naturelles qui étoient d'avertir le premier président ; quant à ce qui regardoit la Constitution, qu'il avouoit son ignorance sur une matière peut-être peu entendue par ceux qui en parloient le plus ; mais qu'il demandoit s'ils n'étoient pas tous catholiques avant qu'il fût question de cette Constitution qui fait tant de bruit et peut causer de grands désordres ; qu'il avoit donc pensé, en relisant les déclarations de Sa Majesté de 1717, 1719 et 1720, qui toutes tendoient à imposer silence, que le silence seroit préférable ; qu'il voyoit même que les diocèses dont les évêques sont sages, sont tranquilles ; que M. l'archevêque d'Albi lui avoit dit qu'il tenoit tous ses curés dans une parfaite union ; l'archevêque de Vienne de même ; que les désordres étoient plus grands à Paris et dans les diocèses de Reims et de Laon que partout ailleurs ; qu'il falloit faire taire ces pères de l'Église, surtout M. de Montpellier et un autre père de l'Église, nommé l'évêque de Laon ; que c'étoit tout ce qu'un ignorant comme lui pouvoit dire dans cette occasion.

Le 17, dans le conseil d'État, le garde des sceaux dit que l'on apprenoit que l'empereur, la czarine, le roi de Prusse avoient déclaré que, si les Polonois vouloient élire le roi Stanislas, ils s'y opposeroient. L'on parla de la déclaration de l'empereur sur celle que le roi avoit faite sur la liberté que l'on devoit laisser aux Polonois pour l'élection d'un roi. La déclaration de l'empereur étoit très haute. Le maréchal de Villars parla au duc d'Orléans sur l'opinion trop établie de la foiblesse de notre gouvernement ; et, dans le conseil suivant, le duc d'Orléans dit qu'il falloit faire la guerre, et le maréchal de Villars représenta que l'on n'agissoit pas assez vivement pour conclure avec le roi de Sardaigne. Enfin il fut résolu que l'on se prépareroit à la guerre. D'Angervilliers fut chargé de faire des mémoires sur les vivres et les dépôts d'artillerie.

Dans le conseil d'État du 20, le garde des sceaux lut une lettre pour Vaugrenant pour presser le roi de Sardaigne d'agir incessamment. Les moments étoient précieux, et, malgré le cardinal de Fleury, la guerre fut résolue, mais il lui restoit bien des moyens de l'empêcher ; l'on verra dans la suite s'il les mettra en usage.

Dans le conseil d'État du 24, il fut résolu d'écrire fortement à Vaugrenant, pour représenter au roi de Sardaigne la nécessité indispensable d'agir promptement s'il vouloit s'assurer de l'État de Milan; que la France et l'Espagne consentoient à l'en mettre en possession, mais que pour cela il falloit prévenir l'empereur. Le maréchal de Villars dit que cela seroit impossible si l'on ne profitoit du temps que l'empereur, occupé à procurer la couronne de Pologne à l'électeur de Saxe suivant le traité qui venoit d'être signé à Vienne, étoit obligé de tenir toutes ses troupes en Silésie ou en Hongrie, sur les frontières de Pologne; et il fut proposé au conseil que le maréchal de Villars écriroit à la reine d'Espagne pour la presser de finir le traité proposé depuis plusieurs mois. L'ambassadeur d'Espagne vint dire au maréchal de Villars qu'il avoit reçu un courrier, par lequel il apprenoit que les affaires étoient très avancées et qu'il comptoit avant qu'il fût quatre jours en recevoir un pour signer. Le maréchal écrivit très fortement à la reine d'Espagne, et l'on trouvera la lettre ci-jointe[1].

Dans le conseil d'État du 27, on confirma tous les ordres à Vaugrenant pour conclure promptement avec le roi de Sardaigne, en lui promettant le Milanois, sans prétendre la Savoie pour la France, et on lui laissoit entendre que l'on ne la prétendroit qu'en lui procurant le duché de Mantoue.

Dans le conseil d'État du 31, on ne reçut rien d'Espagne, à cause des débordements des rivières. Le maréchal de Villars pressa pour envoyer un courrier en Espagne et à Turin, et, ne trouvant pas assez de vivacité, il écrivit au garde des sceaux une lettre que l'on trouvera ci-jointe[2], pour que l'on envoyât un

1. La lettre ne s'est pas retrouvée.
2. Elle manque comme les précédentes.

courrier à Turin et tirer une décision sur-le-champ.

On apprit, par les nouvelles du Nord, que l'empereur achetoit douze mille Hessois et quelques troupes de Saxe-Gotha. Par un courrier de Monty, on apprenoit que [Massalski][1] avoit été élu grand maréchal de la diète de convocation, et que les ministres de l'empereur, de la Czarine, de Prusse et de Saxe agissoient vivement à Varsovie, et que le primat avoit été intimidé par leurs discours.

Dans le conseil d'État du 3 juin, on lut des lettres de Monty apportées par un courrier, qui apprenoient que la diète de convocation avoit fini par un serment général d'élire pour roi de Pologne un Polonois, fils de père et mère polonois, qui n'auroit ni États hors de Pologne ni troupes à son service, serment entièrement favorable au roi Stanislas et contraire à l'électeur de Saxe, dont les partisans avoient fait tout ce qu'ils avoient pu pour faire une scission, mais on s'attendoit à envoyer une abdication.

Le duc d'Orléans dit que, dans ce cas-là, la France ne pouvoit se dispenser d'attaquer l'Empire, et que ce seroit se déshonorer que d'en user autrement. Il regarda le maréchal de Villars, qui lui avoit inspiré ces sentiments, et les soutint vivement.

L'on reçut des lettres de Rottembourg, qui marquoient le départ du roi et de la reine d'Espagne pour le 16 de mai; que le roi ne vouloit passer par aucune

1. La lutte était entre Mereski Sapieha, soutenu par les Potocki, et Scipion, candidat des Czartoryski; dans l'impossibilité de faire une majorité, la diète se porta unanimement sur un tiers (Arch. des Affaires étrangères, Pologne, 203, fol. 52).

ville [quelque petite qu'elle puisse être]¹ ; que l'on faisoit faire des ponts sur les petites rivières, sans quoi il falloit bien de nécessité passer dans les villes où il y en avoit ; qu'il se faisoit escorter par six compagnies de dragons. L'on étoit étonné de ces divers ordres. Le maréchal de Villars dit : « Éviter les villes, faire des ponts, une escorte si inutile, tout cela est le même esprit. Mais songeons à contenter la reine et à l'empêcher de se réunir à l'empereur, ce que je regarderai toujours comme le plus grand malheur pour la France. »

Dans le conseil d'État du 7 juin, on apprit par les lettres du 21 mai, de Rottembourg, que le roi et la reine d'Espagne étoient partis de Séville le 16 ; qu'on avoit averti les ambassadeurs que le départ ne seroit qu'à trois heures après midi, et que le roi avoit voulu partir à une heure ; que leurs journées étoient de six à sept heures ; que le prince de Cellamare étoit parti en s'habillant et que le marquis de La Paz étoit venu aussi à quelques lieues de Séville.

Par les lettres de Constantinople, il paroissoit que Babylone n'étoit plus en danger et que les Turcs avoient eu quelques petits avantages sur les Persans ; que la Porte étoit prête à faire tout ce que la France voudroit, soit pour favoriser le roi Stanislas, même pour menacer la Hongrie.

1. Rottembourg au roi, 15 mai 1733 (Arch. des Affaires étrangères, Espagne, 404). — Ce départ précipité et cet itinéraire insolite mettaient les ambassadeurs dans le plus grand embarras, sauf Rottembourg : « Comme j'ai toujours prévu et craint de pareilles caravanes, j'ai entretenu ce qui est nécessaire pour exécuter vos ordres. »

Dans le même conseil du 7 juin, M. le duc d'Orléans et le maréchal de Villars pressoient pour les préparatifs de guerre. Le garde des sceaux nous dit que M. d'Angervilliers avoit ordre de faire moudre pour avoir des farines prêtes. D'Angervilliers dit qu'il avoit donné plusieurs mémoires et qu'il n'avoit reçu aucuns ordres. Le garde des sceaux soutint que le cardinal les avoit donnés, et le cardinal le crut sans en convenir. D'Angervilliers dit que la matière étoit trop sérieuse pour qu'il convînt du fait. Le maréchal de Villars dit : « Quand même il n'y auroit pas beaucoup de farines prêtes, l'inconvénient est médiocre ; elles ne sont nécessaires que pour arriver à Turin, où nous devons en trouver. » Le cardinal dit : « Mais il faut attaquer Novare. » Le maréchal dit : « Non, il faut que l'armée du roi arrive à Turin, marche droit à Milan ; le pays est neuf et rempli de vivres. De là il faut, avec la même diligence, marcher au pied des montagnes des Alpes et empêcher l'entrée des troupes de l'empereur en Italie. Vous avez derrière vous l'État de Parme, Plaisance, place sur le Pô, et vous faites le siège du château de Milan en pantoufles. »

Mais, par les nouvelles arrivées les 8 et 9 juin, toutes les mesures se trouvèrent bien changées.

Le marquis de Castelar en reçut de Patino qui paroissoient favorables ; et il n'attribuoit qu'à la maladie de Rottembourg, qui n'avoit pu suivre la cour d'Espagne, le retardement de l'ordre de signer le traité.

Mais on reçut un courrier de Vaugrenant, très étonné que, sur ses dernières offres, le marquis d'Orméa lui eût dit que les lettres qu'il recevoit du secrétaire de Sardaigne à Séville lui déclaroient, de la part de Patino, que ses maîtres n'avoient aucune intention de se brouiller avec l'empereur ; que le peu de différends qu'il y avoit au sujet de Don Carlos seroit incessamment terminé. Sur cela, le marquis d'Orméa dit qu'il n'y avoit pas d'apparence de traiter avec la France sans l'Espagne.

Le maréchal de Villars dit, au conseil du 11 juin, qu'il avoit toujours compté que le roi de Sardaigne ne traiteroit jamais que de concert avec l'Espagne ; mais que, ce qui le surprenoit, c'est que le marquis d'Orméa, qui devroit être très fâché de voir rompre un traité qui donnoit le Milanois entier à son maître sans qu'il lui en coûtât rien, parût rompre si froidement avec la France, sans chercher à approfondir les raisons des discours de Patino à un simple secrétaire, auquel il étoit naturel de ne pas dire ce que l'on pense. Le maréchal de Villars ajouta : « Si vous n'avez pas la Sardaigne, ne comptez plus sur l'Espagne ; et, par conséquent, vous êtes sans aucun allié. »

La veille, le maréchal de Villars dînoit chez le cardinal de Fleury, où étoient presque tous les ambassadeurs. Le maréchal dit : « Toute l'Europe peut croire que M. le cardinal, par sa piété et par un désir très naturel de préférer les douceurs de la paix aux malheurs de la guerre, en éloigne le roi. Rien ne va assurément dans son cœur avant la piété ; mais après cela la gloire du roi, celle des François le porteront toujours à faire désirer l'amitié du roi à toute l'Europe et à faire trembler ses ennemis. J'ai vu le feu roi entretenir cinq cent mille hommes, sans compter la marine. Le roi a deux cent trente millions de revenus. J'ai, Dieu merci, mené trois fois les étendards françois au delà du Danube; et ces mêmes étendards, ou sous moi ou sous un autre, y retourneront encore toutes les fois que nos amis le demanderont ou que l'on préférera notre haine à notre amitié. Messieurs les ambassadeurs, mandez ce que je vous dis à vos maîtres; M. le cardinal ne me dédira pas. » Il étoit bien important de persuader cette vérité, par toutes les raisons ci-devant alléguées.

Le 14, le maréchal de Villars reçut des lettres de Rottembourg, par lesquelles il apprit que le roi d'Espagne avoit écrit au roi pour l'assurer de son dessein de s'unir pour toujours. Le marquis de Castelar dit le jour d'après au maréchal de Villars qu'il devoit rendre la lettre, mais qu'il attendoit, d'un moment à l'autre, un courrier qui lui apporteroit ce qu'il devoit demander au roi : premièrement, que le roi et la reine ne prétendoient pas que les États de Don Carlos en Italie fussent exposés, et qu'il falloit résoudre comment la France les soutiendroit si l'empereur, en haine de notre alliance, vouloit les attaquer ; que l'Espagne avoit cinquante bataillons tout prêts à être transportés en Italie, et qu'il falloit avoir le roi de Sardaigne. Le maréchal de Villars lui dit : « Il seroit déjà à nous, sans toutes vos longueurs. » Le marquis de Castelar ne fit pas difficulté de dire au maréchal de Villars : « Nous ne voulons pas que Don Carlos soit exposé, et nous le soutiendrons, ou par notre union avec vous, que nous désirons préférablement à tout, ou par nous unir à l'empereur, si vous ne voulez pas faire la guerre ; mais je vous prie de ne pas le dire qu'après que je l'aurai déclaré moi-même. » Cependant il ne rendit pas la lettre de laquelle il étoit chargé. Le garde des sceaux manda au maréchal de Villars, de Compiègne, que l'on étoit fort étonné que le marquis de Castelar ne rendît pas la lettre de laquelle il étoit chargé.

Le maréchal de Villars en reçut une de Rottembourg du 9 juin, qui lui rendoit compte du voyage de la cour d'Espagne, qui étoit très lent de fréquents séjours; que Patino et lui avoient trouvé qu'il ne falloit donner la lettre que le maréchal de Villars écrivoit à la reine d'Espagne que lorsqu'elle seroit seule, parce qu'elle ne quittoit pas le roi un moment, ce qui marquoit son inquiétude que le roi ne voulût encore abdiquer, attendu que l'on parloit fort d'un prochain voyage à Saint-Ildefonse. Le maréchal de Villars, voyant que l'on ne pouvoit se décider sur rien que sur les nouvelles d'Espagne, demeura à Paris.

Le 24 juin, le marquis de Castelar vint voir le maréchal de Villars et lui dit qu'il alloit rendre la lettre qu'il avoit pour le roi; que le roi d'Espagne avoit fait une pierre; que l'on ne lui avoit pas cru cette maladie et que l'on attribuoit à une humeur noire les fréquents séjours, les marches de deux heures causées par les douleurs de cette pierre; que, du reste, il ne craignoit pas l'abdication quand même l'on feroit de fréquents séjours à Saint-Ildefonse.

Le 26 juin, le maréchal de Villars reçut un courrier de M. d'Angervilliers, qui le pressoit de la part du cardinal de se rendre à Compiègne, et que, s'il ne pouvoit pas, lui d'Angervilliers viendroit le trouver.

Le 27 juin, le maréchal de Villars se rendit à Compiègne et alla descendre chez le cardinal, qui lui dit que l'empereur avoit menacé d'entrer en Pologne, et que, par ces raisons et celles de l'Espagne, il falloit se déterminer à la guerre; qu'il falloit s'assembler, non chez lui, pour éviter l'éclat, mais chez le garde des sceaux. Le duc d'Orléans, animé par le maréchal de Villars, parla haut sur la honte d'abandonner le roi de Pologne après les déclarations de la France en sa faveur, et qu'il ne falloit pas se déshonorer.

On lut, au conseil d'État du 28, cette lettre du roi d'Espagne, laquelle déclaroit l'alliance conclue avec la France. Sur ce fondement, l'on travailla à des projets de guerre. Le plus important étoit d'engager le roi de Sardaigne, et on lut une lettre de Vaugrenant qui donnoit plus d'espérance que les précédentes. Le maréchal de Villars dit : « Avec le roi de Sardaigne, tout est d'or; sans lui, tout est de fer; mais il faut battre le fer. »

Le maréchal de Villars examina les divers projets de guerre indépendamment du roi de Sardaigne. L'on proposoit Luxembourg; d'Angervilliers et Vallière en apportèrent le plan. L'empereur n'avoit rien oublié pour en rendre les fortifications parfaites, et depuis six mois on y mettoit toutes les munitions de guerre et plus de troupes qu'il n'en falloit pour en rendre la prise très longue et très difficile.

Il étoit question de Brisach, Mons ou Philisbourg. Le cardinal et le garde des sceaux s'opposoient à Philisbourg par la crainte d'exciter l'Empire, et le maréchal de Villars dit que le meilleur moyen de contenir l'Empire étoit de l'intimider; qu'il en avoit souvent expliqué les raisons qu'il étoit inutile de rappeler. Enfin, le résultat des premières conférences fut qu'il ne falloit pas songer à Luxembourg et que l'on verroit entre Brisach, Mons ou Philisbourg. L'on donna les ordres pour les milices et les approvisionnements de vivres.

Le marquis de Castelar dit que, puisque le roi de Sardaigne vouloit douter des intentions du roi d'Espagne, il falloit lui envoyer la lettre du roi d'Espagne.

Dans le conseil d'État du 1er juillet, on lut les lettres de Turin par lesquelles le roi de Sardaigne faisoit de nouvelles propositions pour finir, mais qui montroient toujours quelque doute sur notre union avec l'Espagne.

Le maréchal de Villars lut encore un mémoire fort court, par lequel il faisoit voir bien clairement qu'il n'y avoit pas d'autre parti à prendre que d'envoyer un courrier à Vaugrenant pour déclarer au roi de Sardaigne qu'il étoit en son pouvoir d'entrer en possession des avantages magnifiques et inespérés que la France et l'Espagne s'engageoient de lui procurer; que tout étoit possible s'il vouloit profiter du temps; que toutes les troupes de l'empereur étoient sur les frontières de Pologne; que, si le roi de Sardaigne, sur l'offre de faire arriver sous Turin dans le 1er septembre quarante mille François et vingt mille Espagnols, ne signoit pas le traité, on le pouvoit regarder lié avec l'empereur. Ces raisons ne purent engager le cardinal et le garde des sceaux à prendre un parti; cependant, on donna ordre à M. d'Angervilliers d'aller à Paris pour prendre des mesures pour la guerre, et on ne voulut pas prendre celles qui seules mettoient en état d'en faire une utile et glorieuse.

Le marquis de Castelar ayant dit au maréchal de Villars que, sur les bruits de guerre qui commençoient à se répandre, il seroit très possible que l'empereur mît la main sur Don Carlos, il lui conseilla d'envoyer un courrier en Espagne pour que l'on mandât à ce prince de se rendre incessamment à Florence; il pressa encore le garde des sceaux et le cardinal d'envoyer un courrier à Vaugrenant, mais inutilement.

Dans le conseil d'État du 5 juillet, on lut les dépêches pour Turin, qui expliquoient bien tous les avantages que l'on faisoit au roi de Sardaigne et la nécessité d'agir puissamment. On laissoit même le pouvoir à Vaugrenant de céder le Lodésan et le Crémonois.

On dépêcha un courrier pour informer la cour d'Espagne que l'on étoit déterminé à la guerre, et pour qu'elle prît les mesures convenables, dans la conjoncture présente, pour mettre Don Carlos en sûreté et pouvoir agir de concert avec les armées de France.

Le maréchal de Villars partit de Compiègne le même jour et écrivit le 6 au garde des sceaux qu'il falloit se mettre à la place du roi de Sardaigne, auquel on promettoit plus qu'il n'avoit espéré, mais qu'il pouvoit tout perdre et qu'ainsi on ne devoit pas compter de l'engager qu'en lui faisant voir l'Espagne totalement de concert avec la France, pour le mettre dans une possession réelle de ce qui lui étoit offert; qu'il falloit donc lui envoyer copie de la lettre du roi d'Espagne.

D'Angervilliers manda au maréchal de Villars qu'il étoit venu à Paris pour six jours; que les camps étoient rompus et que l'on ordonnoit à tous les colonels d'être à leurs emplois à la fin du mois d'août. Le maréchal de Villars auroit désiré moins de démonstrations de guerre pour pouvoir surprendre lorsque la guerre seroit bien déterminée.

Il trouva à son arrivée à Compiègne, le 11 juillet, le maréchal de Berwick et M. d'Angervilliers, qui l'attendoient chez lui. Le premier lui dit que le cardinal de Fleury lui avoit proposé le bombardement de Luxembourg pour se venger des menaces de l'empereur contre le roi Stanislas. La reine avoit confié au maréchal de Villars, mais avec un grand secret, que le primat, dès le moment de la mort du roi Auguste, avoit conseillé au roi Stanislas de se rendre diligemment à Dantzick, persuadé qu'il seroit aussitôt reconnu roi de Pologne, et ce qui s'est passé à la diète de convocation a bien fait voir que le primat raisonnoit juste, puisque, pour éviter toutes les oppositions de l'empereur et de la Czarine, qui n'ont paru que depuis, il est indubitable que le roi Stanislas seroit remonté sur le trône dans le moment, et par acclamations; mais il n'étoit pas d'usage de délibérer dans le conseil du roi.

Dans le conseil du 12, on agita les opérations de guerre; il fut proposé de bombarder Luxembourg, parce que le cardinal disoit que bombarder n'étoit pas attaquer, que c'étoit seulement faire une espèce d'affront pour se venger des menaces de l'empereur contre le roi Stanislas. Le maréchal de Villars dit qu'il falloit agir sérieusement ou rien, et il donna un mémoire circonstancié sur les raisons d'attaquer. Le garde des sceaux parut déterminé à l'attaque de Kehl, et puis se rendit au sentiment du cardinal, qui alloit à ne rien faire.

Le marquis de Castelar fut à l'extrémité, d'une colique, et ne fut hors de danger que le 14 juillet.

Dans le conseil d'État du 15, le maréchal de Villars pressa encore pour dépêcher un courrier à Turin et faire voir clairement que, promettant au roi de Sardaigne, de concert avec l'Espagne, tout l'État de Milan avec le Crémonois et le Lodésan, avantages si grands que ce prince n'auroit jamais pu les espérer, il falloit en même temps lui en faire voir la solidité et les moyens assurés de le mettre en possession en faisant arriver sous Turin, au plus tard dans le 1er septembre, une armée de quarante mille hommes, laquelle auroit ordre de traverser le Milanois, sans faire d'autre siège que celui du château de Milan, et en même temps marcher au pied des Alpes pour empêcher les Impériaux d'entrer en Italie. Cette proposition n'ayant pas été suivie, le maréchal de Villars la trouva si importante qu'étant obligé de faire un voyage à Paris il envoya un courrier au garde des sceaux pour le prier d'y faire réflexion et de ne plus perdre de temps pour la mettre en exécution.

L'on dépêcha des courriers en Espagne pour avertir que l'on étoit prêt à entrer en guerre, et pour que le roi d'Espagne donnât les ordres nécessaires pour mettre en sûreté Don Carlos de sa personne, de laquelle l'empereur pouvoit très facilement s'emparer.

A peine ces courriers furent dépêchés que le cardinal marqua son irrésolution plus forte. Il étoit fort disposé à donner des sommes considérables au roi de Sardaigne, à l'électeur de Bavière et à tous les princes étrangers qui en demanderoient, et le maréchal de

Villars représenta qu'il en arriveroit de ces sommes prodigieuses distribuées hors du royaume comme de plusieurs autres, qui avoient fait lever des troupes dans l'Empire pour servir contre la France.

Il n'y eut de conseil d'État que le 23, que le cardinal ouvrit par la lecture d'un assez long mémoire sur la guerre ; il représentoit la nécessité de soutenir la gloire du roi sur les déclarations de l'empereur concernant les affaires de Pologne. Il proposa une espèce de nécessité d'attaquer et se réduisit ou au siège de Brisach ou au bombardement de Luxembourg, par toutes les difficultés d'en faire le siège, ou à l'attaque de Philisbourg ou du fort de Kehl, observant sur les deux derniers qu'ils engageoient l'Empire à la guerre. M. d'Angervilliers parla le premier et inclinoit au siège et non au bombardement de Luxembourg. Le maréchal de Villars croyoit Philisbourg ou Kehl plus importants, persuadé que l'Empire s'armeroit également pour Brisach et pour Luxembourg. Le garde des sceaux fut contre toute guerre, vu que nous n'avions point d'alliés; M. d'Orléans pour attendre des nouvelles d'Espagne, de Turin et de Bavière.

La lecture des nouvelles d'Espagne ne se fit qu'après la délibération, et Rottembourg ne nous faisoit espérer aucune conclusion d'un traité proposé dès le mois de septembre précédent, promis par une lettre du roi d'Espagne, et même il y avoit tout lieu de craindre que la reine d'Espagne ne se liât avec l'empereur, ce qui fit une peine sensible au maréchal de Villars.

Le cardinal chargea M. d'Angervilliers de travailler avec le maréchal de Villars pour les dispositions de guerre; mais quelles dispositions faire lorsqu'il est plus apparent que l'on aura l'Espagne et le roi de Sardaigne contre que pour?

Dans le conseil d'État du 29 juillet, on n'apprit rien d'Espagne ni de Turin, ce qui fit espérer une prompte conclusion des traités auxquels on travailloit avec ces deux cours.

Il arriva un courrier le 31 juillet de Turin, par lequel on apprenoit que le roi de Sardaigne consentoit à entrer en guerre dès cette année, et l'on délibéra sur ses propositions.

Dans le conseil d'État du 2 août, il demandoit une armée de quarante mille hommes, quatre millions d'emprunt, cinq cent mille francs par mois de subsides et un million tout à l'heure, et le concert de l'Espagne. La réponse fut à peu près telle qu'il la désiroit : du temps pour les avances et des diminutions de subsides, et même qu'il jouiroit de ses conquêtes. L'on envoya un courrier à Turin et en Espagne. L'on trouvera ci-joint un mémoire[1] que le maréchal de Villars lut au conseil sur cela.

Le comte de Saxe vint chez le maréchal de Villars le 3 août et lui apprit le traité signé de l'empereur avec l'électeur son frère, aux conditions de soutenir la Pragmatique de l'empereur, et que l'empereur lui procureroit la couronne de Pologne. Il dit aussi que les troupes de l'empereur étoient déjà entrées en Pologne. Dès lors, tout parut disposé à la guerre; il falloit la décision d'Espagne; elle n'étoit pas douteuse du moment que le roi de Sardaigne traitoit avec le

---

1. Ce mémoire ne s'est pas retrouvé.

roi et que Sa Majesté lui accordoit presque tout ce qu'il demandoit.

Le maréchal de Villars travailla le 2 août avec M. d'Angervilliers pour former l'armée qui devoit entrer en Piémont, composée de quarante-cinq bataillons et de soixante escadrons, faisant quarante mille hommes sur le pied complet. Le 3, le maréchal de Villars écrivit en partant pour Paris au garde des sceaux pour lui faire voir l'extrême conséquence de pouvoir s'opposer aux secours que l'empereur enverroit infailliblement en Italie, parce que, s'ils étoient tels qu'ils pussent disputer la conquête du Milanois, il falloit toujours craindre quelques changements dans le roi de Sardaigne, auquel l'empereur offriroit tout ce qui pourroit le ramener à lui, rien n'étant si dangereux que d'être réduit à dépendre d'un prince qui pouvoit vous ôter toute subsistance, puisqu'il étoit maître des places, de toutes nos communications et des vivres, ce qui ne seroit pas quand l'armée du roi seroit au delà du Mincio. Le maréchal de Villars quitta Compiègne, rien d'important ne pouvant être agité avant le retour des courriers dépêchés à Madrid et à Turin.

Il reçut des lettres de Rottembourg qui lui mandoient que la défiance de la reine d'Espagne de notre inaction empêchoit encore la signature du traité. Cependant, l'on déclara le commandement de l'armée d'Allemagne pour le maréchal de Berwick, et l'on apprit le 12 que les officiers généraux qui devoient servir sous lui seroient déclarés.

Le maréchal de Villars alla voir la reine, dont il reçut des marques de bonté très vives. Elle voulut absolument qu'il s'assît pour l'entretenir et lui parut très inquiète sur les intérêts du roi son père.

Il est certain que, s'il s'étoit rendu à Dantzick dans le moment que l'on apprit la mort du roi Auguste, il eût été déclaré roi, le primat l'ayant demandé, ce qui ne fut jamais connu du conseil.

L'on apprit que le roi iroit à Chantilly, ce qui se disoit depuis longtemps. Le garde des sceaux manda au maréchal de Villars qu'il n'étoit pas nécessaire qu'il revînt à Compiègne, n'y ayant rien d'important.

La déclaration du maréchal de Berwick fut très mal prise du public, et, le maréchal de Villars allant aux Tuileries, tous les gens de guerre lui marquoient leur amitié et leur douleur de ne le pas voir chargé du commandement des armées. Le garde des sceaux étant à Paris, voyant un murmure général, déclara que le maréchal de Villars avoit refusé le commandement, et le dit à tout ce qui étoit chez lui; et, le maréchal de Villars étant allé le voir, il lui dit qu'il l'avoit ainsi déclaré. Le maréchal de Villars lui répondit : « Je dois dire que je n'ai pas refusé, et vous pouvez dire que j'ai refusé, et nous dirons vrai tous deux. » Il est vrai que M. le cardinal de Fleury lui dit, il y a trois semaines, à Compiègne : « Voudriez-vous vous charger de quelque chose de médiocre? » Le maréchal de Villars lui répondit : « Vous avez lu mes projets. Si vous voulez ne les pas suivre, vous ne ferez rien que de médiocre; je ne me soucie point du tout de m'en charger. » Mais le murmure continua au point que le cardinal, à son retour à Versailles, en fut étonné; il pria le maréchal de Villars à dîner le jour qu'il y arriva.

Le roi fut deux jours à Chantilly et ne revint à Versailles que le 19 août, et, dès le 20, alla coucher à la Muette. La reine en fut assez piquée et le dit au maréchal de Villars, qui se rendit à Versailles le même jour que le roi.

Le roi de Pologne et la reine sa femme le comblèrent d'assurances de leur amitié. Le maréchal de Villars ne voulut pas les voir avant le retour du roi, parce qu'il savoit que le cardinal ne leur disoit pas exactement les nouvelles de Pologne, desquelles le maréchal de Villars avoit connoissance. Monty avoit mandé que, si le roi Stanislas se rendoit diligemment à Dantzick, il seroit élu; que, s'il différoit, il couroit risque de ne l'être pas. Ce prince dit à la reine sa fille qu'elle auroit dû dire au maréchal de Villars que le primat avoit mandé qu'il se rendît incessamment à Dantzick, parce qu'il auroit appuyé les bonnes raisons du primat.

Dans le conseil d'État du 23 août, on lut une dépêche de Turin, par laquelle Vaugrenant faisoit espérer la conclusion du traité, et même le marquis d'Orméa avoit fait partir un homme secrètement de Turin pour attendre à Chambéry le traité rédigé que l'on lui porteroit incessamment.

Les lettres d'Espagne mandoient toujours l'incrédulité de la reine d'Espagne, laquelle n'étoit pas assez fortement combattue par Rottembourg, et le maréchal de Villars fut chargé de lui écrire pour lui marquer qu'il devoit assurer positivement que l'on étoit prêt à entrer en action.

Dans le conseil d'État du 26, on lut seulement les réponses à nos ambassadeurs. Celle de Rottembourg étoit un ordre bien positif d'assurer le roi et la reine d'Espagne que l'on étoit prêt à entrer en guerre, et dans tous les projets que l'Espagne nous proposeroit, et que, bien que le traité ne fût pas signé, on regardoit la lettre du roi d'Espagne comme un engagement aussi réel que le traité même. Il y avoit quelques apparences que les nouvelles de Pologne n'étoient pas favorables au roi Stanislas. Celles de Vienne ne marquoient rien de précis sur les ordres donnés aux troupes de l'empereur et de l'Empire.

Dans le conseil du 30, on lut les propositions du traité de Turin, par lesquelles il paroissoit que le roi de Sardaigne vouloit être le maître de tout.

Le maréchal de Villars, auquel M. d'Angervilliers apporta à neuf heures du matin les articles de ce traité, y trouva tant de choses pénibles qu'il fit sur-le-champ un petit mémoire qu'il lut avant le conseil au cardinal et au garde des sceaux. Il étoit résolu que l'on se trouveroit chez lui l'après-midi avec M. d'Angervilliers. Le maréchal persista sur les inconvénients, mais le temps étoit trop court pour les examiner bien attentivement. Il ne s'opposa point au pouvoir que l'on donnoit à Vaugrenant de conclure ; cependant tout ce que demandoit le roi de Sardaigne étoit si dangereux qu'il travailla à un mémoire que l'on trouvera ci-joint[1] pour expliquer très clairement les périls du traité. Il ne put le lire au conseil, mais il le remit signé de lui au cardinal de Fleury ; il en donna un pareil au garde des sceaux.

Dans le conseil du 2, on lut des lettres de Rottem-

1. Ce mémoire ne s'est pas retrouvé.

bourg, par lesquelles le roi et la reine d'Espagne demandoient toujours la guerre, et que la France attaquât en Allemagne ou que l'on transportât des troupes en Italie par mer, si l'on ne pouvoit avoir le roi de Sardaigne; et jusque-là point de traité signé, et nuls pouvoirs envoyés. La reine d'Espagne disoit à Rottembourg : « Le roi ni moi ne sommes pas enfants de la peur, et les grandes entreprises ne nous embarrasseront pas. »

La Hollande paroissoit disposée à la neutralité. L'on eut des nouvelles de la marche du roi Stanislas, lequel traversoit l'Allemagne déguisé, et dont le voyage avoit été tenu fort secret.

Dans le conseil d'État du 20 septembre, on lut des lettres de Vaugrenant, par lesquelles on apprenoit que le traité n'étoit pas encore signé; que le roi de Sardaigne demandoit que l'on n'attaquât aucune place de l'Empire. Ce qui fit différer l'ordre prêt à partir pour faire le siège de Kehl. Le maréchal de Berwick avoit fait sortir toute l'artillerie, mettre les ponts de bateaux sur les haquets, enfin publié le dessein de passer le Rhin. L'on dépêcha un courrier à Turin pour faire cesser les difficultés, et cependant on fit marcher toutes les troupes vers les frontières de Savoie et de Piémont.

L'on reçut le 20, à onze heures du soir, un courrier de Monty, qui apprenoit l'élection, faite le 12, du roi Stanislas; que trois palatinats avoient passé la Vistule et paroissoient opposés aux Moscovites.

Le cardinal de Fleury, ayant prié le maréchal de Villars à dîner, lui parla du désir qu'avoit le roi, et lui aussi, qu'il voulût se charger du commandement de l'armée d'Italie; mais que c'étoit avec peine que l'on pût voir sa santé exposée dans une guerre d'hiver. Le maréchal répondit que, lorsque l'on voudroit lui confier des affaires aussi importantes, il compteroit toujours sa vie pour peu, tant pour les périls de sa santé que pour ceux de la guerre; qu'il attendroit ce que le roi lui feroit l'honneur de lui dire.

Le 27 septembre, après le conseil, le roi lui marqua le désir de le voir commander son armée d'Italie. L'on trouvera ci-joint le discours du maréchal de Villars[1]. Il fut résolu que la disposition du maréchal de Villars seroit tenue secrète.

Dans le conseil d'État du 4 octobre à Fontainebleau, il fut résolu de faire passer le Rhin et d'attaquer le fort de Kehl, mais d'en différer les ordres jusqu'à ce qu'on eût appris les dernières intentions du roi de Sardaigne, lequel s'étoit opposé à cette résolution.

Dans le conseil d'État du 7, on lut un manifeste pour déclarer la guerre à l'empereur, qu'on chargeoit d'être infractaire par les secours donnés à l'électeur de Saxe. Il étoit cependant réel que les troupes de l'empereur n'étoient pas entrées en Pologne, et que c'étoient uniquement celles de la Czarine.

Dans le conseil d'État du 7 octobre, on lut une lettre de Monty, qui apprenoit de grands changements. Tous les Polonois s'étoient retirés après l'élection, et le maréchal de Villars dit au conseil qu'il étoit surpris que les [palatinats] qui avoient élu unanimement, voyant les Moscovites marcher pour s'opposer à l'élection, n'eussent pas marché pour combattre les Moscovites et d'abord pour détruire les huit à neuf mille hommes

---

1. Le discours manque.

qui avoient passé la Vistule, s'opposant à cette élection. Les gazettes de Hollande disoient que le roi Stanislas avoit préféré les voies de la douceur pour les ramener, lesquelles furent inutiles. Enfin, dans le conseil suivant, on apprit que tous avoient abandonné le roi de Pologne, lequel se retiroit à Dantzick, incertain même s'il y seroit reçu.

Les nouvelles suivantes furent plus favorables au roi Stanislas, et l'on vit son parti se soutenir à Varsovie; la maison des ambassadeurs de Saxe attaquée et bien défendue, enfin ses serviteurs se mettre en état de soutenir son parti. Cependant l'on pressoit le maréchal de Villars de partir, et il donna un mémoire au garde des sceaux le priant de ne le pas montrer au cardinal, mais dans lequel le maréchal déclaroit qu'il ne partiroit pas sans des grâces distinguées, s'étant bien expliqué qu'il prétendoit à celle de connétable.

Le 19, M. d'Angervilliers, ministre de la guerre, fut envoyé par le roi au maréchal, pour dire que, ne pouvant faire de connétable, il lui donnoit la charge de maréchal général de France[1], laquelle lui donnoit le commandement sur tous les maréchaux de France, quand même il y en auroit de plus anciens que lui, et plusieurs autres prérogatives, avec dix mille écus d'appointements. Le maréchal se rendit d'autant plus que le commandement qu'on lui donnoit étoit si im-

---

1. Le brevet original du 18 octobre 1733 libelle ainsi le titre donné à Villars : « Maréchal général de nos camps et armées, pour, en ladite qualité, avoir dans nos camps et armées le commandement et la prééminence sur nos cousins les maréchaux de France... » Voir à l'appendice du présent volume que, faute de place, nous rejetons au volume suivant.

portant qu'il crut ne pouvoir refuser à son roi et au roi d'Espagne les services qu'ils lui demandoient.

Ici s'arrête, au 19 octobre 1733, le manuscrit de Villars : sept jours après, le 26 octobre, le maréchal octogénaire partait pour sa dernière campagne, celle dont il ne devait pas revenir. Il ne tint pas de journal pendant les opérations de guerre, mais sa volumineuse correspondance permet de le suivre jusqu'à la fin de sa longue et glorieuse carrière.

ADDITION.

Page 348, avant-dernière ligne. Nous avons retrouvé le nom laissé en blanc, dans une lettre particulière de Bussy, du 14 juin 1732, insérée dans le vol. 172, fol. 246, de la correspondance de Vienne (Arch. des Affaires étrangères) : « Avant-hier au soir, nous apprimes la mort du prince Schartzenberg, grand écuyer de l'empereur, que S. M. I. a eu le malheur de percer d'un coup de balle en tirant sur un cerf dans la forêt de Brandeiss près Prague. L'empereur a marqué une profonde douleur. »

TABLE

DU CINQUIÈME VOLUME.

Sommaires.

1726.

Séances du conseil des 10, 13 et 20 janvier; inquiétudes sur la sincérité du roi de Prusse et l'accession de la Hollande au traité d'Hanovre, 1. Fleury insiste pour l'éloignement de M⁰ de Prie et de Pâris-Duvernay; la reine les soutient; elle confie à Villars les craintes qu'elle a de l'infidélité du roi, 2. Nouvelles de Sardaigne et d'Angleterre, 3. Campredon annonce de Pétersbourg l'intention de la Czarine de soutenir le duc de Holstein; Richelieu annonce de Vienne le contraire, 4. Conversation de M. le Duc avec Villars, 5. Hésitations et variations du roi de Prusse, 6. Séance du 19 février; discours de Villars sur la nécessité d'une action décisive, 7. Séance du 2 mars; Villars croit la guerre inévitable; jeu du roi et de la reine, 9. Séance du 9; mort de l'électeur de Bavière; elle suspend la négociation d'un traité avec la France et l'Angleterre; séance du 12 : augmentation du prix des places de la diligence de Lyon, 10. Rottembourg ramène le roi de Prusse; visite de la reine d'Espagne au roi et à la reine, qui lui rend sa visite à Vincennes, 11. Séance du 10 avril; affaires de la compagnie d'Ostende; le roi de Prusse et ses ministres; séances du 13 et du 14; Rottembourg et le roi de Prusse, 12. Mlle de Tencin et La Fresnaye; la capitainerie de Monceaux, 13. Voltaire à la Bastille; sa querelle avec le chevalier de Rohan chez la Lecouvreur, 14. Séances des 28 avril et 1ᵉʳ mai; mouvements des flottes anglaises, 15. Séance du 5 mai; traité signé à Vienne le 17 avril entre l'Autriche, la Russie et la Suède; grossesse de la reine, 16. Séance du 11; procès du marquis de Montauban-Soyans; avis de Villars, 17. Séance du 12; l'accession de la Suède est douteuse; Walpole revient d'Angleterre; il entretient M. le Duc et Villars; qui insiste pour les économies; augmentation des espèces; séance du 25; arrêté de surséance, 18. Préparatifs de guerre en Russie et en Allemagne, 19. Séance du 30; discours de Villars; Riperda, premier ministre d'Espagne, se réfugie chez Stanhope, ambassadeur d'Angleterre à Madrid, 20. Séance du 10 juin; négociations de Stanhope, 21. Disgrâce de M. le Duc, 23. Chagrin de la reine; exil des Pâris et des amis de M. le Duc; Villars à Chantilly, 24. Le Peletier des Forts, contrôleur général; arrêté sur les finances, 25. Séance des 11 et 23 juillet; mesures financières de Desforts, 26. Échange de Belle-Isle, 27. Indisposition du roi, 28. Accession de la Hollande au traité d'Hanovre, 29. Fleury nommé cardinal; M. de Bercy, 30. Questions de préséance; comédies à Villars, 31. Séances des 5, 6 et 8 août, 32. L'amiral Hozier bloque Porto-Bello; conférences chez Fleury sur cet incident; séance du 16 août; traité entre l'empereur et le roi de Prusse; visite du prince de Hesse à Villars, 33. Négociations avec les princes de l'Empire; séances de novembre, 34, 35. Discours de Villars sur les finances, 36. Séances de décembre, 37-39. Visite de Villars à Chantilly, 37. L'Espagne et l'Autriche se préparent à la guerre; inaction de l'Angleterre, 40.

1727.

Séance du 1er janvier; nouvelles de toutes les cours, 40. Séance du 12; les Hollandais poussent la France à attaquer l'Espagne, 42. Séance du 26; les Anglais de même; séance du 28; Machault chargé de préparer la réduction des rentes viagères, 43. Séance du 2 février; nouvelles d'Angleterre, d'Autriche et d'Espagne, 44. Séance du 9; les Hollandais demandent un plan de guerre, le duc de Wurtemberg des subsides; conférence chez M. Le Blanc sur les préparatifs militaires, 45. Séances du 15; affaire de Massol contre Saint-Germain; propositions de l'Autriche, 46. Séances des 18 et 23; inquiétudes du côté du roi de Sardaigne, 47. Villars conseille d'éviter la guerre, 48. Séances des 2 et 4 mars; la Prusse propose la neutralité des États possédés dans l'Empire par l'empereur et l'Angleterre, 49. Walpole appuie cette proposition, 50. Négociation pour la suspension du commerce d'Ostende, 49-50. Séance du 16; les Espagnols assiègent Gibraltar, secouru par l'amiral Wager, 51. Séance du 19; protestation de l'Autriche contre les discours du roi d'Angleterre, qui ordonne au résident autrichien Palma de quitter Londres; attitude de la Prusse, 53. Séance du 23; suite des négociations; Villars se plaint au roi de n'être pas aimé de lui; séance du 26; efforts pour empêcher la guerre, 55. L'Autriche accuse la France et l'Angleterre de susciter la guerre avec les Turcs; irrésolutions de la Prusse, de la Suède, du Danemarck; visite de Stanhope à Villars, qui conseille d'attaquer l'Empire plutôt que l'Espagne, 57. Séance du 6 avril; accession de la Suède au traité d'Hanovre; préparatifs de guerre en Prusse; séance du 16; réponse de l'empereur aux préliminaires proposés par la France, l'Angleterre et la Hollande, 59. Nouvelles de Russie; séance du 23; le ministre d'Angleterre à Ratisbonne invité à quitter l'Empire, 60. Séance du 27; traité de subsides signé avec le Danemarck par Camilly sans ordres; on le modifie avant de ratifier; on envoie à Vienne de nouvelles propositions, 61. Mort du prince de Conti; ses relations avec sa femme; mort de la présidente de Maisons, 62. Séances des 7 et 11 mai; sévérité du roi de Prusse pour son fils; ratification du traité avec le Danemarck, 63-64. L'Angleterre et la Hollande envoient des officiers concerter les plans de guerre; fréquentes chasses du roi Louis XV, 64. Séances des 15 et 20 mai; affaire du duc de Bouillon contre le roi, 65. Diner chez Villars, 66. Séances des 21 et 25; l'empereur consent aux huit articles proposés, 67. Conférence chez le cardinal de Fleury; Villars insiste pour un parti décisif, conseille de bien réfléchir avant de faire la guerre, mais, si on s'y détermine, de la faire avec hardiesse, 68-69. Duel du duc de Crussol et du comte de Rantzau, 70. Les propositions de l'empereur sont acceptées, 71. Séances des 1, 8 et 12 juin; satisfaction de la signature des préliminaires; nouvelles de Russie, 71. Séances des 12 et 15 juillet; mort et testament de la Czarine; sa biographie, 73-75. La Prusse mécontente de la paix, 75. Le siège de Gibraltar traîne en longueur; la marquise d'Hautefeuille et Mlle d'Autrec, 76. Séances des 22, 29 juin; mort du roi d'Angleterre; le comte de Broglie se rend auprès de Georges II, 77. Nouvelles d'Angleterre et de Russie, 78. Séances de juillet; réductions de taxes et d'impôts; proposition de congrès à Aix-la-Chapelle, 79. Difficultés du côté de l'Espagne, 81. L'empereur paraîtrait n'avoir voulu que gagner du temps, 82. Naissance de l'infant Louis d'Espagne, occasion de communications courtoises entre les deux rois; singulière aventure de Richelieu à Vienne; camps français sur la Meuse, la Moselle, la Sarre, 83. Séance du 6 août; nouvelles de Russie, 84. La reine accouche de deux filles; conversation plaisante de Villars avec le roi; la princesse de Bergue, le prince de Robecq, la duchesse de la Force, le duc de Nevers et la duchesse d'Orléans, 85. Les sceaux ôtés à d'Armenonville et donnés à Chauvelin, 86. Séance du 7; le lieu du congrès fixé à Cambrai; question de préséance entre les Pairs et le chancelier, 87. Affaire des princes d'Œttingen contre le prince de Rohan, 88. Morville, ministre des Affaires étrangères, remplacé par Chauvelin, 89. Conférence entre les ducs, 90. Séances des 24, 27, 30 et 31; inquiétudes du côté de l'empereur; le prétendant veut s'établir à Avignon, 91. Réconciliation de l'Espagne et de la France, 92. Séances des 3 et 14 septembre, 92-94. Joie du roi et de la reine d'Espagne; le chevalier de Boissieux, 94. Séance du 17; succès des Persans sur les Turcs; nouvelles de Russie; le comte de Rottembourg ambassadeur à Madrid, 95. Maurice de Saxe obligé de quitter la Pologne; visites à Villars; velléités belliqueuses du roi d'Angleterre, 96. Séance du 1er octobre; instructions à Bonnac, ambassadeur en Suisse, 97. Difficulté avec le pape au sujet du séjour du prétendant à Avignon; séance du 3; meilleures nouvelles de Vienne; rendez-vous du roi Stanislas avec Fleury, Villars et Charost au château de Chailly; le roi y vient, 98. Détails sur l'intimité du roi et de la reine; la cour vient à Villars, 99. Séances des 12 et 19 octobre; nouvelles de Russie; disgrâce de Menzikoff, 100-102. Visite du duc d'Orléans, de la duchesse de Bourbon, à Villars, 102. Séances des 22 et 25; nouvelles de Vienne et de Madrid; la ratification des préliminaires se fait attendre, 103. Séances de novembre; conversation de Villars avec le roi, 104. Affaires du vaisseau *le Prince Frédéric;* réclamations de l'archevêque de Paris et de l'abbé de Saint-Germain contre le roi, 105. Formation de trois partis à la cour de Russie; intimité du roi et de la reine, 106. Maladies du duc d'Antin et du duc de Villeroy, 108. Mémoire du marquis de la Paz, 109. Séances de décembre, 111-114. L'Espagne semble décidée à restituer *le Prince Frédéric* et à terminer, mais Fleury, poussé par Walpole, diffère sa réponse, 112. Mécontentement que ces délais causent en Hollande; paix de la Turquie et de la Perse, 113. Irritation du roi et de la reine d'Espagne contre les Anglais, 114.

1728.

Promotion de huit chevaliers de l'ordre; séances de janvier; mesures fiscales du roi d'Espagne préjudiciables à notre commerce, 115. L'accord avec l'Espagne n'avance pas, 116. Affaires de Belle-Ile; Villars défend inutilement les intérêts du roi, 117.

Les difficultés s'aplanissent, 118-119. Rétablissement de rentes viagères, 119. Séances de février; le roi d'Espagne gravement malade, 120. On espère néanmoins un heureux succès de la négociation; promotion de huit chevaliers de l'ordre, 121. Le calme se rétablit en Europe; les ambassadeurs au congrès de Cambrai arrivent à Paris, 122. Ils dînent chez Villars, 123. Nouvelles de Madrid, Vienne, Londres, 123-124. Séances de mars; Soissons choisi pour lieu de réunion du congrès; guérison du roi d'Espagne, qui signe tous les pouvoirs et ratifications, 125. Vaisseau français de la compagnie des Indes attaqué par trois Anglais, 126. Envoi du marquis de Villeneuve à Constantinople, 127. Questions de préséance entre les princesses du sang et les duchesses, 124, 127, 130. Séances d'avril; meilleures nouvelles d'Espagne; l'ouverture du congrès fixée au 20 mai, 127. Nouvelles de l'union croissante de l'Autriche, de la Prusse, de la Pologne et de la Russie, 128. Rapprochement des quatre électeurs de Bavière, Cologne, Trèves et palatin; mission du général Flemming à Vienne, 129. Séances de mai; fureur du pape contre la lettre au roi des douze archevêques français; lutte entre le Portugal et le pape, 130. Mémoires sur les divisions de l'Église; ratification des préliminaires par l'empereur; mort de Flemming à Vienne, 131. Le Blanc meurt et est remplacé au ministère de la guerre par d'Angervilliers; nouvelles de Vienne, de Madrid et de Suisse, 132. Séances de juin; affaires de Franche-Comté, 133. Le roi à Compiègne; divisions entre les princes d'Allemagne, 134. Fêtes à Berlin en l'honneur du roi de Pologne; ouverture du congrès de Soissons (14 juin), 135. Discussion sur les pleins pouvoirs; l'Espagne réclame Gibraltar, 136. Les ambassadeurs dînent chez Fleury avec Villars, 137. Philippe V déclare son intention d'abdiquer; la reine le fait changer d'avis; séances des 4 et 7 juillet; le roi d'Espagne s'engage à ne plus abdiquer, 139. Préparatifs pour mener Don Carlos en Italie; séances des 25 et 28; le roi d'Espagne guéri, mais circonvenu par la reine et ses familiers, 140. Bournonville invoque le traité de 1721, qui obligeait la France à poursuivre la restitution de Gibraltar; mort de Penterrieder à Soissons, 141. La reine accouche d'une fille; conférence de Villars et de Sinzendorff, 112. Séances d'août; nouvelles de Madrid, 143. Tunis offre des satisfactions et un traité de paix pour cent ans; séances de septembre; mort de la reine de Sardaigne, 144. Le roi diminue les impôts directs de près de trois millions, 145. Lenteurs et indécisions de la cour de

Madrid; nouvelles de Rome; la cour à Fontainebleau, 145-150. Visite de la reine au château de Villars, 150. Séances d'octobre; mandement du cardinal de Noailles; protestation de vingt-deux curés, 151. Déclaration du cardinal, 152. Le roi a la petite vérole; séances de novembre; bizarrerie du roi d'Espagne, 153. Jeu du roi; échange des domaines de la couronne, 154. Les affaires n'avancent pas; défiances réciproques; mécontentement public en Angleterre, 155-157. Villars, mécontent de ne pas être consulté par Fleury, passe un mois à Paris, 156. Doubles mariages d'infantes d'Espagne et de princes de Portugal, 157.

1729.

Séances de janvier; incertitude sur les véritables intentions de l'empereur; Sinzendorff paraît agir sans ordres pour gagner du temps; négociations entre l'empereur et la Prusse, 157-159. Séances de février; l'Espagne persiste dans son indécision; lutte de Pultenay et de Walpole au parlement anglais; mort de l'électeur de Mayence; brigues pour sa succession, 160-162. Séances de mars; la situation ne se modifie pas; arrivée des galions, 162-166. Le roi à l'Opéra de Paris, 166. Séances d'avril; mécontentement causé en Angleterre par les hésitations de l'Espagne et la prétendue inaction de la France; l'Espagne propose de mettre garnison à Parme et à Florence; silence du cardinal de Fleury, 166-170. Séances de mai; suite des mêmes affaires, 171-178. Mort du cardinal de Noailles, 172. Séances de juin, 179-182. Emportement de la reine d'Espagne; impatience de l'Angleterre; victoire des Russes sur les Perses, 179. Curieux détails sur la Czarine, 180. Le cardinal Corradini, le cardinal de Noailles et la Constitution, 182. Séances de juillet; la France et l'Angleterre accordent à l'Espagne toutes ses demandes sans obtenir d'elle une réponse décisive, 182-186. Séances d'août; la situation se continue, 187-192. Naissance du Dauphin; séance du 5 septembre; l'Espagne délivre aux créanciers français l'argent des galions, 193. *Te Deum* à Notre-Dame; prétention des ducs, 194. Séances des 11, 14 et 21 sept.; projet de traité avec l'Espagne; les rois de Prusse et de Pologne acceptent un arbitrage, 194-196. Villars verse et se blesse en revenant d'Issy, 197. Signature du traité de Séville, 198. Le duc de Lorraine reçu par l'empereur avec des honneurs extraordinaires, 199. Séances des 3, 4 et 25 décembre; projet de traité avec les électeurs; l'Angleterre désarme; l'empereur envoie des troupes en Toscane; épidémie de rhume à Londres très meurtrière, 201. Séance du 28; le pape n'approuve pas le mandement de l'archevêque de Paris; retraite du maréchal d'Huxelles, 202.

1730.

Séances de janvier, 203-209. Négociations de Fleury avec Sinzendorff; il laisse trop voir qu'il ne veut pas la guerre; il aurait refusé d'entrer en arrangements avec l'Autriche sur la base de la reconnaissance de la Pragmatique et du mariage de Don Carlos avec l'archiduchesse; l'Autriche se prépare à la guerre, négocie avec la Prusse et la Russie; le grand-duc de Toscane accepterait les garnisons espagnoles, 206. Fête des ambassadeurs d'Espagne; dîner du roi et du duc d'Épernon, 207. Conversation de Villars et du roi, 208. Le duc de Lorraine à Versailles, 209. Séances de février, 209-214. Inquiétude des Hollandais; on désire la guerre à Vienne, à Madrid et à Berlin; entrevue projetée des rois de Prusse et de Pologne, 211. Singuliers propos de Fleury, 212. L'empereur ne permettra pas l'occupation de Florence par les Espagnols; nouvelles de Perse; mort du Czar, 213. Sa succession; Salviati cardinal, 214. Le roi d'Espagne prépare l'expédition d'Italie, 215. Séances de mars, 215-223. L'Espagne envoie un projet de guerre; l'Autriche augmente ses troupes en Italie, 215. Mort de Benoît XIII, 216. Détails sur la mort du Czar, 217. Projets de guerre; désordre dans la compagnie des Indes; changements dans la cavalerie, 218. Recrutement des chevaux; Grovestein et Amestron viennent concerter les projets de guerre, 219. Procès pour le duché de Sully; entrevue des rois de Prusse et de Pologne, 220. Fautes de Bonnac à Zurich, 221. Desforts remplacé au contrôle général par Orry; Villars fait une chute, 222. Projets de guerre, 224. Séances d'avril, 225-233. Nouvelles de Russie, 225. Conférences militaires chez Villars, 226. Conseil extraordinaire du 16 avril, 229. Grand discours de Villars, 230. Conférence du 20 avril, 232. Le plan de Villars est approuvé, mais Fleury s'applique à traîner les choses en longueur; le parlement refuse d'enregistrer la déclaration de la Constitution; réprimandes adressées au premier président et à quatre présidents à mortier, 233. Mémoire dilatoire remis à Spinola; projet de loterie, 234. Séances de mai, 234-246. Discussions entre Villars et Fleury, 235-236. Le roi et la reine d'Espagne mécontents des retards apportés à l'exécution du traité de Séville, 236. Divisions du conclave; lutte de Polignac et de Bentivoglio,

233, 236, 239, 242. Conférence de généraux et d'ambassadeurs le 11 mai, 237. Villars combat le projet d'expédition en Sicile et conseille d'attaquer l'Empire sur le Rhin, 238. Rien n'est résolu, 239. Nouvelle conférence du 16 mai sans résultat, 241. Le prince de Léon, Spinola et Berwick, 242. Le roi de Prusse soutiendra l'Empire, 243. Grande compagnie au château de Villars, 243, 244, 246. Conversation de Villars et de Kinsky, 244. Villars craint que l'irritation légitime de la reine d'Espagne ne la porte à se lier avec l'empereur, 245, 246. Séances de juin, 246-254. La situation se continue ; échange de domaines entre le marquis de Grancey et le roi, 253. Conférence chez Fleury le 1er juillet, 255. Grand discours de Villars, 255-257. Nouvelle conférence le 6 sans résultat, 259. Séances des 16, 19, 23 et 31 juillet, 261-266. L'Espagne insiste pour la guerre générale ; le cardinal Orsini élu pape, 261. Le duc de Charost, 263. Séances d'août, 266-271. Plaintes contre Brancas ; insistance de l'Espagne pour la guerre, que Fleury s'efforce d'éloigner ; armements de l'Autriche ; le roi de Prusse et son fils, 272, 277. Abdication du roi de Sardaigne, 273. Séances de septembre, 272-277. Castelar envoyé de Madrid en France avec un projet de guerre ; avis du duc d'Orléans sur la Pragmatique ; exil des ducs d'Épernon et de Gèvres, 278. Séances d'octobre, 279-282. Brancas quitte l'Espagne, 279. Remplacé par Rottembourg, 280. Le duc de Saint-Aignan à Rome, 281. Consultation séditieuse des avocats, 282. Séances de novembre ; le prince de Prusse et le lieutenant Katte, 284, 287. Révolution à Constantinople ; Bonneval-Pacha, 285. Révélations sur la mission de Sinzendorff, qui aurait voulu une alliance de la France et de l'empereur, 285-286. Conférences de Castelar et de Villars, 287, 289, 290. Mécontentement des évêques ; mandement de l'archevêque d'Embrun, 289.

1731.

Séances de janvier ; discussions intérieures ; fatigue de Fleury, 291. L'Angleterre traite avec l'empereur ; Castelar déclare que l'Espagne se dégage du traité de Séville, 292-296. Séances de février ; Villars demande la mobilisation de milices ; le duc d'Orléans s'y oppose ; on se décide à faire des ouvertures à l'empereur par l'entremise du prince Eugène ; négociations secrètes ; inquiétudes du côté de l'Espagne ; craintes d'une entente entre la Prusse, la Hollande, l'Angleterre et l'empereur, 297-306. Mort du duc de Parme ; l'Autriche occupe Parme et Plaisance, 307. Séances de mars, 308-311. Les négociations secrètes avec le prince Eugène continuent; Castelar offre de refaire le traité avec l'Espagne; embarras du conseil; le roi et la reine d'Espagne font faire des compliments à Villars, 310. Traité entre l'Angleterre, l'empereur et la Hollande, signé le 16 à Vienne; réponse hautaine du prince Eugène, 311. Querelle de préséance chez la reine, 312. Séances d'avril; incertitude sur le parti que prendra l'Espagne, le roi penchant pour la France et la reine pour l'Autriche; le duc d'Orléans insiste pour la paix; Villars demande que l'on défende la dignité du roi et de la nation, 313-316. Séances de mai, 316-321. Paroles belliqueuses de Villars, 318. On espère que l'Espagne ne traitera pas avec l'empereur, 320. Séances de juin; armements de l'Angleterre; le duc de Liria et le maréchal de Berwick; l'Espagne propose un traité secret avec la France; Villars propose des mesures énergiques et se plaint de la faiblesse de Fleury, 321-326. Nouvelles de Turquie et de Perse, 327. Séances de juillet, 329. Projet de traité envoyé en Espagne, 331. Conversation de Villars avec le roi, 332. Discours de Villars au conseil, 332-338. L'empereur s'efforce de faire garantir sa Pragmatique par les princes de l'Empire, 338. L'électeur de Bavière résiste, 339. La reine d'Espagne s'adoucit, 340. Visite du roi au château de Villars, 341. (Lacune dans le manuscrit.)

1732.

Villars craint que sa liberté de langage n'ait déplu au roi, 342. Séances des 14-25 juin; querelles avec le parlement; traité du Danemarck avec l'empereur et la Czarine, 343; offre au roi de Sardaigne du Milanais contre la Savoie, 344, 348. Exil du parlement à Compiègne; séances de juillet, 349. Suites de la querelle du parlement; négociations avec l'Espagne pour la guerre, 351. Prise d'Oran par les Espagnols, 352. Séances d'août; l'Espagne presse pour la guerre; Villars offre de passer le Rhin, 353. Négociation avec la Russie pour la conclusion d'un traité; Villars affirme que l'empereur a offert le mariage de l'archiduchesse avec Don Carlos et que Fleury a refusé, 354. Remontrances du parlement, 355. Lit de justice du 3 septembre, 357. Exil de 142 conseillers ou présidents, 358. Villars conseille la modération, 359. La grand'chambre se soumet, 360. Séances de septembre; division du prince Eugène et de Sinzendorff; Villars propose d'écrire au prince Eugène, 362. Question du mariage de l'archiduchesse, 363. Mouvements de troupes en Prusse et en Autriche, 364. L'Espagne est disposée à traiter; réclamations des États de Bretagne, 365. Séances d'octobre; les négociations avec l'Espagne avancent; Don Carlos se rend à Parme; l'empereur casse les hommages rendus à Florence, 368. Séances de novembre; mauvaises nouvelles de la santé du roi d'Espagne; victoire des Espagnols à Ceuta sur les Maures secrètement secourus par les Anglais, 370. Villars insiste auprès du roi d'Espagne pour la conclusion rapide du traité; négociations avec la Sardaigne; les Walpole se rapprochent, 371. Discours de Villars, 372. Lenteurs de l'Espagne, 373. Incertitude de Fleury; combats sous Oran, 374, 375. Hauteur de Sinzendorff et du roi de Pologne, 375. Les négociations avancent avec l'Espagne et la Sardaigne, 376, 377. Les digues de Hollande menacées, 377.

1733.

Séances de janvier; Biron et la Courlande; la reine d'Espagne déterminée à traiter avec la France; difficultés sur le Pô entre l'Autriche et Don Carlos, 378. Lettres de Villars au roi d'Espagne, 379, 381. Nouvelles de Perse; meilleures nouvelles du roi d'Espagne, 380. Mouvements de troupes, 381, 382. Correspondances avec la Sardaigne et l'Espagne, 383. Séances de février; suite des correspondances, 384-386. Lettres du prince Eugène à Villars, 385. Mort du roi Auguste de Pologne, 386. Discussion entre Villars et Fleury sur le départ de Stanislas Leczinski, 387. Propos de Castelar, 388. Stanislas reste à Chambord, malgré Villars; querelle entre la Prusse et la Hollande, 389. Séances de mars; l'empereur concentre des troupes en Silésie, 390. Envoi d'argent en Pologne pour soutenir la cause de Stanislas; traité de Copenhague entre l'Autriche, la Russie, la Prusse et le Danemarck, 391. Les affaires avancent à Madrid et à Turin; nouvelles de Pologne; Villars insiste pour la guerre immédiate, 393-395. Séances d'avril, 394. Mort du duc d'Anjou, douleur de la reine, 396. Compétitions en Pologne; envoi d'argent à Monti, 397. Les convulsionnaires du tombeau de Pâris; mercuriales du parlement, 398. Discours de Villars, 399. Suite des négociations avec l'Espagne, la Sardaigne et l'électeur de Bavière, 400-414. Le curé de Saint-Médard; les conseillers Montagny et Titon; désordres à Londres, 402. Séances de mai, 403. Remontrances du parlement, 406. L'Autriche, la Russie et la Prusse déclarent s'opposer à l'élection du roi Stanislas, 407. La diète se déclare favorable à Stanislas, 409.

La Turquie promet son concours à la France, 410. Le duc d'Orléans et Villars pressent pour les préparatifs de guerre, 411. L'alliance est conclue avec l'Espagne; plans de campagne, 415. Séances de juillet, 416. Négociations avec le roi de Sardaigne, 417. On agite les opérations de guerre, 418. Irrésolution de Fleury, 419. Nouvelles incertitudes en Espagne, 420. Séances d'août, 421. Conditions du roi de Sardaigne; le comte de Saxe; traité de l'empereur et de l'électeur de Saxe, 421. Villars travaille à l'organisation des armées; Berwick nommé au commandement de l'armée d'Allemagne, 422. Murmures du public; langage de Villars, 423. Le primat de Pologne conseille au roi Stanislas de se rendre en Pologne, 418, 423, 424. Villars discute les termes du traité avec la Sardaigne, 425. Séances de septembre; départ du roi Stanislas; Berwick diffère le siège de Kehl à la demande du roi de Sardaigne; Stanislas élu roi de Pologne, 426. Villars chargé de commander l'armée d'Italie; séances des 4 et 7 octobre; déclaration de guerre à l'empereur, 427. Mauvaises nouvelles de Pologne; Stanislas se retire à Dantzick; Villars voudrait être connétable; nommé maréchal-général, il se dispose à rejoindre l'armée, 428.

Addition, 429.

Nogent-le-Rotrou, imprimerie DAUPELEY-GOUVERNEUR.

Ouvrages publiés par la Société de l'Histoire de France
depuis sa fondation en 1834.

In-octavo à 9 francs le volume, 7 francs pour les Membres de la Société.

Ouvrages épuisés.

L'Ystoire de li Normant. 1 vol.
Lettres de Mazarin. 1 vol.
Villehardouin. 1 vol.
Histoire des Ducs de Normandie. 1 vol.
Beaumanoir. Coutumes de Beauvoisis. 2 vol.
Mémoires de Coligny-Saligny. 1 vol.
Mémoires et Lettres de Marguerite de Valois. 1 vol.
Comptes de l'Argenterie des rois de France au XIV⁰ s. 1 v.
Mémoires de Daniel de Cosnac. 2 vol.
Journal d'un Bourgeois de Paris sous François I⁰ʳ. 1 v.
Chroniques des comtes d'Anjou. 1 vol.
Éphéméride de la Huguerye. 1 vol.

Ouvrages épuisés en partie.

Grégoire de Tours. Histoire ecclésiast. des Francs. 4 v.
Œuvres d'Eginhard. 2 vol.
Barbier. Journal du règne de Louis XV. 4 vol.
Mémoires de Ph. de Commynes. 3 vol.
Registres de l'Hôtel de Ville de Paris pendant la Fronde. 3 vol.
Procès de Jeanne d'Arc. 5 v.
Histoire de Charles VII et de Louis XI, par Th. Basin. 4 vol.
Grégoire de Tours. Œuvres diverses. 4 vol.
Chroniques de Monstrelet. 6 vol.
Chroniques de J. de Wavrin. 3 vol.
Journal et Mémoires du marquis d'Argenson. 9 vol.
Œuvres de Brantôme. 11 v.
Commentaires et Lettres de Blaise de Monluc. 5 vol.

Ouvrages non épuisés.

Mém. de Pierre de Fenin. 1 v.
Orderic Vital. 5 vol.

Correspondance de Maximilien et de Marguerite. 2 v.
Lettres de Marguerite d'Angoulême. 2 vol.
Chronique de Guillaume de Nangis. 2 vol.
Richer. Hist. des Francs. 2 v.
Le Nain de Tillemont. Vie de saint Louis. 6 vol.
Bibliographie des Mazarinades. 3 vol.
Choix de Mazarinades. 2 vol.
Mém. de Mathieu Molé. 4 v.
Miracles de S. Benoît. 1 vol.
Chronique des Valois. 1 vol.
Mém. de Beauvais-Nangis. 1 v.
Chronique de Mathieu d'Escouchy. 3 vol.
Choix de pièces inédites relatives au règne de Charles VI. 2 vol.
Comptes de l'Hôtel des Rois de France. 1 vol.
Rouleaux des morts. 1 vol.
Œuvres de Suger. 1 vol.
Joinville. Hist. de saint Louis. 1 vol.
Mém. et corresp. de Mᵐᵉ du Plessis-Mornay. 2 vol.
Chroniques des églises d'Anjou. 1 vol.
Introduction aux chroniques des comtes d'Anjou. 1 vol.
Chroniques de J. Froissart. T. I à VIII. 10 vol.
Chroniques d'Ernoul et de Bernard le Trésorier. 1 v.
Annales de S.-Bertin et de S.-Vaast d'Arras. 1 vol.
Mém. de Bassompierre. 4 vol.
Histoire de Béarn et de Navarre. 1 vol.
Chron. de Saint-Martial de Limoges. 1 vol.
Nouveau recueil de comptes de l'argenterie. 1 vol.
Chanson de la croisade contre les Albigeois. 2 vol.
Chron. du duc Louis II de Bourbon. 1 vol.
Chronique de Le Fèvre de Saint-Remy. 2 vol.
Récits d'un Ménestrel de Reims au XIII⁰ siècle. 1 v.
Lettres d'Antoine de Bourbon et de Jeanne d'Albret. 1 vol.
Mém. de La Huguerye. 3 vol.
Anecdotes et apologues d'Étienne de Bourbon. 1 vol.
Extraits des auteurs grecs concern. la géographie et l'hist. des Gaules. 6 vol.
Histoire de Bayart. 1 vol.
Mémoires de N. Goulas. 3 v.
Gestes des évêques de Cambrai. 1 vol.
Les Établissements de saint Louis. 4 vol.
Chron. normande du XIV⁰ s. 1 vol.
Relation de Spanheim. 1 vol.
Œuvres de Rigord et de Guillaume le Breton. 2 v.
Mém. d'Ol. de la Marche. 4 v.
Lettres de Louis XI. T. I à IV.
Mémoires de Villars. T. I à V.
Notices et documents, 1884. 1 vol.
Journal de Nic. de Baye. 2 v.
La Règle du Temple. 1 vol.
Hist. univ. d'Agr. d'Aubigné. T. I à VI.
Le Jouvencel. 2 vol.
Chroniques de Louis XII, par Jean d'Auton. T. I et II.
Chronique d'Arthur de Richemont. 1 vol.
Chronographia regum Francorum. T. I.
L'Histoire de Guillaume le Maréchal. T. I.
Mémoires de Du Plessis-Besançon. 1 vol.

SOUS PRESSE :

Chron. de J. Froissart. T. IX.
Lettres de Louis XI. T. V.
Chroniques de Louis XII, par Jean d'Auton. T. III.
Brantôme, sa vie et ses écrits.
Mémoires de Villars. T. VI.
Chronographia regum Francorum. T. II.
Hist. univ. d'Agr. d'Aubigné. T. VII.
L'Histoire de Guillaume le Maréchal. T. II.
Hist. du comte de Foix. T. I.

BULLETINS, ANNUAIRES ET ANNUAIRES-BULLETINS (1834-1892),
In-18 et in-8⁰, à 3 et 5 francs.
(Pour la liste détaillée, voir à la fin de l'Annuaire-Bulletin de chaque année.)

Nogent-le-Rotrou, imprimerie Daupeley-Gouverneur.

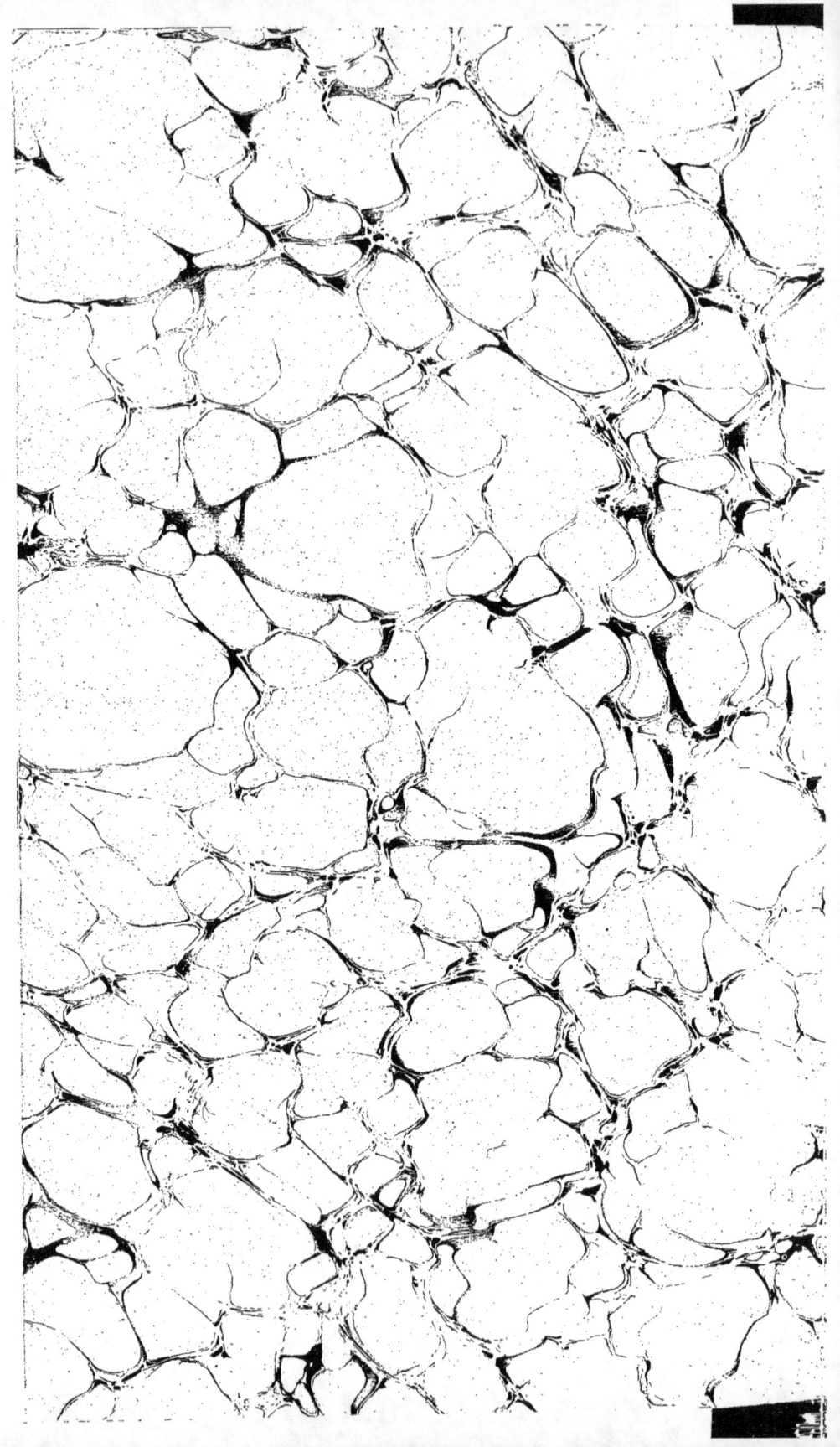

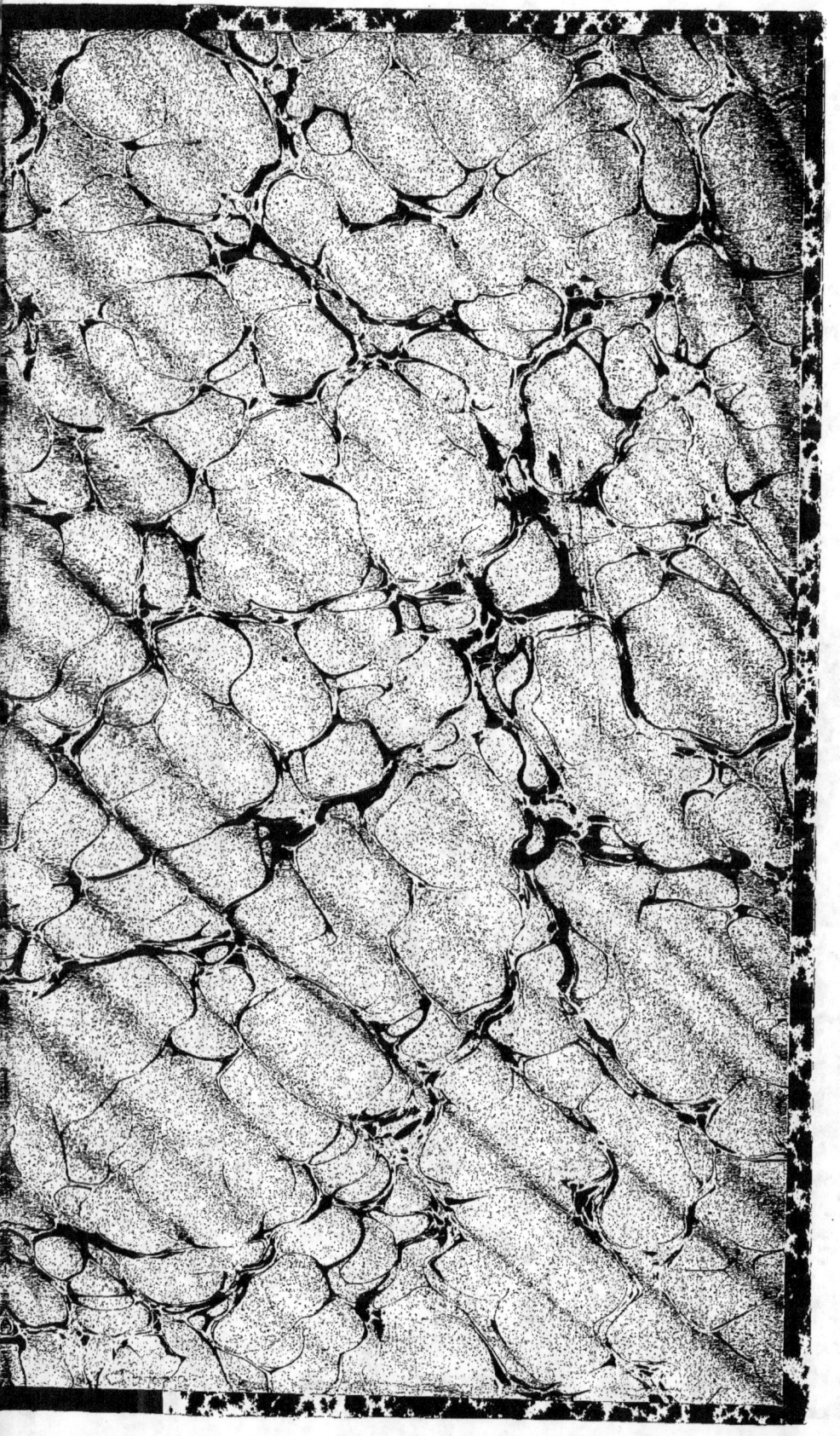

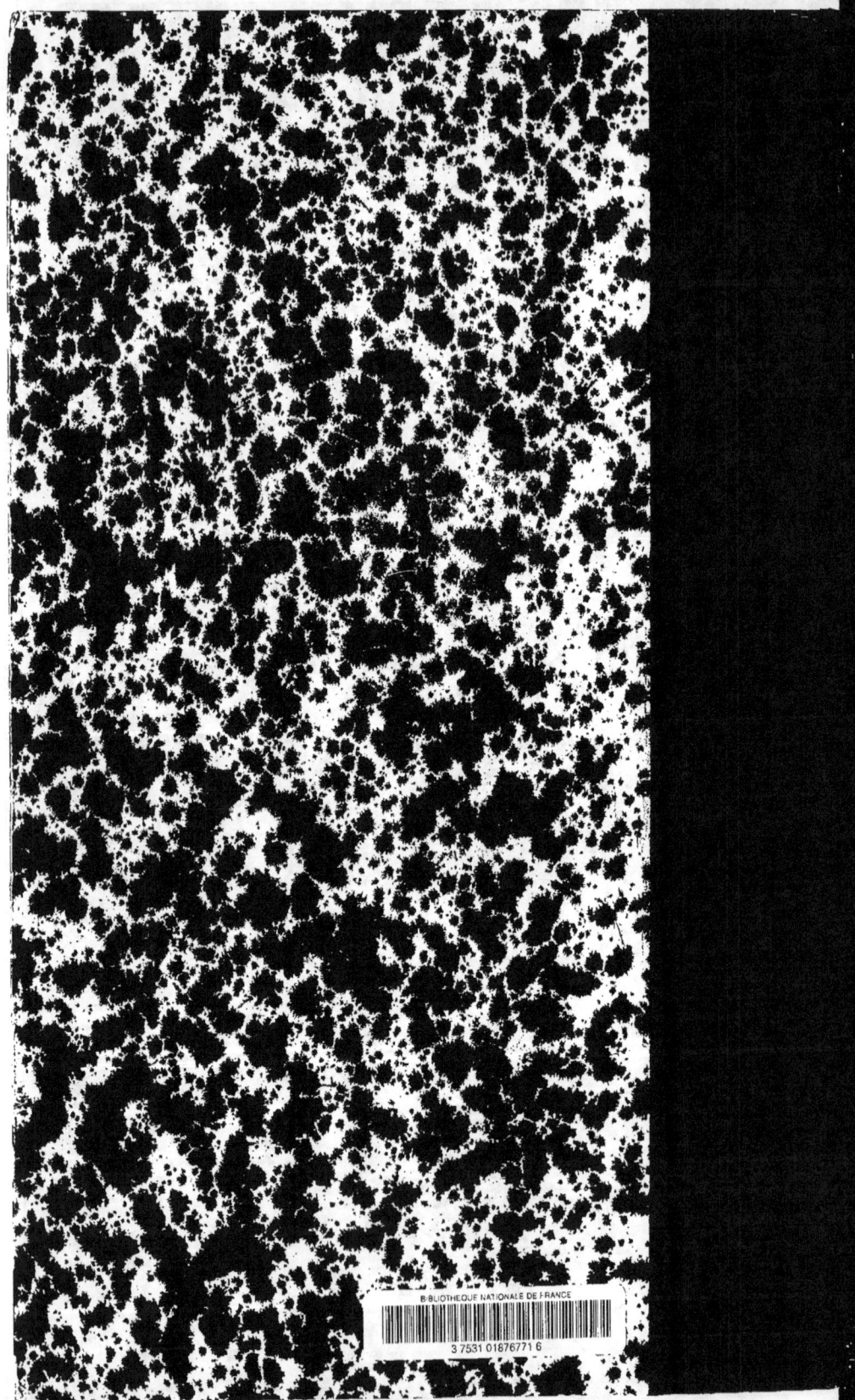

www.ingramcontent.com/pod-product-compliance
Lightning Source LLC
Chambersburg PA
CBHW060517230426
43665CB00013B/1556